D1076179

WOLFGANG BORCHERT

WOLFGANG BORCHERT

# DAS GESAMTWERK

*Mit einem biographischen Nachwort*
*von Bernhard Meyer-Marwitz*

ROWOHLT

Umschlag- und Einbandentwurf von Werner Rebhuhn
Foto Rosemarie Clausen

522. Tausend Februar 1991

# LATERNE, NACHT UND STERNE

## DIE HUNDEBLUME

### Die Ausgelieferten

### Unterwegs

### Stadt, Stadt: Mutter zwischen Himmel und Erde

## DRAUSSEN VOR DER TÜR 99

## AN DIESEM DIENSTAG

### Im Schnee, im sauberen Schnee

## Und keiner weiß wohin

## NACHGELASSENE GEDICHTE

## NACHGELASSENE ERZÄHLUNGEN

## WOLFGANG BORCHERT

# LATERNE, NACHT UND STERNE

GEDICHTE UM HAMBURG

Ich möchte Leuchtturm sein
in Nacht und Wind –
für Dorsch und Stint,
für jedes Boot –
und bin doch selbst
ein Schiff in Not!

Der Zyklus dieser vierzehn Gedichte wurde im Sommer 1946 aus etwa sechzig Gedichten zusammengestellt, die Borchert mit vielen anderen Versen in den Jahren 1940/45 geschrieben hatte. Vom Standpunkt einer strengen Lyrik-Kritik aus mögen vielleicht Einwendungen gegen einzelne Gedichte zu erheben sein, Einwendungen, die Borchert selbst zu teilen geneigt war. Seine Prosa hatte zu dieser Zeit bereits die Lyrik aus dem Zentrum seines Schaffens verdrängt. Da diese Verse gewisse Regungen des Borchertschen Lebensempfindens echt und anschaulich spiegeln, gehören sie zum Bilde seiner künstlerischen Persönlichkeit. Der Zyklus wurde am Totensonntag 1946 erstmalig von Annemarie Marks auf einem Borchert-Abend der Vereinigung Niederdeutsches Hamburg im Eppendorfer Gemeindehaus gesprochen. Er erschien im Dezember 1946 im Verlag Hamburgische Bücherei.

# LATERNENTRAUM

Wenn ich tot bin,
möchte ich immerhin
so eine Laterne sein,
und die müßte vor deiner Türe sein
und den fahlen
Abend überstrahlen.

Oder am Hafen,
wo die großen Dampfer schlafen
und wo die Mädchen lachen,
würde ich wachen
an einem schmalen schmutzigen Fleet
und dem zublinzeln, der einsam geht.

In einer engen
Gasse möcht ich hängen
als rote Blechlaterne
vor einer Taverne –
und in Gedanken
und im Nachtwind schwanken
zu ihren Gesängen.

Oder so eine sein, die ein Kind
mit großen Augen ansteckt,
wenn es erschreckt entdeckt,
daß es allein ist und weil der Wind
so johlt an den Fensterluken –
und die Träume draußen spuken.

Ja, ich möchte immerhin,
wenn ich tot bin,
so eine Laterne sein,

die nachts ganz allein,
wenn alles schläft auf der Welt,
sich mit dem Mond unterhält –
natürlich per Du.

Warum, ach sag, warum
geht nun die Sonne fort?
Schlaf ein, mein Kind, und träume sacht,
das kommt wohl von der dunklen Nacht,
da geht die Sonne fort.

Warum, ach sag, warum
wird unsere Stadt so still?
Schlaf ein, mein Kind, und träume sacht,
das kommt wohl von der dunklen Nacht,
weil sie dann schlafen will.

Warum, ach sag, warum
brennt die Laterne so?
Schlaf ein, mein Kind, und träume sacht,
das kommt wohl von der dunklen Nacht,
da brennt sie lichterloh!

Warum, ach, sag, warum
gehn manche Hand in Hand?
Schlaf ein, mein Kind, und träume sacht,
das kommt wohl von der dunklen Nacht,
da geht man Hand in Hand.

Warum, ach sag, warum
ist unser Herz so klein?
Schlaf ein, mein Kind, und träume sacht,
das kommt wohl von der dunklen Nacht,
da sind wir ganz allein.

In Hamburg ist die Nacht
nicht wie in andern Städten
die sanfte blaue Frau,
in Hamburg ist sie grau
und hält bei denen, die nicht beten,
im Regen Wacht.

In Hamburg wohnt die Nacht
in allen Hafenschänken
und trägt die Röcke leicht,
sie kuppelt, spukt und schleicht,
wenn es auf schmalen Bänken
sich liebt und lacht.

In Hamburg kann die Nacht
nicht süße Melodien summen
mit Nachtigallentönen,
sie weiß, daß uns das Lied der Schiffssirenen,
die aus dem Hafen stadtwärtsbrummen,
genau so selig macht.

## LEGENDE

Jeden Abend wartet sie in grauer
Einsamkeit und sehnt sich nach dem Glück.
Ach, in ihren Augen nistet Trauer,
denn er kam nicht mehr zurück.

Eines Nachts hat wohl der dunkle Wind
sie verzaubert zur Laterne.
Die in ihrem Scheine glücklich sind,
flüstern leis: ich hab dich gerne – – –

# REGEN

Der Regen geht als eine alte Frau
mit stiller Trauer durch das Land.
Ihr Haar ist feucht, ihr Mantel grau,
und manchmal hebt sie ihre Hand

und klopft verzagt an Fensterscheiben,
wo die Gardinen heimlich flüstern.
Das Mädchen muß im Hause bleiben
und ist doch grade heut so lebenslüstern!

Da packt der Wind die Alte bei den Haaren,
und ihre Tränen werden wilde Kleckse.
Verwegen läßt sie ihre Röcke fahren
und tanzt gespensterhaft wie eine Hexe!

## DER KUSS

Es regnet – doch sie merkt es kaum,
weil noch ihr Herz vor Glück erzittert:
Im Kuß versank die Welt im Traum.
Ihr Kleid ist naß und ganz zerknittert

und so verächtlich hochgeschoben,
als wären ihre Knie für alle da.
Ein Regentropfen, der zu Nichts zerstoben,
der hat gesehn, was niemand sonst noch sah.

So tief hat sie noch nie gefühlt –
so sinnlos selig müssen Tiere sein!
Ihr Haar ist wie zu einem Heiligenschein zerwühlt –
Laternen spinnen sich drin ein.

Ich fühle deine Knie an meinen,
und deine krause Nase
muß irgendwo in meinem Haare weinen.
Du bist wie eine blaue Vase,
und deine Hände blühn wie Astern,
die schon vom Geben zittern.
Wir lächeln beide unter den Gewittern
von Liebe, Leid – und Lastern.

## ABSCHIED

Das war ein letzter Kuß am Kai –
vorbei.

Stromabwärts und dem Meere zu
fährst du.

Ein rotes und ein grünes Licht
entfernen sich . . .

Das Meer grinst grün und glasiggrau,
die Fische fliehn in tieferes Geflute.
Sogar dem alten Kabeljau
ist recht gemischt zu Mute.

Verängstigt strebt ein Seepferdchen zum Stalle.
Der Tintenfisch legt voller Kunst
um den Palast aus alabasterner Koralle
zur Tarnung einen tintenblauen Dunst.

Die Fischer ziehn die Netze ein
mit düsterem Geraune –
und einer brummt dazwischen rein:
Klabautermann hat schlechte Laune.

# MUSCHELN, MUSCHELN

Muscheln, Muscheln, blank und bunt,
findet man als Kind.
Muscheln, Muscheln, schlank und rund,
darin rauscht der Wind.

Darin singt das große Meer –
in Museen sieht man sie glimmern,
auch in alten Hafenkneipen
und in Kinderzimmern.

Muscheln, Muscheln, rund und schlank,
horch, was singt der Wind:
Muscheln, Muscheln, bunt und blank,
fand man einst als Kind!

Kleine blasse Rose!
Der Wind, von Luv, der lose,
der dich zerwühlte,
als wär dein Blatt
das Kleid von einer Hafenfrau –
er kam so wild und kam so grau!

Vielleicht auch fühlte
er sich für Sekunden matt
und wollt in deinen dunklen Falten
den Atem sanft verhalten.
Da hat dein Duft ihn so betört,
berauscht,
daß er sich bäumt und bauscht
und dich vor Lust zerstört,
daß er sich noch mit deinem Kusse bläht,
wenn er am bangen Gras vorüberweht.

Rote Münder, die aus grauen Schatten glühn,
girren einen süßen Schwindel.
Und der Mond grinst goldiggrün
durch das Nebelbündel.

Graue Straßen, rote Dächer,
mittendrin mal grün ein Licht.
Heimwärts gröhlt ein später Zecher
mit verknittertem Gesicht.

Grauer Stein und rotes Blut –
morgen früh ist alles gut.
Morgen weht ein grünes Blatt
über einer grauen Stadt.

# GROSSSTADT

Die Göttin Großstadt hat uns ausgespuckt
in dieses wüste Meer von Stein.
Wir haben ihren Atem eingeschluckt,
dann ließ sie uns allein.

Die Hure Großstadt hat uns zugeplinkt –
an ihren weichen und verderbten Armen
sind wir durch Lust und Leid gehinkt
und wollten kein Erbarmen.

Die Mutter Großstadt ist uns mild und groß –
und wenn wir leer und müde sind,
nimmt sie uns in den grauen Schoß –
und ewig orgelt über uns der Wind!

# ANTIQUITÄTEN

Erinnerung an die Hohen Bleichen

Weitab vom Lärm der großen Gegenwart,
verfallumwittert, ruhmreich und verlassen,
stehn stille Dinge rings, verstaubt, apart
ein paar kokette Biedermeiertassen.

Darüber wuchtet bleich ein Imperator,
doch seiner Büste Würde ist gegipst.
Ein ausgestopfter Südseealligator
grinst glasig grünen Auges wie beschwipst.

Der bronzne Kienspanhalter Karls des Weisen
blinkt über Buddhas Bauch und seinen Falten.
Die Zopfperücke hat noch einen leisen
verführerischen Puderhauch behalten.

Malaiisch glotzt mit hölzern starren Zügen
ein Götze. Fahl erglimmen Zähne von Mulatten.
Verrostet träumen Waffen von den Kriegen
und klirren leis in Rembrandts weichem Schatten.

Der Totenwurm in der Barockkommode
tickt zeitlos in den ausgedörrten Wänden.
Betrübt summt eine Fliege ihre Ode –
das macht, sie hockt auf Schopenhauers dreizehn
                                        Bänden.

# DIE HUNDEBLUME

ERZÄHLUNGEN AUS UNSEREN TAGEN

Und wer fängt uns auf?
Gott?

Die in diesem Bande enthaltenen Erzählungen entstanden im Jahre 1946. Die Titelerzählung «Die Hundeblume» ist Borcherts erste größere Prosaarbeit. Er schrieb sie im Winter 1945/46 im Elisabeth-Krankenhaus in Hamburg. Die Erzählungen erschienen als Buch im Frühsommer 1947 im Verlag Hamburgische Bücherei.

# Die Ausgelieferten

## DIE HUNDEBLUME

Die Tür ging hinter mir zu. Das hat man wohl öfter, daß eine Tür hinter einem zugemacht wird – auch daß sie abgeschlossen wird, kann man sich vorstellen. Haustüren zum Beispiel werden abgeschlossen, und man ist dann entweder drinnen oder draußen. Auch Haustüren haben etwas so Endgültiges, Abschließendes, Auslieferndes. Und nun ist die Tür hinter mir zugeschoben, ja, geschoben, denn es ist eine unwahrscheinlich dicke Tür, die man nicht zuschlagen kann. Eine häßliche Tür mit der Nummer 432. Das ist das Besondere an dieser Tür, daß sie eine Nummer hat und mit Eisenblech beschlagen ist – das macht sie so stolz und unnahbar; denn sie läßt sich auf nichts ein, und die inbrünstigen Gebete rühren sie nicht.

Und nun hat man mich mit dem Wesen allein gelassen, nein, nicht nur allein gelassen, zusammen eingesperrt hat man mich mit diesem Wesen, vor dem ich am meisten Angst habe: Mit mir selbst.

Weißt du, wie das ist, wenn du dir selbst überlassen wirst, wenn du mit dir allein gelassen bist, dir selbst ausgeliefert bist? Ich kann nicht sagen, daß es unbedingt furchtbar ist, aber es ist eines der tollsten Abenteuer, die wir auf dieser Welt haben können: Sich selbst zu begegnen. So begegnen wie hier in der Zelle 432: nackt, hilflos, konzentriert auf nichts als auf sich selbst, ohne Attribut und Ablenkung und ohne die Möglichkeit einer Tat. Und das ist das Entwürdigendste: Ganz ohne die Möglichkeit zu einer Tat zu sein. Keine Flasche zum Trinken oder zum Zerschmettern zu haben, kein Handtuch zum Aufhängen, kein Messer zum Ausbrechen oder zum Aderndurchschneiden, keine Feder zum Schreiben – nichts zu haben – als sich selbst.

Das ist verdammt wenig in einem leeren Raum mit vier nackten Wänden. Das ist weniger als die Spinne hat, die sich ein Gerüst aus dem Hintern drängt und ihr Leben daran riskieren kann, zwischen Absturz und Auffangen wagen kann. Welcher Faden fängt uns auf, wenn wir abstürzen?

Unsere eigene Kraft? Fängt ein Gott uns auf? Gott – ist das die Kraft, die einen Baum wachsen und einen Vogel fliegen läßt – ist Gott das Leben? Dann fängt er uns wohl manchmal auf – wenn wir wollen.

Als die Sonne ihre Finger von dem Fenstergitter nahm und die Nacht aus den Ecken kroch, trat etwas aus dem Dunkel auf mich zu – und ich dachte, es wäre Gott. Hatte jemand die Tür geöffnet? War ich nicht mehr allein? Ich fühlte, es ist etwas da, und das atmet und wächst. Die Zelle wurde zu eng – ich fühlte, daß die Mauern weichen mußten vor diesem, das da war und das ich Gott nannte.

Du, Nummer 432, Menschlein – laß dich nicht besoffen machen von der Nacht! Deine Angst ist mit dir in der Zelle, sonst nichts! Die Angst und die Nacht. Aber die Angst ist ein Ungeheuer, und die Nacht kann furchtbar werden wie ein Gespenst, wenn wir mit ihr allein sind.

Da trudelte der Mond über die Dächer und leuchtete die Wände ab. Affe, du! Die Wände sind so eng wie je, und die Zelle ist leer wie eine Apfelsinenschale. Gott, den sie den Guten nennen, ist nicht da. Und was da war, das was sprach, war in dir. Vielleicht war es ein Gott aus dir – du warst es! Denn du bist auch Gott, alle, auch die Spinne und die Makrele sind Gott. Gott ist das Leben – das ist alles. Aber das ist so viel, daß er nicht mehr sein kann. Sonst ist nichts. Aber dieses Nichts überwältigt uns oft.

Die Zellentür war so zu wie eine Nuß – als ob sie nie offen war, und von der man wußte, daß sie von selbst nicht aufging – daß sie aufgebrochen werden mußte. So war die Tür. Und ich stürzte, mit mir allein gelassen, ins Bodenlose. Aber da schrie mich die Spinne an wie ein Feldwebel: Schwächling! Der Wind hatte ihre Netze zerrissen, und sie drängte mit Ameiseneifer ein neues und fing mich, den Hundertdreiundzwanzigpfündigen, in ihren hauchfeinen Seilen. Ich bedankte mich bei ihr, aber davon nahm sie überhaupt keine Notiz.

So gewöhne ich mich langsam an mich. Man mutet sich so leichtfertig andern Menschen zu, und dabei kann man sich kaum selbst ertragen. Ich fand mich aber allmählich doch ganz unterhaltsam und vergnüglich – ich machte Tag und Nacht die merkwürdigsten Entdeckungen an mir.

Aber ich verlor in der langen Zeit den Zusammenhang mit allem, mit dem Leben, mit der Welt. Die Tage tropften schnell und regelmäßig von mir ab. Ich fühlte, wie ich langsam leerlief von der wirklichen Welt und voll wurde von mir selbst. Ich fühlte, daß ich immer weiter wegging von dieser Welt, die ich eben erst betreten hatte.

Die Wände waren so kalt und tot, daß ich krank wurde vor Verzweiflung und Hoffnungslosigkeit. Man schreit wohl ein paar Tage seine Not raus – aber wenn nichts antwortet, ermüdet man bald. Man schlägt wohl ein paar Stunden an Wand und Tür – aber wenn sie sich nicht auftun, sind die Fäuste bald wund, und der kleine Schmerz ist dann die einzige Lust in dieser Öde.

Es gibt doch wohl nichts Endgültiges auf dieser Welt. Denn die eingebildete Tür hatte sich aufgetan und viele andere dazu, und jede schubste einen scheuen, schlechtrasierten Mann hinaus in eine lange Reihe und in einen Hof mit grünem Gras in der Mitte und grauen Mauern ringsum.

Da explodierte ein Bellen um uns und auf uns zu – ein heiseres Bellen von blauen Hunden mit Lederriemen um den Bauch. Die hielten uns in Bewegung und waren selbst dauernd in Bewegung und bellten uns voll Angst. Aber wenn man genug Angst in sich hatte und ruhiger wurde, erkannte man, daß es Menschen waren in blauen, blassen Uniformen.

Man lief im Kreise. Wenn das Auge das erste erschütternde Wiedersehen mit dem Himmel überwunden und sich wieder an die Sonne gewöhnt hatte, konnte man blinzelnd erkennen, daß viele so zusammenhanglos trotteten und tief atmeten wie man selbst – siebzig, achtzig Mann vielleicht.

Und immer im Kreis – im Rhythmus ihrer Holzpantoffeln, unbeholfen eingeschüchtert und doch für eine halbe Stunde froher als sonst. Wenn die blauen Uniformen mit dem Bellen im Gesicht nicht gewesen wären, hätte man bis in die Ewigkeit so trotten können – ohne Vergangenheit, ohne Zukunft: Ganz genießende Gegenwart: Atmen, Sehen, Gehen!

So war es zuerst. Fast ein Fest, ein kleines Glück. Aber auf die Dauer – wenn man monatelang kampflos genießt – beginnt man abzuschweifen. Das kleine Glück genügt nicht mehr – man hat es satt, und die trüben Tropfen dieser Welt, der wir ausgeliefert sind, fallen in unser Glas. Und dann kommt der Tag, wo der Rundgang im Kreis eine Qual wird, wo man sich unter dem hohen Himmel verhöhnt fühlt und wo man Vordermann und Hintermann nicht mehr als Brüder und Mitleidende empfindet, sondern als wandernde Leichen, die nur dazu da sind, uns anzuekeln – und zwischen die man eingelattet ist als Latte ohne eigenes Gesicht in einem endlosen Lattenzaun, ach, und sie verursachen einem eher Übelkeit als sonstwas. Das kommt dann, wenn man monatelang kreist zwischen den grauen Mauern und von den blassen, blauen Uniformen mürbe gebellt ist.

Der Mann, der vor mir geht, war schon lange tot. Oder er war aus einem Panoptikum entsprungen, von einem komischen Dämon getrieben, zu tun, als sei er ein normaler Mensch – und dabei war er bestimmt längst tot. Ja! Nämlich seine Glatze, die von einem zerfransten Kranz schmutzig-grauer Haarbüschel umwildert ist, hat nicht diesen fettigen Glanz von lebendigen Glatzen, in denen sich Sonne und Regen noch trübe spiegeln können – nein, diese Glatze ist glanzlos, duff und matt wie aus Stoff. Wenn sich dieses Ganze da vor mir, das ich gar nicht Mensch nennen mag, dieser nachgemachte Mensch, nicht bewegen würde, könnte man diese Glatze für eine leblose Perücke halten. Und nicht mal die Perücke eines Gelehrten oder großen Säufers – nein, höchstens die eines Papierkrämers oder Zirkusclowns. Aber zäh ist sie, diese Perücke – sie kann schon aus Bosheit allein nicht abtreten, weil sie ahnt, daß ich, ihr Hintermann, sie hasse. Ja, ich hasse sie. Warum muß die Perücke – ich will nun man den ganzen

Mann so nennen, das ist einfacher – warum muß sie vor mir hergehen und leben, während junge Spatzen, die noch nichts vom Fliegen gewußt haben, sich aus der Dachrinne zu Tode stürzen? Und ich hasse die Perücke, weil sie feige ist – und wie feige! Sie fühlt meinen Haß, während sie blöde vor mir hertrottet, immer im Kreis, im ganz kleinen Kreis zwischen grauen Mauern, die auch kein Herz für uns haben, denn sonst würden sie eines Nachts heimlich fortwandern und sich um den Palast stellen, in dem unsere Minister wohnen.

Ich denke schon eine ganze Zeit darüber nach, warum man die Perücke ins Gefängnis gesperrt hat – was für eine Tat kann sie begangen haben – sie, die zu feige ist, sich nach mir umzudrehen, während ich sie andauernd quäle. Denn ich quäle sie: Ich trete ihr fortwährend auf die Hacken – mit Absicht natürlich – und mache mit meinem Mund ein übles Geräusch, als spuckte ich viertelpfundweise Lungenhaschee gegen ihren Rücken. Sie zuckt jedesmal verwundet zusammen. Trotzdem wagt sie es nicht, sich ganz nach ihrem Quäler umzusehen – nein, sie ist zu feige dazu. Sie dreht sich nur um ein paar Grad mit steifem Genick in meine Richtung nach hinten, aber die halbe Drehung bis zum Treffen unserer Augenpaare wagt sie nicht.

Was mag sie ausgefressen haben? Vielleicht hat sie unterschlagen oder gestohlen? Oder hat sie in einem Sexualanfall öffentliches Ärgernis erregt? Ja, das vielleicht. Einmal war sie berauscht von einem buckligen Eros aus ihrer Feigheit rausgehüpft in eine blöde Geilheit – na, und nun trottete sie vor mir her, stillvergnügt und erschrocken, einmal etwas gewagt zu haben.

Aber ich glaube, jetzt zittert sie insgeheim, weil sie weiß, daß ich hinter ihr gehe, ich, ihr Mörder! Oh, es würde mir leicht sein, sie zu morden, und es könnte ganz unauffällig geschehen. Ich hätte ihr nur das Bein zu stellen brauchen, dann wäre sie mit ihren viel zu stakigen Stelzen vornübergestolpert und hätte sich dabei wahrscheinlich ein Loch in den Kopf gestoßen – und dann wäre ihr die Luft mit einem phlegmatischen pfff... entwichen wie einem Fahrradschlauch. Ihr Kopf wäre in der Mitte auseinandergeplatzt wie weißlich-gelbes Wachs, und die wenigen Tropfen rote Tinte daraus hätten lächerlich verlogen gewirkt wie Himbeersaft auf der blauseidenen Bluse eines erdolchten Komödianten.

So haßte ich die Perücke, einen Kerl, dessen Visage ich nie gesehen hatte, dessen Stimme ich nie gehört hatte, von dem ich nur einen muffigen, mottenpulverigen Geruch kannte. Sicher hatte er – die Perücke – eine milde, müde Stimme ohne jede Leidenschaft, so kraftlos wie seine milchigen Finger. Sicher hatte er die vorstehenden Augen eines Kalbes und eine dicke, hängende Unterlippe, die dauernd Pralinen essen möchte. Es war die Maske eines Lebemannes, ohne Größe und mit dem Mut eines Papierhändlers, dessen Hebammenhände oftmals den ganzen Tag nichts getan hatten, als siebzehn Pfennige für ein Schreibheft vom Ladentisch zu streichen.

Nein, kein Wort mehr über die Perücke! Ich hasse sie wirklich so sehr, daß ich mich leicht in einen Wutausbruch hineinsteigern könnte, bei dem ich mich zu sehr entblößen würde. Genug. Schluß. Ich will nie wieder von ihr reden, nie! –

Aber wenn einer, den du gerne verschweigen möchtest, ständig mit eingeknickten Knien in der Melodie eines Melodramas vor dir hergeht, dann wirst du ihn nicht los. Wie ein Juckreiz im Rücken, wo du mit den Händen nicht ankommst, reizt er dich immer wieder, an ihn zu denken, ihn zu empfinden, ihn zu hassen.

Ich glaube, ich muß die Perücke doch ermorden. Aber ich habe Angst, der Tote würde mir einen greulichen Streich spielen. Er würde sich plötzlich mit ordinärem Lachen daran erinnern, daß er früher ja Zirkusclown war und sich aus seinem Blut hochwälzen. Vielleicht etwas verlegen, als hätte er das Blut nicht halten können wie andere Leute das Wasser. Kopfüber würde er durch die Gefängnismanege hampeln, hielte womöglich die Wärter für bockende Esel, die er bis zum Wahnsinn reizen würde, um dann mit gemachter Angst auf die Mauer zu springen. Von dort aus würde er dann seine Zunge wie einen Scheuerlappen gegen uns lüpfen und auf immer verschwinden.

Es ist nicht auszudenken, was alles geschehen würde, wenn sich plötzlich jeder auf das besinnen würde, was er eigentlich ist.

Denke nicht, daß mein Haß auf meinen Vordermann, auf die Perücke, hohl und grundlos ist – oh, man kann in Situationen kommen, wo man so von Haß überläuft und über die eigenen Grenzen hinweggeschwemmt wird, daß man nachher kaum zu sich selbst zurückfindet – so hat einen der Haß verwüstet.

Ich weiß, es ist schwer, mir zuzuhören und mit mir zu fühlen. Du sollst auch nicht zuhören, als wenn einer dir etwas von Gottfried Keller oder Dickens vorliest. Du sollst mit mir gehen, mitgehen in dem kleinen Kreis zwischen den unerbittlichen Mauern. Nicht in Gedanken neben mir – nein, körperlich hinter mir als mein Hintermann. Und dann wirst du sehen, wie schnell du mich hassen lernst. Denn wenn du mit uns (ich sage jetzt «uns», weil wir dieses eine alle gemeinsam haben) in unserm lendenlahmen Kreise wankst, dann bist du so leer von Liebe, daß der Haß wie Sekt in dir aufschäumt. Du läßt ihn auch schäumen, nur um diese entsetzliche Leere nicht mehr zu fühlen. Und glaube nur nicht, daß du mit leerem Magen und leerem Herzen zu besonderen Taten der Nächstenliebe aufgelegt sein wirst!

So wirst du also als ein von allem Guten Geleerter hinter mir herdammeln und monatelang nur auf mich angewiesen sein, auf meinen schmalen Rücken, den viel zu weichen Nacken und die leere Hose, in die der Anatomie nach eigentlich etwas mehr hineingehört. Am meisten wirst du aber auf meine Beine sehen müssen. Alle Hintermänner sehen auf die Beine ihres Vordermannes, und der Rhythmus seines Schrittes wird ihnen aufgezwungen und übernommen, auch wenn er ihnen fremd und unbequem ist. Ja, und da wird der Haß dich anfallen wie ein eifersüchtiges Weib, wenn du merkst, daß ich keinen Gang habe. Nein, ich habe keinen Gang. Es gibt tatsächlich Menschen, die keinen Gang haben – sie haben mehrere Stilarten, die sich nicht miteinander vereinen können zu einer Melodie. Ich bin so einer. Du wirst mich deswegen hassen, ebenso sinnlos und begründet, wie ich die Perücke hassen muß, weil ich ihr Hintermann bin. Wenn du dich

gerade auf meinen etwas unsicheren, verspielten Schritt einge-
stellt hast, stellst du stockend fest, daß ich plötzlich ganz reell
und energisch auftrete. Und kaum hast du diesen neuen Typ meines Gehens registriert, da fange ich einige Schritte weiter an, zerfahren und mutlos zu bummeln. Nein, du wirst keine Freude und
Freundschaft über mich empfinden können. Du mußt mich hassen.
Alle Hintermänner hassen ihre Vordermänner.

Vielleicht würde alles anders werden, wenn sich die Vordermänner
mal nach ihren Hintermännern umsehen würden, um sich mit
ihnen zu verständigen. So ist aber jeder Hintermann – er sieht
nur seinen Vordermann und haßt ihn. Aber seinen Hintermann
verleugnet er – da fühlt er sich Vordermann. So ist das in unserm
Kreis hinter den grauen Mauern – so ist es aber wohl anderswo
auch, überall vielleicht.

Ich hätte die Perücke doch umbringen sollen. Einmal heizte sie
mir so ein, daß mein Blut an zu kochen fing. Das war, als ich die
Entdeckung machte. Keine große Sache. Nur eine ganz kleine Entdeckung.

Habe ich schon gesagt, daß wir jeden Morgen eine halbe Stunde
lang einen kleinen schmutzig-grünen Fleck Rasen umkreisen? In
der Mitte der Manege von diesem seltsamen Zirkus war eine blasse Versammlung von Grashalmen, blaß und der einzelne Halm
ohne Gesicht. Wie wir in diesem unerträglichen Lattenzaun. Auf
der Suche nach Lebendigem, Buntem, lief mein Auge ohne große
Hoffnung eigentlich und zufällig über die paar Hälmchen hin,
die sich, als sie sich angesehen fühlten, unwillkürlich zusammen-
nahmen und mir zunickten – und da entdeckte ich unter ihnen
einen unscheinbaren gelben Punkt, eine Miniaturgeisha auf einer
großen Wiese. Ich war so erschrocken über meine Entdeckung,
daß ich glaubte, alle müßten es gesehen haben, daß meine Augen
wie festgebackt auf das gelbe Etwas starrten, und ich sah schnell
und sehr interessiert auf die Pantoffeln meines Vordermannes.
Aber so wie du einem, mit dem du sprichst, immer auf den Fleck,
den er an der Nase hat, stieren mußt und ihn ganz unruhig
machst – so sehnten meine Augen sich nach dem gelben Punkt.

Als ich jetzt dichter an ihm vorbeikam, tat ich so unbefangen wie möglich. Ich erkannte eine Blume, eine gelbe Blume. Es war ein Löwenzahn – eine kleine gelbe Hundeblume.

Sie stand ungefähr einen halben Meter links von unserm Weg, von dem Kreis, auf dem wir jeden Morgen eine Huldigung an die frische Luft darbrachten. Ich stand förmlich Angst aus und bildete mir ein, einer der Blauen folge schon mit Stielaugen der Richtung meines Blickes. Aber so sehr unsere Wachthunde gewohnt waren, auf jede individuelle Regung des Lattenzaunes mit wütendem Bellen zu reagieren – niemand hatte an meiner Entdeckung teilgenommen. Die kleine Hundeblume war noch ganz mein Eigentum.

Aber richtig freuen konnte ich mich nur wenige Tage an ihr. Sie sollte mir ganz gehören. Immer wenn unser Rundgang zu Ende ging, mußte ich mich gewaltsam von ihr losreißen, und ich hätte meine tägliche Brotration (und das will was sagen!) dafür gegeben, sie zu besitzen. Die Sehnsucht, etwas Lebendiges in der Zelle zu haben, wurde so mächtig in mir, daß die Blume, die schüchterne kleine Hundeblume, für mich bald den Wert eines Menschen, einer heimlichen Geliebten bekam: Ich konnte nicht mehr ohne sie leben – da oben zwischen den toten Wänden!

Und dann kam die Sache mit der Perücke. Ich fing es sehr schlau an. Jedesmal, wenn ich an meiner Blume vorbeikam, trat ich so unauffällig wie möglich einen Fuß breit vom Wege auf den Grasfleck. Wir haben alle einen tüchtigen Teil Herdentrieb in uns, und darauf spekulierte ich. Ich hatte mich nicht getäuscht. Mein Hintermann, sein Hintermann, dessen Hintermann – und so weiter – alle latschten stur und folgsam in meiner Spur. So gelang es mir in vier Tagen, unsern Weg so nahe an meine Hundeblume heranzubringen, daß ich sie mit der Hand hätte erreichen können, wenn ich mich gebückt hätte. Zwar starben einige zwanzig der blassen Grashalme durch mein Unternehmen einen staubigen Tod unter unsern Holzpantinen – aber wer denkt an ein paar zertretene Grashalme, wenn er eine Blume pflücken will!

Ich näherte mich der Erfüllung meines Wunsches. Zur Probe ließ ich einige Male meinen linken Strumpf runterrutschen, bückte mich ärgerlich und harmlos und zog ihn wieder hoch. Niemand fand etwas dabei. Also, morgen denn!

Ihr müßt mich nicht auslachen, wenn ich sage, daß ich am nächsten Tag mit Herzklopfen den Hof betrat und feuchte, erregte Hände hatte. Es war auch zu unwahrscheinlich, die Aussicht, nach monatelanger Einsamkeit und Liebelosigkeit unerwartet eine Geliebte in der Zelle zu haben.

Wir hatten unsere tägliche Ration Runden mit monotonem Pantoffelgeklöppel fast beendet – bei der vorletzten Runde sollte es geschehen. Da trat die Perücke in Aktion, und zwar auf die abgefeimteste und niederträchtigste Weise.

Wir waren eben in die vorletzte Runde eingebogen, die Blauen rasselten wichtig mit den Riesenschlüsselbunden, und ich näherte mich dem Tatort, von wo meine Blume mir ängstlich entgegensah. Vielleicht war ich nie so erregt wie in diesen Sekunden. Noch zwanzig Schritte. Noch fünfzehn Schritte, noch zehn, fünf...

Da geschah das Ungeheure! Die Perücke warf plötzlich, als begänne sie eine Tarantella, die dünnen Arme in die Luft, hob das rechte Bein graziös bis an den Nabel und machte auf dem linken Fuß eine Drehung nach hinten. Nie werde ich begreifen, wo sie den Mut hernahm – sie blitzte mich triumphierend an, als wüßte sie alles, verdrehte die Kalbsaugen, bis das Weiße zu schillern anfing, und klappte dann wie eine Marionette zusammen. Oh, nun war es gewiß: er mußte früher Zirkusclown gewesen sein, denn alles brüllte vor Lachen!

Aber da bellten die blauen Uniformen los, und das Lachen war weggewischt, als ob es nie gewesen war. Und einer trat gegen den Liegenden und sagte so selbstverständlich, wie man sagt: es regnet – so sagte er: Er ist tot!

Ich muß noch etwas gestehen – aus Ehrlichkeit gegen mich selbst. In dem Augenblick, als ich mit dem Mann, den ich die Perücke nannte, Auge in Auge war und fühlte, daß er unterlag, nicht mir, nein, dem Leben unterlag – in dieser Sekunde verlief mein Haß wie eine Welle am Strand, und es blieb nichts als ein Gefühl der

34

Leere. Eine Latte war aus dem Zaun gebrochen – der Tod war haarscharf an mir vorbeigepfiffen –, da bemüht man sich schnell, gut zu sein. Und ich gönne der Perücke noch nachträglich den vermeintlichen Sieg über mich.

Am nächsten Morgen hatte ich einen anderen Vordermann, der mich die Perücke sofort vergessen machte. Er sah verlogen aus wie ein Theologe, aber ich glaube, er war eigens aus der Hölle beurlaubt, mir das Pflücken meiner Blume völlig unmöglich zu machen.

Er hatte eine impertinente Art aufzufallen. Alles feixte über ihn. Sogar die blaßblauen Hunde konnten ein menschliches Grinsen nicht unterdrücken, was sich ungeheuer merkwürdig ausmachte. Jeder Zoll ein Staatsbeamter – aber die primitive Würde der stumpfen Berufssoldatengesichter war zu einer Grimasse verzerrt. Sie wollten nicht lachen, bei Gott, nein! Aber sie mußten. Kennst du das Gefühl, das gönnerhafte, wenn du mit jemandem böse bist und ihr seid beide Masken der Unversöhnlichkeit, und nun geschieht irgend etwas Komisches, das euch beide zum Lachen zwingt – ihr wollt nicht lachen, bei Gott, nein! Dann zieht sich das Gesicht aber doch in die Breite und nimmt jenen bekannten Ausdruck an, den man am treffendsten mit «Saures Grinsen» benennen könnte. So erging es nun den Blauen, und das war die einzige menschliche Regung, die wir überhaupt an ihnen bemerkten. Ja, dieser Theologe, das war eine Motte! Er war gerissen genug, verrückt zu sein – aber er war nicht so verrückt, daß seine Gerissenheit darunter litt.

Wir waren siebenundsiebzig Mann in der Manege, und eine Meute von zwölf uniformierten Revolverträgern umkläffte uns. Einige mochten zwanzig und mehr Jahre diesen Kläfferdienst ausüben, denn ihre Münder waren im Laufe der Jahre bei vielen tausend Patienten eher schnauzenähnlich geworden. Aber diese Angleichung an das Tierreich hatte nichts von ihrer Einbildung genommen. Man hätte jeden einzelnen von ihnen so wie er war als Standbild benutzen können mit der Aufschrift: L'Etat c'est moi.

Der Theologe (später erfuhr ich, daß er eigentlich Schlosser war und bei Arbeiten an einer Kirche verunglückte – Gott nahm sich seiner an!) war so verrückt oder gerissen, daß er ihre Würde vollkommen respektierte. Was sag ich – respektierte? Er pustete die Würde der blauen Uniformen auf zu einem Luftballon von ungeahnten Dimensionen, von denen die Träger selbst keine Ahnung hatten. Wenn sie auch über seine Blödheit lachen mußten, ganz heimlich blähte doch ein gewisser Stolz ihre Bäuche, daß sich die Lederkoppel spannten.

Immer wenn der Theologe einen der Wachthunde passierte, die breitbeinig stehend ihre Macht zum Ausdruck brachten und, sooft es ging, bissig auf uns losfuhren – jedesmal machte er eine durchaus ehrlich wirkende Verbeugung und sagte so innig-höflich und gut gemeint: Gesegnetes Fest, Herr Wachtmeister! – daß kein Gott ihm hätte zürnen können – viel weniger die eitlen Luftballons in Uniform. Und dabei legte er seine Verbeugung so bescheiden an, daß es immer aussah, als wiche er einer Ohrfeige aus.

Und nun hatte der Teufel diesen Komiker-Theologen zu meinem Vordermann gemacht, und seine Verrücktheit strahlte so stark aus und nahm mich in Anspruch, daß ich meine neue kleine Geliebte, meine Hundeblume, beinahe vergaß. Ich konnte ihr kaum einen zärtlichen Blick zuwerfen, denn ich mußte einen irrsinnigen Kampf mit meinen Nerven austragen, der mir den Angstschweiß aus allen Löchern jagte. Jedesmal, wenn der Theologe seine Verbeugung machte und sein «Gesegnetes Fest, Herr Wachtmeister» wie Honig von der Zunge tropfen ließ – jedesmal mußte ich alle Muskeln anspannen, es ihm nicht nachzutun. Die Versuchung war so stark, daß ich mehrere Male den Staatsdenkmälern schon freundlich zunickte und es erst in der letzten Sekunde fertigbrachte, keine Verbeugung zu machen und stumm zu bleiben.

Wir kreisten täglich etwa eine halbe Stunde im Hof, das waren täglich zwanzig Runden, und zwölf Uniformen umstanden unsern Kreis. Der Theologe machte also auf jeden Fall zweihundertundvierzig Verbeugungen pro Tag, und zweihundertundvierzigmal

36

mußte ich alle Konzentration aufbieten, nicht verrückt zu werden. Ich wußte, wenn ich das drei Tage gemacht hätte, würde ich mildernde Umstände bekommen – dem war ich nicht gewachsen. Ich kam völlig erschöpft in meine Zelle zurück. Die ganze Nacht aber ging ich im Traum eine unendliche Reihe blauer Uniformen entlang, die alle wie Bismarck aussahen – die ganze Nacht bot ich diesen Millionen blaßblauer Bismarcks mit tiefem Bückling ein «Gesegnetes Fest, Herr Wachtmeister!»

Am nächsten Tag wußte ich es so einzurichten, daß die Reihe an mir vorbeiging und ich einen andern Vordermann bekam. Ich verlor meinen Pantoffel, fischte ihn ganz umständlich und humpelte in den Lattenzaun zurück. Gott sei Dank! Vor mir ging die Sonne auf. Vielmehr – sie verdunkelte sich. Mein neuer Vordermann war so unverschämt lang, daß meine 1,80 m glatt in seinem Schatten verschwanden. Es gab also doch eine Vorsehung – man mußte ihr nur mit dem Pantoffel nachhelfen. Seine unmenschlich langen Gliedmaßen ruderten sinnlos durcheinander, und das Originelle war, er kam dabei sogar vorwärts, obgleich er sicher keinerlei Übersicht über Beine und Arme hatte. Ich liebte ihn beinahe – ja, ich betete, er möchte nicht plötzlich tot umsinken wie die Perücke oder verrückt werden und anfangen, feige Verbeugungen zu machen. Ich betete für sein langes Leben und seine geistige Gesundheit. Ich fühlte mich in seinem Schatten so geborgen, daß meine Blicke länger als sonst die kleine Hundeblume umfingen, ohne daß ich Angst zu haben brauchte, mich zu verraten. Ich verzieh diesem himmlischen Vordermann sogar sein abscheulich näselndes Organ, oh, ich verkniff mir großzügig, ihm allerlei Spitznamen wie Oboe, Krake oder Gottesanbeterin zu verleihen. Ich sah nur noch meine Blume – und ließ meinen Vordermann so lang und so blöde sein, wie er es wollte! Der Tag war wie alle anderen. Er unterschied sich nur dadurch von ihnen, daß der Häftling aus der Zelle 432 zum Ende der halben Stunde einen rasenden Pulsschlag bekam und seine Augen den Ausdruck von kaschierter Harmlosigkeit und schlecht verdeckter Unsicherheit annahmen.

Wir bogen in die vorletzte Runde ein – wieder wurden die Schlüsselbunde lebendig, und der Lattenzaun döste durch die sparsamen Sonnenstrahlen wie hinter ewigen Gittern.

Aber was war das? Eine Latte döste ja gar nicht! Sie war hellwach und wechselte vor Aufregung alle paar Meter die Gangart. Merkte das denn kein Mensch? Nein. Und plötzlich bückte sich die Latte 432, fummelte an ihrem runtergerutschten Strumpf herum und – fuhr dazwischen blitzschnell mit der einen Hand auf eine erschrockene kleine Blume zu, riß sie ab – und schon klöppelten wieder siebenundsiebzig Latten in gewohntem Schlendrian in die letzte Runde.

Was ist so komisch: Ein blasierter, reuiger Jüngling aus dem Zeitalter der Grammophonplatten und Raumforschung steht in der Gefängniszelle 432 unter dem hochgemauerten Fenster und hält mit seinen vereinsamten Händen eine kleine gelbe Blume in den schmalen Lichtstrahl – eine ganz gewöhnliche Hundeblume. Und dann hebt dieser Mensch, der gewohnt war, Pulver, Parfüm und Benzin, Gin und Lippenstift zu riechen, die Hundeblume an seine hungrige Nase, die schon monatelang nur das Holz der Pritsche, Staub und Angstschweiß gerochen hat – und er saugt so gierig aus der kleinen gelben Scheibe ihr Wesen in sich hinein, daß er nur so aus Nase besteht.

Da öffnet sich in ihm etwas und ergießt sich wie Licht in den engen Raum, etwas, von dem er bisher nie gewußt hat: Eine Zärtlichkeit, eine Anlehnung und Wärme ohnegleichen erfüllt ihn zu der Blume und füllt ihn ganz aus.

Er ertrug den Raum nicht mehr und schloß die Augen und staunte: Aber du riechst ja nach Erde. Nach Sonne, Meer und Honig, liebes Lebendiges! Er empfand ihre keusche Kühle wie die Stimme des Vaters, den er nie sonderlich beachtet hatte und der nun soviel Trost war mit seiner Stille – er empfand sie wie die helle Schulter einer dunklen Frau.

Er trug sie behutsam wie eine Geliebte zu seinem Wasserbecher, stellte das erschöpfte kleine Wesen da hinein, und dann brauchte er mehrere Minuten – so langsam setzte er sich, Angesicht in Angesicht mit seiner Blume.

Er war so gelöst und glücklich, daß er alles abtat und abstreifte, was ihn belastete: die Gefangenschaft, das Alleinsein, den Hunger nach Liebe, die Hilflosigkeit seiner zweiundzwanzig Jahre, die Gegenwart und die Zukunft, die Welt und das Christentum – ja, auch das!

Er war ein brauner Balinese, ein «Wilder» eines «wilden» Volkes, der das Meer und den Blitz und den Baum fürchtete und anbetete. Der Kokosnuß, Kabeljau und Kolibri verehrte, bestaunte, fraß und nicht begriff. So befreit war er, und nie war er so bereit zum Guten gewesen, als er der Blume zuflüsterte... werden wie du...

Die ganze Nacht umspannten seine glücklichen Hände das vertraute Blech seines Trinkbechers, und er fühlte im Schlaf, wie sie Erde auf ihn häuften, dunkle, gute Erde, und wie er sich der Erde angewöhnte und wurde wie sie – und wie aus ihm Blumen brachen: Anemonen, Akelei und Löwenzahn – winzige, unscheinbare Sonnen.


## DIE KRÄHEN FLIEGEN ABENDS NACH HAUSE

Sie hocken auf dem steinkalten Brückengeländer und am violettstinkenden Kanal entlang auf dem frostharten Metallgitter. Sie hocken auf ausgeleierten muldigen Kellertreppen. Am Straßenrand bei Stanniolpapier und Herbstlaub und auf den sündigen Bänken der Parks. Sie hocken an türlose Häuserwände gelehnt, hingeschrägt, und auf den fernwehvollen Mauern und Molen des Kais.

Sie hocken im Verlorenen, krähengesichtig, grauschwarz übertrauert und heisergekrächzt. Sie hocken und alle Verlassenheiten hängen an ihnen herunter wie lahmes loses zerzaustes Gefieder. Herzverlassenheiten, Mädchenverlassenheiten, Sternverlassenheiten.

Sie hocken im Gedämmer und Gediese der Häuserschatten, torwegsscheu, teerdunkel und pflastermüde. Sie hocken dünnsohlig und graubestaubt im Frühdunst des Weltnachmittags, verspätet, ins Einerlei verträumt. Sie hocken über dem Bodenlosen, abgrundverstrickt und schlafschwankend vor Hunger und Heimweh.

Krähengesichtig (wie auch anders?) hocken sie, hocken, hocken und hocken. Wer? Die Krähen? Vielleicht auch die Krähen. Aber die Menschen vor allem, die Menschen.

Rotblond macht die Sonne um sechs Uhr das Großstadtgewölke aus Qualm und Gerauch. Und die Häuser werden samtblau und weichkantig im milden Vorabendgeleuchte.

Aber die Krähengesichtigen hocken weißhäutig und blaßgefroren in ihren Ausweglosigkeiten, in ihren unentrinnbaren Menschlichkeiten, tief in die buntflickigen Jacken verkrochen.

Einer hockte noch von gestern her am Kai, roch sich voll Hafengeruch und kugelte zerbröckeltes Gemäuer ins Wasser. Seine Augenbrauen hingen mutlos aber mit unbegreiflichem Humor wie Sofafransen auf der Stirn. Und dann kam ein Junger dazu, die Arme ellbogentief in den Hosen, den Jackenkragen hochgeklappt um den mageren Hals. Der Ältere sah nicht auf, er sah neben sich die trostlosen Schnauzen von einem Paar Halbschuhen und vom Wasser hoch zitterte ein wellenverschaukeltes Zerrbild von einer traurigen Männergestalt ihn an. Da wußte er, daß Timm wieder da war.

Na, Timm, sagte er, da bist du ja wieder. Schon vorbei?

Timm sagte nichts. Er hockte sich neben den andern auf die Kaimauer und hielt die langen Hände um den Hals. Ihn fror.

Ihr Bett war wohl nicht breit genug, wie? fing der andere sachte wieder an nach vielen Minuten.

Bett! Bett! sagte Timm wütend, ich liebe sie doch.

Natürlich liebst du sie. Aber heute abend hat sie dich wieder vor die Tür gestellt. War also nichts mit dem Nachtquartier. Du bist sicher nicht sauber genug, Timm. So ein Nachtbesuch muß sauber sein. Mit Liebe allein geht das nicht immer. Na ja, du bist ja sowieso kein Bett mehr gewöhnt. Dann bleib man lieber hier. Oder liebst du sie noch, was?

Timm rieb seine langen Hände am Hals und rutschte tief in seinen Jackenkragen. Geld will sie, sagte er viel später, oder Seidenstrümpfe. Dann hätte ich bleiben können.

Oh, du liebst sie also noch, sagte der Alte, je, aber wenn man kein Geld hat!

Timm sagte nicht, daß er sie noch liebe, aber nach einer Weile meinte er etwas leiser: Ich hab ihr den Schal gegeben, den roten, weißt du. Ich hatte ja nichts anderes. Aber nach einer Stunde hatte sie plötzlich keine Zeit mehr.

Den roten Schal? fragte der andere. Oh, er liebt sie, dachte er für sich, wie liebt er sie! Und er wiederholte noch einmal: Oha, deinen schönen roten Schal! Und jetzt bist du doch wieder hier und nachher wird es Nacht.

Ja, sagte Timm, Nacht wird es wieder. Und mir ist elend kalt am Hals, wo ich den Schal nicht mehr hab. Elend kalt, kann ich dir sagen.

Dann sahen sie beide vor sich aufs Wasser und ihre Beine hingen betrübt an der Kaimauer. Eine Barkasse schrie weißdampfend vorbei und die Wellen kamen dick und schwatzhaft hinterher. Dann war es wieder still, nur die Stadt brauste eintönig zwischen Himmel und Erde und krähengesichtig, blauschwarz übertrauert, hockten die beiden Männer im Nachmittag. Als nach einer Stunde ein Stück rotes Papier mit den Wellen vorüber schaukelte, ein lustiges rotes Papier auf den bleigrauen Wellen, da sagte Timm zu dem andern: Aber ich hatte ja nichts anderes. Nur den Schal.

Und der andere antwortete: Und der war so schön rot, du, weißt du noch, Timm? Junge, war der rot.

Ja, ja, brummte Timm verzagt, das war er. Und jetzt friert mich ganz elend am Hals, mein Lieber.

Wieso, dachte der andere, er liebt sie doch und war eine ganze Stunde bei ihr. Jetzt will er nicht mal dafür frieren. Dann sagte er gähnend: Und das Nachtquartier ist auch Essig.

Lilo heißt sie, sagte Timm, und sie trägt gerne seidene Strümpfe. Aber die hab ich ja nicht.

Lilo? staunte der andere, schwindel doch nicht, sie heißt doch nicht Lilo, Mensch.

Natürlich heißt sie Lilo, antwortete Timm aufgebracht. Meinst du, ich kann keine kennen, die Lilo heißt? Ich liebe sie sogar, sag ich dir.

Timm rutschte wütend von seinem Freund ab und zog die Knie ans Kinn. Und seine langen Hände hielt er um den mageren Hals. Ein Gespinst von früher Dunkelheit legte sich über den Tag und die letzten Sonnenstrahlen standen wie ein Gitter verloren am Himmel. Einsam hockten die Männer über den Ungewißheiten der kommenden Nacht und die Stadt summte groß und voller Verführung. Die Stadt wollte Geld oder seidene Strümpfe. Und die Betten wollten sauberen Besuch in der Nacht.

Du, Timm, fing der andere an und verstummte wieder.

Was ist denn, fragte Timm.

Heißt sie wirklich Lilo, du?

Natürlich heißt sie Lilo, schrie Timm seinen Freund an, Lilo heißt sie, und wenn ich mal was hab, soll ich wiederkommen, hat sie gesagt, mein Lieber.

Du, Timm, brachte der Freund dann nach einer Weile zustande, wenn sie wirklich Lilo heißt, dann mußtest du ihr den roten Schal auch geben. Wenn sie Lilo heißt, finde ich, dann darf sie auch den roten Schal haben. Auch wenn es mit dem Nachtquartier Essig ist.

Nein, Timm, den Schal laß man, wenn sie wirklich Lilo heißt.

Die beiden Männer sahen über das dunstige Wasser weg der aufsteigenden Dämmerung entgegen, furchtlos, aber ohne Mut, abgefunden. Abgefunden mit Kaimauern und Torwegen, abgefunden mit Heimatlosigkeiten, mit dünnen Sohlen und leeren Taschen abgefunden. Ans Einerlei vertrödelt ohne Ausweg.

Überraschend am Horizont hochgeworfen, von irgendwo hergeweht, kamen Krähen angetaumelt, Gesang und das dunkle Gefieder voll Nachtahnung, torkelten sie wie Tintenkleckse über das keusche Seidenpapier des Abendhimmels, müdegelebt, heisergekrächzt, und dann unerwartet etwas weiter ab schon von der Dämmerung verschluckt.

42

Sie sahen den Krähen nach, Timm und der andere, krähengesichtig, blauschwarz übertrauert. Und das Wasser roch satt und gewaltig. Die Stadt, aus Würfeln wild aufgetürmt, fensteräugig, fing mit tausend Lampen an zu blinken. Den Krähen sahen sie nach, den Krähen, die lange verschluckt schon, sahen ihnen nach mit armen alten Gesichtern, und Timm, der Lilo liebte, Timm, der zwanzig Jahre war, der sagte: Die Krähen, du, die haben es gut.

Der andere sah vom Himmel weg mitten in Timms weites Gesicht, das blaßgefroren im Halbdunkel schwamm. Und Timms dünne Lippen waren traurige Striche in dem weiten Gesicht, einsame Striche, zwanzigjährig, hungrig und dünn von vielen verfrühten Bitterkeiten.

Die Krähen, sagte Timms weites Gesicht leise, dieses Gesicht, das aus zwanzig helldunklen Jahren gemacht war, die Krähen sagte Timms Gesicht, die haben es gut. Die fliegen abends nach Hause. Einfach nach Hause.

Die beiden Männer hockten verloren in der Welt, angesichts der neuen Nacht klein und verzagt, aber furchtlos mit ihrer furchtbaren Schwärze vertraut. Die Stadt glimmt durch weiche warme Gardinen millionenäugig schläfrig auf die lärmleeren Nachtstraßen mit dem verlassenen Pflaster. Da hockten sie, hart ans Bodenlose hingelehnt wie müdmorsche Pfähle, und Timm, der Zwanzigjährige, hatte gesagt: Die Krähen haben es gut. Die Krähen fliegen abends nach Hause. Und der andere plapperte blöde vor sich hin: Die Krähen, Timm, Mensch, Timm, die Krähen.

Da hockten sie. Hingelümmelt vom lockenden lausigen Leben. Auf Kai und Kantstein gelümmelt. Auf Mole und muldiges Kellergetrepp. Auf Pier und Ponton. Zwischen Herbstlaub und Stanniolpapier vom Leben auf staubgraue Straßen gelümmelt. Krähen? Nein, Menschen! Hörst du? Menschen! Und einer davon hieß Timm und der hatte Lilo liebgehabt für einen roten Schal. Und nun, nun kann er sie nicht mehr vergessen. Und die Krähen, die Krähen krächzen nach Hause. Und ihr Gekrächz stand trostlos im Abend.

Aber dann stotterte eine Barkasse schaummäulig vorbei und ihr gesprühtes Rotlicht verkrümelt sich zitternd in der Hafendiesigkeit. Und das Gediese wurde rot für Sekunden. Rot wie mein Schal, dachte Timm. Unendlich weit ab vertuckerte die Barkasse. Und Timm sagte leise: Lilo. Immerzu: Lilo Lilo Lilo Lilo Lilo – – –

## STIMMEN SIND DA
### IN DER LUFT – IN DER NACHT

Die Straßenbahn fuhr durch den nebelnassen Nachmittag. Der war grau und die Bahn war gelb und verloren darin. Denn es war November und die Straßen waren leer und lärmlos und ohne Lust. Nur das Gelb der Straßenbahn schwamm einsam im nebeligen Nachmittag.

In der Bahn aber saßen sie, warm, atmend, erregt. Fünf oder sechs saßen da, Menschen, verloren, einsam im Novembernachmittag. Aber dem Nebel entronnen. Saßen unter tröstlichen trüben Lämpchen, ganz vereinzelt saßen sie, dem nassen Nebel entronnen. Leer war es in der Bahn. Nur fünf waren da, ganz vereinzelt, und atmeten. Und der Schaffner war der sechste an diesem späten einsamen Nebelnachmittag, war da mit seinen milden Messingknöpfen und malte große schiefe Gesichter an die feuchten behauchten Scheiben. Die Straßenbahn stieß und stolperte gelb durch den November.

Drinnen saßen die fünf Entronnenen und der Schaffner stand da und der ältere Herr mit den vielfältigen Tränensäcken unter den Augen fing wieder an – halblaut fing er wieder davon an:

«In der Luft sind sie. In der Nacht. Oh, sie sind in der Nacht. Darum schläft man nicht. Nur darum. Das sind einzig und allein die Stimmen, glauben Sie mir, das sind nur die Stimmen.»

Der ältere Herr beugte sich weit vor. Seine Tränensäcke schlotterten leise und sein seltsam heller Zeigefinger piekste der alten Frau, die ihm gegenübersaß, auf die flache Brust. Sie zog geräuschvoll die Luft durch die Nase und starrte erregt auf den hellen Zeigefinger. Immer wieder zog sie laut die Luft hoch. Sie mußte das, denn sie hatte einen schönen abgrundtiefen Novemberschnupfen, der ihr tief bis in die Lunge zu reichen schien. Aber trotzdem machte sie der Finger erregt. Die beiden Mädchen in der anderen Ecke kicherten. Aber sie sahen sich nicht an, als von den nächtlichen Stimmen die Rede war. Sie wußten es längst, daß es nachts Stimmen gab. Gerade sie wußten es vor allem. Aber sie kicherten, weil sie sich voreinander schämten. Und der Schaffner malte große schiefe Gesichter auf das nebelbeschlagene Fensterglas. Und dann saß da ein junger Mann, der hatte die Augen zu und war blaß. Sehr blaß saß er da unter dem trüben Lämpchen. Er hatte die Augen zu, als ob er schliefe. Und die Straßenbahn stieß schwimmend gelb durch den einsamen Nebelnachmittag. Der Schaffner malte ein schiefes Gesicht an die Scheibe und sagte zu dem älteren Herrn mit den leise schlotternden Tränensäcken: «Ja, das ist klar: Stimmen sind da. Allerhand Stimmen gibt es. Und nachts natürlich besonders.»

Die beiden Mädchen schämten sich heimlich und machten ein kribbeliges Gekicher und die eine dachte: Nachts, nachts besonders.

Der mit den schlotternden Tränensäcken nahm seinen hellen Finger von der Brust der verschnupften alten Frau und piekste nun damit auf den Schaffner los:

«Hören Sie», flüsterte er, «was ich sage, was ich sage! Stimmen sind da. In der Luft. In der Nacht. Und, meine Herrschaften –» er nahm den Zeigefinger vom Schaffner weg und stach damit steil nach oben, «wissen Sie auch, wer das ist? In der Luft? Die Stimmen? Nachts die Stimmen? Wissen Sie das denn auch, wie?»

Leise schlotterten die Tränensäcke unter seinen Augen. Der junge Mann am anderen Ende des Wagens war sehr blaß und hatte die Augen zu, als ob er schliefe.

«Die Toten sind es, die vielen vielen Toten.» Der mit den Tränensäcken flüsterte: «Die Toten, meine Herrschaften. Es sind zu viele. Sie drängeln sich nachts in der Luft. Die vielzuvielen Toten sind

das. Sie haben keinen Platz. Denn alle Herzen sind voll. Über-
füllt bis an den Rand. Und nur in den Herzen können sie bleiben,
das ist sicher. Aber es sind zuviel Tote, die nicht wissen: Wohin!?»

Die anderen in der Bahn an diesem Nachmittag hielten den Atem
an. Nur der blasse junge Mann holte mit geschlossenen Augen
tief und schwer Luft, als ob er schliefe.

Der ältere Herr piekste mit seinem hellen Zeigefinger nachein-
ander auf seine Zuhörer los. Auf die Mädchen, auf den Schaffner und auf die alte Frau. Und dann flüsterte er wieder: «Und
darum schläft man nicht. Nur darum. Es sind zuviel Tote in der
Luft. Die haben keinen Platz. Die reden dann nachts und suchen
ein Herz. Darum schläft man nicht, weil die Toten nachts nicht
schlafen. Es sind zu viele. Besonders nachts. Nachts reden sie,
wenn es ganz still ist. Nachts sind sie da, wenn das andere alles
weg ist. Nachts haben sie dann Stimmen. Darum schläft man so
schlecht.» Die alte Frau mit dem Schnupfen zog piepend die Luft
hoch und starrte erregt auf die faltigen, schlotternden Tränensäk-
ke des flüsternden älteren Herrn. Aber die Mädchen kicherten.
Sie kannten andere Stimmen in der Nacht, lebendige, die wie
warme männliche Hände auf der nackten Haut lagen, die sich
unter das Bett schoben, leise, gewalttätig, besonders nachts. Sie
kicherten und schämten sich voreinander. Und keine wußte, daß
die andere auch die Stimmen hörte, nachts, in den Träumen.

Der Schaffner malte große schiefe Gesichter an die nebelnassen
Scheiben und sagte:

«Ja, die Toten sind da. Die reden in der Luft. In der Nacht,
ja. Das ist klar. Das sind die Stimmen. Die hängen nachts
in der Luft, überm Bett. Dann schläft man davon nicht. Das ist
klar.»

Die alte Frau zog ihren Schnupfen durch die Nase und nickte:
«Die Toten, ja, die Toten: Das sind die Stimmen. Überm Bett.
O ja, immer überm Bett.»

Und die Mädchen fühlten fremde männliche Hände heimlich auf
der Haut, und sie hatten rote Gesichter an diesem grauen Nach-

mittag in der Straßenbahn. Aber der junge Mann, der war blaß und sehr einsam in seiner Ecke und hatte die Augen zu, als ob er schliefe. Da stach der mit den Tränensäcken mit seinem hellen Finger in die dunkle Ecke hinein, in der der Blasse saß, und flüsterte:

«Ja, die Jungen! Die können schlafen. Nachmittags. Nachts. Im November. Immer. Die hören die Toten nicht. Die Jungen, die verschlafen die heimlichen Stimmen. Nur wir Alten haben inwendig Ohren. Die Jungen haben keine Ohren für die Stimmen nachts. Die können schlafen.»

Sein Zeigefinger piekste von ferne verächtlich auf den blassen jungen Mann los und die anderen atmeten erregt. Da machte er die Augen auf, der Blasse, und stand plötzlich und schwankte auf den älteren Herrn zu. Erschrocken verkroch sich der Zeigefinger in der Handfläche und die Tränensäcke standen einen Augenblick lang still. Der Blasse, der Junge, griff nach dem Gesicht des älteren Herrn und sagte:

«Oh, bitte. Werfen Sie nicht die Zigarette weg. Geben Sie sie bitte mir. Mir ist schlecht. Ich habe nämlich etwas Hunger. Geben Sie sie mir. Das tut gut. Mir ist nämlich schlecht.»

Da feuchteten sich die Tränensäcke an und fingen faltig an zu schlottern, traurig, leise, erschrocken. Und der ältere Herr sagte:

«Ja, Sie sind sehr blaß. Sie sehen sehr schlecht aus. Haben Sie keinen Mantel? Wir haben November.»

«Ich weiß doch, ich weiß doch», sagte der Blasse, «meine Mutter sagt jeden Morgen zu mir, ich soll den Mantel anziehen, es wäre November. Ja, ich weiß. Aber sie ist schon drei Jahre tot. Sie weiß ja nicht, daß ich keinen Mantel mehr habe. Jeden Morgen sagt meine Mutter: Es ist doch November, sagt sie. Aber sie kann das ja nicht wissen mit dem Mantel, sie ist ja tot.»

Der junge Mann nahm die glimmende Zigarette und schwankte aus dem Wagen. Draußen war Nebel, war Nachmittag und November. Und in den einsamen späten Nachmittag hinein ging ein junger, sehr blasser Mann mit einer Zigarette. Er hatte Hunger. Er hatte keinen Mantel. Seine Mutter war tot, und es war

November. Und drinnen saßen die anderen und sie atmeten nicht. Leise, traurig schlotterten die Tränensäcke. Und der Schaffner malte große schiefe Gesichter an die Scheibe. Große schiefe Gesichter.

## GESPRÄCH ÜBER DEN DÄCHERN

### Für Bernhard Meyer-Marwitz

Draußen steht die Stadt. In den Straßen stehn die Lampen und passen auf. Daß nichts passiert. In den Straßen stehen die Linden und die Mülleimer und die Mädchen, und ihr Geruch ist der Geruch der Nacht: schwer, bitter, süß. Schmaler Rauch steht steil über den blanken Dächern. Der Regen hat zu trommeln aufgehört und hat sich davongemacht. Aber die Dächer sind noch blank von ihm und die Sterne liegen weiß auf den dunkelnassen Ziegeln. Manchmal ragt ein Katzengestöhn brünstig bis an den Mond. Oder ein Menschenweinen. In den Parks und den Gärten der Vorstädte steht der bleichsüchtige Nebel auf und spiralt sich durch die Straßen. Eine Lokomotive schluchzt ihren Fernwehschrei tief in die Träume der tausend Schläfer. Unendliche Fenster sind da. Nachts sind diese unendlichen Fenster. Und die Dächer sind blank, seit der Regen entfloh.

Draußen steht die Stadt. Ein Haus steht in der Stadt. Stumm, steinern, grau wie die andern. Und ein Zimmer ist in dem Haus. Ein Zimmer, eng, kalkig, zufällig, wie die andern auch. Und in dem Zimmer sind zwei Männer. Einer ist blond und sein Atem geht weich und das Leben geht wie sein Atem weich in ihn hinein, aus ihm heraus. Seine Beine liegen schwer wie Bäume auf dem Teppich, und der Stuhl, auf dem er sitzt, knackt verstohlen im Gefüge. Das ist der tief im Zimmer. Und einer steht am Fenster. Lang, hoch, gekrümmt, schrägschultrig. Seine Schläfenknochen, der Rand seines Ohres, schwimmen weißgrau und mehlig im Zimmer. Im Auge blinkt zage das Licht von der Lampe im Hof. Aber der Hof, das ist draußen und die Lampe glimmt sparsam. Ein Atem geht am Fenster auf und ab wie eine Säge. Manchmal schlägt das Fensterglas mit einem duffen warmen Hauch von diesem Atem. Eine Stimme ist da am Fenster wie von einem Amokläufer, panisch, atemlos, gehetzt, übertrieben, erregt:

«Siehst du das nicht? Siehst du nicht, daß wir ausgeliefert sind. Ausgeliefert an das Ferne, an das Unaussprechliche, an das Ungewisse, das Dunkle? Fühlst du nicht, daß wir ausgeliefert sind an das Gelächter, an die Trauer und die Tränen, an das Gebrüll. Du, das ist furchtbar, wenn das Gelächter in uns aufstößt und schwillt, das Gelächter über uns selbst. Wenn wir an den Gräbern unserer Väter und Freunde und unserer Frauen stehen und das Gelächter steht auf. Das Gelächter in der Welt, das den Schmerz belauert. Das Gelächter, das die Trauer anfällt, in uns, wenn wir weinen. Und wir sind ihm ausgeliefert.

Furchtbar ist es, du, oh, furchtbar, wenn die Trauer uns anweht und die Tränen durch die Ritzen sickern, wenn wir an den Wiegen unserer Kinder stehen. Furchtbar, wenn wir an den bräutlichen Betten stehen, und die Trauer, die schwarzlakige Lemure, kriecht in uns hoch, eisig einsam. Steht auf in uns, wenn wir lachen, und wir sind ihr ausgeliefert.

Weißt du das nicht? Weißt du nicht, wie furchtbar das Gebrüll ist, das anwächst in der Welt, voll Angst wächst in der Welt, das in dir hochkommt und brüllt. Brüllt in der Stille der Nacht, brüllt in der Stille der Liebe, brüllt in der stummen Einsamkeit. Und das Gebrüll heißt: Spott! Heißt: Gott! Heißt: Leben! Heißt: Angst. Und wir sind ihm ausgeliefert mit all unserm Blut in uns.

Wir lachen. Und unser Tod ist geplant von Anfang an.

Wir lachen. Und unsere Verwesung ist unausweichlich.

Wir lachen. Und unser Untergang steht bevor.

Heute abend. Übermorgen.

In neuntausend Jahren. Immer.

Wir lachen, aber unser Leben ist dem Zufall vorgeworfen, ausgeliefert, unvermeidlich. Dem Zufälligen, begreifst du? Was fällt in der Welt, kann auf dich fallen und dich erdrücken oder stehen-lassen. Wie der Zufall zufällig fällt. Und wir: ausgeliefert ihm, vorgeworfen zum Fraß.

Dabei lachen wir. Stehen dabei und lachen. Und unser Leben, unsere Liebe und unser geliebtes gelebtes Leid – sie sind ungewiß und zufällig wie die Welle und der Wind. Willkürlich. Begreifst du? Begreifst du!»

Aber der andere schweigt. Und der am Fenster krächzt wieder: «Und dann wir hier in der Stadt, tief drinnen in diesem einsamsten der Wälder, tief unter diesem erdrückendsten Steinberg, in dieser Stadt, in der uns keine Stimme anspricht, in der uns kein Ohr gehört und kein Auge begegnet. In dieser Stadt, in der die Gesichter ohne Gesicht an uns vorüberschwimmen, namenlos, zahllos, wahllos. Ohne Anteil, herzlos. Ohne Bleibe, ohne Anfang, ohne Hafen. Algen. Algen im Strom der Zeit. Algen, grün, grau, gelb, dunkelweiß aus der Tiefe auftauchend, spurlos wieder hinabtauchend in die Wasser der Welt: Algen, Gesichter, Menschen.

In dieser Stadt, wie hier, heimatlos, ohne Baum, ohne Vogel, ohne Fisch: vereinsamt, verloren, untergegangen. Ausgeliefert, verloren an ein Meer von Mauern, an ein Meer von Mörtel, Staub und Zement. Den Treppen, den Tapeten, den Türmen und Türen vorgeworfen. Wir hier in der Stadt, mit unserer unheilbaren unheilvollen Liebe verkauft an sie. Verlaufen im einsamen Wald Stadt, im Wald aus Wänden, Fassaden, Eisen, Beton und Laternen. Verlaufen auf diese Welt, ohne Herkunft, ohne Zuhause. Verschenkt an die antwortlose einsame Nacht in den Straßen. Ausgeliefert an den millionengesichtigen Tag mit seinem millionenstimmigen Gebrüll, ausgeliefert mit unserem wehrlosen weichen Stück Herzen. Ausgeliefert mit unserem unüberlegten Mut und unseren kleinen Begriffen. An das Pflaster gekettet, an die Steine, an den Teer und die Siele, Pontons und Kanäle mit jedem Pulsschlag, mit unseren Nasen, Augen und Ohren. Ohne Ziel für eine Flucht. Unter Dächer gedrückt, den Kellern, den Decken, den Stuben ausgeliefert. Hörst du das? Du, das sind wir und so ist das mit uns. Und du glaubst, du hältst das aus bis morgen, bis Weihnachten, bis zum März?»

Der Amokläufer klirrt mit seiner blechernen Stimme tief in das dunkel gewordene Zimmer hinein. Aber der Blonde atmet weich und sicher, und er nimmt die Lippen zu keiner Antwort voneinander. Und der am Fenster sticht mit seiner Stimme weiter in die Stille des späten Abends, unbarmherzig, gequält, gezwungen:

«Wir halten das aus. Wie findest du das, wie? Wir halten das aus. Wir lachen. Ausgeliefert den Bestien in uns und um uns, lachen wir. Oh, und wie wir den Frauen, unseren Frauen, verfallen sind. Den gemalten Lippen, den Wimpern, dem Hals, dem Geruch ihres Fleisches verfallen. Vergessen im Spiel ihrer Sehnsüchte, untergegangen im Zauber ihrer Zärtlichkeiten, lächeln wir. Und die Trennung hockt frierend und grinsend auf den Türdrückern, tickt in den Uhrwerken. Wir lächeln, als wären uns Ewigkeiten gewiß, und der Abschied, alle Abschiede, warten schon in uns. Alle Tode tragen wir in uns. Im Rückenmark. In der Lunge. Im Herzen. In der Leber. Im Blut. Überall tragen wir unseren Tod mit uns herum und vergessen uns und ihn im Schauer einer Liebkosung. Oder weil eine Hand so schmal und eine Haut so hell ist. Und der Tod, und der Tod, und der Tod lacht über unser Gestöhn und Gestammel!»

Der am Fenster hat mit seinem Panikatem alle Luft in dem Zimmer verschlungen, heruntergewürgt, und als heiße heisere Worte wieder ausgestoßen. Es ist keine Luft mehr in dem Zimmer, und er stößt das Fenster weit auf. Die Chitinpanzer der Nachtinsekten klickern erregt und knisternd gegen das Glas. Etwas rasselt vorbei, halblaut. Es quietscht verstohlen, als wenn eine Frau aus einem lauten Lachen ein kleines Kichern macht.

«Enten.» Sagt weich und rund der im Zimmer. Und er hält sich noch einen Augenblick fest an seinem Wort, als der am Fenster sich wieder über ihn ausschüttet:

«Hast du gehört, wie sie kichern, die Enten? Alles lacht über uns. Die Enten, die Frauen, die ungeölten Türen. Überall lauert das Gelächter. Oh, daß es dieses Gelächter gibt in der Welt! Und die

Trauer gibt es und den Gott Zufall. Und es gibt das Gebrüll, das riesenmäulige Gebrüll! Und wir haben den Mut: Und wohnen. Und wir haben den Mut: Und planen. Und lachen. Und lieben. Wir leben! Wir leben, leben ohne Tod, und unser Tod war beschlossen von Anfang an. Abgemacht. Von vornherein. Aber wir sind mutig, wir Todtragenden: Wir machen Kinder, wir fahren, wir schlafen. Jede Minute, die war, ist unwiederbringlich. Unübersehbar jede, die kommt. Aber wir Mutigen, wir Untergangsgezeichneten: Wir schwimmen, wir fliegen, wir gehen über Straßen und Brücken. Und über die Planken der Schiffe schwanken wir – und unser Untergang, hörst du, unser Untergang feixt hinter der Reling, lauert unter den Autos, knistert in den Pfeilern der Brücken. Unser Untergang, unabwendbar.

Und wir, Zweibeiner, Leute, Menschentiere, mit unserm bißchen roten Saft, mit unserm bißchen Wärme und Knochen und Fleisch und Muskel – wir halten das aus. Unsere Verwesung ist beschlossen, unbestechlich, und: Wir pflanzen. Unser Verfall kündigt sich an, unwiderruflich, und: Wir bauen. Unser Verschwinden, unsere Auflösung, unser Nichtsein ist gewiß, ist notiert, unauslöschlich – unser Nicht-mehr-hier-Sein steht unmittelbar bevor, und: Wir sind. Wir sind noch. Wir haben den unfaßbaren Mut: Und sind.

Und der Zufall, der unberechenbare verspielte Gott über uns, der Zufall, der grausame gewaltige Zufall balanciert betrunken auf den Dächern der Welt. Und unter den Dächern sind wir Sorglosen mit unserem unfaßbaren Glauben.

Ein paar Gramm Gehirn versagen, zwei Gramm Rückenmark meutern: und wir sind lahm. Wir sind blöd. Steif. Elend. Aber wir lachen.

Ein paar Herzschläge kommen nicht: Und wir bleiben ohne Erwachen, ohne Morgen. Aber wir schlafen – zuversichtlich. Tief und tierisch getrost.

Ein Muskel, ein Nerv, eine Sehne setzt aus: Wir stürzen. Abgrundtief, endlos. Aber wir fahren, wir fliegen und schwanken breitspurig auf den Planken der Schiffe.

Daß wir so sind – was ist das, du? Daß wir so sein können, daß wir so sein müssen – keine Lippe gibt das frei. Ohne Lösung, ohne Grund, ohne Gestalt ist das. Dunkel. Und wir? Wir sind. Sind dennoch, immer noch. Oh, du – wir sind immer noch. Immer noch, du, immer noch.»

Die beiden Männer in dem Zimmer atmen. Weich und ruhig der eine, rasselnd und hastig der am Fenster. Draußen steht die Stadt. Der Mond schwimmt wie ein schmutziges Eigelb in der bickbeerblauen Suppe des Nachthimmels. Er sieht faulig aus und man hat das Gefühl, er müsse stinken. So krank sieht der Mond aus. Aber der Gestank kommt aus den Kanälen. Aus den klotzigen klobigen Würfelmassen des Häusermeeres mit den Millionen von glasigen Augen im Dunkel. Aber der Mond sieht ungesund aus, daß man glauben kann, der Geruch käme von ihm. Doch dazu ist er wohl zu weit ab und es werden die Kanäle sein. Ja, die Kanäle sind es, die grauschwarzen Blöcke der Häuser, die blauschwarzen blanken Autos, die gelben blechernen Straßenbahnnen, die dunklen rußroten Güterzüge, die lila Löcher der Siele, die naßgrünen Gräber, die Liebe, die Angst – die sind es, die die Nacht so voll Geruch machen. Der Mond kann es wohl doch nicht sein, obgleich er so faulig und kränklich, so entzündet und breiig im asternfarbenen Himmel schwimmt. Viel zu gelb im asternfarbenen violetten Himmel.

Der am Fenster, der Heisere, Hastige, Hagere, der sieht diesen Mond, und er sieht die Stadt unter dem Mond und er streckt seine Arme aus dem Fenster hinaus und greift diese Stadt. Und seine Stimme kratzt durch die Nacht wie eine Feile:

«Und dann diese Stadt!» kratzt die Stimme vom Fenster her, «und dann diese Stadt. Das sind wir, Gummireifen, Apfelschale, Papier, Glas, Puder, Stein, Staub, Straße, Häuser, Hafen: Alles sind wir. Überall wir. Wir selbst: Erdrückende brennende kalte erhebende Stadt. Wir, wir allein sind diese Stadt. Wir ganz allein, ohne Gott, ohne Gnade, wir sind die Stadt.

Und wir halten das aus in der Stadt, und in uns und um uns zu sein. Wir halten das aus, Hafen zu sein. Wir halten die Ausreisen und Ankünfte aus, wir Hafenstädter. Wir halten das Unbefreifliche aus: In den Nächten zu sein! In diesen Hafennächten, wo das Grellbunte und das Toddunkel Arm in Arm gehen. In diesen Stadtnächten, die voll zerrissener seidiger Wäsche und voll armer Mädchenhaut sind. Wir ertragen diese Alleinnächte, die Sturmnächte, die Fiebernächte und die karusseligen Schnapsnächte, die gegrölten, aushöhlenden. Wir ertragen diese Rauschnächte über vollgeschriebenem Papier und unter blutenden Mündern. Wir halten sie aus. Hörst du, wir kommen durch, wir überleben das.

Und die Liebe, die blutfarbene Liebe, ist in den Nächten. Und sie tut weh, manchmal. Und sie lügt, immer, die Liebe: Aber wir lieben mit allem, was wir haben.

Und das Grauen, die Angst, die Verzweiflung, die Ausweglosigkeit sind in den schmerzvollen Nächten – an unseren schnapsnassen Tischen, vor unseren blühenden Betten, neben unseren liedübergrölten Straßen. Aber wir lachen. Wir leben mit allem, was wir können. Und mit allem, was wir sind.

Und wir Ungläubigen, wir Belogenen, Getretenen, Ratlosen und Aufgegebenen, wir von Gott und dem Guten und der Liebe Enttäuschten, wir Bitterwissenden: Wir, wir warten jede Nacht auf die Sonne. Wir warten bei jeder Lüge wieder auf die Wahrheit. Wir glauben an jeden neuen Schwur in der Nacht, wir Nächtigen. Wir glauben an den März, glauben an ihn mitten im November. Wir glauben an unseren Leib, an diese Maschine, an ihr Morgen-noch-Sein, an ihr Morgen-noch-Funktionieren. Wir glauben an die heiße hitzige Sonne im Schneesturm. An das Leben glauben wir, wir: mitten im Tod. Das sind wir, wir Illusionslosen mit den großen unmöglichen Rosinen im Kopf.

Wir leben ohne Gott, ohne Bleibe im Raum, ohne Versprechen, ohne Gewißheit – ausgeliefert, vorgeworfen, verloren. Weglos stehen wir im Nebel, ohne Gesicht im Strom der Nasen, Ohren und Augen. Ohne Echo stehen wir in der Nacht, ohne Mast und Planke im Wind, ohne Fenster, ohne Tür für uns. Mondlos, sternlos im Dunkel, mit armseligen schwindsüchtigen Laternen betrogen. Ohne Antwort sind wir. Ohne Ja. Ohne Heimat und Hand, herzlos, umdüstert. Ausgeliefert an das Dunkel, an den Nebel, an den unerbittlichen Tag und an die türlose, fensterlose Finsternis. Ausgeliefert sind wir an das In-uns und das Um-uns. Unentrinnbar, ausweglos. Und wir lachen. Wir glauben an den Morgen. Aber wir kennen ihn nicht. Wir vertrauen, wir bauen auf den Morgen. Aber keiner hat ihn uns versprochen. Wir rufen, wir flehen, wir brüllen nach morgen. Und keiner gibt uns Antwort.»

Die hagere hohe gekrümmte Chimäre am Fenster trommelt gegen das Glas:

«Da! Da! Da! Da! Die Stadt. Die Lampen. Die Weiber. Der Mond. Der Hafen. Die Katzen. Die Nacht. Reiß das Fenster auf, schrei hinaus, schrei, schwöre, schluchze hinaus, brüll dich hinaus mit allem was dich quält und verbrennt: keine Antwort. Bete! – keine Antwort. Fluche! – keine Antwort. Schrei aus deinem Fenster dein Leid hinaus in die Welt: keine Antwort. O nein, keine keine Antwort!»

Draußen steht die Stadt. Draußen steht die Nacht in den Straßen mit ihrem Mädchen- und Mülleimergeruch. Und das Haus steht in den Straßen der Stadt, das Haus mit dem Zimmer und den Männern. Das Zimmer mit den zwei Männern. Und einer steht am Fenster, und der hat sich hineingeschrien in die Zimmerdämmerung auf den Freund zu. Lang und schmal ist er aufgeflakkert, spukheiser, von fernher, schrägschultrig, verzehrend, verheerend, hingerissen. Und seine Schläfen sind blauweich und naßblank wie draußen die Dächer unterm Mond. Und der andere ist tief in der Geborgenheit des Zimmers. Breit, blond, blaß und bärenstimmig. Er lehnt sich an die Wand, von der Chimäre am Fenster überwältigt, übergossen. Aber dann greift seine weiche runde Stimme nach dem Freund am Fenster:

«Warum hängst du dich um Gottes und der Welt willen nicht auf, du hoffnungslose wahnwitzige dürre glimmende Latte, du? Ratte du! Griesgrämige, rotznäsige Ratte! Du alles zu Mehl mahlender Holzwurm. Du mahnender tickender Totenwurm. In

Petroleum sollte man dich stecken, du stinkender Lappen. Häng dich auf, du blödsinniges besoffenes Bündel Mensch. Warum hängst du noch nicht, du verlassenes, verlorenes, aufgegebenes Stück Leben, wie?»

Seine Stimme ist voll Sorge und ist gut und warm in all seinen Flüchen.

Aber der Lange hetzt vom Fenster her seinen hölzernen Ton, sein rauhes rissiges Organ, zu dem Sprecher an der Wand. Das Rauhe, Rissige springt den an der Wand an, verlacht ihn, überrascht ihn: «Aufhängen? Ich? Ich und aufhängen, mein Gott! Hast du nicht begriffen, nie begriffen, daß ich dieses Leben doch liebe? Mein Gott, und ich an die Laterne!

Auslöffeln, aussaufen, auslecken, auskosten, ausquetschen will ich dieses herrliche heiße sinnlose tolle unverständliche Leben! Das soll ich versäumen? Ich? Aufhängen? Mich? Du, du sagst, ich soll an die Laterne? Ich? Du sagst das?»

Der blasse blonde Mann, der ruhig an der Wand lehnt, rollt seine runde Stimme zurück zu dem am Fenster:

«Aber Junge, Mensch, Mann: Warum lebst du denn?»

Und der Hagere hustet heiser dagegen:

«Warum? Warum ich lebe? Vielleicht aus Trotz? Aus purem Trotz. Aus Trotz lach ich und eß ich und schlaf ich und wach ich wieder auf. Nur aus Trotz. Aus Trotz setz ich Kinder in diese Welt, in diese Welt! Lüge ich den Mädchen Liebe ins Herz und in die Hüften, und laß sie die Wahrheit fühlen, die erschreckende fürchterliche Wahrheit. Diese gräuliche blutlose hängebusige flachschenkelige verbrauchte Hure!

Ein Schiff bauen, eine Schaufel brauchen, ein Buch machen, eine Lokomotive heizen, einen Schnaps brennen. Zum Trotz! Aus Trotz! Ja: Leben! Aber zum Trotz! Aufgeben, aufhängen: ich? Und morgen passiert es vielleicht, morgen kann es schon geschehen, jeden Moment kann es eintreffen.»

Ganz leise krächzt der Dunkle jetzt, der vorm Fensterkreuz, allwissend nicht, aber alles ahnend. Und der Blonde im Zimmer, der Runde, Gesicherte, Nüchterne, fragt:

«Was? Was passiert? Was soll eintreffen? Wer? Wo? Es ist noch nie etwas passiert, du, noch nie!»

Und der andere antwortet:

«Nein, nichts ist passiert. Nichts. Wir nagen noch immer an Knochen, hausen noch immer in Höhlen aus Holz und Stein. Nichts ist passiert. Nichts ist gekommen. Ich weiß. Aber: Kann es nicht jeden Tag kommen? Heute abend? Übermorgen? An der nächsten Ecke kann es schon sein. Im nächsten Bett. Auf der anderen Seite. Denn einmal muß es doch kommen, das Unerwartete, Geahnte, Große, Neue. Das Abenteuer, das Geheimnis, die Lösung. Einmal kommt vielleicht eine Antwort. Und die, die soll ich versäumen? Nein, du, nein, nie! Nie und nie! Fühlst du nicht, daß irgend etwas kommen kann? Frag nicht: Was? Fühlst du das nicht, du? Ahnst du das nicht, dieses in dir? Außer dir? Denn es kommt, du, vielleicht ist es schon da. Irgendwo. Unerkannt. Heimlich. Vielleicht begreifen wir es heute nacht, morgen am Mittag, nächste Woche, auf dem Sterbebett. Oder sind wir ohne Sinn? Ausgeliefert an das Gelächter in uns und über uns? An die Trauer, die Tränen und das Gebrüll der Ängste und Nächte. Ausgeliefert? Vielleicht? Vorgeworfen – vielleicht? Verloren – vielleicht? Sind wir ohne Antwort? Sind wir, wir selbst, diese Antwort? Oder, du, antworte. Sag das: Sind wir am Ende endlich selbst diese Antwort? Haben wir sie in uns, die Antwort, wie den Tod? Von Anfang an? Tragen wir Tod und Antwort in uns, du? Steht es bei uns, ob uns eine Antwort wird oder nicht? Sind wir zuletzt nur uns selbst ausgeliefert? Nur uns selbst? Sag mir das, du: Sind wir selbst die Antwort? Sind wir uns selbst, uns selbst ausgeliefert? Du? Du!»

Mit zwei krummen dünnen riesigen Armen hält sich der Lange, das brennende Gespenst, der Dunkle, Heisere, Flüsternde, am Fensterkreuz. Der Blonde aber steckt seine runde satte Stimme tief zurück in seinen Bauch. Der Frager am Fenster hat sich mit seiner Frage selbst geantwortet. Der Atem von zwei Männern geht warm ineinander über. Ihr großer guter Geruch, der Geruch von Pferd, Tabak, Leder und Schweiß, füllt das Zimmer.

Hoch oben an der Decke wird der Kalk Fleck um Fleck langsam heller. Draußen sind der Mond, die Lampen und die Sterne blaß und arm geworden. Glanzlos, sinnlos, blind.

Und draußen da steht die Stadt. Dumpf, dunkel, drohend. Die Stadt: Groß, grausam, gut. Die Stadt: Stumm, stolz, steinern, unsterblich.

Und draußen, am Stadtrand, steht frostrein und durchsichtig der neue Morgen.

# Unterwegs

## GENERATION OHNE ABSCHIED

Wir sind die Generation ohne Bindung und ohne Tiefe. Unsere Tiefe ist Abgrund. Wir sind die Generation ohne Glück, ohne Heimat und ohne Abschied. Unsere Sonne ist schmal, unsere Liebe grausam und unsere Jugend ist ohne Jugend. Und wir sind die Generation ohne Grenze, ohne Hemmung und Behütung – ausgestoßen aus dem Laufgitter des Kindseins in eine Welt, die die uns bereitet, die uns darum verachten.

Aber sie gaben uns keinen Gott mit, der unser Herz hätte halten können, wenn die Winde dieser Welt es umwirbelten. So sind wir die Generation ohne Gott, denn wir sind die Generation ohne Bindung, ohne Vergangenheit, ohne Anerkennung.

Und die Winde der Welt, die unsere Füße und unsere Herzen zu Zigeunern auf ihren heißbrennenden und mannshoch verschneiten Straßen gemacht haben, machten uns zu einer Generation ohne Abschied.

Wir sind die Generation ohne Abschied. Wir können keinen Abschied leben, wir dürfen es nicht, denn unserm zigeunernden Herzen geschehen auf den Irrfahrten unserer Füße unendliche Abschiede. Oder soll sich unser Herz binden für eine Nacht, die doch einen Abschied zum Morgen hat? Ertrügen wir den Abschied? Und wollten wir die Abschiede leben wie ihr, die anders sind als wir und den Abschied auskosteten mit allen Sekunden, dann könnte es geschehen, daß unsere Tränen zu einer Flut ansteigen würden, der keine Dämme, und wenn sie von Urvätern gebaut wären, widerstehen.

Nie werden wir die Kraft haben, den Abschied, der neben jedem Kilometer an den Straßen steht, zu leben, wie ihr ihn gelebt habt.

Sagt uns nicht, weil unser Herz schweigt, unser Herz hätte keine Stimme, denn es spräche keine Bindung und keinen Abschied.

Wollte unser Herz jeden Abschied, der uns geschieht, durchbluten, innig, trauernd, tröstend, dann könnte es geschehen, denn unsere Abschiede sind eine Legion gegen die euren, daß der Schrei unserer empfindlichen Herzen so groß wird, daß ihr nachts in euren Betten sitzt und um einen Gott für uns bittet.

Darum sind wir eine Generation ohne Abschied. Wir verleugnen den Abschied, lassen ihn morgens schlafend, wenn wir gehen, verhindern ihn, sparen ihn – sparen ihn uns und den Verabschiedeten. Wir stehlen uns davon wie Diebe, undankbar dankbar und nehmen die Liebe und lassen den Abschied da.

Wir sind voller Begegnungen, Begegnungen ohne Dauer und ohne Abschied, wie die Sterne. Sie nähern sich, stehen Lichtsekunden nebeneinander, entfernen sich wieder: ohne Spur, ohne Bindung, ohne Abschied.

Wir begegnen uns unter der Kathedrale von Smolensk, wir sind ein Mann und eine Frau – und dann stehlen wir uns davon.

Wir begegnen uns in der Normandie und sind wie Eltern und Kind – und dann stehlen wir uns davon.

Wir begegnen uns eine Nacht am finnischen See und sind Verliebte – und dann stehlen wir uns davon.

Wir begegnen uns auf einem Gut in Westfalen und sind Genießende und Genesende – und dann stehlen wir uns davon.

Wir begegnen uns in einem Keller der Stadt und sind Hungernde, Müde, und bekommen für nichts einen guten satten Schlaf – und dann stehlen wir uns davon.

Wir begegnen uns auf der Welt und sind Mensch mit Mensch – und dann stehlen wir uns davon, denn wir sind ohne Bindung, ohne Bleiben und ohne Abschied. Wir sind eine Generation ohne Abschied, die sich davonstiehlt wie Diebe, weil sie Angst hat vor dem Schrei ihres Herzens. Wir sind eine Generation ohne Heimkehr, denn wir haben nichts, zu dem wir heimkehren könnten, und wir haben keinen, bei dem unser Herz aufgehoben wäre – so sind wir eine Generation ohne Abschied geworden und ohne Heimkehr.

Aber wir sind eine Generation der Ankunft. Vielleicht sind wir

eine Generation voller Ankunft auf einem neuen Stern, in einem neuen Leben. Voller Ankunft unter einer neuen Sonne, zu neuen Herzen. Vielleicht sind wir voller Ankunft zu einem neuen Lieben, zu einem neuen Lachen, zu einem neuen Gott.
Wir sind eine Generation ohne Abschied, aber wir wissen, daß alle Ankunft uns gehört.


## EISENBAHNEN, NACHMITTAGS UND NACHTS

Strom und Straße sind uns zu langsam. Sind uns zu krumm. Denn wir wollen nach Hause. Wir wissen nicht, wo das ist: Zu Hause. Aber wir wollen hin. Und Straße und Strom sind uns zu krumm.
Aber auf Brücken und Dämmen hämmern die Bahnen. Durch schwarzgrünatmende Wälder und die sternbestickten seidigen samtenen Nächte fauchen die Güterzüge heran und davon mit dem unablässigen Hintereinander der Räder. Über Millionen schwieliger Schwellen vorwärtsgerumpelt. Unaufhaltsam. Ununterbrochen: Die Bahnen. Über Dämme hinhämmernd, über Brükken gebrüllt, aus Diesigkeiten herandonnernd, in Dunkelheiten verdämmernd: Summende brummende Bahnen. Güterzüge, murmelnd, eilig, irgendwie träge und ruhlos, sind sie wie wir.
Sie sind wie wir. Sie kündigen sich an, pompös, großartig und schon aus enorm ferner Ferne, mit einem Schrei. Dann sind sie da wie Gewitter und als ob sie wunder was für Welten umwälzten. Dabei ähneln sie sich alle und sind immer wieder überraschend und erregend. Aber im Nu, kaum daß man begreift, was sie eigentlich wollen, sind sie vorbei. Und alles ist, als ob sie nicht waren. Höchstens Ruß und verbranntes Gras nebenher beweisen ihren Weg. Dann verabschieden sie sich, etwas melancholisch und schon aus enorm ferner Ferne, mit einem Schrei. Wie wir.
Einige unter ihnen singen. Summen und brummen durch unsere glücklichen Nächte und wir lieben ihren monotonen Gesang, ihren verheißungsvollen gierigen Rhythmus: Nach Haus – nach Haus

– nach Haus. Oder sie ereifern sich vielversprechend durch schlafendes Land, heulen hohl über einsame Kleinstadtbahnhöfe mit eingeschüchterten schläfrigen Lichtern: Morgen in Brüssel – morgen in Brüssel. Oder sie wissen noch viel mehr, piano, nur für dich, und die neben dir sitzen, hören es nicht, piano: Ulla wartet – Ulla wartet – Ulla wartet. Aber es gibt auch gleichmütige unter ihnen, die endlos sind und weise und den breiten Rhythmus von alten Lastträgern haben. Sie murmeln und knurren allerhand vor sich hin und dabei liegen sie wie niegesehene Ketten in der Landschaft unter dem Mond, Ketten, unbegrenzt in ihrer Pracht und in ihrem Zauber und in ihren Farben im blassen Mond: Braunrot, schwarz oder grau, hellblau und weiß: Güterwagen – zwanzig Menschen, vierzig Pferde – Kohlenwagen, die märchenhaft nach Tier und Parfüm stinken – Holzwaggons, die atmen wie Wald – Zirkuswagen, hellblau, mit den schnarchenden Athleten im Innern und den ratlosen Tieren – Eiswagen, grönlandkühl und grönlandweiß, fischduftend. Unbegrenzt sind sie in ihrem Reichtum, und sie liegen wie kostbare Ketten auf den stählernen Strängen und gleiten wie prächtige seltene Schlangen im Mondlicht. Und sie erzählen denen, die nachts mit ihrem Ohr leben und mit ihrem Ohr unterwegs sind, den Kranken und den Eingesperrten, von der unbegreiflichen Weite der Welt, von ihren Schätzen, von ihrer Süße, ihren Enden und Unendlichkeiten. Und sie murmeln die, die ohne Schlaf sind, in gute Träume.

Aber es gibt auch grausame, unerbittliche, brutale, die ohne Melodie durch die Nacht hämmern, und ihr Puls will dir nicht wieder aus den Ohren, denn er ist hart und häßlich, wie der Atem eines bösen asthmatischen Hundes, der hinter dir herhetzt: Immer weiter – nie zurück – für immer – für immer. Oder grimmiger mit grollenden Rädern: Alles vorbei – alles vorbei. Und ihr Lied gönnt uns den Schlaf nicht und scheucht noch grausam die friedlichen Dörfer rechts oder links aus den Träumen, daß die Hunde heiser werden vor Wut. Und sie rollen schreiend und schluchzend, die Grausamen, Unbestechlichen, unter den matten Gestirnen, und selbst der Regen macht sie nicht milde. In ihrem Schrei schreit das Heimweh, das Verlorene, Verlassene – schluchzt das Unabwendbare, Getrennte, Geschehene und Ungewisse. Und sie donnern einen dumpfen Rhythmus, unselig und untröstlich, auf den mondbeschienen Schienen. Und du vergißt sie nie.

Sie sind wie wir. Keiner garantiert ihren Tod in ihrer Heimat. Sie sind ohne Ruh und ohne Rast der Nacht, und sie rasten nur, wenn sie krank sind. Und sie sind ohne Ziel. Vielleicht sind sie in Stettin zu Hause oder in Sofia oder in Florenz. Aber sie zersplittern zwischen Kopenhagen und Altona oder in einem Vorort von Paris. Oder sie versagen in Dresden. Oder mogeln sich noch ein paar Jahre als Altenteil durch – Regenhütten für Streckenarbeiter oder als Wochenendhäuschen für Bürger.

Sie sind wie wir. Sie halten viel mehr aus, als alle geglaubt haben. Aber eines Tages kippen sie aus den Gleisen, stehen still oder verlieren ein wichtiges Organ. Immer wollen sie irgendwohin. Niemals bleiben sie irgendwo. Und wenn es aus ist, was ist ihr Leben? Unterwegssein. Aber großartig, grausam, grenzenlos. Eisenbahnen, nachmittags, nachts. Die Blumen an den Bahndämmen, mit ihren rußigen Köpfen, die Vögel auf den Drähten, mit rußigen Stimmen, sind mit ihnen befreundet und erinnern sie noch lange.

Und wir bleiben auch stehen, mit erstaunten Augen, wenn es – schon aus enorm ferner Ferne – verheißungsvoll herausschreit. Und wir stehen, mit flatterndem Haar, wenn es da ist wie Gewitter und als ob es wunder was für Welten umwälzte. Und wir stehen noch, mit rußigen Backen, wenn es – schon aus enorm ferner Ferne – schreit. Wie weit ab schreit. Schreit. Eigentlich war es nichts. Oder alles. Wie wir.

Und sie pochen vor den Fenstern der Gefängnisse süßen gefährlich verheißenden Rhythmus. Ohr bist du dann, armmütiger Häftling, unendliches Gehör bist du den klopfenden kommenden Zügen in den Nächten und ihr Schrei und ihr Pfiff überzittert das weiche Dunkel deiner Zelle mit Schmerz und Gelüst.

Oder sie stürzen brüllend über das Bett, wenn du nachts das Fieber beherbergst. Und die Adern, die mondblauen, vibrieren

und nehmen das Lied auf, das Lied der Güterzüge: unterwegs –
unterwegs – unterwegs – – Und dein Ohr ist ein Abgrund, der die
Welt verschluckt.

Unterwegs. Aber immer wieder wirst du auf Bahnhöfe ausge-
spien, ausgeliefert an Abschied und Abfahrt.

Und die Stationen heben ihre bleichen Schilder wie Stirnen neben
deiner dunklen Straße auf. Und sie haben Namen, die furchigen
Stirnschilder, Namen, die sind die Welt: Bett heißen sie, Hunger
und Mädchen. Ulla oder Carola. Und erfrorene Füße und Tränen.
Und Tabak heißen die Stationen, oder Lippenstift oder Schnaps.
Oder Gott oder Brot. Und die bleichen Stirnen der Stationen, die
Schilder, haben Namen, die heißen: Mädchen.

Du bist selber Schienenstrang, rostig, fleckig, silbern, blank,
schön und ungewiß. Und du bist in Stationen eingeteilt, zwischen
Bahnhöfe gebunden. Und die haben Schilder und da steht dann
Mädchen drauf, oder Mond oder Mord. Und das ist dann die
Welt.

Eisenbahn bist du, vorübergerumpelt, vorübergeschrien – Schienenstrang bist du – alles geschieht auf dir und macht dich rost-
blind und silberblank.

Mensch bist du, giraffeneinsam ist dein Hirn irgendwo oben am
endlosen Hals. Und dein Herz kennt keiner genau.


## BLEIB DOCH, GIRAFFE


Er stand auf dem windüberheulten nachtleeren Bahnsteig in der
großen grauverrußten mondeinsamen Halle. Nachts sind die
leeren Bahnhöfe das Ende der Welt, ausgestorben, sinnlos geworden. Und leer. Leer, leer, leer. Aber wenn du weitergehst, bist
du verloren.

Dann bist du verloren. Denn die Finsternis hat eine furchtbare
Stimme. Der entkommst du nicht und sie hat dich im Nu überwältigt. Mit Erinnerung fällt sie über dich her – an den Mord,
den du gestern begingst. Und mit Ahnung fällt sie dich an – an

den Mord, den du morgen begehst. Und sie wächst einen Schrei in dir an: niegehörter Fischschrei des einsamen Tieres, den das eigene Meer überwältigt. Und der Schrei zerreißt dein Gesicht und macht Kuhlen voll Angst und geronnener Gefahr darin, daß die andern erschrecken. So stumm ist der furchtbare Finsternisschrei des einsamen Tieres im eigenen Meer. Und steigt an wie Flut und rauscht dunkelschwingig gedroht wie Brandung. Und zischt verderbend wie Gischt.

Er stand am Ende der Welt. Die kalten weißen Bogenlampen waren gnadenlos und machten alles nackt und kläglich. Aber hinter ihnen wuchs eine furchtbare Finsternis. Kein Schwarz war so schwarz wie die Finsternis um die weißen Lampen der nachtleeren Bahnsteige.

Ich hab gesehen, daß du Zigaretten hast, sagte das Mädchen mit dem zu roten Mund im blassen Gesicht.

Ja, sagte er, ich hab welche.

Warum kommst du dann nicht mit mir? flüsterte sie nah.

Nein, sagte er, wozu?

Du weißt ja gar nicht, wie ich bin, schnupperte sie bei ihm herum.

Doch, antwortete er, wie alle.

Du bist eine Giraffe, du Langer, eine sture Giraffe! Weißt du denn, wie ich aussah, du?

Hungrig, sagte er, nackt und angemalt. Wie alle.

Du bist lang und doof, du Giraffe, kicherte sie nah, aber du siehst lieb aus. Und Zigaretten hast du. Junge, komm doch, es ist Nacht.

Da sah er sie an. Gut, lachte er, du kriegst die Zigaretten und ich küß dich. Aber wenn ich dein Kleid anfasse, was dann?

Dann werde ich rot, sagte sie, und er fand ihr Grinsen gemein.

Ein Güterzug johlte durch die Halle. Und riß plötzlich ab. Verlegen versickerte sein sparsames verschwimmendes Schlußlicht im Dunkeln. Stoßend, ächzend, kreischend, rumpelnd – vorbei. Da ging er mit ihr.

Dann waren Hände, Gesichter und Lippen. Aber die Gesichter

bluten alle, dachte er, sie bluten aus dem Mund und die Hände halten Handgranaten. Aber da schmeckte er die Schminke und ihre Hand umgriff seinen mageren Arm. Dann stöhnte es und ein Stahlhelm fiel und ein Auge brach.

Du stirbst, schrie er.

Sterben, jauchzte sie, das wär was, du.

Da schob sie den Stahlhelm wieder in die Stirn. Ihr dunkles Haar glänzte matt.

Ach, dein Haar, flüsterte er.

Bleibst du? fragte sie leise.

Ja.

Lange?

Ja.

Immer?

Dein Haar riecht wie nasse Zweige, sagte er.

Immer? fragte sie wieder.

Und dann aus der Ferne: naher dicker großer Schrei. Fischschrei, Fledermausschrei, Mistkäferschrei. Niegehörter Tierschrei der Lokomotive. Schwankte der Zug voll Angst im Geleise vor diesem Schrei? Nievernommener neuer gelbgrüner Schrei unter erblaßtem Gestirn. Schwankten die Sterne vor diesem Schrei?

Da riß er das Fenster auf, daß die Nacht mit kalten Händen nach der nackten Brust griff und sagte: Ich muß weiter.

Bleib doch, Giraffe! Ihr Mund schimmerte krankrot im weißen Gesicht.

Aber die Giraffe stelzbeinte mit hohlhallenden Schritten übers Pflaster davon. Und hinter ihm sackte die mondgraue Straße wieder stummgeworden in ihre Steineinsamkeit zurück. Die Fenster sahen reptiläugig tot wie mit Milchhauch verglast. Die Gardinen, schlafschwere heimlich atmende Lider, wehten leise. Pendelten. Pendelten weiß, weich und winkten wehmütig hinter ihm her.

Der Fensterflügel miaute. Und es fror sie an der Brust. Als er sich umsah, war hinter der Scheibe ein zu roter Mund. Giraffe, weinte der.

Manchmal traf er sich selbst. Er kam mit weichem Schritt schief-
schultrig auf sich zu, seine Haare waren übermäßig lang, daß sie
das eine Ohr überhingen, er gab sich die Hand, nicht sehr fest,
und sagte: Tag.
Tag. Wer bist du?
Du.
Ich?
Ja.
Und dann sagte er zu sich selbst: Warum schreist du manch-
mal?
Das ist das Tier.
Das Tier?
Das Tier Hunger.
Und dann fragte er sich: Warum weinst du oft?
Das Tier! Das Tier!
Das Tier?
Das Tier Heimweh. Das weint. Das Tier Hunger, das schreit. Und
das Tier Ich – das türmt.
Wohin?
Ins Nichts. Es gibt kein Tal für eine Flucht. Überall treff ich mich.
Am meisten in den Nächten. Aber man türmt immer weiter. Das
Tier Liebe greift nach einem, aber das Tier Angst bellt vor den
Fenstern, dahinter das Mädchen und sein Bett stehen. Und dann
kichert der Türdrücker und man türmt. Und immer ist man hinter
sich her. Mit dem Tier Hunger im Bauch und mit dem Tier Heim-
weh im Herzen. Aber es gibt kein Tal für eine Flucht. Immer
trifft man sich. Überall. Man kann sich nicht entgehen.
Manchmal traf er sich selbst. Aber dann türmte er wieder. Unter
Fenstern pfeifend vorbei und an Türen hustend entlang. Und
manchmal, dann hielt ihn ein Herz für die Nacht, eine Hand.
Oder ein Hemd, das verrutscht war von einer Schulter, von einer
Brust, von einem Mädchen. Manchmal, dann hielt ihn eine für
eine Nacht. Und dann vergaß er zwischen den Küssen den an-

dern, der er selbst war, wenn eine ganz für ihn war. Und lachte. Und litt. Es war gut, wenn man eine bei sich hatte, eine mit langen Haaren und heller Wäsche. Oder Wäsche, die mal hell war und mit Blumen drauf. Und wenn sie noch ein Stück Lippenstift hatte, dann war das gut. Dann war doch was bunt. Und im Finstern war es besser, wenn man eine bei sich hatte, dann war das Finstersein nicht so groß. Und dann war das Finstersein auch nicht so kalt. Und das Stück Lippenstift malte dann einen kleinen Ofen aus ihrem Mund. Der brannte dann. Das war gut im Finstersein. Und die Wäsche, die sah man eben nicht. Aber man hatte doch einen bei sich.

Eine hat er gekannt, deren Haut war im Sommer wie Hagebutten. Bronzen. Und ihr Haar hatte sie von Zigeunern, mehr blau als schwarz. Und es war wie Wald: wirr. Auf ihrem Arm waren wie Kükenfedern helle Härchen und ihre Stimme war anzüglich wie von Hafenmädchen. Dabei wußte sie von nichts. Und hieß Karin.

Und die andere hieß Ali und ihr butterblondes Haar war hell wie Seesand. Beim Lachen machte sie die Nase sehr kraus und sie biß. Aber dann kam einer, der war ihr Mann.

Und vor einer Tür stand immer kleiner werdend ein Mann, grau und mager, und sagte: Ist gut, mein Junge. Später wußte er: Das war mein Vater.

Und die mit den Beinen, die wie Trommelstöcker unruhig waren, hieß Carola, rehbeinig, nervös. Und ihre Augen machten verrückt. Und ihre Zähne standen vorne leicht auseinander. Die kannte er.

Und der alte Mann sagte nachts manchmal: Ist gut, mein Junge.

Eine war breit in den Hüften, bei der war er. Sie roch nach Milch. Ihr Name war brav – aber er hat ihn vergessen. Vorbei. Morgens sangen manchmal die Goldammern erstaunt – aber seine Mutter war weit weg und der graue magere Mann sagte nichts. Denn keiner kam vorbei.

Und die Beine gingen unter ihm ganz von selbst: vorbei vorbei.

Und die Goldammern wußten schon morgens: vorbei vorbei.

Und die Telegrafendrähte summten: vorbei vorbei. Und der alte Mann sagte nichts mehr: vorbei vorbei.

Und die Mädchen hielten abends die Hände auf die sehnsüchtige Haut: vorbei vorbei.

Und die Beine gingen von ganz alleine: vorbei vorbei.

Einmal hatte man einen Bruder. Mit dem war man Freund. Aber dann surrte sich summend wie ein gehässiges Insekt ein Stück Metall durch die Luft auf ihn zu. Es war Krieg. Und das Stück Metall klitschte wie ein Regentropfen auf die menschliche Haut: Da blühte das Blut wie Klatschmohn im Schnee. Der Himmel war aus Lapislazuli, aber den Schrei nahm er nicht an. Und der letzte Schrei, den er schrie, hieß nicht Vaterland. Der hieß nicht Mutter und nicht Gott. Der letzte geschriene Schrei war sauer und scharf und hieß: Essig. Und war nur leise geflucht: Essig. Und der zog ihm den Mund zu. Für immer. Vorbei.

Und der magere graue Mann, der sein Vater war, sagte nie mehr: Ist gut, mein Junge. Nie mehr. Das war nun alles alles vorbei.

## DIE STADT

Ein Nächtlicher ging auf den Schienen. Die lagen im Mond und waren schön blank wie Silber. Nur kalt, dachte der Nächtliche, kalt sind sie. Links weit ab ein vereinsamtes Geglüh, ein Gehöft. Und dabei ein rauhgebellter Hund. Das Geglüh und der Hund machten die Nacht zur Nacht. Dann war der Nächtliche wieder allein. Nur der Wind machte seine langatmigen U-Töne an den Ohren vorbei. Und auf den Schienen tupfige Flecken: Wolken überm Mond.

Da kam der Mann mit der Lampe. Die schaukelte, als sie zwischen die beiden Gesichter gehoben wurde.

Der Mann mit der Lampe sagte: Na, Junge, wohin denn?

Und der Nächtliche zeigte mit dem Arm auf das Helle hinten am Himmel.

Hamburg? fragte der mit der Lampe.

Ja, Hamburg, antwortete der Nächtliche.

Dann polterten unter ihren Schritten leise die Steine. Stießen sich klickernd. Und der Draht an der Lampe quietschte hin und her, hin und her. Vor ihnen lagen die Schienen im Mond. Und die Schienen liefen silbern auf das Helle zu. Und das Helle am Himmel in dieser Nacht, das Helle war Hamburg.

So ist das aber nicht, sagte der mit der Lampe, so ist das nicht mit der Stadt. Das ist hell da, o ja, aber unter den hellen Laternen gehn auch nur welche, die Hunger haben. Das sag ich dir, du.

Hamburg! lachte der Nächtliche, dann ist das andere gleich. Da muß man doch wieder hin, immer wieder hin, wenn man daher gekommen ist. Man muß wieder hin. Und dann, das sagte er, als ob er sich viel dabei dächte, das ist das Leben! Das einzige Leben!

Die Lampe quietschte hin und her, hin und her. Und der Wind uhte molltönig an den Ohren vorbei. Die Schienen lagen mondgeglänzt und kalt.

Dann sagte der mit der pendelnden Lampe: Das Leben! Mein Gott, was ist das: Sich an Gerüche erinnern, nach Türdrückern fassen. Man geht an Gesichtern vorbei und fühlt nachts den Regen im Haar. Das ist dann schon viel.

Da weinte hinter ihnen eine Lokomotive wie ein riesiges Kind voll Heimweh auf. Und sie machte die Nacht zur Nacht. Dann polterte ein Güterzug hart an den Männern vorbei. Und er grollte wie Gefahr durch die sternbestickte seidige Nacht. Die Männer atmeten mutig dagegen. Und die runden rotierenden Räder rollten ratternd unter rostroten roten Waggons. Rasten rastlos rumpelnd davon – davon – davon. Und viel ferner noch leise: davon – davon –

Da sagte der Nächtliche: Nein, das Leben ist mehr, als im Regen laufen und nach Türdrückern fassen. Das ist mehr, als an Gesichtern vorbeigehen und Gerüche erinnern. Das Leben ist: Angst haben. Und Freude haben. Angst haben, daß man unter den Zug kommt. Und Freude, daß man nicht unter den Zug gekommen ist. Freude, daß man weitergehen kann.

Dann lag an den Schienen ein schmales Haus. Der Mann machte die Lampe kleiner und gab dem Jungen die Hand: Also, Hamburg!

Ja, Hamburg, sagte der und ging.

Die Schienen lagen schön blank im Mond.

Und hinten am Himmel ein heller Fleck: Die Stadt.

## Stadt, Stadt:
### Mutter zwischen Himmel und Erde

Hamburg!

Das ist mehr als ein Haufen Steine, Dächer, Fenster, Tapeten, Betten, Straßen, Brücken und Laternen. Das ist mehr als Fabrikschornsteine und Autogehupe – mehr als Möwengelächter, Straßenbahnschrei und das Donnern der Eisenbahnen – das ist mehr als Schiffssirenen, kreischende Kräne, Flüche und Tanzmusik – oh, das ist unendlich viel mehr.

Das ist unser Wille, zu sein. Nicht irgendwo und irgendwie zu sein, sondern hier und nur hier zwischen Alsterbach und Elbestrom zu sein – und nur zu sein, wie wir sind, wir in Hamburg. Das geben wir zu, ohne uns zu schämen: Daß uns die Seewinde und die Stromnebel betört und behext haben, zu bleiben – hierzubleiben, hier zu bleiben! Daß uns der Alsterteich verführt hat, unsere Häuser reich und ringsherum zu bauen – und daß uns der Strom, der breite graue Strom verführt hat, unsere Sehnsucht nach den Meeren nachzusegeln, auszufahren, wegzuwandern, fortzuwehen – zu segeln, um wiederzukehren, wiederzukehren, krank und klein vor Heimweh nach unserm kleinen blauen Teich inmitten der grünhelmigen Türme und grauroten Dächer.

Hamburg, Stadt: Steinwald aus Türmen, Laternen und sechsstöckigen Häusern; Steinwald, dessen Pflastersteine einen Waldboden mit singendem Rhythmus hinzaubern, auf dem du selbst noch die Schritte der Gestorbenen hörst, nachts manchmal.

Stadt: Urtier, raufend und schnaufend, Urtier aus Höfen, Glas und Seufzern, Tränen, Parks und Lustschreien – Urtier mit blinkenden Augen im Sonnenlicht: silbrigen, öligen Fleeten! Urtier mit schimmernden Augen im Mondlicht: zittrigen, glimmernden Lampen!

Stadt: Heimat, Himmel, Heimkehr – Geliebte zwischen Himmel

und Hölle, zwischen Meer und Meer; Mutter zwischen Wiesen und Watt, zwischen Teich und Strom; Engel zwischen Wachen und Schlaf, zwischen Nebel und Wind: Hamburg!

Und deswegen sind wir den Anderen verwandt, denen, die in Haarlem, Marseille, Frisco und Bombay, Liverpool und Kapstadt sind – und die Haarlem, Marseille, Frisco und Kapstadt so lieben, wie wir unsere Straßen lieben, unsern Strom und den Hafen, unsere Möwen, den Nebel, die Nächte und unsere Frauen. Ach, unsere Frauen, denen die Möwenflügel die Locken durcheinandertoben – oder war es der Wind? Nein, der Wind ist es, der den Frauen keine Ruhe gibt – an den Röcken nicht und an den Locken nicht. Dieser Wind, der den Matrosen auf See und im Hafen ihre Abenteuer ablauert und dann unsere Frauen verführt mit seinem Singsang von Ferne, Heimweh, Ausfahrt und Tränen – Heimkehr und sanften, süßen, stürmischen Umarmungen

Unsere Frauen in Hamburg, in Haarlem, Marseille, Frisco und Bombay, in Liverpool und Kapstadt – und in Hamburg, in Hamburg! Wir kennen sie so und lieben sie so, wenn der Wind uns ihre Knie mit einem frechen Pfiff für zwei Sekunden verschenkt, wenn er uns eine unerwartete Zärtlichkeit spendiert und uns eine weiche Locke gegen die Nase weht: Lieber herrlicher Hamburger Wind!

Hamburg!

Das ist mehr als ein Haufen Steine, unaussprechlich viel mehr! Das sind die erdbeerüberladenen, apfelblühenden Wiesen an den Ufern des Elbestromes – das sind die blumenüberladenen, backfischblühenden Gärten der Villen an den Ufern des Alsterteiches. Das sind weiße, gelbe, sandfarbene und hellgrüne flache Lotsenhäuser und Kapitänsnester an den Hügeln von Blankenese. Aber das sind auch die schmutzigen schlampigen lärmenden Viertel der Fabriken und Werften mit Schmierfettgestank, Teergeruch und Fischdunst und Schweißatem. Oh – das ist die nächtliche Süße der Parks an der Alster und in den Vorstädten, wo die Hamburger, die echten Hamburger, die nie vor die Hunde gehen und immer richtigen Kurs haben, in den seligen sehnsüchtigen Nächten der Liebe gemacht werden. Und die ganz großen Glückskinder werden auf einem kissenduftenden, fröscheumquakten Boot auf der mondenen Alster in dieses unsterbliche Leben hineingeschaukelt!

Hamburg!

Das sind die tropischen tollen Bäume, Büsche und Blumen des Mammutfriedhofes, dieses vögeldurchjubelten gepflegtesten Urwaldes der Welt, in dem die Toten ihren Tod verträumen und ihren ganzen Tod hindurch von den Möwen, den Mädchen, Masten und Mauern, den Maiabenden und Meerwinden phantasieren. Das ist kein karger militärischer Bauernfriedhof, wo die Toten (in Reih und Glied und in Ligusterhecken gezwungen, mit Primeln und Rosenstöcken wie mit Orden besteckt) auf die Lebenden aufpassen und teilnehmen müssen an dem Schweiß und dem Schrei der Arbeitenden und Gebärenden – ach, die können ihren Tod nicht genießen! Aber in Ohlsdorf – da schwatzen die Toten, die unsterblichen Toten, vom unsterblichen Leben! Denn die Toten vergessen das Leben nicht – und sie können die Stadt, ihre Stadt, nicht vergessen!

Hamburg!

Das sind diese ergrauten, unentbehrlichen, unvermeidlichen Unendlichkeiten der untröstlichen Straßen, in denen wir alle geboren sind und in denen wir alle eines Tages sterben müssen – und das ist doch unheimlich viel mehr als nur ein Haufen Steine! Gehe hindurch und blähe deine Nasenlöcher wie Pferdenüstern: Das ist der Geruch des Lebens! Windeln, Kohl, Plüschsofa, Zwiebeln, Benzin, Mädchenträume, Tischlerleim, Kornkaffee, Katzen, Geranien, Schnaps, Autogummi, Lippenstift – Blut und Schweiß – Geruch der Stadt, Atem des Lebens: Mehr, mehr als ein Haufen Steine! Das ist Tod und Leben, Arbeit, Schlaf, Wind und Liebe, Tränen und Nebel!

Das ist unser Wille, zu sein: Hamburg!

Der kanadische Fliegerfeldwebel, der am späten Abend in Hamburg ankam, setzte seinen schweren Koffer in der Bahnhofshalle auf die Steinfliesen. Er blies die Backen auf und pustete. Er blies einen langen Puster vor sich hin, aber man konnte nicht unterscheiden, ob er es tat, weil die Luft so schlecht war oder weil ihn schwitzte. Die linke und die rechte Hand verschwanden in den Hosentaschen und erschienen mit Feuerzeug und Zigarettenschachtel wieder aus der Versenkung im Tageslicht. Nein, nicht im Tageslicht. Im Lampenlicht. Im trüben dunstigen blinden feuchten Lampenlicht des nächtlichen Bahnhofes. Dann knabberte er sich mit den Zähnen eine Zigarette aus der Papierhülle und ließ sein Feuerzeug Klick machen. Das Feuerzeug machte sein einstudiertes kleines Klick und die dünne gelbe weiche Zunge der Flamme verbrannte den dunkelroten schmalen Schnurrbart des Feldwebels. Sie verbrannte den Schnurrbart nicht schlimm. Aber ihm stieg doch ein unverkennbarer Brandgeruch in die Nase. Als ob Gummi angebrannt wäre. Gummi? dachte er. Er kam nicht darauf, daß versengte Haare ähnlich riechen. Aber auch das «Gummi» dachte er nur so nebenbei. Die Zigarette blieb ungeraucht. Sie lag weiß, merkwürdig neu und sauber auf dem dunklen Boden. Sie war ihm aus dem Mund gefallen. Seine Lippen standen etwas offen. Und er vergaß, das Feuerzeug wieder zuklicken zu lassen. Die kleine Flamme kroch vergessen und verschmäht in den Docht zurück. Er vergaß auch, an Hand seines Taschenspiegels die Verheerungen seines Bartes zu untersuchen. Er vergaß tatsächlich seinen versengten verheerten roten schmalen Schnurrbart und das wäre ihm selbst äußerst erstaunlich vorgekommen, wenn er sich beobachtet hätte. Denn auf seinem Bart, der so verrostet rot und doch so vornehm war mit seiner Schmalheit, auf diesen vornehmen verrosteten Bart hielt er viel. Alles, eigentlich. Und jetzt war er bestimmt verdorben und er nahm nicht einmal den Spiegel aus der Tasche, um sich das anzusehen. Statt dessen ließ er Lippen und Feuerzeug weit offen stehen und eine weiße neue

Zigarette auf der Erde liegen. Statt dessen vergaß er Lippen, Feuerzeug, Zigarette. Vergaß Koffer, Kanada, Bart und Brandgeruch. Vergaß und machte den Mund auf. Und sah unentwegt auf ein großes Emailleschild mit vielen unverständlichen schwarzbuchstabigen Worten. Sah unentwegt auf das eine Wort mit den neun schwarzgelackten Buchstaben. Denn dieses Wort, diese neun Buchstaben, dieses neunbuchstabige schwarzlackige Wort war sein Name. Er machte die Augen ganz klein und riß sie plötzlich wieder weit auf. Sein Name blieb. Neun schwarze Buchstaben, lackblank, auf einem großen weißen Emailleschild mit vielen anderen unverständlichen schwarzbuchstabigen Worten. Er sah auf das Schild. Mein Name, dachte er. Ganz klar, ganz offensichtlich. Und in Lack und Emaille. Verrückt, dachte er, verrückt. In Lack und Emaille. Irrsinnig! Blödsinnig! Wahnsinnig! Er war in seinem sechsundzwanzigjährigen Leben zum ersten Male in Hamburg. Er war zum ersten Male in diesem Bahnhof, in dieser Bahnhofshalle, unter dieser blinden Bahnhofslampe, auf diesen stumpfen Bahnhofsfliesen. Und nun stand da, eben hier, wo er zum ersten Male war, sein Name. In Lack und Emaille. Ja, sein Name stand da plötzlich. Das heißt, nicht plötzlich, denn er mußte wohl schon länger so da stehen. Nur für ihn sehr plötzlich. Für ihn sehr plötzlich in schwarz und auf weiß, in Lack und Emaille. Schwarzbuchstabig auf einem weißen Schild stand er da, der Name, der sein Name war, so einfach: Billbrook. Stand da. Stand da unverkennbar. Und das war doch immerhin sein Name. Mitten in einem fremden Land, gelackt und emailliert: Billbrook. Man konnte es gut erkennen und ganz deutlich lesen.

Als er sich eine neue Zigarette mit den Zähnen aus der Packung knabbern wollte, sah er, daß seine Hand zitterte. Er grinste. Ja, jetzt grinste er. Eben hatte er sich noch erschrocken.

Als er in seinem Hotelzimmer ankam, war er immer noch aufgeregt. Nachdem er seine beiden Zimmerkameraden laut und mit Hallo begrüßt und kennengelernt hatte, erzählte er ihnen sofort von seinem Abenteuer. Abenteuer nannte er es. So sehr hatte er es erlebt, daß es für ihn ein Abenteuer war. Er sagte ihnen seinen Namen, überlangsam und überdeutlich, und dann mußten sie «mal ganz genau aufpassen». Dieser Name, der sein Name war, sein Name, den er von Amerika, von Kanada, von Hopedale mitgebracht hatte, dieser sein eigener Name stand groß und sehr leserlich in Emaille auf dem Bahnhof zu lesen. Hier auf dem Bahnhof in Hamburg. Und dann beeidete er seinen beiden Zuhörern mehrfach, daß es sich auf keinen Fall um eine Gedenktafel handeln könne. Nein, nein. Das nicht. Er habe noch niemals zwei Zeilen miteinander gereimt, er hätte auch kein Mittel gegen Augenränder oder ein billiges Öl erfunden. Er hätte auch keine Boxmeisterschaft gewonnen. Auch steckbrieflich werde er nicht gesucht, wirklich nicht. Und in Hamburg sei er heute abend zum ersten Male. Wirklich, zum ersten Male.

Als er so weit in seiner aufgeregten Erklärung gekommen war, brüllten seine beiden Kameraden los. Gewaltig brüllten sie. Gehässig, schadenfroh, blechtönig lachte der kleine Schwarze am Fenster. Und vital, vulgär, humorig röhrte der misthaufenblonde Athlet und schlug mit den Fäusten auf den Tisch. Und zwischen Gebrüll und Geknuff brachten sie ihm bei, daß Billbrook ein Stadtteil sei, ein Stadtteil von Hamburg. Ja, doch: ein Stadtteil von Hamburg hieß eben Billbrook. Sie waren immerhin schon ein Jahr in Hamburg. Und als so steinalte Hamburger, die doch fast schon zu den Ureingeborenen gehörten, mußten sie das schließlich wissen. Und Bill Brook, der Fliegerfeldwebel aus Hopedale, mußte ihnen glauben. Er mußte ihnen glauben, trotz des Gebrülls glauben, weil sie ihm nun einen Stadtplan über den Tisch zu und unter die Nase schoben, auf dem sie ihm mit dicken groben Blaustiftstrichen den Teil Hamburgs ankreuzten und umzingelten, der Billbrook hieß. Ja, und als er das nun sah und begriff, da war er beinahe etwas stolz. Ohne Berechtigung natürlich. Aber daran dachte er nicht. Er gönnte sich einen kleinen heimlichen Stolz auf seinen Namen. Und das konnte er sich selbst nicht einmal übelnehmen. Immerhin kam es doch nicht jeden beliebigen Tag in der Woche vor, daß man von Hopedale her über das große Wasser kam und hier in Hamburg seinen Namen großartig und schwarzblank auf weißer Emaille vorfand. Doch, einen ganz kleinen Stolz darüber gönnte er sich und eine großzügige gute Stimmung. Die kam ganz unerwartet, als er merkte, daß er seinen Schreck über den Stolz völlig vergessen hatte. Er sah sich in Hopedale in der Küche stehen und seiner Mutter das Haar zerzausen vor Übermut und Gelächter. Er hörte das Gelächter im ganzen Haus in Hopedale und bis in den Hafen von Hopedale, wenn er das hier, das von dem Stadtteil, der Billbrook hieß, erzählen würde. Das Gelächter und Gestaune und Gezause. Er würde seinen Kühen mit der Faust die Rippen klopfen und sie auffordern, ruhig ein wenig stolzer zu sein. Oh, das würde er tun. Und darüber, daß er das tun würde, konnte er diesen Abend noch lange nicht einschlafen.

Stimmung und Stolz dauerten an bis in den nächsten Tag. Vormittags wunderte der Feldwebel sich darüber. Nachmittags versuchte er dann, sich heimlich den Stadtplan in die Tasche zu stecken. Aber der mit dem blechtönigen Lachen ertappte ihn. Und er klirrte wie eine Konservendose im Wind: «Du willst wohl einen Ausflug machen, was? Bill Brook macht Picknick in Billbrook. Geh hin, mein Lieber, vielleicht machen sie dich zum Ehrenbürger. Oder wolltest du nicht hin? Nicht zu deinem Stadtteil? Wie? Paß auf, sie werden dich zum Bürgermeister machen. Herr Bill Brook von Billbrook. Viel Vergnügen, mein Lieber, im Ernst viel Vergnügen!» Und er klöterte sein schadenfrohes Konservendosenlachen so unverschämt laut durch das Zimmer, daß das georgelte gedröhnte Gelache seines blonden Kameraden bescheiden am Boden vergurgelte. Bill Brook grinste die beiden an. Er strich sich mit dem Mittelfinger über den schmalen verrosteten Schnurrbart, wischte sich dann eine gelachte Träne aus den kurzen Bürstenwimpern und sagte: «Na, dann bis heute abend. Will mal einen kleinen Gang in meinen Stadtteil machen. Bis nachher also.» Dann trat er mit seiner großartigen Laune und mit seinem Stolz vor die Tür.

Einen Augenblick lang freute er sich über den See, der mitten in dieser verrückten Stadt lag, in der es Stadtteile gab, die so hießen wie anständige Leute aus Hopedale in Kanada. Die so hießen wie er. Das war schon eine Stadt, mit einem so feinen See mitten im Bauch, die sowas fertigbrachte. Er schnupperte. Oh, es roch nach Wasser. Salzwasser, schmeckte er. Allerhand, diese Stadt, dachte er und drehte sich um. Er sah nach der wolkigen Sonne, nach der grauen Hamburger Sonne. Dann ging er los. Das ist meine Richtung, sagte er, Ost-Süd-Ost. Und er machte frohe feste Schritte.

Der Nachmittag war warm und goldgrau. Die grauen Hamburger Wolken hingen am Himmel. Bill Brook marschierte mit der goldgrauen Sonne im Rücken und mit guter großartiger Laune nach Südosten. Nach einer Stunde nahm er seine Karte aus der Tasche. Er verglich den bisher zurückgelegten Weg mit dem, der noch vor ihm lag. Zwei Stunden würde er noch gehen müssen. Er hatte sich getäuscht. Man kam in einer fremden Stadt nicht so schnell vorwärts, wie man wollte. Der Stadtplan verschwand in der Tasche und er sah wieder nach Südosten. Er atmete das gute Goldgrau eines Hamburger Sommertages.

Aber dann merkte er, daß sein Stolz abtrudelte wie ein abgeschossenes Flugzeug. Nicht plötzlich. Langsam abtrudelte. In großen Kurven. Und seine großartige Stimmung fing an abzubrökkeln wie ein eingetrockneter Kuchen. Er blinzelte zurück in die Sonne. Sie war so goldgrau wie vorher. Er überlegte. Ich bin müde, dachte er. Er nahm eine Zigarette. Natürlich, dachte er, müde bin ich. Das ist alles. Und außerdem ist es ungewohnt für mich, so lange zu Fuß zu gehen. Wann bin ich denn zuletzt eine Stunde zu Fuß gegangen? Zu Hause vielleicht. Ja, höchstens zu Hause. Vor ein paar Jahren. Er schoß den Rest seiner Zigarette wie einen glühenden kleinen Fußball mit der Schuhspitze über das Pflaster.

Aber daß er müde war, das war es nicht. Nein, das nicht. Aber das war es: Bis vor kurzem war er durch Straßen gekommen, in denen Menschen wohnten. Hin und wieder hatte mal eine Hausecke gefehlt, war ein Block ausgebrannt oder zusammengestürzt, war ein Vorgarten umgepflügt, ein Balkon verrückt, ein Dach abgedeckt. Aber die Straßen in diesem Teil der Stadt sahen noch wie Straßen aus, ein bißchen ramponiert, ein wenig wackelig und zerklirrt, aber es waren doch Straßen und es wohnten Menschen links und rechts. Es bellten Hunde in den Straßen zwischen den Bäumen. Es schrien Kinder in den Torwegen und Treppenhäusern, auf Vorplätzen und Hinterhöfen, Kinder, die juchten und schluchzten. Frauen klopften Teppiche in den Straßen, riefen aus den Fenstern, Kutscher schimpften und Mülleimer stanken in diesen Straßen. Mädchen kicherten und Jünglinge pfiffen in diesen Straßen, durch die Bill Brook, der kanadische Fliegerfeldwebel aus Hopedale am Atlantischen Ozean, gekommen war. Links und rechts wohnten Menschen in diesen Straßen, sangen Mädchen beim Fensterputzen, rollten Kanarienvögel lange Roller auf i und ü, es klingelten Radfahrer und Milchflaschen in diesen Straßen, Autos bremsten, keuchten, hupten und in einem Haus zerhackte jemand Mozart auf dem Klavier und man hörte bis auf die Straße, wie eine spitze Altfrauenstimme zählte und mit einem harten Gegenstand den Takt dazu schlug. Bisher hatten Menschen in den Straßen links und rechts gewohnt und die Straßen waren noch richtige Straßen gewesen. Richtige Straßen, wie es sie in Hopedale auch gab. Oder in Ottawa. Oder in Quebec. Aber seit einer halben Stunde war es immer stiller geworden. Immer weniger Menschen wohnten links und rechts in den Häusern und es standen immer weniger Häuser links und rechts von der Straße. Die Kinder, die Hunde und die Autos wurden seltener, immer seltener. Nur der zerhackte Mozart wehte noch zum Hohn durch diese plötzliche Stille. Das Leben wurde immer weniger, seltener, leiser. Dann blieb es ganz weg, kam kaum angedeutet für ein paar hundert Meter wieder, blieb dann doppelt so lange aus, kleckerte sich noch mal mit ein paar Häusern einige Schritte neben der Straße entlang, seltener, weniger. Immer leiser, leiser. Immer leiser wurde das Leben.

Er stand an einer großen Kreuzung. Er sah zurück: Kein Kind? Kein Hund? Kein Auto? Er sah nach links: Kein Kind. Kein Hund. Kein Auto. Er sah nach rechts und nach vorn: Kein Kind und kein Hund und kein Auto! Er sah die vier endlosen Straßenzüge entlang: Kein Haus. Kein Haus! Nicht einmal ein Häuschen. Nicht einmal eine Hütte. Nicht einmal eine vereinsamte, stehengebliebene, zittrige, wankende Wand. Nur die Schornsteine stachen wie Leichenfinger in den Spätnachmittagshimmel. Wie Knochen eines riesigen Skelettes. Wie Grabsteine. Leichenfinger, die nach Gott griffen, die dem Himmel drohten. Kahle, magere, gekrümmte angegangene Leichenfinger. Welche der vier Richtungen er entlang sah, und er hatte das Gefühl, er könne in jeder Richtung der Straßenkreuzung kilometerweit sehen: Kein Lebendiges. Nichts. Nichts Lebendiges. Milliarden Steinbrocken, Milliarden Steinstücke, Milliarden Steinkrümel. Gedankenlos vom gnadenlosen Krieg zerkrümelte Stadt. Milliarden Krümel und einige hundert Leichenfinger. Aber sonst kein Haus, keine Frau, kein Baum. Totes nur. Zerstörtes, Zerfallenes, Zerborstenes, Zerwühltes, Zerkrümeltes. Totes nur. Totes. Kilometerweit, kilometerbreit Totes. Er stand in einer toten Stadt und er schmeckte es fade und übel auf der Zunge. Er war nicht mehr stolz. Seine großartige Stimmung war hinten, oh ganz hinten, bei den letzten Kindern, bei dem letzten Hund und bei den letzten Autos liegengeblieben. Auch die Luft ist hier gestorben, dachte er. Er fühlte die Leichenfinger um seine Brust geklammert. Es war so still und er wagte nicht zu atmen.

Er nahm seinen Stadtplan, er hielt ihn fest in der Hand und es war ihm, als hielte er sich daran fest. Er sah nach der Sonne, die schon ganz flach und goldstaubig im Dunst der fernen Stadt lag. Er sah ganz dünn die Türme der Kirchen. Sie sind nicht wahr, sie sind gelogen, dachte er. So nah waren die Leichenfinger, so eng umstanden sie ihn. Nur die Leichenfinger sind wahr, und die Krümel. Die sind nicht gelogen.

Er nahm sich vor, die Stunde, die er noch nach hatte, doppelt schnell zu gehen. Er ging mitten auf der Straße. Das heißt, er mußte nun mitten auf der Straße gehen, denn die zusammengefallenen, auseinandergerissenen Häuser waren oft weit nach vorn gestürzt und ließen von der breiten Straße nur einen kleinen Strich, schmal und unregelmäßig wie ein Wildwechsel, als Fußpfad übrig. Er sah stur vor sich auf die Erde. Aber er fand seinen verlorenen voreiligen Stolz und seine übermütige Laune nicht wieder. Verloren, zerkrümelt, tot.

Auf einmal sah er, daß es doch etwas Lebendiges in dieser toten hauslosen lärmlosen leichenfingerigen Stadt gab: Gras. Grünes Gras. Gras wie in Hopedale. Normales Gras. Millionenhalmig. Belanglos. Dürftig. Aber grün. Aber lebendig. Lebendig wie das Haar der Toten. Grauenhaft lebendig. Gras wie überall in der Welt. Manchmal etwas übergraut, übertaut, überkrümelt, staubig. Aber doch grün und lebendig. Überall lebendiges Gras. Er grinste. Aber das Grinsen gefror, weil sein Gehirn ein Wort, ein einziges Wort, dachte. Das Grinsen wurde grau und staubig wie das Gras an einigen Stellen. Aber eisig übertaut. Friedhofsgras, dachte das Gehirn. Gras? Gut, Gras, ja. Aber Friedhofsgras. Gras auf Gräbern. Ruinengras. Grausames gräßliches gnädiges graues Gras. Friedhofsgras, unvergeßlich, vergangenheitsvolles, erinnerungssattes, ewiges Gras auf Gräbern. Unvergeßlich, schäbig, ärmlich: Unvergeßlicher gigantischer Grasteppich über den Gräbern der Welt.

Gras. Aber sonst begegnete er niemandem. Oder doch. Ein Laternenpfahl begegnete ihm, eine Telefonzelle und eine Anschlagsäule. Die traf er. Und der traurige krumme verbogene Laternenpfahl kam auf ihn zu und kicherte tränenerstickt: Ich kann nicht mehr leuchten. Ich bin kaputt. Ich bin liquidiert. Ruiniert. Total ruiniert. Ich mache kein Licht mehr. Ich scheine nicht mehr. Ich habe den Sinn meines Lebens verloren: Ich leuchte nicht mehr.

Und an einer Ecke erwartete ihn eine traurige durchlöcherte durchsiebte Telefonzelle und wisperte tränenerstickt: Mir hat man die Eingeweide zerrissen und das Gehirn geklaut. Auch mein schönes neues rotes Buch mit den vielen Nummern und Namen. Alles futsch. Jetzt telefoniert kein Schwein mehr in mir. Nur dieses ordinäre Gras macht es sich in mir bequem. Und dann winkte ihm eine schiefe schwatzhafte Anschlagsäule zu und flüsterte mit dicker dummer Stimme tränenerstickt: Ist es nicht schändlich, hören Sie? Kein einziges Plakat hat man. Wie? Keinen Aufruf, keine Kinoreklame, keinen Befehl. Kein Plakat. Nix. Schändlich, nicht wahr? Außerdem stehe ich vollkommen schief und nackt da. Das kommt übrigens alles von den Bomben, wissen Sie, das Schiefstehen. Und das andere. Alles von den Bomben. Diese Bomben wirkten ja tatsächlich eklatant. Entsetzlich, schändlich eklatant.

Und alle, Laterne, Telefonzelle und Litfaßsäule, alle gleich traurig und in ihren Tränen erstickt. Und Bill Brook, der Kanadier, der Flieger, der Farmer aus Labrador, wie sie: Traurig. Und er fühlte sich wie sie: Krumm, durchsiebt, schief. Und er machte seine Schritte noch ein paar Zentimeter größer. Die Sonne hinter ihm wurde müde und sah nur noch mit einer Hälfte über die Silhouette der Stadt hinweg. Bill Brook, der Feldwebel, der so stolz und gut gelaunt losgezogen war, machte nun Riesenschritte. Und die verwehten ohne Widerhall in der flachen toten Stadt ohne Trost, die keine Stadt mehr war, die nur noch Wüste war, Ebene, Öde, Feld, Steinacker: Friedhof ohne Friede mit graugrünem Gras und einigen hundert erstaunt stehengebliebenen Schornsteinen als mageren, düster drohenden Leichenfinger.

Er fühlte sich unbehaglich, Bill Brook, und er war froh, als er plötzlich auf einer leicht geknickten geländerlosen Brücke vor einem kleinen hellen grünsilbernen schlickschwarzen Kanal stand. Er vergaß froh die Wüste, die im kilometerweiten Kreis ihn umkreiste. Er war ganz glücklich auf einmal und er hätte beinahe in die Hände geklatscht wie vor einem Geburtstagstisch, der sechsundzwanzigjährige Mann, als er am Kanalufer ein paar kleine bunte lebendige Gärten, Wäscheleinen und Rauchfähnchen sah. Junge auch! knirschte er zwischen seinen breiten weißen Zähnen. Denn da schrien Kinder, eine Frau sang, einige Männer schimpften auf die Spielkarten, eine Gießkanne zischte, ein Dackel hustet. Junge auch, und die Unterhosen, die Strümpfe, die hellblauen, blaßroten Büstenhalter auf der Wäscheleine wedelten und ruderten und winkten aufgeregt: He, Herr Feldwebel, kommen Sie getrost näher. Sie können ruhig mal rüberkommen, Herr Feldwebel, wirklich, genieren Sie sich nicht. Kommen Sie nur.

Und Bill Brook, der Mann aus Labrador, schlug erleichtert mit beiden Fäusten auf das Stück Brückengeländer, das aus Versehen stehengeblieben war. Und er dachte glücklich: Sieh mal an! Diese kleinen süßen Bretterbuden! Wie kleine appetitliche Paläste! Und aus den Fenstern und Dächern kommen diese allerliebsten herrlichen gebogenen verdrehten Ofenrohre. Und aus diesen prächtigen pechschwarzen Rüsseln von Ofenrohren kommt so ein ganz blauer beweglicher krauser Rauch. Holzrauch, Pappenrauch, Rauch von gestohlenen Planken und Zäunen. Richtiger lebendiger lebenskräftiger unschuldig himmelblauer kräuslicher Rauch! Einen Moment, du verwegener alter Rauch, Moment, du alter hustender Dackel, Moment, ihr bildschönen Büstenhalter, einen Moment: Ich komme! Ich komme mal eben runter zu euch, wenn es recht ist.

Der Kanadier ließ das Brückengeländer los, flankte über eine flache Steinschuttmauer und rutschte bis zu einem kleinen gelben Sandweg die Böschung hinunter. Dieser kleine gelbe Sandweg ringelte sich auf die paar Gartenhäuschen zu und da standen schon zwei Frauen und rieben mit den Händen an ihren Schürzen und sahen dem Fremdling gierig, neugierig, menschgierig, abwechslungsgierig entgegen. Und da hörte schon eine Gießkanne mitten im Zischen auf und ein Mädchen leckte erwartungsvoll mit ihrer Zunge ihre Nasenspitze ab. Aber die beiden Frauen und die Gießkanne und das Mädchen wurden enttäuscht. Der Fremde, dieses Neue, das Ereignis, kam nicht ganz hin bis zu ihnen. Sie machten lange Hälse, Frauen, Gießkanne und Mädchen, aber er kam nicht näher.

Der Fremde blieb vorher stehen. Er blieb stehen, weil vor ihm, neben dem kleinen gelben Sandweg auf der Kaimauer zwei Männer und eine Katze saßen und angelten. Die Männer angelten mit Stöcken und Schnüren und Würmern. Die Katze mit den Augen. Und da blieb der Fremde stehen. Und die Frauen und die Gießkanne und das Mädchen gingen wieder an die Arbeit, als sie das sahen.

Die beiden Männer saßen auf der Kaimauer und ließen drei Beine übers Wasser hängen. Drei Beine? Drei Beine. Der eine war alt und grau und abgenutzt und schlau und vergnügt. Der andere war ganz jung, gerade angefangen, verdorben, zerpflückt, zerstört und ganz jung. Und er hatte nur ein Bein, das er über die Kaimauer hängen lassen konnte. Und dann war da noch die Katze, und die tat völlig uninteressiert und weltabgewandt. Aber Bill Brook sah, daß sie ein ganz fischlüsternes Gesicht hatte. Solche Gesichter machten die Katzen in Hopedale auch, genauso. Bill Brook lachte und dann grüßte er die beiden Männer (und die Katze eigentlich auch mit), als er bei ihnen stehenblieb. Sie sahen auf. Und sie sahen ihn an, als wenn er und sein Gruß zehn Kilometer weit weg wären. Dann nickte der ältere und man konnte erkennen, daß er früher, vorher, sicher vergnügt sein konnte. Er nickte. Der Junge, der nur das eine Bein behalten hatte zum Hängenlassen, der nickte nicht. Aber er sah ihn noch einmal an und stellte ihn dann noch hundert Kilometer weiter weg. Er stellte ihn mit diesem einen Blick nach Kanada zurück und in diesem Kanada gab es keine Sonne, keine Liebe, keine Verständigung. Er stellte ihn in ein Land ohne Gießkanne, ohne Hunde, ohne Mädchenaugen. Und da ließ er ihn stehen und verschwendete seinen Blick nicht länger an ihn. Er fuhr fort, sorgfältig einige Tabakreste in ein Stück Papier zu bröckeln, das er auf seinem Stumpf ausgeglättet und mit dem Handballen geplättet hatte. Der Kanadier fühlte die hundert Kilometer und er fühlte die Verstoßung in ein Land ohne Verständigung, und um nicht so weit weg zu bleiben, setzte er sich neben den Alten auf die Mauer. Nun hingen fünf Beine überm Wasser. Er nahm seine Zigarettenpackung und gab sie dem Alten. Und er machte ihm klar, daß er sie behalten und mit dem Jungen teilen sollte. Der Alte sah ihn plötzlich aus großer Nähe an und sagte: Danke. Und sagte

das wie: Siehst du, bist'n ordentlicher Kerl. Hab ich gleich ge-
merkt. Auch ohne Zigaretten. Damit gab er dem Jungen neben
sich die restliche Packung. Der aber nahm die Zigaretten langsam und beinahe betont bedächtig aus der Hülle und schnippte
sie wie beiläufig und gelangweilt mit zwei Fingern ins Wasser.
Weit ins Kanalwasser. Einzeln. Genießerisch tat er das. Acht
Zigaretten schnippte er einzeln mit den Fingerspitzen weit in den
grünschwarzen Kanal, und die Katze sah ihnen aufgeregt nach.
Bill Brook machte die Stirn kraus. Dann dachte er an das eine
Bein, das von der Kaimauer hing.
Der Alte schob die beschneiten Augenbrauenbüsche hoch bis an
den Haaransatz und knurrte den Jungen an: «Spleen, was? Du
kennst keine Gesichter.» Der Junge leckte sich seine Zigarette zu,
spuckte einen Tabakfussel in den Kanal und sagte, ohne den Mund
zu bewegen: «Gib mir lieber Feuer.»
Dann sahen sie alle drei auf den schwarzgrünen Silberschlick.
Bill Brook fror in dem Land ohne Sonne und ohne Gießkanne
und er nahm seinen Stadtplan und hielt sich daran fest. Er fragte
den Alten, ob er hier nach Billbrook käme. Dem Stadtteil Billbrook, wiederholte er wichtig. Und als ob es für die Angler mit
den drei Beinen etwas anderes gäbe, das Bill Brook heißen könnte.
Der Alte nickte, hob sechsmal seine kurzen Finger hoch, die vom
Regenwürmersuchen voll schwarzer Erde waren, und sagte dann:
Minuten. Er zeigte noch einmal sechzig kurze schwarze Finger:
sechzig Minuten. Bill Brook suchte die goldbraune Sonne, und
als er sah, daß sie nicht mehr da war, dachte er: Jetzt kann ich
nicht mehr hin nach Billbrook, nach dem Stadtteil Billbrook, nach
meinem Stadtteil. Sonst wird es Mitternacht, bis ich nach Hause
komme. Und er freute sich beinahe, daß er umkehren mußte.
Er dachte an die arme krumme Laterne, an die traurige Telefonzelle dachte er und an die unglückliche Plakatsäule. Er stand auf.
Der Alte sah an seinen langen blau uniformierten Beinen hoch.
Er leckte sich den Daumen und den Zeigefinger sauber, nahm
den blauen Stoff vorsichtig dazwischen, rieb ihn andächtig und
schob auf seiner Unterlippe sein fachmännisches Urteil raus.

«Gut, gut», sagte er. Bill Brook sah an sich nieder. Er schämte sich etwas. «Gut, ja, gut», sagte er dann aber doch. Dann zeigte er in alle vier Himmelsrichtungen und fragte: «Alles kaputt?» Der Alte antwortete. Ganz leise tat er das: «Alles», nickte er. «Drei Stunden links. Drei Stunden rechts. Dahin und rückwärts auch: Alles.» Und er sagte: «Barmbek, Eilbek und Wandsbek» und «Hamm und Horn», sagte er. Und «Hasselbrook». Und «St. Georg und Borgfelde». Er sagte «Rothenburgsort und Bill-werder». Und «Hammerbrook». Und «Billbrook». Und er sagte «Hamburg» und sagte «Hafen» und nochmal «Hamburg». Und er sagte es so, daß Bill Brook glaubte, er hätte Kanada gesagt und hätte Hopedale gesagt. «Hafen» sagte er und «Hamburg»! Und dann wollte er wieder seine kurzen erdigen Finger hochheben und dem Fremden Zahlen vorzählen – aber dann winkte er mit beiden Armen ab und sagte nur: «Ach! In zwei Nächten. In zwei Nächten alles kaputt. Alles.» Und sein Arm machte einen Kreis, in dem eine ganze Welt Platz hatte. Bill Brook hob zwei Finger: «Zwei Nächte? Nein! Zwei? Zwei Nächte?» Er lachte laut und erschrocken. Er lachte, und es war wie kleine Schreie, laut und erschrocken. Die ganze gewaltige große Stadt – in zwei Nächten? Er wußte nicht, was er anderes tun sollte, als lachen. Er dachte an Hopedale und er dachte: Zwei Nächte. Hopedale würde sein wie eine Lüge. Hopedale würde nicht mehr wahr sein nach zwei Nächten. Gelogen. Getilgt. Er dachte, daß vielleicht zehntausend Menschen unter der flachen Stadt liegengeblieben waren. Er lachte: Zehntausend Tote. Flach, platt und tot. Zehn-tausend in zwei Nächten. Eine ganze Stadt! In zwei Nächten. Flach, platt, tot.

Der Kanadier konnte nicht aufhören zu lachen. Er lachte und lachte. Aber er lachte nicht aus Freude und nicht aus Lust. Er lach-te. Lachte aus Unglauben, aus Überraschung, aus Erstaunen, aus Zweifel. Er lachte, weil er es sich nicht vorstellen konnte. Er lach-te, weil es ihm unmöglich erschien. Lachte, weil es ungeheuer-lich war. Er lachte, weil es ihn fror, weil es ihn erstarren ließ, weil es ihm graute. Es graute ihm und er lachte. Der Kanadier stand in seiner sauberen blauen Uniform in einer unermeßlichen unvergeßlichen Wüste von Steinen und Toten und lachte. Stand mit seinem sauberen glatten Gesicht abends am Kanal neben zwei Anglern, und die hatten staubige faltige Gesichter und hatten nur drei Beine. So stand der Kanadier abends am Kanal und lachte. Da ließ der Einbeinige ein Wort aus dem unbeweglichen Mund auf den grünschwarzen Schlick fallen. Und das Wort klatschte wie eine Ohrfeige. Und dabei sah er den lachenden Soldaten an, daß dem das Lachen wie ein Hilfeschrei im Hals steckenblieb. Aber der Alte hatte gefühlt, daß der Fremde nichts anderes hatte tun können, als lachen. Und er hatte gefühlt, daß es ein Lachen aus Grauen war. Daß es voller Grauen war, grauenhaft. Grauenhaft nicht nur für sie beide, grauenhaft auch für den Lacher. Und der Alte sagte zu dem Einbeinigen: «Du kennst keine Gesichter, habe ich dir doch gesagt.» Der Junge zitterte. Und der Alte sagte noch einmal: «Und du kennst keine Gesichter, sag ich dir. Das ist alles.»

Bill Brook verstand nicht, was die beiden sagten. Aber er fühlte den Haß aus den Augen des Einbeinigen. Und er sah, daß die Augen des Alten ihn baten, zu gehen. Er scheuerte seinen Fuß zärtlich an dem Fell der Katze. «Ja», sagte er, «gute Nacht.» «Nacht», beeilte sich der Alte, «Nacht». Bill Brook drehte sich um und ging, und er dachte: Es ist gut, daß ich gegangen bin.

Als er wieder auf der Straße war, störten ihn ein paar rote Flekke am Himmel. Die waren noch von der Sonne. Blutflecke, dachte er und macht lange energische Schritte der in Blut ersoffenen Sonne nach. Regelrecht rostige Blutflecke – unsympathisch, dachte er. Aber da war plötzlich der Nachtwind. Und der kam ihm wohlwollend und kühl entgegen und war voll Weichheit, wie er leise von der Stadt herwehte. Weich war er und leise, wohlwollend und wohltuend wehte er dem Mann ins Gesicht. Kühl und kameradschaftlich wie ein alter Bekannter aus Kanada. Wind. Wind aus Hamburg. Wind aus Hopedale. Nachtwind. Weltwind. Kühl, leis und von der Stadt her. Weltnachtwind. Der Kanadier knöpfte weit sein Hemd auf. Wind, Nachtwind, wehklagend, Wind aus Plattstadt, aus Flachstadt, Wind aus der Totenstadt. Atem, Nachtatem von zehntausend plattgedrückten Schläfern. Der Kanadier ging schnell, schnell und er sang laut vor sich hin. Und es war inzwischen so dunkel geworden, daß er alle paar Schritte mit dem Fuß gegen Ziegelsteine, verkohlte Balken und Mauerbrocken stieß. Aber er fluchte nicht. Nicht ein Mal. Er sang laut in die Dunkelheit hinein. Laut sang er und lustig sang er. Vielleicht sang er, weil er nicht fluchen wollte, wenn er sich stieß. Vielleicht sang er, weil er nicht an die Toten denken wollte. An die zehntausend Flachen mit dem Nachtatem, dem leisen wehmütigen Wind. Oder weil es so dunkel war. Doch, vielleicht war es so, daß er laut sang, weil es dunkel war. Und er ging schnell und sang. Vor ihm, im trüben Lichtdunst, lag die Stadt. Diese verrückte Stadt, von der ein Teil Billbrook hieß. Die einen graugrünen See mit weißen Segeln in der Mitte hatte. Und beispielsweise mal eben zehntausend Tote in einer eigenen Totenstadt. Verrückte Stadt, dachte er. Verrückte, lebendige, tote Stadt! Und er ging schnell und singend und war froh, daß sie da vor ihm lag, sichtbar, hörbar, riechbar, im trüben Lichtdunst des Nachtlebens, trübe und verheißungsvoll, mit dem See mittendrin. Und er ging schnell und laut vor sich hin in das Dunkel hineinsingend. Und neben ihm ging sein Schatten. Als er seinen Schatten neben sich sah, dachte er: Mein Gott, läuft der etwa? Und dann zwang er sich, zehn Schritte wenigstens, ganz langsam zu gehen, und er sang nicht. Und als er einen Stern aus Hopedale suchen wollte und stehen blieb und zu dem tintenfarbenen Himmel aufsah, da rief es ihn an, unterweltlich, unwirklich, unausweichlich, spukhaft. Und es rief: «He, Herr Bill Brook, wollen Sie nicht mal eben hersehen? Mal eben meine neuesten Plakate lesen?» Und was da baßstimmig dröhnend rief, das war die schiefe Anschlagsäule, die sich vor Diensteifer noch tiefer auf die Erde bückte. Sie war kahl und nackt und gespenstig und schimmerte hellgrau und bleichbäuchig durch den schmutzfleckigen Samt der frühen Nacht. Und der Kanadier ging schnell. «Juhu! Bill Brook! Wie ist es mit einem kleinen Telefönchen?

Kleines Ferngespräch nach Kanada gefällig? Wie? Etwa so: Tote Stadt gesehen! Zehntausend Tote gerochen! Und Krümel, Krümel, Krümel gesehen. Menschkrümel, Steinkrümel, Stadtkrümel, Weltkrümel. Aber laufen Sie doch nicht weg, Bill Brook, he, juhu!» Die dicke dunkelrote glaslose skelettige Telefonzelle wedelte hysterisch mit der Tür und die zerrissenen Drähte pendelten wie Schlangen im Wind. Der Kanadier ging schnell. Und er sang. Und dann fand er, daß es so aussähe, als ob sein Schatten liefe. Er nahm sich vor, langsam zu gehen. Aber er ging schnell, der Kanadier. Da kam ihm kichernd der verblödete erblindete gekrümmte verödete Laternenpfahl entgegengestolpert und stotterte erregt: «Hoppla, Hallo, Billy, Junge! Soll ich dir leuchten? Heimleuchten? Bin 'n großartiger Leuchter, mein Lieber. Aber Billy, bleib doch, Billy!» Der Kanadier ging schnell. Und er sang laut. Er hatte sein Hemd weit offen. Er sah Hamburg vor sich und er dachte: Hopedale. Und er ging schnell. Er machte Riesenschritte und sein Schatten lief hinterher. Es sah aus, als liefe er. Der Nachtwind kam kühl und Bill Brook ging ihm mit nackter Brust und heißer Stirn entgegen. Und das Dunkel war ein Maul, das spie. Und spie plötzlich zwei gelbe glimmende gleitende Augen aus. Und die Augen kamen ihm entgegen. Und die Augen wurden größer. Und waren gelb und glimmten giftig auf ihn zu. Das muß ein Auto sein, sagte er sich. Natürlich, was sonst? Und wenn es nun kein Auto ist? Aber es ist sicher ein Auto. Gerade als er dachte, es ist vielleicht doch kein Auto, da blieben die beiden glimmenden Augen unvermutet stehen. Er hörte ein Quietschen. Das müssen die Bremsen sein. Dann erblindete das Ungeheuer und die Augen erloschen. Der Kanadier kam heran. Es war ein Auto. Donnerwetter, sagte er da und lachte. Und er fand, daß er eigentlich gar nicht so schnell zu gehen brauchte. Er ging langsamer. Er merkte, daß er ganz naß war. Ich bin so gelaufen. Viel zu schnell. Wie ein Wahnsinniger. Ich glaube, mir war diese tote Stadt mit ihren zehntausend flachen Einwohnern unbehaglich. Ich glaube, ich hatte Angst. Vielleicht hatte ich Angst. Natürlich: Angst. Er gab es sich zu, daß er Angst gehabt hatte.

Viel nicht, aber Angst. Warum soll ich auch nicht Angst haben dürfen? Es ist gut, wenn man Angst haben kann. Manchmal ist es gut. Die keine Angst haben, werden Boxer, und ihre Nasen und Seelen sind unförmig und breitgeklopft und häßlich. Und die dürfen keine Angst haben. Arme Boxer. Schlimm für sie, wenn zehntausend Tote ihnen keine Angst machen. Solche Boxer gibt es viel.

Meinetwegen, ich habe Angst gehabt vor den zehntausend Flachköpfigen, Flachbrüstigen. Aber jetzt kommen Häuser auf mich zu. Mit hellen warmen Fenstern und rundköpfigen, lebendigen Menschen. Bill Brook blieb stehen und atmete tief und durstig, als hätte er seit Stunden die Luft angehalten. Und der Nachtwind, der ihn als Atem der Toten angehaucht hatte, wurde warm und vertraut wie der Atem eines großen grauen Tieres. Und das Tier, das ihn ausatmete, hieß Hamburg. Und sein Atem roch nach Topfblumen, frischgegossenen Vorgärten, Abendessen, offenen Fenstern, Menschen. Roch lebendig und warm wie Kuhatem, wie Pferdeatem abends im Stall.

An einer Häuserecke saß sogar ein Hund, vorne Dackel, hinten Terrier, und fegte mit seinem Schwanz enthusiastisch von links nach rechts über die harten Steinfliesen. Als der Kanadier die Ecke erreicht hatte, sah er den Grund zu dem Enthusiasmus des Hundeschwanzes. Der Grund war ein dreizehnjähriges Mädchen, das mit einem Ball spielte. Sie warf ihn um den Rücken herum gegen die Wand und fing ihn mit der Brust wieder auf, wenn er von der Wand zurückprallte. Der Hund hielt den Ball im Abenddunkel vielleicht für ein geheimnisvolles aufregendes Tier. Und der Ball federte leicht und helltönend zwischen der Wand und der Brust des dreizehnjährigen Mädchens hin und her. Und der Hundeschwanz ging mit: Wand – Brust. Wand – Brust. Wand – Brust. Süß, dachte der Mann, der aus der toten Stadt kam. Süß. Aber in fünf Jahren macht sie das auch nicht mehr. Wegen der Brust. Dann ist sie vielleicht achtzehn. Oder zwanzig.

Er lachte laut über seine Gedanken. Dann ging er weiter. Und ging mit großen sicheren Schritten in die lebendige Stadt hinein.

Als Bill Brook eine Stunde später in der Badewanne seines Hotels stand und sich das eisige Wasser über den Rücken prasseln ließ, kam der kleine Schwarze von nebenan mit seinem Konservendosengelächter, stemmte beide Arme gegen die Türfüllung und schrie blechkehlig: «Ohe, Alter, bist du so versumpft, altes Sumpfhuhn, daß du gleich ins Wasser mußt? Kleines schmutziges Verhältnis gehabt, was, Alter? Oder haben sie dich in deinem eigenen Stadtteil mit Dreck beworfen, ja?» Er krümmte sich vor Gelächter, als ob ihm schlechter Schnaps im Gedärm brenne. Bill Brook schmiß ihm die Seife nach und grinste: «Nee, nur 'n kleinen Trip gemacht in die tote Stadt. Kleinen Boxkampf gemacht mit zehntausend Toten. Und alle beinamputiert. Denk bloß, alle einbeinig!»

Der Schwarzhaarige mit dem Blechlachen machte riesige runde Augen und einen dummen großen offenen Mund. «Aha», klöterte es dann aus seiner Kehle, «ach so, ihr habt gesoffen!» Und damit verschwand er gähnend und beruhigt im Nebenzimmer. Kurz darauf hörte Bill Brook seine beiden Kameraden gewaltig und männlich schnarchen.

Dann setzte er sich an den Tisch, zog die Tischdecke ab und legte sie über die Lampe, damit die beiden Schnarcher nicht aufwachten. Er nahm einen Briefbogen. Und dann saß er vor dem leeren Papier und sah in die Lampe. Er wollte von Billbrook schreiben, von dem Stadtteil Billbrook, von der Telefonzelle, der Litfaßsäule, von der Laterne. Er wollte von den beiden Anglern mit den drei Beinen schreiben, von den Zigaretten im Wasser und vom Gras, vom großen grünen grauen Großstadtgras. Von den Leichenfingern wollte er schreiben, von der toten Stadt und ihren zehntausend flachgedrückten plattgedrückten Einwohnern. Von der toten Stadt wollte er schreiben und von dem Mädchen mit dem Ball. Davon wollte er schreiben. Das wollte er denen zu Hause schreiben, denen in Kanada, denen in Labrador. Aber dann schrieb er kein Wort davon. Dann schrieb er kein Wort von der toten Stadt. Dann schrieb er nur von Hopedale, vom Wind in Hopedale, vom Hafen in Hopedale und vom Wasser in Hopedale. Er sah in die Lampe.

Und dann schrieb er unter seinen Brief noch einen Satz: «Ich glaube, es ist nicht so schlimm, daß die beiden Kühe eingegangen sind.» Das schrieb er. Und dann noch: «Nein, es ist bestimmt nicht so schlimm.» Er leckte den Brief zu und sagte: «Es ist auch wirklich nicht so gefährlich mit den beiden Kühen.»

Er stand auf und machte das Licht aus. Dann ging er ans Fenster und sah in die Nacht hinaus. Da drüben blinkten die Sterne in der Alster. Und die Alster lag da schwarz und mittendrin. Und plötzlich klirrten die Fenster. Draußen fuhr eine Kolonne von schweren dicken Lastwagen vorbei. Ihre gelben großen Augen blinzelten durch den Nachtnebel. Ihre Motore schnoben wie eine Herde wütender Elefanten. Die Fenster klirrten heimlich und erregt.

«Schön. Schön!» flüsterte der Kanadier und drückte seine heiße Stirn gegen das kalte Glas.

«Schön, daß hier alles so lebendig ist. Hier. Und in Hopedale.» Und er ging leise ins Zimmer zurück. Heimlich und erregt klirrten die Fenster.


## DIE ELBE

### Blick von Blankenese

Links liegt Hamburg. Da, wo der viele Dunst liegt. Und der kommt von dem vielen Lärm, von den Menschen und der Arbeit, die da sind, in Hamburg.

Drüben liegt Finkenwerder. Aber Finkenwerder ist klein, denn es liegt da ganz drüben, und dazwischen liegt der Strom. Und drüben, das ist ziemlich weit.

Rechts liegen noch ein paar Häuser und manchmal eine Straße oder ein Graben. Und dann liegt da nachher bald die Nordsee. Und da liegt viel Dunst. Von dem vielen Wasser, das da ist.

So ist das links, drüben und rechts. Hamburg und Finkenwerder und die Nordsee. Und hinten?

Hinten liegen ein paar Wiesen und ein paar Wälder. In den Wiesen und den Wäldern liegen Kühe, Kuhfladen, Nebel, Nächte. Liegen Kaninchen, Sonne, Heidekraut und Pilze. Hin und wieder liegen Strohdächer dazwischen, Misthaufen, Fuchslöcher, Regenpfützen und Knickwege. Aber sonst nicht viel. Und nachher liegt da auch bald Dänemark.

Oben liegt der Himmel und da liegen die Sterne drin.

Darunter liegt die Elbe. Und da liegen auch Sterne drin. Dieselben Sterne, die im Himmel liegen, liegen auch in der Elbe. Vielleicht sind wir gar nicht so weit ab vom Himmel. Wir in Blankenese. Wir in Barmbek, in Bremen, in Bristol, Boston und Brooklyn. Und wir hier in Blankenese. Aber man muß die Sterne natürlich sehen, die hier unten schwimmen, in der Elbe, im Dnjepr, in der Seine, im Hoangho und im Mississippi.

Und die Elbe? Die stinkt. Stinkt, wie eben das Abwaschwasser einer Großstadt stinkt: nach Kartoffelschale, Seife, Blumenvasenwasser, Steckrüben, Nachttöpfen, Chlor, Bier und nach Fisch und nach Rattendreck. Danach stinkt sie, die Elbe. Wie eben das Spülwasser von ein paar Millionen Menschen nur stinken kann. So stinkt sie aber auch. Und sie läßt keinen Gestank aus, der auf der Welt vorkommt.

Aber die sie lieben, die weit weg sind und sich sehnen, die sagen: Sie riecht. Nach Leben riecht sie. Nach Heimat hier auf der verlorenen Kugel. Nach Deutschland. Ach, und sie riecht nach Hamburg und nach der ganz großen Welt. Und sie sagen: Elbe. Sie sagen das weich und wehmütig und wollüstig, wie man einen Mädchennamen sagt. So: Elbe!

Früher gab es riesige Schiffe. Dampfer, Kästen, Paläste, die einen übermütigen tränenlosen Abschied riskierten. Die abends wie gewaltige Wohnblocks, wie kühn konstruierte, schmal geschnittene phantasievolle gigantische Etagenhäuser im Strom lagen und träge und weltsatt und meermüde gegen die nächtlich erregten Kais trieben. Die gab es früher, diese zyklopischen schwimmenden Termitenberge, von Millionen Glühwürmchen erleuchtet, gemütlich, großmütig und geborgen glimmend, grün und rot und hektisch weißglühend. Sie konnten mit lärmender Blechmusik eine turbulente tränenlose tolle Ankunft riskieren. Ankunft und Ausfahrt: Mutige Blechmusik. So war das damals. Gestern.

Ob sie voll Fernweh und Macht und Mut ausfuhren auf die weiten Wasser der Welt – oder ob sie voll Weltatem und Weltware und Weisheit heimkamen von den Teichen zwischen den Kontinenten: Immer lagen sie voll Mut im Elbstrom, Titanen hinter den hustenden Schleppern, schimmernd aus dem Qualm der Barkassen aufragend, Festungen, unantastbar, gebirgig, übermütig.

Immer funkelte ein Übermaß an Mut aus den tausend bulläugigen Fenstermäulern. Immer zitterte ein Überschuß an Freude aus den Messingmäulern ihrer Mußidenn-Kapellen. Immer war es eine Überfülle an Kraft, die aus den stolzen Mäulern der Schornsteine stob und schnob, stampfte und dampfte. Kraft, die weißluftig aus den karpfenmäuligen Sirenenohren zischte. Lachende lustvolle lebendige Elbe!

So war das. Damals. Gestern.

Aber manchmal gibt es Zeiten, und sie liegen grauer als der graue Dunst Hamburgs über der uralten ewigjungen Elbe, dann sind der Mut und die Freude und die Kraft auf See geblieben, dann sind sie an fremden, kalten, wüsten Küsten verschollen. Dann sind sie überfällig, die Freude, der Mut und die Kraft.

Das sind die dunstgrauen, die nebelgrauen, die weltgrauen Zeiten, in denen es vorkommen kann, daß kleine weiße aufgeschwemmte Menschenwracks auf den graugelben schmuddeligen Sand von Blankenese oder Teufelsbrücke geworfen werden. Dann passiert es, daß vollgelaufene fischig-stinkende menschfremde Tote gegen das Schilf von Finkenwerder oder Moorburg knistern und wispern. Dann geschieht es, daß an diesen grauen Tagen Liebende, Ungeliebte, Verzweifelte, Müde, Todestraurige, Selbstmordmutige, denen der Mut zum Leben ausging – Freudlose und Freundlose, Kraftlose, die nur noch einen Freund im Elbstrom hatten, die nur noch die Kraft zum Tod hatten – daß diese, das geschieht dann in den grauen Nächten, daß diese von Elbwasser Besoffenen, die sich am Elbwasser zu Tode berauschten, dumpf und drohend und dröhnend gegen die Pontons von Altona und den Landungsbrücken stoßen. Rhythmisch dumpfen sie dagegen, eintönig, gleichmäßig wie Atem. Denn der Wellengang der Elbe, der Stromatem, ist nun ihr Rhythmus – das Wasser der Elbe ist nun ihr Blut. Und dann klatschen in den grauen Nächten die kalten kalkigen Menschenleichen klagend gegen die Kaimauern von Köhlbrand und Athabaskahöft. Und ihre einzige Blechmusik sind die blechernen Möwenschreie, die geil und voll Gier über den Menschenfischen schwirren. So ist das in den grauen Zeiten.

Meerhungrige Riesenkästen, ozeansüchtige Wohnblocks, winderfahrene Paläste voll Ausfahrt und Ankunft mit lärmender Blechmusik dickbäuchiger Messingkapellen –

Wassersüchtige Menschenwracks, todsehnende Lebendige, wellenvertraute wellenverliebte Wasserleichen voll Abschied und Endgültigkeit mit einsamem Blechschrei schmalflügeliger Lachmöwen:

Lustvolle leidvolle Elbe! Lustvolles leidvolles Leben!

Aber dann kommen die unauslöschlichen, die unaustilgbaren, die unvergeßlichen Stunden, wo abends die jungen Menschen, von der Sehnsucht nach Abenteuern randvoll, auf den geheimnisvollen Holzkästen stehen, die den geheimnisvollen Namen Ponton haben, einen Namen, der schon drucksend und glucksend all ihr zauberhaftes Heben und Senken vom Atem des Stromes verrät. Immer werden wir wieder auf den sicheren schwankenden Pontons stehen und eine Freude in uns fühlen, einen Mut in uns merken und eine Kraft in uns kennen. Immer wieder werden wir auf den Pontons stehen, mit dem Mut zum Abenteuer dieses Lebens, und den Atem der Welt unter unsern Füßen fühlen.

Über uns blinkt der Große Bär – unter uns blubbert der Strom. Wir stehen mittenzwischen: Im lachenden Licht, im grauen Nebel der Nacht. Und wir sind voll Hunger und Hoffnung. Wir sind voll Hunger nach Liebe und voll Hoffnung auf Leben. Und wir sind voll Hunger auf Brot und voll Hoffnung auf Begegnung. Und wir sind voll Hunger nach Ausreise und voll Hoffnung auf Ankunft.

Immer wieder werden wir in den grauen Zeiten auf den mürbeduftenden schlafschaukelnden lebenatmenden Pontons stehen mit unserem heißen Hunger und mit unserer heiligen Hoffnung.

Und wir wünschen uns in den grauen Zeiten, den Zeiten ohne die schwimmenden Paläste, voll Mut auf den kleinen Motorkahn, auf den Fischfänger, den Küstenkriecher, wünschen uns ein brennendes Gesöff ins Gedärm und eine weiche warme Wolle um die Brust und ein Abenteuer ins Herz. Wünschen uns voll Mut zur Ausfahrt, voll Mut zum Abschied, voll Mut zum Sturm und zum Meer.

Und wir wünschen uns (in diesen grauen Zeiten, wo es die großen Kästen nicht gibt) muskelmüde auf die heimkommenden kleinen Fischkutter, die mit asthmatischem Gepucker im Leib die Elbe reinkommen, um einmal so voll von Heimkehr, voll Fracht und Erfahrung sein zu können. Um einmal die Stadt des Heimwehs, die Stadt der Heimkehr im Blut zu haben, herrlich, schmerzlich Hamburg zu schreien, zu schluchzen – einmal voll Nachhausekommen zu sein. Und wir wünschen uns zerschlagen und windmüde auf die kleinen Fischkutter, schwatzend, schrubbend, schimpfend oder schweigend – wünschen uns die Lust, die unfaßbare Tränenlust, einmal Heimkehrer zu einer Hafenstadt zu sein.

Und wenn wir abends auf den wiegenden Pontons stehen – in den grauen Tagen – dann sagen wir: Elbe! Und wir meinen: Leben! Wir meinen: Ich und du. Wir sagen, brüllen, seufzen: Elbe – und meinen: Welt! Elbe, sagen wir, wir Hoffenden, Hungernden. Wir hören die metallischen Herzen der kleinen tapferen armseligen ausgelieferten treuen Kutter tuckern – aber heimlich hören wir wieder die Posaunen der Mammutkähne, der Großen, der Gewaltigen, der Giganten. Wir sehen die zitternden kleinen Kutter mit einem roten und einem grünen Auge abends im Strom – aber heimlich sehen wir wieder, wir Lebenden, Hungernden, Hoffenden, die bulläugigen lichtverschwendenden blechmusikenen Kolosse, die Riesen, die Paläste.

Wir stehen auf den abendlichen schaukelnden Pontons und fühlen das Schweigen, den Friedhof fühlen wir und den Tod – aber tief in uns hören wir wieder das Gewitter, das Gedonner und Gedröhn der Werften. Tief in uns fühlen wir das Leben – und das Schweigen über dem Strom wird wieder platzen, wie eine Lüge, von dem Lärm, von der Lust des lauten Lebens! Das fühlen wir – tief in uns abends auf den flüsternden Pontons.

Elbe, stadtstinkende kaiklatschende schilfschaukelnde sandsabbelnde möwenmützige graugrüne große gute Elbe!

Links Hamburg, rechts die Nordsee, vorn Finkenwerder und hinten bald Dänemark. Um uns Blankenese. Über uns der Himmel. Unter uns die Elbe. Und wir: Mitten drin!

# Draussen vor der Tür

Ein Stück,
das kein Theater spielen
und kein Publikum sehen will

Hans Quest
gewidmet

Borchert schrieb dieses Stück im Spätherbst 1946 in wenigen Tagen. Als Hörspiel wurde es am 13. Februar 1947 zum ersten Mal vom Nordwestdeutschen Rundfunk gebracht. Die Sendung wurde mehrmals wiederholt und auch von anderen deutschen Sendern übernommen. Als Bühnenstück erlebte es seine Uraufführung in der Inszenierung Wolfgang Liebeneiners am 21. November 1947, einen Tag nach dem Tode des Dichters, in den Hamburger Kammerspielen. Fast alle bedeutenden deutschen Bühnen haben das Stück in ihren Spielplan aufgenommen. Verfilmt wurde es unter dem Titel «Liebe 47», Regie Wolfgang Liebeneiner. Außerdem wurde es in mehrere europäische Sprachen übersetzt. Als Buch erschien es im November 1947 im Rowohlt Verlag.

DIE PERSONEN SIND

BECKMANN, einer von denen

seine FRAU, die ihn vergaß

deren FREUND, der sie liebt

ein MÄDCHEN, dessen Mann auf einem Bein nach Hause kam

ihr MANN, der tausend Nächte von ihr träumte

ein OBERST, der sehr lustig ist

seine FRAU, die es friert in ihrer warmen Stube

die TOCHTER, gerade beim Abendbrot

deren schneidiger MANN

ein KABARETTDIREKTOR, der mutig sein möchte, aber dann
    doch lieber feige ist

Frau KRAMER, die weiter nichts ist als Frau Kramer, und das
    ist gerade so furchtbar

der alte MANN, an den keiner mehr glaubt

der BEERDIGUNGSUNTERNEHMER mit dem Schluckauf

ein STRASSENFEGER, der gar keiner ist

der ANDERE, den jeder kennt

die ELBE.

Ein Mann kommt nach Deutschland.

Er war lange weg, der Mann. Sehr lange. Vielleicht zu lange. Und er kommt ganz anders wieder, als er wegging. Äußerlich ist er ein naher Verwandter jener Gebilde, die auf den Feldern stehen, um die Vögel (und abends manchmal auch die Menschen) zu erschrecken. Innerlich – auch. Er hat tausend Tage draußen in der Kälte gewartet. Und als Eintrittsgeld mußte er mit seiner Kniescheibe bezahlen. Und nachdem er nun tausend Nächte draußen in der Kälte gewartet hat, kommt er endlich doch noch nach Hause.

Ein Mann kommt nach Deutschland.

Und da erlebt er einen ganz tollen Film. Er muß sich während der Vorstellung mehrmals in den Arm kneifen, denn er weiß nicht, ob er wacht oder träumt. Aber dann sieht er, daß es rechts und links neben ihm noch mehr Leute gibt, die alle dasselbe erleben. Und er denkt, daß es dann doch wohl die Wahrheit sein muß. Ja, und als er dann am Schluß mit leerem Magen und kalten Füßen wieder auf der Straße steht, merkt er, daß es eigentlich nur ein ganz alltäglicher Film war, ein ganz alltäglicher Film. Von einem Mann, der nach Deutschland kommt, einer von denen. Einer von denen, die nach Hause kommen und die dann doch nicht nach Hause kommen, weil für sie kein Zuhause mehr da ist. Und ihr Zuhause ist dann draußen vor der Tür. Ihr Deutschland ist draußen, nachts im Regen, auf der Straße.

Das ist ihr Deutschland.

*(Der Wind stöhnt. Die Elbe schwappt gegen die Pontons. Es ist Abend. Der Beerdigungsunternehmer. Gegen den Abendhimmel die Silhouette eines Menschen.)*

DER BEERDIGUNGSUNTERNEHMER *(rülpst mehrere Male und sagt dabei jedesmal)*: Rums! Rums! Wie die – Rums! Wie die Fliegen! Wie die Fliegen, sag ich.

Aha, da steht einer. Da auf dem Ponton. Sieht aus, als ob er Uniform an hat. Ja, einen alten Soldatenmantel hat er an. Mütze hat er nicht auf. Seine Haare sind kurz wie eine Bürste. Er steht ziemlich dicht am Wasser. Beinahe zu dicht am Wasser steht er da. Das ist verdächtig. Die abends im Dunkeln am Wasser stehn, das sind entweder Liebespaare oder Dichter. Oder das ist einer von der großen grauen Zahl, die keine Lust mehr haben. Die den Laden hinwerfen und nicht mehr mitmachen. Scheint auch so einer zu sein von denen, der da auf dem Ponton. Steht gefährlich dicht am Wasser. Steht ziemlich allein da. Ein Liebespaar kann es nicht sein, das sind immer zwei. Ein Dichter ist es auch nicht. Dichter haben längere Haare. Aber dieser hier auf dem Ponton hat eine Bürste auf dem Kopf. Merkwürdiger Fall, der da auf dem Ponton, ganz merkwürdig. *(Es glückst einmal schwer und dunkel auf. Die Silhouette ist verschwunden.)* Rums! Da! Weg ist er. Reingesprungen. Stand zu dicht am Wasser. Hat ihn wohl untergekriegt. Und jetzt ist er weg. Rums. Ein Mensch stirbt. Und? Nichts weiter. Der Wind weht weiter. Die Elbe quasselt weiter. Die Straßenbahn klingelt weiter. Die Huren liegen weiter weiß und weich in den Fenstern. Herr Kramer dreht sich auf die andere Seite und schnarcht weiter. Und keine – keine Uhr bleibt stehen. Rums! Ein Mensch ist gestorben. Und? Nichts weiter. Nur ein paar kreisförmige Wellen beweisen, daß er mal da war. Aber auch die haben sich schnell wieder beruhigt. Und wenn die sich verlaufen haben, dann ist auch er vergessen, verlaufen, spurlos, als ob er nie gewesen wäre. Weiter nichts. Hallo, da weint einer. Merkwürdig. Ein alter Mann steht da und weint. Guten Abend.

DER ALTE MANN *(nicht jämmerlich, sondern erschüttert)*: Kinder! Kinder! Meine Kinder!

BEERDIGUNGSUNTERNEHMER: Warum weinst du denn, Alter?

DER ALTE MANN: Weil ich es nicht ändern kann, oh, weil ich es nicht ändern kann.

BEERDIGUNGSUNTERNEHMER: Rums! Tschuldigung! Das ist allerdings schlecht. Aber deswegen braucht man doch nicht gleich loszulegen wie eine verlassene Braut. Rums! Tschuldigung!

DER ALTE MANN: Oh, meine Kinder! Es sind doch alles meine Kinder!

BEERDIGUNGSUNTERNEHMER: Oho, wer bist du denn?

DER ALTE MANN: Der Gott, an den keiner mehr glaubt.

BEERDIGUNGSUNTERNEHMER: Und warum weinst du? Rums! Tschuldigung!

GOTT: Weil ich es nicht ändern kann. Sie erschießen sich. Sie hängen sich auf. Sie ersaufen sich. Sie ermorden sich, heute hundert, morgen hunderttausend. Und ich, ich kann es nicht ändern.

BEERDIGUNGSUNTERNEHMER: Finster, finster, Alter. Sehr finster. Aber es glaubt eben keiner mehr an dich, das ist es.

GOTT: Sehr finster. Ich bin der Gott, an den keiner mehr glaubt. Sehr finster. Und ich kann es nicht ändern, meine Kinder, ich kann es nicht ändern. Finster, finster.

BEERDIGUNGSUNTERNEHMER: Rums! Tschuldigung! Wie die Fliegen! Rums! Verflucht!

GOTT: Warum rülpsen Sie denn fortwährend so ekelhaft? Das ist ja entsetzlich!

BEERDIGUNGSUNTERNEHMER: Ja, ja, greulich! Ganz greulich! Berufskrankheit. Ich bin Beerdigungsunternehmer.

GOTT: Der Tod? – Du hast es gut! Du bist der neue Gott. An dich glauben sie. Dich lieben sie. Dich fürchten sie. Du bist unumstößlich. Dich kann keiner leugnen! Keiner lästern. Ja, du hast es gut. Du bist der neue Gott. An dir kommt keiner vorbei. Du bist der neue Gott, Tod, aber du bist fett geworden. Dich hab ich doch ganz anders in Erinnerung. Viel magerer, dürrer, knochiger, du bist aber rund und fett und gut gelaunt. Der alte Tod sah immer so verhungert aus.

TOD: Naja, ich hab in diesem Jahrhundert ein bißchen Fett angesetzt. Das Geschäft ging gut. Ein Krieg gibt dem andern die Hand. Wie die Fliegen! Wie die Fliegen kleben die Toten an den Wänden dieses Jahrhunderts. Wie die Fliegen liegen sie steif und vertrocknet auf der Fensterbank der Zeit.

GOTT: Aber das Rülpsen? Warum dieses gräßliche Rülpsen?

TOD: Überfressen. Glatt überfressen. Das ist alles. Heutzutage kommt man aus dem Rülpsen gar nicht heraus. Rums! Tschuldigung!

GOTT: Kinder, Kinder. Und ich kann es nicht ändern! Kinder, meine Kinder! *(geht ab)*

TOD: Na, dann gute Nacht, Alter. Geh schlafen. Paß auf, daß du nicht auch noch ins Wasser fällst. Da ist vorhin erst einer reingestiegen. Paß gut auf, Alter. Es ist finster, ganz finster. Rums! Geh nach Haus, Alter. Du änderst es doch nicht. Wein nicht über den, der hier eben plumps gemacht hat. Der mit dem Soldatenmantel und der Bürstenfrisur. Du weinst dich zugrunde! Die heute abends am Wasser stehen, das sind nicht mehr Liebespaare und Dichter. Der hier, der war nur einer von denen, die nicht mehr wollen oder nicht mehr mögen. Die einfach nicht mehr können, die steigen dann abends irgendwo still ins Wasser. Plumps. Vorbei. Laß ihn, heul nicht, Alter. Du heulst dich zugrunde. Das war nur einer von denen, die nicht mehr können, einer von der großen grauen Zahl... einer... nur...

# DER TRAUM

*(In der Elbe. Eintöniges Klatschen kleiner Wellen. Die Elbe. Beckmann.)*

BECKMANN: Wo bin ich? Mein Gott, wo bin ich denn hier?

ELBE: Bei mir.

BECKMANN: Bei dir? Und – wer bist du?

ELBE: Wer soll ich denn sein, du Küken, wenn du in St. Pauli von den Landungsbrücken ins Wasser springst?

BECKMANN: Die Elbe?

ELBE: Ja, die. Die Elbe.

BECKMANN *(erstaunt)*: Du bist die Elbe!

ELBE: Ah, reißt du deine Kinderaugen auf, wie? Du hast wohl gedacht, ich wäre ein romantisches junges Mädchen mit blaßgrünem Teint? Typ Ophelia mit Wasserrosen im aufgelösten Haar? Du hast am Ende gedacht, du könntest in meinen süßduftenden Lilienarmen die Ewigkeit verbringen. Nee, mein Sohn, das war ein Irrtum von dir. Ich bin weder romantisch noch süßduftend. Ein anständiger Fluß stinkt. Jawohl. Nach Öl und Fisch. Was willst du hier?

BECKMANN: Pennen. Da oben halte ich das nicht mehr aus. Das mache ich nicht mehr mit. Pennen will ich. Tot sein. Mein ganzes Leben lang tot sein. Und pennen. Endlich in Ruhe pennen. Zehntausend Nächte pennen.

ELBE: Du willst auskneifen, du Grünschnabel, was? Du glaubst, du kannst das nicht mehr aushalten, hm? Da oben, wie? Du bildest dir ein, du hast schon genug mitgemacht, du kleiner Stift. Wie alt bist du denn, du verzagter Anfänger?

BECKMANN: Fünfundzwanzig. Und jetzt will ich pennen.

ELBE: Sieh mal, fünfundzwanzig. Und den Rest verpennen. Fünfundzwanzig und bei Nacht und Nebel ins Wasser steigen, weil man nicht mehr kann. Was kannst du denn nicht mehr, du Greis?

BECKMANN: Alles, alles kann ich nicht mehr da oben. Ich kann nicht mehr hungern. Ich kann nicht mehr humpeln und vor meinem Bett stehen und wieder aus dem Haus raushumpeln, weil das Bett besetzt ist. Das Bein, das Bett, das Brot – ich kann das nicht mehr, verstehst du!

ELBE: Nein. Du Rotznase von einem Selbstmörder. Nein, hörst du! Glaubst du etwa, weil deine Frau nicht mehr mit dir spielen will, weil du hinken mußt und weil dein Bauch knurrt, deswegen kannst du hier bei mir untern Rock kriechen? Einfach so ins Wasser jumpen? Du, wenn alle, die Hunger haben, sich ersaufen wollten, dann würde die gute alte Erde kahl wie die Glatze eines Möbelpackers werden, kahl und blank. Nee, gibt es nicht, mein Junge. Bei mir kommst du mit solchen Ausflüchten nicht durch. Bei mir wirst du abgemeldet. Die Hosen sollte man dir strammziehen, Kleiner, jawohl! Auch wenn du sechs Jahre Soldat warst. Alle waren das. Und die hinken alle irgendwo. Such dir ein anderes Bett, wenn deins besetzt ist. Ich will dein armseliges bißchen Leben nicht. Du bist mir zu wenig, mein Junge. Laß dir das von einer alten Frau sagen: Lebe erst mal. Laß dich treten. Tritt wieder! Wenn du den Kanal voll hast, hier, bis oben, wenn du lahmgestrampelt bist und wenn dein Herz auf allen vieren angekrochen kommt, dann können wir mal wieder über die Sache reden. Aber jetzt machst du keinen Unsinn, klar? Jetzt verschwindest du hier, mein Goldjunge. Deine kleine Handvoll Leben ist mir verdammt zu wenig. Behalt sie. Ich will sie nicht, du gerade eben Angefangener. Halt den Mund, mein kleiner Menschensohn! Ich will dir was sagen, ganz leise, ins Ohr, du, komm her: ich scheiß auf deinen Selbstmord! Du Säugling. Paß gut auf, was ich mit dir mache. *(laut)* Hallo, Jungens! Werft diesen Kleinen hier bei Blankenese wieder auf den Sand! Er will es nochmal versuchen, hat er mir eben versprochen. Aber sachte, er sagt, er hat ein schlimmes Bein, der Lausebengel, der grüne!

*(Abend. Blankenese. Man hört den Wind und das*
*Wasser. Beckmann. Der Andere.)*

BECKMANN: Wer ist da? Mitten in der Nacht. Hier am Wasser.
Hallo! Wer ist denn da?

DER ANDERE: Ich.

BECKMANN: Danke. Und wer ist das: Ich?

DER ANDERE: Ich bin der Andere.

BECKMANN: Der Andere? Welcher Andere?

DER ANDERE: Der von Gestern. Der von Früher. Der Andere von
Immer. Der Jasager. Der Antworter.

BECKMANN: Der von Früher? Von Immer? Du bist der Andere
von der Schulbank, von der Eisenbahn? Der vom Treppenhaus?

DER ANDERE: Der aus dem Schneesturm bei Smolensk. Und der
aus dem Bunker bei Gorodok.

BECKMANN: Und der – der von Stalingrad, der Andere, bist du
der auch?

DER ANDERE: Der auch. Und auch der von heute abend. Ich bin
auch der Andere von morgen.

BECKMANN: Morgen. Morgen gibt es nicht. Morgen ist ohne dich.
Hau ab. Du hast kein Gesicht.

DER ANDERE: Du wirst mich nicht los. Ich bin der Andere, der immer da ist: Morgen. An den Nachmittagen. Im Bett. Nachts.

BECKMANN: Hau ab. Ich hab kein Bett. Ich lieg hier im Dreck.

DER ANDERE: Ich bin auch der vom Dreck. Ich bin immer. Du wirst
mich nicht los.

BECKMANN: Du hast kein Gesicht. Geh weg.

DER ANDERE: Du wirst mich nicht los. Ich habe tausend Gesichter.
Ich bin die Stimme, die jeder kennt. Ich bin der Andere, der
immer da ist. Der andere Mensch, der Antworter. Der lacht,
wenn du weinst. Der antreibt, wenn du müde wirst, der An-
treiber, der Heimliche, Unbequeme bin ich. Ich bin der Opti-
mist, der an den Bösen das Gute sieht und die Lampen in der

finstersten Finsternis. Ich bin der, der glaubt, der lacht, der liebt! Ich bin der, der weitermarschiert, auch wenn gehumpelt wird. Und der Ja sagt, wenn du Nein sagst, der Jasager bin ich. Und der –

BECKMANN: Sag Ja, soviel wie du willst. Geh weg. Ich will dich nicht. Ich sage Nein. Nein. Nein. Geh weg. Ich sage Nein. Hörst du?

DER ANDERE: Ich höre. Deswegen bleibe ich ja hier. Wer bist du denn, du Neinsager?

BECKMANN: Ich heiße Beckmann.

DER ANDERE: Vornamen hast du wohl nicht, Neinsager?

BECKMANN: Nein. Seit gestern. Seit gestern heiße ich nur noch Beckmann. Einfach Beckmann. So wie der Tisch Tisch heißt.

DER ANDERE: Wer sagt Tisch zu dir?

BECKMANN: Meine Frau. Nein, die, die meine Frau war. Ich war nämlich drei Jahre lang weg. In Rußland. Und gestern kam ich wieder nach Hause. Das war das Unglück. Drei Jahre sind viel, weißt du. Beckmann – sagte meine Frau zu mir. Einfach nur Beckmann. Und dabei war man drei Jahre weg. Beckmann sagte sie, wie man zu einem Tisch Tisch sagt. Möbelstück Beckmann. Stell es weg. Das Möbelstück Beckmann. Siehst du, deswegen habe ich keinen Vornamen mehr, verstehst du.

DER ANDERE: Und warum liegst du hier nun im Sand? Mitten in der Nacht. Hier am Wasser?

BECKMANN: Weil ich nicht hochkomme. Ich hab mir nämlich ein steifes Bein mitgebracht. So als Andenken. Solche Andenken sind gut, weißt du, sonst vergißt man den Krieg so schnell. Und das wollte ich doch nicht. Dazu war das alles doch zu schön. Kinder, Kinder, war das schön, was?

DER ANDERE: Und deswegen liegst du hier abends am Wasser?

BECKMANN: Ich bin gefallen.

DER ANDERE: Ach. Gefallen. Ins Wasser?

BECKMANN: Nein, nein! Nein, du! Hörst du, ich wollte mich rein-fallen lassen. Mit Absicht. Ich konnte es nicht mehr aushalten. Dieses Gehumpel und Gehinke. Und dann die Sache mit der

Frau, die meine Frau war. Sagt einfach Beckmann zu mir, so wie man zu Tisch Tisch sagt. Und der andere, der bei ihr war, der hat gegrinst. Und dann dieses Trümmerfeld. Dieser Schuttacker hier zu Hause. Hier in Hamburg. Und irgendwo da unter liegt mein Junge. Ein bißchen Mud und Mörtel und Matsch. Menschenmud, Knochenmörtel. Er war gerade ein Jahr alt und ich hatte ihn noch nicht gesehen. Aber jetzt sehe ich ihn jede Nacht. Und unter den zehntausend Steinen. Schutt, weiter nichts als ein bißchen Schutt. Das konnte ich nicht aushalten, dachte ich. Und da wollte ich mich fallen lassen. Wäre ganz leicht, dachte ich: vom Ponton runter. Plumps. Aus. Vorbei.

DER ANDERE: Plumps? Aus? Vorbei? Du hast geträumt. Du liegst doch hier auf dem Sand.

BECKMANN: Geträumt? Ja. Vor Hunger geträumt. Ich habe geträumt, sie hätte mich wieder ausgespuckt, die Elbe, diese alte ... Sie wollte mich nicht. Ich sollte es noch mal versuchen, meinte sie. Ich hätte kein Recht dazu. Ich wäre zu grün, sagte sie. Sie sagte, sie scheißt auf mein bißchen Leben. Das hat sie mir ins Ohr gesagt, daß sie scheißt auf meinen Selbstmord. Scheißt, hat sie gesagt, diese verdammte – und gekeift hat sie wie eine Alte vom Fischmarkt. Das Leben ist schön, hat sie gemeint, und ich liege hier mit nassen Klamotten am Strand von Blankenese und mir ist kalt. Immer ist mir kalt. In Rußland war mir lange genug kalt. Ich habe es satt, das ewige Frieren. Und diese Elbe, diese verdammte alte – ja, das hab ich vor Hunger geträumt.

Was ist da?

DER ANDERE: Kommt einer. Ein Mädchen oder sowas. Da. Da hast du sie schon.

MÄDCHEN: Ist da jemand? Da hat doch eben jemand gesprochen. Hallo, ist da jemand?

BECKMANN: Ja, hier liegt einer. Hier. Hier unten am Wasser.

MÄDCHEN: Was machen Sie da? Warum stehen Sie denn nicht auf?

BECKMANN: Ich liege hier, das sehen Sie doch. Halb an Land und halb im Wasser.

MÄDCHEN: Aber warum denn? Stehen Sie doch auf. Ich dachte erst, da läge ein Toter, als ich den dunklen Haufen hier am Wasser sah.

BECKMANN: Oh ja, ein ganz dunkler Haufen ist das, das kann ich Ihnen sagen.

MÄDCHEN: Sie reden aber sehr komisch, finde ich. Hier liegen nämlich jetzt oft Tote abends am Wasser. Die sind manchmal ganz dick und glitschig. Und so weiß wie Gespenster. Deswegen war ich so erschrocken. Aber Gott sei Dank, Sie sind ja noch lebendig. Aber Sie müssen ja durch und durch naß sein.

BECKMANN: Bin ich auch. Naß und kalt wie eine richtige Leiche.

MÄDCHEN: Dann stehen Sie doch endlich auf. Oder haben Sie sich verletzt?

BECKMANN: Das auch. Mir haben sie die Kniescheibe gestohlen. In Rußland. Und nun muß ich mit einem steifen Bein durch das Leben hinken. Und ich denke immer, es geht rückwärts statt vorwärts. Von Hochkommen kann gar keine Rede sein.

MÄDCHEN: Dann kommen Sie doch. Ich helfe Ihnen. Sonst werden Sie ja langsam zum Fisch.

BECKMANN: Wenn Sie meinen, daß es nicht wieder rückwärts geht, dann können wir es ja mal versuchen. So. Danke.

MÄDCHEN: Sehen Sie, jetzt geht es sogar aufwärts. Aber Sie sind ja naß und eiskalt. Wenn ich nicht vorbeigekommen wäre, wären Sie sicher bald ein Fisch geworden. Stumm sind Sie ja auch beinahe. Darf ich Ihnen etwas sagen? Ich wohne hier gleich. Und ich habe trockenes Zeug im Hause. Kommen Sie mit? Ja? Oder sind Sie zu stolz, sich von mir trockenlegen zu lassen? Sie halber Fisch. Sie stummer nasser Fisch, Sie!

BECKMANN: Sie wollen mich mitnehmen?

MÄDCHEN: Ja, wenn Sie wollen. Aber nur weil Sie naß sind. Hoffentlich sind Sie sehr häßlich und bescheiden, damit ich es nicht bereuen muß, daß ich Sie mitnehme. Ich nehme Sie nur mit, weil Sie so naß und kalt sind, verstanden! Und weil –

BECKMANN: Weil? Was für ein Weil? Nein, nur weil ich naß und kalt bin. Sonst gibt es kein Weil.

MÄDCHEN: Doch. Gibt es doch. Weil Sie so eine hoffnungslos traurige Stimme haben. So grau und vollkommen trostlos. Ach, Unsinn ist das, wie? Kommen Sie, Sie alter stummer nasser Fisch.

BECKMANN: Halt! Sie laufen mir ja weg. Mein Bein kommt nicht mit. Langsam.

MÄDCHEN: Ach ja. Also: dann langsam. Wie zwei uralte steinalte naßkalte Fische.

DER ANDERE: Weg sind sie. So sind sie, die Zweibeiner. Ganz sonderbare Leute sind das hier auf der Welt. Erst lassen sie sich ins Wasser fallen und sind ganz wild auf das Sterben versessen. Aber dann kommt zufällig so ein anderer Zweibeiner im Dunkeln vorbei, so einer mit Rock, mit einem Busen und langen Locken. Und dann ist das Leben plötzlich wieder ganz herrlich und süß. Dann will kein Mensch mehr sterben. Dann wollen sie nie tot sein. Wegen so ein paar Locken, wegen so einer weißen Haut und ein bißchen Frauengeruch. Dann stehen sie wieder vom Sterbebett auf und sind gesund wie zehntausend Hirsche im Februar. Dann werden selbst die halben Wasserleichen noch wieder lebendig, die es eigentlich doch überhaupt nicht mehr aushalten konnten auf dieser verdammten öden elenden Erdkugel. Die Wasserleichen werden wieder mobil – alles wegen so ein paar Augen, wegen so einem bißchen weichen warmen Mitleid und so kleinen Händen und wegen einem schlanken Hals. Sogar die Wasserleichen, diese zweibeinigen, diese ganz sonderbaren Leute hier auf der Welt –

## 2. SZENE

*(Ein Zimmer. Abends. Eine Tür kreischt und schlägt zu. Beckmann. Das Mädchen.)*

MÄDCHEN: So, nun will ich mir erstmal den geangelten Fisch unter der Lampe ansehen. Nanu – *(sie lacht)* aber sagen Sie um Himmels willen, was soll denn dies hier sein!

BECKMANN: Das? Das ist meine Brille. Ja. Sie lachen. Das ist meine Brille. Leider.

MÄDCHEN: Das nennen Sie Brille? Ich glaube, Sie sind mit Absicht komisch.

BECKMANN: Ja, meine Brille. Sie haben recht: vielleicht sieht sie ein bißchen komisch aus. Mit diesen grauen Blechrändern um das Glas. Und dann diese grauen Bänder, die man um die Ohren machen muß. Und dieses graue Band quer über die Nase! Man kriegt so ein graues Uniformgesicht davon. So ein blechernes Robotergesicht. So ein Gasmaskengesicht. Aber es ist ja auch eine Gasmaskenbrille.

MÄDCHEN: Gasmaskenbrille?

BECKMANN: Gasmaskenbrille. Die gab es für die Soldaten, die eine Brille trugen. Damit sie auch unter der Gasmaske was sehen konnten.

MÄDCHEN: Aber warum laufen Sie denn jetzt noch damit herum? Haben Sie denn keine richtige?

BECKMANN: Nein. Gehabt, ja. Aber die ist mir kaputt geschossen. Nein, schön ist sie nicht. Aber ich bin froh, daß ich wenigstens diese habe. Sie ist außerordentlich häßlich, das weiß ich. Und das macht mich manchmal auch unsicher, wenn die Leute mich auslachen. Aber letzten Endes ist das ja egal. Ich kann sie nicht entbehren. Ohne Brille bin ich rettungslos verloren. Wirklich, vollkommen hilflos.

MÄDCHEN: Ja? Ohne sind Sie vollkommen hilflos? *(fröhlich, nicht hart)* Dann geben Sie das abscheuliche Gebilde mal schnell her. Da – was sagen Sie nun! Nein, die bekommen Sie erst wieder, wenn Sie gehen. Außerdem ist es beruhigender für mich, wenn ich weiß, daß Sie so vollkommen hilflos sind. Viel beruhigender. Ohne Brille sehen Sie auch gleich ganz anders aus. Ich glaube, Sie machen nur so einen trostlosen Eindruck, weil Sie immer durch diese grauenhafte Gasmaskenbrille sehen müssen.

BECKMANN: Jetzt sehe ich alles nur noch ganz verschwommen. Geben Sie sie wieder raus. Ich sehe ja nichts mehr. Sie selbst sind mit einmal ganz weit weg. Ganz undeutlich.

MÄDCHEN: Wunderbar. Das ist mir gerade recht. Und Ihnen bekommt das auch besser. Mit der Brille sehen Sie ja aus wie ein Gespenst.

BECKMANN: Vielleicht bin ich auch ein Gespenst. Eins von gestern, das heute keiner mehr sehen will. Ein Gespenst aus dem Krieg, für den Frieden provisorisch repariert.

MÄDCHEN *(herzlich, warm)*: Und was für ein griesgrämiges graues Gespenst! Ich glaube, Sie tragen innerlich auch so eine Gasmaskenbrille, Sie behelfsmäßiger Fisch. Lassen Sie mir die Brille. Es ist ganz gut, wenn Sie mal einen Abend alles ein bißchen verschwommen sehen. Passen Ihnen denn wenigstens die Hosen? Na, es geht gerade. Da, nehmen Sie mal die Jacke.

BECKMANN: Oha! Erst ziehen Sie mich aus dem Wasser, und dann lassen Sie mich gleich wieder ersaufen. Das ist ja eine Jacke für einen Athleten. Welchem Riesen haben Sie die denn gestohlen?

MÄDCHEN: Der Riese ist mein Mann. War mein Mann.

BECKMANN: Ihr Mann?

MÄDCHEN: Ja. Dachten Sie, ich handel mit Männerkleidung?

BECKMANN: Wo ist er? Ihr Mann?

MÄDCHEN *(bitter, leise)*: Verhungert, erfroren, liegengeblieben – was weiß ich. Seit Stalingrad ist er vermißt. Das war vor drei Jahren.

BECKMANN *(starr)*: In Stalingrad? In Stalingrad, ja. Ja, in Stalingrad, da ist mancher liegengeblieben. Aber einige kommen auch wieder. Und die ziehen dann das Zeug an von denen, die nicht wiederkommen. Der Mann, der Ihr Mann war, der der Riese war, dem dieses Zeug gehört, der ist liegengeblieben. Und ich, ich komme nun her und ziehe sein Zeug an. Das ist schön, nicht wahr. Ist das nicht schön? Und seine Jacke ist so riesig, daß ich fast darin ersaufe. *(hastig)* Ich muß sie wieder ausziehen. Doch. Ich muß wieder mein nasses Zeug anziehen. Ich komme um in dieser Jacke. Sie erwürgt mich, diese Jacke. Ich bin ja ein Witz in dieser Jacke. Ein grauenhafter, gemeiner Witz, den der Krieg gemacht hat. Ich will die Jacke nicht mehr anhaben.

MÄDCHEN *(warm, verzweifelt)*: Sei still, Fisch. Behalte sie an, bitte. Du gefällst mir so, Fisch. Trotz deiner komischen Frisur. Die hast du wohl auch aus Rußland mitgebracht, ja? Mit der Brille und dem Bein noch diese kurzen kleinen Borsten. Siehst du, das hab ich mir gedacht. Du mußt nicht denken, daß ich über dich lache, Fisch. Nein, Fisch, das tu ich nicht. Du siehst so wunderbar traurig aus, du armes graues Gespenst: in der weiten Jacke, mit dem Haar und dem steifen Bein. Laß man, Fisch, laß man. Ich finde das nicht zum Lachen. Nein, Fisch, du siehst wunderbar traurig aus. Ich könnte heulen, wenn du mich ansiehst mit deinen trostlosen Augen. Du sagst gar nichts. Sag was, Fisch, bitte. Sag irgendwas. Es braucht keinen Sinn zu haben, aber sag was. Sag was, Fisch, es ist doch so entsetzlich still in der Welt. Sag was, dann ist man nicht so allein. Bitte, mach deinen Mund auf, Fischmensch. Bleib doch da nicht den ganzen Abend stehen. Komm. Setz dich. Hier, neben mich. Nicht so weit ab, Fisch. Du kannst ruhig näher ran kommen, du siehst mich ja doch nur verschwommen. Komm doch, mach meinetwegen die Augen zu. Komm und sag was, damit etwas da ist. Fühlst du nicht, wie grauenhaft still es ist?

BECKMANN *(verwirrt)*: Ich sehe dich gerne an. Dich, ja. Aber ich habe bei jedem Schritt Angst, daß es rückwärts geht. Du, das hab ich.

MÄDCHEN: Ach du. Vorwärts, rückwärts. Oben, unten. Morgen liegen wir vielleicht schon weiß und dick im Wasser. Mausestill und kalt. Aber heute sind wir doch noch warm. Heute abend nochmal, du. Fisch, sag was, Fisch. Heute abend schwimmst du mir nicht mehr weg, du. Sei still. Ich glaube dir kein Wort. Aber die Tür, die Tür will ich doch lieber abschließen.

BECKMANN: Laß das. Ich bin kein Fisch, und du brauchst die Tür nicht abzuschließen. Nein, du, ich bin weiß Gott kein Fisch.

MÄDCHEN *(innig)*: Fisch! Fisch, du! Du graues repariertes nasses Gespenst.

BECKMANN *(ganz abwesend)*: Mich bedrückt das. Ich ersaufe.

Mich erwürgt das. Das kommt, weil ich so schlecht sehe. Das ist ganz und gar nebelig. Aber es erwürgt mich.

MÄDCHEN *(ängstlich)*: Was hast du? Du, was hast du denn? Du?

BECKMANN *(mit wachsender Angst)*: Ich werde jetzt ganz sachte sachte verrückt. Gib mir meine Brille. Schnell. Das kommt alles nur, weil es so nebelig vor meinen Augen ist. Da! Ich habe das Gefühl, daß hinter deinem Rücken ein Mann steht! Die ganze Zeit schon. Ein großer Mann. So eine Art Athlet. Ein Riese, weißt du. Aber das kommt nur, weil ich meine Brille nicht habe, denn der Riese hat nur ein Bein. Er kommt immer näher, der Riese, mit einem Bein und zwei Krücken. Hörst du – teck tock. Teck tock. So machen die Krücken. Jetzt steht er hinter dir. Fühlst du sein Luftholen im Nacken? Gib mir die Brille, ich will ihn nicht mehr sehen! Da, jetzt steht er ganz dicht hinter dir.

MÄDCHEN *(schreit auf und stürzt davon. Eine Tür kreischt und schlägt zu. Dann hört man ganz laut das «Teck tock» der Krücken.)*

BECKMANN *(flüstert)*: Der Riese!

DER EINBEINIGE *(monoton)*: Was tust du hier. Du? In meinem Zeug? Auf meinem Platz? Bei meiner Frau?

BECKMANN *(wie gelähmt)*: Dein Zeug? Dein Platz? Deine Frau?

DER EINBEINIGE *(immer ganz monoton und apathisch)*: Und du, was du hier tust?

BECKMANN *(stockend, leise)*: Das habe ich gestern nacht auch den Mann gefragt, der bei meiner Frau war. In meinem Hemd war. In meinem Bett. Was tust du hier, du? hab ich gefragt. Da hat er die Schultern hochgehoben und wieder fallen lassen und hat gesagt: Ja, was tu ich hier. Das hat er geantwortet. Da hab ich die Schlafzimmertür wieder zugemacht, nein, erst noch das Licht wieder ausgemacht. Und dann stand ich draußen.

EINBEINIGER: Komm mit deinem Gesicht unter die Lampe. Ganz nah. *(dumpf)* Beckmann!

BECKMANN: Ja. Ich. Beckmann. Ich dachte, du würdest mich nicht mehr erkennen.

EINBEINIGER *(leise, aber mit ungeheurem Vorwurf)*: Beckmann...
Beckmann... Beckmann!!!

BECKMANN *(gefoltert)*: Hör auf, du. Sag den Namen nicht! Ich
will diesen Namen nicht mehr haben! Hör auf, du!

EINBEINIGER *(leiert)*: Beckmann. Beckmann.

BECKMANN *(schreit auf)*: Das bin ich nicht! Das will ich nicht mehr
sein! Ich will nicht mehr Beckmann sein!

*(Er läuft hinaus. Eine Tür kreischt und schlägt zu. Dann hört
man den Wind und einen Menschen durch die stillen Straßen
laufen.)*

DER ANDERE: Halt! Beckmann!

BECKMANN: Wer ist da?

DER ANDERE: Ich. Der Andere.

BECKMANN: Bist du schon wieder da?

DER ANDERE: Immer noch, Beckmann. Immer, Beckmann.

BECKMANN: Was willst du? Laß mich vorbei.

DER ANDERE: Nein, Beckmann. Dieser Weg geht an die Elbe.
Komm, die Straße ist hier oben.

BECKMANN: Laß mich vorbei. Ich will zur Elbe.

DER ANDERE: Nein, Beckmann. Komm. Du willst diese Straße hier
weitergehen.

BECKMANN: Die Straße weitergehen! Leben soll ich? Ich soll weitergehen? Soll essen, schlafen, alles?

DER ANDERE: Komm, Beckmann.

BECKMANN *(Mehr apathisch als erregt)*: Sag diesen Namen nicht.
Ich will nicht mehr Beckmann sein. Ich habe keinen Namen
mehr. Ich soll weiterleben, wo es einen Menschen gibt, wo es
einen Mann mit einem Bein gibt, der meinetwegen nur das eine Bein hat? Der nur ein Bein hat, weil es einen Unteroffizier
Beckmann gegeben hat, der gesagt hat: Obergefreiter Bauer,
Sie halten Ihren Posten unbedingt bis zuletzt. Ich soll weiterleben, wo es diesen Einbeinigen gibt, der immer Beckmann
sagt? Unablässig Beckmann! Andauernd Beckmann! Und er
sagt das, als ob er Grab sagt. Als ob er Mord sagt, oder Hund
sagt. Der meinen Namen sagt wie: Weltuntergang! Dumpf,

drohend, verzweifelt. Und du sagst, ich soll weiterleben? Ich
stehe draußen, wieder draußen. Gestern abend stand ich draußen. Heute steh ich draußen. Immer steh ich draußen. Und die
Türen sind zu. Und dabei bin ich ein Mensch mit Beinen, die
schwer und müde sind. Mit einem Bauch, der vor Hunger bellt.
Mit einem Blut, das friert hier draußen in der Nacht. Und der
Einbeinige sagt immerzu meinen Namen. Und nachts kann
ich nicht mal mehr pennen. Wo soll ich denn hin, Mensch?
Laß mich vorbei!

DER ANDERE: Komm, Beckmann. Wir wollen die Straße weitergehen. Wir wollen einen Mann besuchen. Und dem gibst du
sie zurück.

BECKMANN: Was?

DER ANDERE: Die Verantwortung.

BECKMANN: Wir wollen einen Mann besuchen? Ja, das wollen
wir. Und die Verantwortung, die gebe ich ihm zurück. Ja, du,
das wollen wir. Ich will eine Nacht pennen ohne Einbeinige.
Ich gebe sie ihm zurück.
Ja! Ich bringe ihm die Verantwortung zurück. Ich gebe ihm die
Toten zurück. Ihm! Ja, komm, wir wollen einen Mann besuchen,
der wohnt in einem warmen Haus. In dieser Stadt, in jeder
Stadt. Wir wollen einen Mann besuchen, wir wollen ihm etwas
schenken – einem lieben guten braven Mann, der sein ganzes
Leben nur seine Pflicht getan, und immer nur die Pflicht! Aber
es war eine grausame Pflicht! Es war eine fürchterliche Pflicht!
Eine verfluchte – fluchte – fluchte Pflicht! Komm! Komm!

*(Eine Stube. Abend. Eine Tür kreischt und schlägt zu.
Der Oberst und seine Familie. Beckmann.)*

BECKMANN: Guten Appetit, Herr Oberst.

DER OBERST *(kaut)*: Wie bitte?

BECKMANN: Guten Appetit, Herr Oberst.

OBERST: Sie stören beim Abendessen! Ist Ihre Angelegenheit so wichtig?

BECKMANN: Nein. Ich wollte nur feststellen, ob ich mich heute nacht ersaufe oder am Leben bleibe. Und wenn ich am Leben bleibe, dann weiß ich noch nicht, wie. Und dann möchte ich am Tage manchmal vielleicht etwas essen. Und nachts, nachts möchte ich schlafen. Weiter nichts.

OBERST: Na na na na! Reden Sie mal nicht so unmännliches Zeug. Waren doch Soldat, wie?

BECKMANN: Nein, Herr Oberst.

SCHWIEGERSOHN: Wieso nein? Sie haben doch Uniform an.

BECKMANN *(eintönig)*: Ja. Sechs Jahre. Aber ich dachte immer, wenn ich zehn Jahre lang die Uniform eines Briefträgers anhabe, deswegen bin ich noch lange kein Briefträger.

TOCHTER: Pappi, frag ihn doch mal, was er eigentlich will. Er kuckt fortwährend auf meinen Teller.

BECKMANN *(freundlich)*: Ihre Fenster sehen von draußen so warm aus. Ich wollte mal wieder merken, wie das ist, durch solche Fenster zu sehen. Von innen aber, von innen. Wissen Sie, wie das ist, wenn nachts so helle warme Fenster da sind und man steht draußen?

MUTTER *(nicht gehässig, eher voll Grauen)*: Vater, sag ihm doch, er soll die Brille abnehmen. Mich friert, wenn ich das sehe.

OBERST: Das ist eine sogenannte Gasmaskenbrille, meine Liebe. Wurde bei der Wehrmacht 1934 als Brille unter der Gasmaske für augenbehinderte Soldaten eingeführt. Warum werfen Sie den Zimt nicht weg? Der Krieg ist aus.

BECKMANN: Ja, ja. Der ist aus. Das sagen sie alle. Aber die Brille brauche ich noch. Ich bin kurzsichtig, ich sehe ohne Brille alles verschwommen. Aber so kann ich alles erkennen. Ich sehe ganz genau von hier, was Sie auf dem Tisch haben.

OBERST *(unterbricht)*: Sagen Sie mal, was haben Sie für eine merkwürdige Frisur? Haben Sie gesessen? Was ausgefressen, wie? Na, raus mit der Sprache, sind irgendwo eingestiegen, was? Und geschnappt, was?

BECKMANN: Jawohl, Herr Oberst. Bin irgendwo mit eingestiegen. In Stalingrad, Herr Oberst. Aber die Tour ging schief, und sie haben uns gegriffen. Drei Jahre haben wir gekriegt, alle hunderttausend Mann. Und unser Häuptling zog sich Zivil an und aß Kaviar. Drei Jahre Kaviar. Und die anderen lagen unterm Schnee und hatten Steppensand im Mund. Und wir löffelten heißes Wasser. Aber der Chef mußte Kaviar essen. Drei Jahre lang. Und uns haben sie die Köpfe abrasiert. Bis zum Hals – oder bis zu den Haaren, das kam nicht so genau darauf an. Die Kopfamputierten waren noch die Glücklichsten. Die brauchten wenigstens nicht ewig Kaviar zu löffeln.

SCHWIEGERSOHN *(aufgebracht)*: Wie findest du das, Schwiegervater? Na? Wie findest du das?

OBERST: Lieber junger Freund, Sie stellen die ganze Sache doch wohl reichlich verzerrt dar. Wir sind doch Deutsche. Wir wollen doch lieber bei unserer guten deutschen Wahrheit bleiben. Wer die Wahrheit hochhält, der marschiert immer noch am besten, sagt Clausewitz.

BECKMANN: Jawohl, Herr Oberst. Schön ist das, Herr Oberst. Ich mache mit, mit der Wahrheit. Wir essen uns schön satt, Herr Oberst, richtig satt, Herr Oberst. Wir ziehen uns ein neues Hemd an und einen Anzug mit Knöpfen und ohne Löcher. Und dann machen wir den Ofen an, Herr Oberst, denn wir haben ja einen Ofen, Herr Oberst, und setzen den Teekessel auf für einen kleinen Grog. Und dann ziehen wir die Jalousien runter und lassen uns in einen Sessel fallen, denn einen Sessel haben wir ja. Wir riechen das feine Parfüm unserer Gattin und kein Blut, nicht wahr, Herr Oberst, kein Blut, und wir freuen uns auf das saubere Bett, das wir ja haben, wir beide, Herr Oberst, das im Schlafzimmer schon auf uns wartet, weich, weiß und warm. Und dann halten wir die Wahrheit hoch, Herr Oberst, unsere gute deutsche Wahrheit.

TOCHTER: Er ist verrückt.

SCHWIEGERSOHN: Ach wo, betrunken.

MUTTER: Vater, beende das. Mich friert von dem Menschen.

OBERST *(ohne Schärfe)*: Ich habe aber doch stark den Eindruck, daß Sie einer von denen sind, denen das bißchen Krieg die Begriffe und den Verstand verwirrt hat. Warum sind Sie nicht Offizier geworden? Sie hätten zu ganz anderen Kreisen Eingang gehabt. Hätten 'ne anständige Frau gehabt, und dann hätten Sie jetzt auch 'n anständiges Haus. Wärn ja ein ganz anderer Mensch. Warum sind Sie kein Offizier geworden?

BECKMANN: Meine Stimme war zu leise, Herr Oberst, meine Stimme war zu leise.

OBERST: Sehen Sie, Sie sind zu leise. Mal ehrlich, einer von denen, die ein bißchen müde sind, ein bißchen weich, wie?

BECKMANN: Jawohl, Herr Oberst. So ist es. Ein bißchen leise. Ein bißchen weich. Und müde, Herr Oberst, müde, müde, müde! Ich kann nämlich nicht schlafen, Herr Oberst, keine Nacht, Herr Oberst. Und deswegen komme ich her, darum komme ich zu Ihnen, Herr Oberst, denn ich weiß, Sie können mir helfen. Ich will endlich mal wieder pennen! Mehr will ich ja gar nicht. Nur pennen. Tief, tief pennen.

MUTTER: Vater, bleib bei uns. Ich habe Angst. Ich friere von diesem Menschen.

TOCHTER: Unsinn, Mutter. Das ist einer von denen, die mit einem kleinen Knax nach Hause kommen. Die tun nichts.

SCHWIEGERSOHN: Ich finde ihn ziemlich arrogant, den Herrn.

OBERST *(überlegen)*: Laßt mich nur machen, Kinder, ich kenne diese Typen von der Truppe.

MUTTER: Mein Gott, der schläft ja im Stehen.

OBERST *(fast väterlich)*: Müssen ein bißchen hart angefaßt werden. das ist alles. Laßt mich, ich mache das schon.

BECKMANN *(ganz weit weg)*: Herr Oberst?

OBERST: Also, was wollen Sie nun?

BECKMANN *(ganz weit weg)*: Herr Oberst?

OBERST: Ich höre, ich höre.

BECKMANN *(schlaftrunken, traumhaft)*: Hören Sie, Herr Oberst? Dann ist es gut. Wenn Sie hören, Herr Oberst. Ich will Ihnen nämlich meinen Traum erzählen, Herr Oberst. Den Traum träume ich jede Nacht. Dann wache ich auf, weil jemand so grauenhaft schreit. Und wissen Sie, wer das ist, der da schreit? Ich selbst, Herr Oberst, ich selbst. Ulkig, nicht, Herr Oberst? Und dann kann ich nicht wieder einschlafen. Keine Nacht, Herr Oberst. Denken Sie mal, Herr Oberst, jede Nacht wachliegen. Deswegen bin ich müde, Herr Oberst, ganz furchtbar müde.

MUTTER: Vater, bleib bei uns. Mich friert.

OBERST *(interessiert)*: Aber von Ihrem Traum wachen Sie auf, sagen Sie?

BECKMANN: Nein, von meinem Schrei. Nicht von dem Traum. Von dem Schrei.

OBERST *(interessiert)*: Aber der Traum, der veranlaßt Sie zu diesem Schrei, ja?

BECKMANN: Denken Sie mal an, ja. Er veranlaßt mich. Der Traum ist nämlich ganz seltsam, müssen Sie wissen. Ich will ihn mal erzählen. Sie hören doch, Herr Oberst, ja? Da steht ein Mann und spielt Xylophon. Er spielt einen rasenden Rhythmus. Und dabei schwitzt er, der Mann, denn er ist außergewöhnlich fett. Und er spielt auf einem Riesenxylophon. Und weil es so groß ist, muß er bei jedem Schlag vor dem Xylophon hin und her sausen. Und dabei schwitzt er, denn er ist tatsächlich sehr fett. Aber er schwitzt gar keinen Schweiß, das ist das Sonderbare. Er schwitzt Blut, dampfendes, dunkles Blut. Und das Blut läuft in zwei breiten roten Streifen an seiner Hose runter, daß er von weitem aussieht wie ein General. Wie ein General! Ein fetter, blutiger General. Es muß ein alter schlachtenerprobter

General sein, denn er hat beide Arme verloren. Ja, er spielt mit langen dünnen Prothesen, die wie Handgranatenstiele aussehen, hölzern und mit einem Metallring. Es muß ein ganz fremdartiger Musiker sein, der General, denn die Hölzer seines riesigen Xylophons sind gar nicht aus Holz. Nein, glauben Sie mir, Herr Oberst, glauben Sie mir, sie sind aus Knochen. Glauben Sie mir das, Herr Oberst, aus Knochen!

OBERST *(leise)*: Ja, ich glaube. Aus Knochen.

BECKMANN *(immer noch tranceähnlich, spukhaft)*: Ja, nicht aus Holz, aus Knochen. Wunderbare weiße Knochen. Schädeldekken hat er da, Schulterblätter, Beckenknochen. Und für die höheren Töne Armknochen und Beinknochen. Dann kommen die Rippen – viele tausend Rippen. Und zum Schluß, ganz am Ende des Xylophons, wo die ganz hohen Töne liegen, da sind Fingerknöchel, Zehen, Zähne. Ja, als Letztes kommen die Zähne. Das ist das Xylophon, auf dem der fette Mann mit den Generalsstreifen spielt. Ist das nicht ein komischer Musiker, dieser General?

OBERST *(unsicher)*: Ja, sehr komisch. Sehr, sehr komisch!

BECKMANN: Ja, und nun geht es erst los. Nun fängt der Traum erst an. Also, der General steht vor dem Riesenxylophon aus Menschenknochen und trommelt mit seinen Prothesen einen Marsch. Preußens Gloria oder den Badenweiler. Aber meistens spielt er den Einzug der Gladiatoren und die Alten Kameraden. Meistens spielt er die. Die kennen Sie doch, Herr Oberst, die Alten Kameraden? *(summt)*

OBERST: Ja, ja. Natürlich. *(summt ebenfalls)*

BECKMANN: Und dann kommen sie. Dann ziehen sie ein, die Gladiatoren, die alten Kameraden. Dann stehen sie auf aus den Massengräbern, und ihr blutiges Gestöhn stinkt bis an den weißen Mond. Und davon sind die Nächte so. So bitter wie Katzengescheiß. So rot, so rot wie Himbeerlimonade auf einem weißen Hemd. Dann sind die Nächte so, daß wir nicht atmen können. Daß wir ersticken, wenn wir keinen Mund zum Küssen und keinen Schnaps zu trinken haben. Bis an den Mond, den weißen Mond, stinkt dann das blutige Gestöhn, Herr Oberst, wenn die Toten kommen, die limonadenbefleckten Toten.

TOCHTER: Hört ihr, daß er verrückt ist? Der Mond soll weiß sein, sagt er! Weiß! Der Mond!

OBERST *(nüchtern)*: Unsinn! Der Mond ist selbstverständlich gelb wie immer. Wie'n Honigbrot! Wie'n Eierkuchen. War immer gelb, der Mond.

BECKMANN: Oh nein, Herr Oberst, oh nein! In diesen Nächten, wo die Toten kommen, da ist er weiß und krank. Da ist er wie der Bauch eines schwangeren Mädchens, das sich im Bach ertränkte. So weiß, so krank, so rund. Nein, Herr Oberst, der Mond ist weiß in diesen Nächten, wo die Toten kommen, und ihr blutiges Gestöhn stinkt scharf wie Katzendreck bis in den weißen kranken runden Mond. Blut. Blut. Dann stehen sie auf aus den Massengräbern mit verrotteten Verbänden und blutigen Uniformen. Dann tauchen sie auf aus den Ozeanen, aus den Steppen und Straßen, aus den Wäldern kommen sie, aus Ruinen und Mooren, schwarzgefroren, grün, verwest. Aus der Steppe stehen sie auf, einäugig, zahnlos, einarmig, beinlos, mit zerfetzten Gedärmen, ohne Schädeldecken, ohne Hände, durchlöchert, stinkend, blind. Eine furchtbare Flut kommen sie angeschwemmt, unübersehbar an Zahl, unübersehbar an Qual! Das furchtbare unübersehbare Meer der Toten tritt über die Ufer seiner Gräber und wälzt sich breit, breiig, bresthaft und blutig über die Welt. Und dann sagt der General mit den Blutstreifen zu mir: Unteroffizier Beckmann, Sie übernehmen die Verantwortung. Lassen Sie abzählen. Und dann stehe ich da, vor den Millionen hohlgrinsender Skelette, vor den Fragmenten, den Knochentrümmern, mit meiner Verantwortung, und lasse abzählen. Aber die Brüder zählen nicht. Sie schlenkern furchtbar mit den Kiefern, aber sie zählen nicht. Der General befiehlt fünfzig Kniebeugen. Die mürben Knochen knistern, die Lungen piepen, aber sie zählen nicht! Ist das nicht Meuterei, Herr Oberst? Offene Meuterei?

OBERST *(flüstert)*: Ja, offene Meuterei!

BECKMANN: Sie zählen auf Deubelkommraus nicht. Aber sie rotten sich zusammen, die Verrotteten, und bilden Sprechchöre. Donnernde, drohende, dumpfe Sprechchöre. Und wissen Sie, was sie brüllen, Herr Oberst?

OBERST (flüstert): Nein.

BECKMANN: Beckmann, brüllen sie. Unteroffizier Beckmann. Immer Unteroffizier Beckmann. Und das Brüllen wächst. Und das Brüllen rollt heran, tierisch wie ein Gott schreit, fremd, kalt, riesig. Und das Brüllen wächst und rollt und wächst und rollt! Und das Brüllen wird dann so groß, so erwürgend groß, daß ich keine Luft mehr kriege. Und dann schreie ich, dann schreie ich los in der Nacht. Dann muß ich schreien, so furchtbar, furchtbar schreien. Und davon werde ich dann immer wach. Jede Nacht. Jede Nacht das Konzert auf dem Knochenxylophon, und jede Nacht die Sprechchöre, und jede Nacht der furchtbare Schrei. Und dann kann ich nicht wieder einschlafen, weil ich doch die Verantwortung hatte. Ich hatte doch die Verantwortung. Ja, ich hatte die Verantwortung. Und deswegen komme ich nun zu Ihnen, Herr Oberst, denn ich will endlich mal wieder schlafen. Ich will einmal wieder schlafen. Deswegen komme ich zu Ihnen, weil ich schlafen will, endlich mal wieder schlafen.

OBERST: Was wollen Sie denn von mir?

BECKMANN: Ich bringe sie Ihnen zurück.

OBERST: Wen?

BECKMANN (beinah naiv): Die Verantwortung. Ich bringe Ihnen die Verantwortung zurück. Haben Sie das ganz vergessen, Herr Oberst? Den 14. Februar? Bei Gorodok. Es waren 42 Grad Kälte. Da kamen Sie doch in unsere Stellung, Herr Oberst, und sagten: Unteroffizier Beckmann. Hier, habe ich geschrien. Dann sagten Sie, und Ihr Atem blieb an Ihrem Pelzkragen als Reif hängen – das weiß ich noch ganz genau, denn Sie hatten einen sehr schönen Pelzkragen – dann sagten Sie: Unteroffizier Beckmann, ich übergebe Ihnen die Verantwortung für die zwanzig Mann. Sie erkunden den Wald östlich Gorodok und machen nach Möglichkeit ein paar Gefangene, klar? Jawohl, Herr Oberst, habe ich da gesagt. Und dann sind wir losgezogen und haben erkundet. Und ich – ich hatte die Verantwortung. Dann haben wir die ganze Nacht erkundet, und dann wurde geschossen, und als wir wieder in der Stellung waren, da fehlten elf Mann. Und ich hatte die Verantwortung. Ja, das ist alles, Herr Oberst. Aber nun ist der Krieg aus, nun will ich pennen, nun gebe ich Ihnen die Verantwortung zurück, Herr Oberst, ich will sie nicht mehr, ich gebe sie Ihnen zurück, Herr Oberst.

OBERST: Aber mein lieber Beckmann, Sie erregen sich unnötig. So war es doch nicht gemeint.

BECKMANN *(ohne Erregung, aber ungeheuer ernsthaft)*: Doch. Doch, Herr Oberst. So muß das gemeint sein. Verantwortung ist doch nicht nur ein Wort, eine chemische Formel, nach der helles Menschenfleisch in dunkle Erde verwandelt wird. Man kann doch Menschen nicht für ein leeres Wort sterben lassen. Irgendwo müssen wir doch hin mit unserer Verantwortung. Die Toten – antworten nicht. Gott – antwortet nicht. Aber die Lebenden, die fragen. Die fragen jede Nacht, Herr Oberst. Wenn ich dann wach liege, dann kommen sie und fragen. Frauen, Herr Oberst, traurige, trauernde Frauen. Alte Frauen mit grauem Haar und harten rissigen Händen – junge Frauen mit einsamen sehnsüchtigen Augen. Kinder, Herr Oberst, Kinder, viele kleine Kinder. Und die flüstern dann aus der Dunkelheit: Unteroffizier Beckmann, wo ist mein Vater, Unteroffizier Beckmann? Unteroffizier Beckmann, wo ist mein Sohn, wo ist mein Bruder, Unteroffizier Beckmann, wo ist mein Verlobter, Unteroffizier Beckmann? Unteroffizier Beckmann, wo? wo? wo? So flüstern sie, bis es hell wird. Es sind nur elf Frauen, Herr Oberst, bei mir sind es nur elf. Wieviel sind es bei Ihnen, Herr Oberst? Tausend? Zweitausend? Schlafen Sie gut, Herr Oberst? Dann macht es Ihnen wohl nichts aus, wenn ich Ihnen zu den zweitausend noch die Verantwortung für meine elf dazugebe. Können Sie schlafen, Herr Oberst? Mit zweitausend nächtlichen Gespenstern? Können Sie überhaupt leben, Herr Oberst, können Sie eine Minute leben, ohne zu schreien? Herr Oberst, Herr Oberst, schlafen Sie nachts gut? Ja? Dann macht es Ihnen ja nichts aus, dann kann ich wohl nun endlich pennen – wenn Sie so nett sind und sie wieder zurücknehmen, die Verantwortung. Dann kann ich wohl nun endlich in aller Seelenruhe pennen. Seelenruhe, das war es, ja, Seelenruhe, Herr Oberst!

Und dann: schlafen! Mein Gott!

OBERST *(ihm bleibt doch die Luft weg. Aber dann lacht er seine Beklemmung fort, aber nicht gehässig, eher jovial und rauhbeinig, gutmütig, sagt sehr unsicher)*: Junger Mann, junger Mann! Ich weiß nicht recht, ich weiß nicht recht. Sind Sie nun ein heimlicher Pazifist, wie? So ein bißchen destruktiv, ja? Aber – *(er lacht zuerst verlegen, dann aber siegt sein gesundes Preußentum, und er lacht aus voller Kehle)* mein Lieber, mein Lieber! Ich glaube beinahe, Sie sind ein kleiner Schelm, wie? Hab ich recht? Na? Sehen Sie, Sie sind ein Schelm, was? *(Er lacht)* Köstlich, Mann, ganz köstlich! Sie haben wirklich den Bogen raus! Nein, dieser abgründige Humor! Wissen Sie *(von seinem Gelächter unterbrochen)*, wissen Sie, mit dem Zeug, mit der Nummer, können Sie so auf die Bühne! So auf die Bühne! *(Der Oberst will Beckmann nicht verletzen, aber er ist so gesund und so sehr naiv und alter Soldat, daß er Beckmanns Traum nur als Witz begreift)* Diese blödsinnige Brille, diese ulkige versaute Frisur! Sie müßten das Ganze mit Musik bringen *(lacht)*. Mein Gott, dieser köstliche Traum! Die Kniebeugen, die Kniebeugen mit Xylophonmusik! Nein, mein Lieber, Sie müssen so auf die Bühne! Die Menschheit lacht sich, lacht sich ja kaputt!!! Oh, mein Gott!!! *(lacht mit Tränen in den Augen und pustet)* Ich hatte ja im ersten Moment gar nicht begriffen, daß Sie so eine komische Nummer bringen wollten. Ich dachte wahrhaftig, Sie hätten so eine leichte Verwirrung im Kopf. Hab doch nicht geahnt, was Sie für ein Komiker sind. Nein, also, mein Lieber, Sie haben uns wirklich so einen reizenden Abend bereitet – das ist eine Gegenleistung wert. Wissen Sie was? Gehen Sie runter zu meinem Chauffeur, nehmen Sie sich warm Wasser, waschen Sie sich, nehmen Sie sich den Bart ab. Machen Sie sich menschlich. Und dann lassen Sie sich vom Chauffeur einen von meinen alten Anzügen geben. Ja, das ist mein Ernst! Schmeißen Sie ihre zerrissenen Klamotten weg, ziehen Sie sich einen alten Anzug von mir an, doch, das dürfen Sie ruhig annehmen, und dann werden Sie erstmal wieder ein Mensch, mein lieber Junge! Werden Sie erstmal wieder ein Mensch!!!

BECKMANN *(wacht auf und wacht auch zum ersten Mal aus seiner Apathie auf)*: Ein Mensch? Werden? Ich soll erstmal wieder ein Mensch werden? *(schreit)* Ich soll ein Mensch werden? Ja, was seid Ihr denn? Menschen? Menschen? Wie? Was? Ja? Seid Ihr Menschen? Ja?!?

MUTTER *(schreit schrill und gellend auf; es fällt etwas um)*: Nein! Er bringt uns um! Neiiin!!!

*(Furchtbares Gepolter, die Stimmen der Familie schreien aufgeregt durcheinander)*

SCHWIEGERSOHN: Halt die Lampe fest!

TOCHTER: Hilfe. Das Licht ist aus! Mutter hat die Lampe umgestoßen!

OBERST: Ruhig, Kinder!

MUTTER: Macht doch mal Licht!

SCHWIEGERSOHN: Wo ist denn die Lampe?

OBERST: Da. Da ist sie doch schon.

MUTTER: Gott sei Dank, daß wieder Licht ist.

SCHWIEGERSOHN: Und der Kerl ist weg. Sah mir gleich nicht ganz einwandfrei aus, der Bruder.

TOCHTER: Eins, zwei, drei – vier. Nein, es ist alles noch da. Nur der Aufschnitt-Teller ist zerbrochen.

OBERST: Zum Donnerwetter ja, worauf hatte er es denn abgesehen?

SCHWIEGERSOHN: Vielleicht war er wirklich bloß blöde.

TOCHTER: Nein, seht Ihr? Die Rumflasche fehlt.

MUTTER: Gott, Vater, dein schöner Rum!

TOCHTER: Und das halbe Brot – ist auch weg!

OBERST: Was, das Brot?

MUTTER: Das Brot hat er mitgenommen? Ja, was will er denn mit dem Brot?

SCHWIEGERSOHN: Vielleicht will er das essen. Oder versetzen. Diese Kreise schrecken ja vor nichts zurück.

TOCHTER: Ja, vielleicht will er das essen.

MUTTER: Ja, aber – aber das trockene Brot?

*(Eine Tür kreischt und schlägt zu)*

BECKMANN *(wieder auf der Straße. Eine Flasche gluckert)*: Die Leute haben recht *(wird zunehmend betrunken)*. Prost, der wärmt. Nein, die Leute haben recht. Prost. Sollen wir uns hinstellen und um die Toten trauern, wo er uns selbst dicht auf den Hacken sitzt? Prost. Die Leute haben recht! Die Toten wachsen uns über den Kopf. Gestern zehn Millionen. Heute sind es schon dreißig. Morgen kommt einer und sprengt einen ganzen Erdteil in die Luft. Nächste Woche erfindet einer den Mord aller in sieben Sekunden mit zehn Gramm Gift. Sollen wir trauern!? Prost, ich hab das dunkle Gefühl, daß wir uns bei Zeiten nach einem anderen Planeten umsehen müssen. Prost! Die Leute haben recht. Ich geh zum Zirkus. Die haben ja recht, Mensch. Der Oberst hat sich halb tot gelacht! Er sagt, ich müßte so auf die Bühne. Humpelnd, mit dem Mantel, mit der Visage, mit der Brille in der Visage und mit der Bürste auf dem Kopf. Der Oberst hat recht, die Menschheit lacht sich kaputt! Prost. Es lebe der Oberst! Der hat mir das Leben gerettet. Heil, Herr Oberst! Prost, es lebe das Blut! Es lebe das Gelächter über die Toten! Ich geh zum Zirkus, die Leute lachen sich kaputt, wenn es recht grausig hergeht, mit Blut und vielen Toten. Komm, glucker nochmal aus der Buddel, prost. Der Schnaps hat mir das Leben gerettet, mein Verstand ist ersoffen! Prost! *(großartig und besoffen)* Wer Schnaps hat oder ein Bett oder ein Mädchen, der träume seinen letzten Traum! Morgen kann es schon zu spät sein! Der baue sich aus seinem

Traum eine Arche Noah und segel saufend und singend über das Entsetzliche rüber in die ewige Finsternis. Die andern ersaufen in Angst und Verzweiflung! Wer Schnaps hat, ist gerettet! Prost! Es lebe der blutige Oberst! Es lebe die Verantwortung! Heil! Ich gehe zum Zirkus! Es lebe der Zirkus! Der ganze große Zirkus!

## 4. SZENE

*(Ein Zimmer. Der Direktor eines Kabaretts.
Beckmann, noch leicht angetrunken.)*

DIREKTOR *(sehr überzeugt)*: Sehen Sie, gerade in der Kunst brauchen wir wieder eine Jugend, die zu allen Problemen aktiv Stellung nimmt. Eine mutige, nüchterne –

BECKMANN *(vor sich hin)*: Nüchtern, ja ganz nüchtern muß sie sein.

DIREKTOR: – revolutionäre Jugend. Wir brauchen einen Geist wie Schiller, der mit zwanzig seine Räuber machte. Wir brauchen einen Grabbe, einen Heinrich Heine! So einen genialen angreifenden Geist haben wir nötig! Eine unromantische, wirklichkeitsnahe und handfeste Jugend, die den dunklen Seiten des Lebens gefaßt ins Auge sieht, unsentimental, objektiv, überlegen. Junge Menschen brauchen wir, eine Generation, die die Welt sieht und liebt, wie sie ist. Die die Wahrheit hochhält, Pläne hat, Ideen hat. Das brauchen keine tiefgründigen Weisheiten zu sein. Um Gottes willen nichts Vollendetes, Reifes und Abgeklärtes. Das soll ein Schrei sein, ein Aufschrei ihrer Herzen. Frage, Hoffnung, Hunger!

BECKMANN *(für sich)*: Hunger, ja, den haben wir.

DIREKTOR: Aber jung muß diese Jugend sein, leidenschaftlich und mutig. Gerade in der Kunst! Sehen Sie mich an: Ich stand schon als Siebzehnjähriger auf den Brettern des Kabaretts und habe dem Spießer die Zähne gezeigt und ihm die Zigarre verdorben. Was uns fehlt, das sind die Avantgardisten, die das graue lebendige leidvolle Gesicht unserer Zeit präsentieren!

BECKMANN *(für sich)*: Ja, ja: Immer wieder präsentieren. Gesichter, Gewehre, Gespenster. Irgendwas wird immer präsentiert.

DIREKTOR: – Übrigens bei Gesicht fällt mir ein: Wozu laufen Sie eigentlich mit diesem nahezu grotesken Brillengestell herum? Wo haben Sie das originelle Ding denn bloß her, Mann? Man bekommt ja einen Schluckauf, wenn man Sie ansieht. Das ist ja ein ganz toller Apparat, den Sie da auf der Nase haben.

BECKMANN *(automatisch)*: Ja, meine Gasmaskenbrille. Die haben wir beim Militär bekommen, wir Brillenträger, damit wir auch unter der Gasmaske den Feind erkennen und schlagen konnten.

DIREKTOR: Aber der Krieg ist doch lange vorbei! Wir haben doch längst wieder das dickste Zivilleben! Und Sie zeigen sich noch immer in diesem militärischen Aufzug.

BECKMANN: Das müssen Sie mir nicht übelnehmen. Ich bin erst vorgestern aus Sibirien gekommen. Vorgestern? Ja, vorgestern!

DIREKTOR: Sibirien? Gräßlich, was? Gräßlich. Ja, der Krieg! Aber die Brille, haben Sie denn keine andere?

BECKMANN: Ich bin glücklich, daß ich wenigstens diese habe. Das ist meine Rettung. Es gibt doch sonst keine Rettung – keine Brillen, meine ich.

DIREKTOR: Ja, haben Sie denn nicht vorgesorgt, mein Guter?

BECKMANN: Wo, in Sibirien?

DIREKTOR: Ah, natürlich. Dieses dumme Sibirien! Sehen Sie, ich habe mich eingedeckt mit Brillen. Ja, Köpfchen! Ich bin glücklicher Inhaber von drei erstklassigen rassigen Hornbrillen. Echtes Horn, mein Lieber! Eine gelbe zum Arbeiten. Eine unauffällige zum Ausgehen. Und eine abends für die Bühne, verstehen Sie, eine schwarze schwere Hornbrille. Das sieht aus, mein Lieber: Klasse!

BECKMANN: Und ich habe nichts, was ich Ihnen geben könnte, damit Sie mir eine abtreten. Ich komme mir selbst so behelfsmäßig und repariert vor. Ich weiß auch, wie blödsinnig blöde das Ding aussieht, aber was soll ich machen? Könnten Sie mir nicht eine –

DIREKTOR: Wo denken Sie hin, mein bester Mann? Von meinen paar Brillen kann ich keine einzige entbehren. Meine ganzen Einfälle, meine Wirkung, meine Stimmungen sind von ihnen abhängig.

BECKMANN: Ja, das ist es eben: meine auch. Und Schnaps hat man nicht jeden Tag. Und wenn der alle ist, ist das Leben wie Blei: zäh, grau und wertlos. Aber für die Bühne wirkt diese himmelschreiend häßliche Brille wahrscheinlich viel besser.

DIREKTOR: Wieso das?

BECKMANN: Ich meine komischer. Die Leute lachen sich doch kaputt, wenn die mich sehen mit der Brille. Und dann noch die Frisur, und der Mantel. Und das Gesicht, müssen Sie bedenken, mein Gesicht! Das ist doch alles ungeheuer lustig, was?

DIREKTOR *(dem etwas unheimlich wird)*: Lustig? Lustig? Den Leuten bleibt das Lachen in der Kehle stecken, mein Lieber. Bei Ihrem Anblick wird ihnen das naßkalte Grauen den Nacken hochkriechen. Das naßkalte Grauen vor diesem Gespenst aus der Unterwelt wird ihnen hochkommen. Aber die Leute wollen doch schließlich Kunst genießen, sich erheben, erbauen und keine naßkalten Gespenster sehen. Nein, so können wir Sie nicht loslassen. Etwas genialer, überlegener, heiterer müssen wir den Leuten schon kommen. Positiv! Positiv, mein Lieber! Denken Sie an Goethe! Denken Sie an Mozart! Die Jungfrau von Orléans, Richard Wagner, Schmeling, Shirley Temple!

BECKMANN: Gegen solche Namen kann ich natürlich nicht gegen an. Ich bin nur Beckmann. Vorne B – hinten eckmann.

DIREKTOR: Beckmann? Beckmann? Ist mir im Moment gar nicht geläufig beim Kabarett. Oder haben Sie unter einem Pseudonym gearbeitet?

BECKMANN: Nein, ich bin ganz neu. Ich bin Anfänger.

DIREKTOR *(schwenkt völlig um)*: Sie sind Anfänger? Ja, mein Bester, so leicht geht die Sache im Leben aber nun doch nicht. Nein, das denken Sie sich doch wohl ein bißchen einfach. So mir nichts dir nichts macht man keine Karriere! Sie unterschätzen die Verantwortung von uns Unternehmern! Einen Anfänger bringen, das kann den Ruin bedeuten. Das Publikum will Namen!

BECKMANN: Goethe, Schmeling, Shirley Temple oder sowas, nicht?

DIREKTOR: Eben die. Aber Anfänger! Neulinge, Unbekannte? Wie alt sind Sie denn?

BECKMANN: Fünfundzwanzig.

DIREKTOR: Na, sehen Sie. Lassen Sie sich erst mal den Wind um die Nase wehen, junger Freund. Riechen Sie erst mal ein wenig hinein ins Leben. Was haben Sie denn so bis jetzt gemacht?

BECKMANN: Nichts. Krieg: Gehungert. Gefroren. Geschossen: Krieg. Sonst nichts.

DIREKTOR: Sonst nichts? Na, und was ist das? Reifen Sie auf dem Schlachtfeld des Lebens, mein Freund. Arbeiten Sie. Machen Sie sich einen Namen, dann bringen wir Sie in großer Aufmachung raus. Lernen Sie die Welt kennen, dann kommen Sie wieder. Werden Sie jemand!

BECKMANN *(der bisher ruhig und eintönig war, jetzt allmählich erregter)*: Und wo soll ich anfangen? Wo denn? Einmal muß man doch irgendwo eine Chance bekommen. Irgendwo muß doch ein Anfänger mal anfangen. In Rußland ist uns zwar kein Wind um die Nase geweht, aber dafür Metall, viel Metall. Heißes hartes herzloses Metall. Wo sollen wir denn anfangen? Wo denn? Wir wollen doch endlich einmal anfangen! Menschenskind!

DIREKTOR: Menschenskind können Sie sich ruhig verkneifen. Ich habe schließlich keinen nach Sibirien geschickt. Ich nicht.

BECKMANN: Nein, keiner hat uns nach Sibirien geschickt. Wir sind ganz von alleine gegangen. Alle ganz von alleine. Und einige, die sind ganz von alleine dageblieben. Unterm Schnee, unterm Sand. Die hatten eine Chance, die Gebliebenen, die

Toten. Aber wir, wir können nun nirgendwo anfangen. Nirgendwo anfangen.

DIREKTOR *(resigniert)*: Wie Sie wollen! Also: dann fangen Sie an. Bitte. Stellen Sie sich dahin. Beginnen Sie. Machen Sie nicht so lange. Zeit ist teuer. Also, bitte. Wenn Sie so liebenswürdig sein wollen, fangen Sie an. Ich gebe Ihnen die große Chance. Sie haben immenses Glück: ich leihe Ihnen mein Ohr. Schätzen Sie das, junger Mann, schätzen Sie das, sag ich Ihnen! Fangen Sie also in Gottes Namen an. Bitte. Da. Also.

*(Leise Xylophonmusik. Man erkennt die Melodie der «tapferen kleinen Soldatenfrau».)*

BECKMANN *(singt, mehr gesprochen, leise, apathisch und monoton)*:

> Tapfere kleine Soldatenfrau –
> ich kenn das Lied noch ganz genau,
> das süße schöne Lied.
> Aber in Wirklichkeit: War alles Schiet!

Refrain:
> Die Welt hat gelacht
> und ich hab gebrüllt.
> Und der Nebel der Nacht
> hat dann alles verhüllt.
> Nur der Mond grinst noch
> durch ein Loch
> in der Gardine!

> Als ich jetzt nach Hause kam,
> da war mein Bett besetzt.
> Daß ich mir nicht das Leben nahm,
> das hat mich selbst entsetzt.

Refrain:
> Die Welt hat gelacht...

> Da hab ich mir um Mitternacht
> ein neues Mädchen angelacht.
> Von Deutschland hat sie nichts gesagt
> Und Deutschland hat auch nicht nach uns gefragt.

Die Nacht war kurz, der Morgen kam,
und da stand einer in der Tür.
Der hatte nur ein Bein und das war ihr Mann.
Und das war morgens um vier.
Refrain: Die Welt hat gelacht...

Nun lauf ich wieder draußen rum
und in mir geht das Lied herum
das Lied von der sau –
das Lied von der sau –
das Lied von der sauberen Soldatenfrau.

*(Das Xylophon verkleckert.)*

DIREKTOR *(feige)*: So übel nicht, nein wirklich nicht so übel. Ganz brav schon. Für einen Anfänger sehr brav. Aber das Ganze hat natürlich noch zu wenig Esprit, mein lieber junger Mann. Das schillert nicht genug. Der gewisse Glanz fehlt. Das ist natürlich noch keine Dichtung. Es fehlt noch das Timbre und die diskrete pikante Erotik, die gerade das Thema Ehebruch verlangt. Das Publikum will gekitzelt werden und nicht gekniffen. Sonst ist es aber sehr brav für Ihre Jugend. Die Ethik – und die tiefere Weisheit fehlt noch – aber wie gesagt: für einen Anfänger doch nicht so übel! Es ist noch zu sehr Plakat, zu deutlich, –

BECKMANN *(stur vor sich hin)*: – zu deutlich.

DIREKTOR: – zu laut. Zu direkt, verstehen Sie. Ihnen fehlt bei Ihrer Jugend natürlich noch die heitere –

BECKMANN *(stur vor sich hin)*: – heiter.

DIREKTOR: – Gelassenheit, die Überlegenheit. Denken Sie an unseren Altmeister Goethe. Goethe zog mit seinem Herzog ins Feld – und schrieb am Lagerfeuer eine Operette.

BECKMANN *(stur vor sich hin)*: Operette.

DIREKTOR: Das ist Genie! Das ist der große Abstand!

BECKMANN: Ja, das muß man wohl zugeben, das ist ein großer Abstand.

DIREKTOR: Lieber Freund, warten wir noch ein paar Jährchen.

BECKMANN: Warten? Ich hab doch Hunger! Ich muß doch arbeiten!

DIREKTOR: Ja, aber Kunst muß reifen. Ihr Vortrag ist noch ohne Eleganz und Erfahrung. Das ist alles zu grau, zu nackt. Sie machen mir ja das Publikum böse. Nein, wir können die Leute nicht mit Schwarzbrot –

BECKMANN *(stur vor sich hin):* Schwarzbrot.

DIREKTOR: – füttern, wenn sie Biskuit verlangen. Gedulden Sie sich noch. Arbeiten Sie an sich, feilen Sie, reifen Sie. Dies ist schon ganz brav, wie gesagt, aber es ist noch keine Kunst.

BECKMANN: Kunst, Kunst! Aber es ist doch Wahrheit!

DIREKTOR: Ja, Wahrheit! Mit der Wahrheit hat die Kunst doch nichts zu tun!

BECKMANN *(stur vor sich hin):* Nein.

DIREKTOR: Mit der Wahrheit kommen Sie nicht weit.

BECKMANN *(stur vor sich hin):* Nein.

DIREKTOR: Damit machen Sie sich nur unbeliebt. Wo kämen wir hin, wenn alle Leute plötzlich die Wahrheit sagen wollten! Wer will denn heute etwas von der Wahrheit wissen? Hm? Wer? Das sind die Tatsachen, die Sie nie vergessen dürfen.

BECKMANN *(bitter):* Ja, ja. Ich verstehe. Danke auch. Langsam verstehe ich schon. Das sind die Tatsachen, die man nie vergessen darf, *(seine Stimme wird immer härter, bis sie beim Kreischen der Tür ganz laut wird)* die man nie vergessen darf: mit der Wahrheit kommt man nicht weit. Mit der Wahrheit macht man sich nur unbeliebt. Wer will denn heute etwas von der Wahrheit wissen? *(laut)* – Ja, langsam verstehe ich schon, das sind so die Tatsachen –– *(Beckmann geht grußlos ab. Eine Tür kreischt und schlägt zu.)*

DIREKTOR: Aber junger Mann! Warum gleich so empfindlich?

BECKMANN *(verzweifelt):*

> Der Schnaps war alle
> und die Welt war grau,
> wie das Fell, wie das Fell
> einer alten Sau!

Der Weg in die Elbe geht geradeaus.

DER ANDERE: Bleib hier, Beckmann! Die Straße ist hier! Hier oben!

BECKMANN: Die Straße stinkt nach Blut. Hier haben sie die Wahrheit massakriert. Meine Straße will zur Elbe! Und die geht hier unten!

DER ANDERE: Komm, Beckmann, du darfst nicht verzweifeln! Die Wahrheit lebt!

BECKMANN: Mit der Wahrheit ist das wie mit einer stadtbekannten Hure. Jeder kennt sie, aber es ist peinlich, wenn man ihr auf der Straße begegnet. Damit muß man es heimlich halten, nachts. Am Tage ist sie grau, roh und häßlich, die Hure und die Wahrheit. Und mancher verdaut sie ein ganzes Leben nicht.

DER ANDERE: Komm, Beckmann, irgendwo steht immer eine Tür offen.

BECKMANN: Ja, für Goethe. Für Shirley Temple oder Schmeling. Aber ich bin bloß Beckmann, Beckmann mit 'ner ulkigen Brille und 'ner ulkigen Frisur. Beckmann mit 'nem Humpelbein und 'nem Weihnachtsmannmantel. Ich bin nur ein schlechter Witz, den der Krieg gemacht hat, ein Gespenst von gestern. Und weil ich nur Beckmann bin und nicht Mozart, deswegen sind alle Türen zu. Bums. Deswegen stehe ich draußen. Bums. Mal wieder. Bums. Und immer noch. Bums. Und immer wieder draußen. Bums. Und weil ich ein Anfänger bin, deswegen kann ich nirgendwo anfangen. Und weil ich zu leise bin, bin ich kein Offizier geworden! Und weil ich zu laut bin, mach ich das Publikum bange. Und weil ich ein Herz habe, das nachts schreit über die Toten, deswegen muß ich erst wieder ein Mensch werden. Im Anzug von Herrn Oberst.

> Der Schnaps ist alle
> und die Welt ist grau,
> wie das Fell, wie das Fell
> von einer alten Sau!

Die Straße stinkt nach Blut, weil man die Wahrheit massakriert hat, und alle Türen sind zu. Ich will nach Hause, aber alle Straßen sind finster. Nur die Straße nach der Elbe runter, die ist hell. Oh, die ist hell!

DER ANDERE: Bleib hier, Beckmann! Deine Straße ist doch hier. Hier geht es nach Hause. Du mußt nach Hause, Beckmann. Dein Vater sitzt in der Stube und wartet. Und deine Mutter steht schon an der Tür. Sie hat deinen Schritt erkannt.

BECKMANN: Mein Gott! Nach Hause! Ja, ich will nach Hause. Ich will zu meiner Mutter! Ich will endlich zu meiner Mutter!!! Zu meiner –

DER ANDERE: Komm. Hier ist deine Straße. Da, wo man zuerst hingehen sollte, daran denkt man zuletzt.

BECKMANN: Nach Hause, wo meine Mutter ist, meine Mutter

– – – – –

## 5. SZENE

*(Ein Haus. Eine Tür. Beckmann.)*

BECKMANN: Unser Haus steht noch! Und es hat eine Tür. Und die Tür ist für mich da. Meine Mutter ist da und macht mir die Tür auf und läßt mich rein. Daß unser Haus noch steht! Die Treppe knarrt auch immer noch. Und da ist unsere Tür. Da kommt mein Vater jeden Morgen um acht Uhr raus. Da geht er jeden Abend wieder rein. Nur sonntags nicht. Da fuchtelt er mit dem Schlüsselbund umher und knurrt vor sich hin. Jeden Tag. Ein ganzes Leben. Da geht meine Mutter rein und raus. Dreimal, siebenmal, zehnmal am Tag. Jeden Tag. Ein Leben lang. Ein langes Leben lang. Das ist unsere Tür. Dahinter miaut die Küchentür, dahinter kratzt die Uhr mit ihrer heiseren Stimme die unwiederbringlichen Stunden. Dahinter habe ich auf einem umgekippten Stuhl gesessen und Rennfahrer gespielt. Und dahinter hustet mein Vater. Dahinter rülpst der ausgeleierte Wasserhahn und die Kacheln in der Küche klickern, wenn meine Mutter da herumpütschert. Das ist unsere Tür. Dahinter röppelt sich ein Leben ab von einem

138

ewigen Knäuel. Ein Leben, das schon immer so war, dreißig Jahre lang. Und das immer so weitergeht. Der Krieg ist an dieser Tür vorbeigegangen. Er hat sie nicht eingeschlagen und nicht aus den Angeln gerissen. Unsere Tür hat er stehen lassen, zufällig, aus Versehen. Und nun ist diese Tür für mich da. Für mich geht sie auf. Und hinter mir geht sie zu, und dann stehe ich nicht mehr draußen. Dann bin ich zu Hause. Das ist unsere alte Tür mit ihrer abgeblätterten Farbe und dem verbeulten Briefkasten. Mit dem wackeligen weißen Klingelknopf und dem blanken Messingschild, das meine Mutter jeden Morgen putzt und auf dem unser Name steht: Beckmann –

Nein, das Messingschild ist ja gar nicht mehr da! Warum ist denn das Messingschild nicht mehr da? Wer hat denn unseren Namen weggenommen? Was soll denn diese schmutzige Pappkarte an unserer Tür? Mit diesem fremden Namen? Hier wohnt doch gar kein Kramer! Warum steht denn unser Name nicht mehr an der Tür? Der steht doch schon dreißig Jahre da. Der kann doch nicht einfach abgemacht und durch einen anderen ersetzt werden! Wo ist denn unser Messingschild? Die andern Namen im Haus sind doch auch noch alle an ihren Türen. Wie immer. Warum steht hier denn nicht mehr Beckmann? Da kann man doch nicht einfach einen anderen Namen annageln, wenn da dreißig Jahre lang Beckmann angestanden hat. Wer ist denn dieser Kramer!?

*(Er klingelt. Die Tür geht kreischend auf.)*

FRAU KRAMER *(mit einer gleichgültigen, grauenhaften, glatten Freundlichkeit, die furchtbarer ist als alle Roheit und Brutalität)*: Was wollen Sie?

BECKMANN: Ja, guten Tag, ich –

FRAU KRAMER: Was?

BECKMANN: Wissen Sie, wo unser Messingschild geblieben ist?

FRAU KRAMER: Was für ein «unser Schild»?

BECKMANN: Das Schild, das hier immer an war. Dreißig Jahre lang.

FRAU KRAMER: Weiß ich nicht.

BECKMANN: Wissen Sie denn nicht, wo meine Eltern sind?

FRAU KRAMER: Wer sind das? Wer sind Sie denn?

BECKMANN: Ich heiße Beckmann. Ich bin hier doch geboren. Das ist doch unsere Wohnung.

FRAU KRAMER (*immer mehr schwatzhaft und schnodderig als absichtlich gemein*): Nein, das stimmt nicht. Das ist unsere Wohnung. Geboren können Sie hier ja meinetwegen sein, das ist mir egal, aber Ihre Wohnung ist das nicht. Die gehört uns.

BECKMANN: Ja, ja. Aber wo sind denn meine Eltern geblieben? Die müssen doch irgendwo wohnen!

FRAU KRAMER: Sie sind der Sohn von diesen Leuten, von diesen Beckmanns, sagen Sie? Sie heißen Beckmann?

BECKMANN: Ja, natürlich, ich bin Beckmann. Ich bin doch hier in dieser Wohnung geboren.

FRAU KRAMER: Das können Sie ja auch. Das ist mir ganz egal. Aber die Wohnung gehört uns.

BECKMANN: Aber meine Eltern! Wo sind meine Eltern denn abgeblieben? Können Sie mir denn nicht sagen, wo sie sind?

FRAU KRAMER: Das wissen Sie nicht? Und Sie wollen der Sohn sein, sagen Sie? Sie kommen mir aber vor! Wenn Sie das nicht mal wissen, wissen Sie?

BECKMANN: Um Gotteswillen, wo sind sie denn hin, die alten Leute? Sie haben hier dreißig Jahre gewohnt und nun sollen sie mit einmal nicht mehr da sein? Reden Sie doch was! Sie müssen doch irgendwo sein!

FRAU KRAMER: Doch. Soviel ich weiß: Kapelle 5.

BECKMANN: Kapelle 5? Was für eine Kapelle 5 denn?

FRAU KRAMER (*resigniert, eher wehleidig als brutal*): Kapelle 5 in Ohlsdorf. Wissen Sie, was Ohlsdorf ist? Ne Gräberkolonie. Wissen Sie, wo Ohlsdorf liegt? Bei Fuhlsbüttel. Da oben sind die drei Endstationen von Hamburg. In Fuhlsbüttel das Gefängnis, in Alsterdorf die Irrenanstalt. Und in Ohlsdorf der Friedhof. Sehen Sie, und da sind sie geblieben, Ihre Alten. Da wohnen sie nun. Verzogen, abgewandert, parti. Und das wollen Sie nicht wissen?

BECKMANN: Was machen sie denn da? Sind sie denn tot? Sie haben doch noch eben gelebt. Woher soll ich das denn wissen? Ich war drei Jahre lang in Sibirien. Über tausend Tage. Sie sollen tot sein? Eben waren sie doch noch da. Warum sind sie denn gestorben, ehe ich nach Hause kam? Ihnen fehlte doch nichts. Nur daß mein Vater den Husten hatte. Aber den hatte er immer. Und daß meine Mutter kalte Füße hatte von der gekachelten Küche. Aber davon stirbt man doch nicht. Warum sind sie denn gestorben? Sie hatten doch gar keinen Grund. Sie können doch nicht so einfach stillschweigend wegsterben!

FRAU KRAMER (vertraulich, schlampig, auf rauhe Art sentimental): Ha, Sie sind vielleicht 'ne Marke, Sie komischer Sohn. Gut, Schwamm drüber. Tausend Tage Sibirien ist auch kein Spaß. Versteh schon, wenn man dabei durchdreht und in die Knie geht. Die alten Beckmanns konnten nicht mehr, wissen Sie. Hatten sich ein bißchen verausgabt im Dritten Reich, das wissen Sie doch. Was braucht so ein alter Mann noch Uniform zu tragen. Und dann war er ein bißchen doll auf die Juden, das wissen Sie doch, Sie, Sohn, Sie. Die Juden konnte Ihr Alter nicht verknusen. Die regten seine Galle an. Er wollte sie alle eigenhändig nach Palästina jagen, hat er immer gedonnert. Im Luftschutzkeller, wissen Sie, immer wenn eine Bombe runterging, hat er einen Fluch auf die Juden losgelassen. War ein bißchen sehr aktiv, Ihr alter Herr. Hat sich reichlich verausgabt bei den Nazis. Na, und als das braune Zeitalter vorbei war, da haben sie ihn dann hochgehen lassen, den Herrn Vater. Wegen der Juden. War ja ein bißchen doll, das mit den Juden. Warum konnte er auch seinen Mund nicht halten. War eben zu aktiv, der alte Beckmann. Und als es nun vorbei war mit den braunen Jungs, da haben sie ihm mal ein bißchen auf den Zahn gefühlt. Na, und der Zahn war ja faul, das muß man wohl sagen, der war ganz oberfaul. – Sagen Sie mal, ich freue mich schon die ganze Zeit über das drollige Ding, was Sie da als Brille auf die Nase gebastelt haben. Wozu machen Sie denn so einen Heckmeck. Das kann man doch nicht als vernünftige Brille ansprechen. Haben Sie denn keine normale, Junge?

BECKMANN *(automatisch)*: Nein. Das ist eine Gasmaskenbrille, die bekamen die Soldaten, die –

FRAU KRAMER: Kenn ich doch. Weiß ich doch, Ne, aber aufsetzen würde ich sowas nicht. Dann lieber zuhause bleiben. Das wär was für meinen Alten. Wissen Sie, was der zu Ihnen sagen würde? Der würde sagen: Mensch, Junge, nimm doch das Brückkengeländer aus dem Antlitz!

BECKMANN: Weiter. Was ist mit meinem Vater. Erzählen Sie doch weiter. Es war gerade so spannend, Los, weiter, Frau Kramer, immer weiter!

FRAU KRAMER: Da ist nichts mehr zu erzählen. An die Luft gesetzt haben sie Ihren Papa, ohne Pension, versteht sich. Und dann sollten sie noch aus der Wohnung raus. Nur den Kochtopf durften sie behalten. Das war natürlich trübe. Und das hat den beiden Alten den Rest gegeben. Da konnten sie wohl nicht mehr. Und sie mochten auch nicht mehr. Na, da haben sie sich dann selbst endgültig entnazifiziert. Das war nun wieder konsequent von Ihrem Alten, das muß man ihm lassen.

BECKMANN: Was haben sie? Sich selbst –

FRAU KRAMER *(mehr gutmütig als gemein)*: Entnazifiziert. Das sagen wir so, wissen Sie. Das ist so ein Privatausdruck von uns. Ja, die alten Herrschaften von Ihnen hatten nicht mehr die rechte Lust. Einen Morgen lagen sie steif und blau in der Küche. So was Dummes, sagt mein Alter, von dem Gas hätten wir einen ganzen Monat kochen können.

BECKMANN *(leise, aber furchtbar drohend)*: Ich glaube, es ist gut, wenn Sie die Tür zumachen, ganz schnell. Ganz schnell! Und schließen Sie ab. Machen Sie ganz schnell Ihre Tür zu, sag ich Ihnen! Machen Sie! *(Die Tür kreischt, Frau Kramer schreit hysterisch, die Tür schlägt zu.)*

BECKMANN *(leise)*: Ich halte es nicht aus! Ich halte es nicht aus! Ich halte es nicht aus!

DER ANDERE: Doch, Beckmann, doch! Man hält das aus.

BECKMANN: Nein! Ich will das alles nicht mehr aushalten! Geh weg! Du blödsinniger Jasager! Geh weg!

DER ANDERE: Nein, Beckmann. Deine Straße ist hier oben. Komm, bleib oben, Beckmann, deine Straße ist noch lang. Komm!

BECKMANN: Du bist ein Schwein! – Aber man hält das wohl aus, o ja. Man hält das aus, auf dieser Straße, und geht weiter. Manchmal bleibt einem die Luft weg oder man möchte einen Mord begehen. Aber man atmet weiter, und der Mord geschieht nicht. Man schreit auch nicht mehr und man schluchzt nicht. Man hält es aus. Zwei Tote. Wer redet heute von zwei Toten!

DER ANDERE: Sei still, Beckmann. Komm!

BECKMANN: Es ist natürlich ärgerlich, wenn es gerade deine Eltern sind, die beiden Toten. Aber zwei Tote, alte Leute? Schade um das Gas! Davon hätte man einen ganzen Monat kochen können.

DER ANDERE: Hör nicht hin, Beckmann. Komm. Die Straße wartet.

BECKMANN: Ja, hör nicht hin. Dabei hat man ein Herz, das schreit, ein Herz, das einen Mord begehen möchte. Ein armes Luder von Herz, das diese Traurigen, die um das Gas trauern, ermorden möchte! Ein Herz hat man, das will pennen, tief in der Elbe, verstehst du. Das Herz hat sich heiser geschrien, und keiner hat es gehört. Hier unten keiner. Und da oben keiner. Zwei alte Leute sind in die Gräberkolonie Ohlsdorf abgewandert. Gestern waren es vielleicht zweitausend, vorgestern vielleicht siebzigtausend. Morgen werden es viertausend oder sechs Millionen sein. Abgewandert in die Massengräber der Welt. Wer fragt danach? Keiner. Hier unten kein Menschenohr. Da oben kein Gottesohr. Gott schläft und wir leben weiter.

DER ANDERE: Beckmann! Beckmann! Hör nicht hin, Beckmann. Du siehst alles durch deine Gasmaskenbrille. Du siehst alles verbogen, Beckmann. Hör nicht hin, du. Früher gab es Zeiten, Beckmann, wo die Zeitungsleser abends in Kapstadt unter ihren grünen Lampenschirmen tief aufseufzten, wenn sie lasen, daß in Alaska zwei Mädchen im Eis erfroren waren. Früher war es doch so, daß sie in Hamburg nicht einschlafen konnten, weil man in Boston ein Kind entführt hatte. Früher konnte es wohl vorkommen, daß sie in San Franzisko trauerten, wenn bei Paris ein Ballonfahrer abgestürzt war.

BECKMANN: Früher, früher, früher! Wann war das? Vor zehntausend Jahren? Heute tun es nur noch Totenlisten mit sechs Nullen. Aber die Menschen seufzen nicht mehr unter ihren Lampen, sie schlafen ruhig und tief, wenn sie noch ein Bett haben. Sie sehen stumm und randvoll mit Leid aneinander vorbei: hohlwangig, hart, bitter, verkrümmt, einsam. Sie werden mit Zahlen gefüttert, die sie kaum aussprechen können, weil sie so lang sind. Und die Zahlen bedeuten –

DER ANDERE: Hör nicht hin, Beckmann.

BECKMANN: Hör hin, hör hin, bis du umkommst! Die Zahlen sind so lang, daß man sie kaum aussprechen kann. Und die Zahlen bedeuten –

DER ANDERE: Hör nicht hin –

BECKMANN: Hör hin! Sie bedeuten: Tote, Halbtote, Granatentote, Splittertote, Hungertote, Bombentote, Eissturmtote, Ozeantote, Verzweiflungstote, Verlorene, Verlaufene, Verschollene. Und diese Zahlen haben mehr Nullen, als wir Finger an der Hand haben!

DER ANDERE: Hör doch nicht hin, du. Die Straße wartet, Beckmann, komm!

BECKMANN: Du, du! Wo geht sie hin, du? Wo sind wir? Sind wir noch hier? Ist dies noch die alte Erde? Ist uns kein Fell gewachsen, du? Wächst uns kein Schwanz, kein Raubtiergebiß, keine Kralle? Gehen wir noch auf zwei Beinen? Mensch, Mensch, was für eine Straße bist du? Wo gehst du hin? Antworte doch, du Anderer, du Jasager! Antworte doch, du ewiger Antworter!

DER ANDERE: Du verläufst dich, Beckmann, komm, bleib oben, deine Straße ist hier! Hör nicht hin. Die Straße geht auf und ab. Schrei nicht los, wenn sie abwärts geht und wenn es dunkel ist – die Straße geht weiter und überall gibt es Lampen: Sonne, Sterne, Frauen, Fenster, Laternen und offene Türen.

Schrei nicht los, wenn du eine halbe Stunde im Nebel stehst, nachts, einsam. Du triffst immer wieder auf die andern. Komm, Junge, werd nicht müde! Hör nicht hin auf die sentimentale Klimperei des süßen Xylophonspielers, hör nicht hin.

BECKMANN: Hör nicht hin? Ist das deine Antwort? Millionen Tote, Halbtote, Verschollene — das ist alles gleich? Und du sagst: Hör nicht hin! Ich habe mich verlaufen? Ja, die Straße ist grau, grausam und abgründig. Aber wir sind draußen auf ihr unterwegs, wir humpeln, heulen und hungern auf ihr entlang, arm, kalt und müde! Aber die Elbe hat mich wieder ausgekotzt wie einen faulen Bissen. Die Elbe läßt mich nicht schlafen. Ich soll leben, sagst du! Dieses Leben leben? Dann sag mir auch: Wozu? Für wen? Für was?

DER ANDERE: Für dich! Für das Leben! Deine Straße wartet. Und hin und wieder kommen Laternen. Bist du so feige, daß du Angst hast vor der Finsternis zwischen zwei Laternen? Willst du nur Laternen haben? Komm, Beckmann, weiter, bis zur nächsten Laterne.

BECKMANN: Ich habe Hunger, du. Mich friert, hörst du. Ich kann nicht mehr stehen, du, ich bin müde. Mach eine Tür auf, du. Ich habe Hunger! Die Straße ist finster, und alle Türen sind zu. — Halt deinen Mund, Jasager, schon deine Lunge für andere: Ich habe Heimweh! Nach meiner Mutter! Ich habe Hunger auf Schwarzbrot! Es brauchen keine Biskuits zu sein, nein, das ist nicht nötig. Meine Mutter hätte sicher'n Stück Schwarzbrot für mich gehabt — und warme Strümpfe. Und dann hätte ich mich satt und warm zu Herrn Oberst in den weichen Sessel gesetzt und Dostojewski gelesen. Oder Gorki. Das ist herrlich, wenn man satt und warm ist, vom Elend anderer Leute zu lesen und so recht mitleidig zu seufzen. Aber leider fallen mir dauernd die Augen zu. Ich bin hundehundemüde. Ich möchte gähnen können wie ein Hund — bis zum Kehlkopf gähnen. Und ich kann nicht mehr stehen. Ich bin müde, du. Und jetzt will ich nicht mehr. Ich kann nicht mehr, verstehst du? Keinen Millimeter. Keinen —

DER ANDERE: Beckmann, gib nicht nach. Komm, Beckmann, das Leben wartet, Beckmann, komm!

BECKMANN: Ich will nicht Dostojewski lesen, ich habe selber Angst. Ich komme nicht. Nein. Ich bin müde. Nein, du, ich komme nicht. Ich will pennen. Hier vor meiner Tür. Ich setze mich vor meiner Tür auf die Treppe, du, und dann penn ich. Penn ich, penn ich, bis eines Tages die Mauern des Hauses anfangen zu knistern und vor Altersschwäche auseinander zu krümeln. Oder bis zur nächsten Mobilmachung. Ich bin müde wie eine ganze gähnende Welt!

DER ANDERE: Werd nicht müde, Beckmann. Komm. Lebe!

BECKMANN: Dieses Leben? Nein, dieses Leben ist weniger als Nichts. Ich mach nicht mehr mit, du. Was sagst du? Vorwärts, Kameraden, das Stück wird selbstverständlich brav bis zu Ende gespielt. Wer weiß, in welcher finsteren Ecke wir liegen oder an welcher süßen Brust, wenn der Vorhang endlich, endlich fällt. Fünf graue verregnete Akte!

DER ANDERE: Mach mit. Das Leben ist lebendig, Beckmann. Sei mit lebendig!

BECKMANN: Sei still. Das Leben ist so:

1. Akt: Grauer Himmel. Es wird einem wehgetan.

2. Akt: Grauer Himmel. Man tut wieder weh.

3. Akt: Es wird dunkel und es regnet.

4. Akt: Es ist noch dunkler. Man sieht eine Tür.

5. Akt: Es ist Nacht, tiefe Nacht, und die Tür ist zu. Man steht draußen. Draußen vor der Tür. An der Elbe steht man, an der Seine, an der Wolga, am Mississippi. Man steht da, spinnt, friert, hungert und ist verdammt müde. Und dann auf einmal plumpst es, und die Wellen machen niedliche kleine kreisrunde Kreise, und dann rauscht der Vorhang. Fische und Würmer spendieren einen lautlosen Beifall. – So ist das! Ist das viel mehr als Nichts? Ich – ich mach jedenfalls nicht mehr mit. Mein Gähnen ist groß wie die weite Welt!

DER ANDERE: Schlaf nicht ein, Beckmann! Du mußt weiter.

BECKMANN: Was sagst du? Du sprichst ja auf einmal so leise.

DER ANDERE: Steh auf, Beckmann, die Straße wartet.

BECKMANN: Die Straße wird wohl auf meinen müden Schritt verzichten müssen. Warum bist du denn so weit weg? Ich kann dich gar nicht mehr – kaum noch – ver-stehen – – – *(Er gähnt.)*

DER ANDERE: Beckmann! Beckmann!

BECKMANN: Hm – – *(Er schläft ein.)*

DER ANDERE: Beckmann, du schläfst ja!

BECKMANN *(im Schlaf)*: Ja, ich schlafe.

DER ANDERE: Wach auf, Beckmann, du mußt leben!

BECKMANN: Nein, ich denke gar nicht daran, aufzuwachen. Ich träume gerade. Ich träume einen wunderschönen Traum.

DER ANDERE: Träum nicht weiter, Beckmann, du mußt leben.

BECKMANN: Leben? Ach wo, ich träume doch gerade, daß ich sterbe.

DER ANDERE: Steh auf, sag ich! Lebe!

BECKMANN: Nein. Aufstehen mag ich nicht mehr. Ich träume doch gerade so schön. Ich liege auf der Straße und sterbe. Die Lunge macht nicht mehr mit, das Herz macht nicht mehr mit und die Beine nicht. Der ganze Beckmann macht nicht mehr mit, hörst du? Glatte Befehlsverweigerung. Unteroffizier Beckmann macht nicht mehr mit. Toll, was?

DER ANDERE: Komm, Beckmann, du mußt weiter.

BECKMANN: Weiter? Abwärts, meinst du, weiter abwärts! A bas, sagt der Franzose. Es ist so schön, zu sterben, du, das hab ich nicht gedacht. Ich glaube, der Tod muß ganz erträglich sein. Es ist doch noch keiner wieder zurückgekommen, weil er den Tod nicht aushalten konnte. Vielleicht ist er ganz nett, der Tod, vielleicht viel netter als das Leben. Vielleicht – – – Ich glaube sogar, ich bin schon im Himmel. Ich fühl mich gar nicht mehr – und das ist, wie im Himmel sein, sich nicht mehr fühlen. Und da kommt auch ein alter Mann, der sieht aus wie der liebe Gott. Ja, beinahe wie der liebe Gott. Nur etwas zu theologisch. Und so weinerlich. Ob das der liebe Gott ist? Guten Tag, alter Mann. Bist du der liebe Gott?

GOTT *(weinerlich)*: Ich bin der liebe Gott, mein Junge, mein armer Junge!

BECKMANN: Ach, du bist also der liebe Gott. Wer hat dich eigentlich so genannt, lieber Gott? Die Menschen? Ja? Oder du selbst?

GOTT: Die Menschen nennen mich den lieben Gott.

BECKMANN: Seltsam, ja, das müssen ganz seltsame Menschen sein, die dich so nennen. Das sind wohl die Zufriedenen, die Satten, die Glücklichen, und die, die Angst vor dir haben. Die im Sonnenschein gehen, verliebt oder satt oder zufrieden – oder die es nachts mit der Angst kriegen, die sagen: Lieber Gott! Lieber Gott! Aber ich sage nicht Lieber Gott, du, ich kenne keinen, der ein lieber Gott ist, du!

GOTT: Mein Kind, mein armes –

BECKMANN: Wann bist du eigentlich lieb, lieber Gott? Warst du lieb, als du meinen Jungen, der gerade ein Jahr alt war, als du meinen kleinen Jungen von einer brüllenden Bombe zerreißen ließt? Warst du da lieb, als du ihn ermorden ließt, lieber Gott, ja?

GOTT: Ich hab ihn nicht ermorden lassen.

BECKMANN: Nein, richtig. Du hast es nur zugelassen. Du hast nicht hingehört, als er schrie und als die Bomben brüllten. Wo warst du da eigentlich, als die Bomben brüllten, lieber Gott? Oder warst du lieb, als von meinem Spähtrupp elf Mann fehlten? Elf Mann zu wenig, lieber Gott, und du warst gar nicht da, lieber Gott. Die elf Mann haben gewiß laut geschrien in dem einsamen Wald, aber du warst nicht da, einfach nicht da, lieber Gott. Warst du in Stalingrad lieb, lieber Gott, warst du da lieb, wie? Ja? Wann warst du denn eigentlich lieb, Gott, wann? Wann hast du dich jemals um uns gekümmert, Gott?

GOTT: Keiner glaubt mehr an mich. Du nicht, keiner. Ich bin der Gott, an den keiner mehr glaubt. Und um den sich keiner mehr kümmert. Ihr kümmert euch nicht um mich.

BECKMANN: Hat auch Gott Theologie studiert? Wer kümmert sich um wen? Ach, du bist alt, Gott, du bist unmodern, du kommst mit unsern langen Listen von Toten und Ängsten nicht mehr

mit. Wir kennen dich nicht mehr so recht, du bist ein Märchen-
buchliebergott. Heute brauchen wir einen neuen. Weißt du,
einen für unsere Angst und Not. Einen ganz neuen. Oh, wir
haben dich gesucht, Gott, in jeder Ruine, in jedem Granattrich-
ter, in jeder Nacht. Wir haben dich gerufen. Gott! Wir haben
nach dir gebrüllt, geweint, geflucht! Wo warst du da, lieber
Gott? Wo bist du heute abend? Hast du dich von uns gewandt?
Hast du dich ganz in deine schönen alten Kirchen eingemauert, Gott? Hörst du unser Geschrei nicht durch die zerklirrten
Fenster, Gott? Wo bist du?

GOTT: Meine Kinder haben sich von mir gewandt, nicht ich von
ihnen. Ihr von mir, ihr von mir. Ich bin der Gott, an den keiner mehr glaubt. Ihr habt euch von mir gewandt.

BECKMANN: Geh weg, alter Mann. Du verdirbst mir meinen Tod.
Geh weg, ich sehe, du bist nur ein weinerlicher Theologe. Du
drehst die Sätze um: Wer kümmert sich um wen? Wer hat sich
von wem gewandt? Ihr von mir? Wir von dir? Du bist tot,
Gott. Sei lebendig, sei mit uns lebendig, nachts, wenn es kalt
ist, einsam und wenn der Magen knurrt in der Stille – dann
sei mit uns lebendig, Gott. Ach, geh weg, du bist ein tinten-
blütiger Theologe, geh weg, du bist weinerlich, alter alter
Mann!

GOTT: Mein Junge, mein armer Junge! Ich kann es nicht ändern!
Ich kann es doch nicht ändern!

BECKMANN: Ja, das ist es, Gott. Du kannst es nicht ändern. Wir
fürchten dich nicht mehr. Wir lieben nicht mehr. Und du bist
unmodern. Die Theologen haben dich alt werden lassen. Deine
Hosen sind zerfranst, deine Sohlen durchlöchert, und deine
Stimme ist leise geworden – zu leise für den Donner unserer
Zeit. Wir können dich nicht mehr hören.

GOTT: Nein, keiner hört mich, keiner mehr. Ihr seid zu laut!

BECKMANN: Oder bist du zu leise, Gott? Hast du zuviel Tinte im
Blut, Gott, zuviel dünne Theologentinte? Geh, alter Mann, sie
haben dich in den Kirchen eingemauert, wir hören einander
nicht mehr. Geh, aber sieh zu, daß du vor Anbruch der rest-

losen Finsternis irgendwo ein Loch oder einen neuen Anzug findest oder einen dunklen Wald, sonst schieben sie dir nachher alles in die Schuhe, wenn es schief gegangen ist. Und fall nicht im Dunkeln, alter Mann, der Weg ist sehr abschüssig und liegt voller Gerippe. Halt dir die Nase zu, Gott. Und dann schlaf auch gut, alter Mann, schlaf weiter so gut. Gute Nacht!

GOTT: Einen neuen Anzug oder einen dunklen Wald? Meine armen, armen Kinder! Mein lieber Junge –

BECKMANN: Ja, geh, gute Nacht!

GOTT: Meine armen, armen – – *(er geht ab.)*

BECKMANN: Die alten Leute haben es heute am schwersten, die sich nicht mehr auf die neuen Verhältnisse umstellen können. Wir stehen alle draußen. Auch Gott steht draußen, und keiner macht ihm mehr eine Tür auf. Nur der Tod, der Tod hat zuletzt doch eine Tür für uns. Und dahin bin ich unterwegs.

DER ANDERE: Du mußt nicht auf die Tür warten, die der Tod uns aufmacht. Das Leben hat tausend Türen. Wer verspricht dir, daß hinter der Tür des Todes mehr ist als nichts?

BECKMANN: Und was ist hinter den Türen, die das Leben uns aufmacht?

DER ANDERE: Das Leben! Das Leben selbst! Komm, du mußt weiter.

BECKMANN: Ich kann nicht mehr. Hörst du nicht, wie meine Lungen rasseln: Kchch – Kchch – Kchch. Ich kann nicht mehr.

DER ANDERE: Du kannst. Deine Lungen rasseln nicht.

BECKMANN: Meine Lungen rasseln. Was soll denn sonst so rasseln? Hör doch: Kchch – Kchch – Kchch – Was denn sonst?

DER ANDERE: Ein Straßenfegerbesen! Da, da kommt ein Straßenfeger. Kommt da an uns vorbei, und sein Besen kratzt wie eine Asthmalunge über das Pflaster. Deine Lunge rasselt nicht. Hörst du? Das ist der Besen. Hör doch: Kchch – Kchch – Kchch.

BECKMANN: Der Straßenfegerbesen macht Kchch – Kchch wie die Lunge eines, der verröchelt. Und der Straßenfeger hat rote Streifen an den Hosen. Es ist ein Generalstraßenfeger. Ein deutscher Generalstraßenfeger. Und wenn der fegt, dann machen die rasselnden Sterbelungen: Kchch – Kchch – Kchch. Straßenfeger!

STRASSENFEGER: Ich bin kein Straßenfeger.

BECKMANN: Du bist kein Straßenfeger? Was bist du denn?

STRASSENFEGER: Ich bin ein Angestellter des Beerdigungsinstitutes Abfall und Verwesung.

BECKMANN: Du bist der Tod! Und du gehst als Straßenfeger?

STRASSENFEGER: Heute als Straßenfeger. Gestern als General. Der Tod darf nicht wählerisch sein. Tote gibt es überall. Und heute liegen sie sogar auf der Straße. Gestern lagen sie auf dem Schlachtfeld – da war der Tod General und die Begleitmusik spielte Xylophon. Heute liegen sie auf der Straße, und der Besen des Todes macht Kchch – Kchch.

BECKMANN: Und der Besen des Todes macht Kchch – Kchch. Vom General zum Straßenfeger. Sind die Toten so im Kurs gesunken?

STRASSENFEGER: Sie sinken. Sie sinken. Kein Salut. Kein Sterbegeläut. Keine Grabrede. Kein Kriegerdenkmal. Sie sinken. Und der Besen macht Kchch – Kchch.

BECKMANN: Mußt du schon weiter? Bleib doch hier. Nimm mich mit. Tod, Tod – du vergißt mich ja – Tod!

STRASSENFEGER: Ich vergesse keinen. Mein Xylophon spielt Alte Kameraden, und mein Besen macht Kchch – Kchch – Kchch. Ich vergesse keinen.

BECKMANN: Tod, Tod, laß mir die Tür offen. Tod, mach die Tür nicht zu. Tod –

STRASSENFEGER: Meine Tür steht immer offen. Immer. Morgens. Nachmittags. Nachts. Im Lichte und im Nebel. Immer ist meine Tür offen. Immer. Überall. Und mein Besen macht Kchch – Kchch. *(Das Kchch – Kchch wird immer leiser, der Tod geht ab.)*

BECKMANN: Kchch – Kchch. Hörst du, wie meine Lunge rasselt? Wie der Besen eines Straßenfegers. Und der Straßenfeger läßt die Tür weit offen. Und der Straßenfeger heißt Tod. Und sein Besen macht wie meine Lunge, wie eine alte heisere Uhr: Kchch – Kchch . . .

DER ANDERE: Beckmann, steh auf, noch ist es Zeit. Komm, atme, atme dich gesund.

BECKMANN: Aber meine Lunge macht doch schon –

DER ANDERE: Deine Lunge macht das nicht. Das war der Besen, Beckmann, von einem Staatsbeamten.

BECKMANN: Von einem Staatsbeamten?

DER ANDERE: Ja, der ist längst vorbei. Komm, steh wieder auf, atme. Das Leben wartet mit tausend Laternen und tausend offenen Türen.

BECKMANN: Eine Tür, eine genügt. Und die läßt er offen, hat er gesagt, für mich, für immer, jederzeit. Eine Tür.

DER ANDERE: Steh auf, du träumst einen tödlichen Traum. Du stirbst an dem Traum. Steh auf.

BECKMANN: Nein, ich bleibe liegen. Hier vor der Tür. Und die Tür steht offen – hat er gesagt. Hier bleib ich liegen. Aufstehen soll ich? Nein, ich träume doch gerade so schön, du. Einen ganz wunderschönen schönen Traum. Ich träume, träume, daß alles aus ist. Ein Straßenfeger kam vorbei und der nannte sich Tod. Und sein Besen kratzte wie meine Lunge. Tödlich. Und der hat mir eine Tür versprochen, eine offene Tür. Straßenfeger können nette Leute sein. Nett wie der Tod. Und so ein Straßenfeger ging an mir vorbei.

DER ANDERE: Du träumst, Beckmann, du träumst einen bösen Traum. Wach auf, lebe!

BECKMANN: Leben? Ich liege doch auf der Straße und alles, alles, du, alles ist aus. Ich jedenfalls bin tot. Alles ist aus und ich bin tot, schön tot.

DER ANDERE: Beckmann, Beckmann, du mußt leben. Alles lebt. Neben dir. Links, rechts, vor dir: die andern. Und du? Wo bist du? Lebe, Beckmann, alles lebt!

BECKMANN: Die andern? Wer ist das? Der Oberst? Der Direktor? Frau Kramer? Leben mit ihnen? Oh, ich bin so schön tot. Die andern sind weit weg, und ich will sie nie wiedersehen. Die andern sind Mörder.

DER ANDERE: Beckmann, du lügst.

BECKMANN: Ich lüge? Sind sie nicht schlecht? Sind sie gut?

DER ANDERE: Du kennst die Menschen nicht. Sie sind gut.

BECKMANN: Oh, sie sind gut. Und in aller Güte haben sie mich umgebracht. Totgelacht. Vor die Tür gesetzt. Davongejagt. In aller Menschengüte. Sie sind stur bis tief in ihre Träume hinein. Bis in den tiefsten Schlaf stur. Und sie gehen an meiner Leiche vorbei – stur bis in den Schlaf. Sie lachen und kauen und singen und schlafen und verdauen an meiner Leiche vorbei. Mein Tod ist nichts.

DER ANDERE: Du lügst, Beckmann!

BECKMANN: Doch, Jasager, die Leute gehen an meiner Leiche vorbei. Leichen sind langweilig und unangenehm.

DER ANDERE: Die Menschen gehen nicht an deinem Tod vorbei, Beckmann. Die Menschen haben ein Herz. Die Menschen trauern um deinen Tod, Beckmann, und deine Leiche liegt ihnen nachts noch lange im Wege, wenn sie einschlafen wollen. Sie gehen nicht vorbei.

BECKMANN: Doch, Jasager, das tun sie. Leichen sind häßlich und unangenehm. Sie gehen einfach und schnell vorbei und halten die Nase und Augen zu.

DER ANDERE: Das tun sie nicht! Ihr Herz zieht sich zusammen bei jedem Toten!

BECKMANN: Paß auf, siehst du, da kommt schon einer. Kennst du ihn noch? Es ist der Oberst, der mich mit seinem alten Anzug zum neuen Menschen machen wollte.
Herr Oberst! Herr Oberst!

OBERST: Donnerwetter, gibt es denn schon wieder Bettler? Ist ja ganz wie früher.

BECKMANN: Eben, Herr Oberst, eben. Es ist alles ganz wie früher. Sogar die Bettler kommen aus denselben Kreisen. Aber ich bin gar kein Bettler, Herr Oberst, nein. Ich bin eine Wasserleiche. Ich bin desertiert, Herr Oberst. Ich war ein ganz müder Soldat, Herr Oberst. Ich hieß gestern Unteroffizier Beckmann, Herr Oberst, erinnern Sie noch? Beckmann. Ich war 'n bißchen weich, nicht wahr, Herr Oberst, Sie erinnern? Ja, und morgen abend werde ich dumm und stumm und aufgedunsen an den Strand von Blankenese treiben. Gräßlich, wie, Herr Oberst? Und Sie haben mich auf Ihrem Konto, Herr Oberst. Gräßlich, wie? Zweitausendundelf plus Beckmann, macht Zweitausendundzwölf. Zweitausendundzwölf nächtliche Gespenster, Uha!

OBERST: Ich kenne Sie doch gar nicht, Mann. Nie von einem Beckmann gehört. Was hatten Sie denn für'n Dienstgrad?

BECKMANN: Aber Herr Oberst! Herr Oberst werden sich doch noch an seinen letzten Mord erinnern! Der mit der Gasmaskenbrille und der Sträflingsfrisur und dem steifen Bein! Unteroffizier Beckmann, Herr Oberst.

OBERST: Richtig! Der! Sehen Sie, diese unteren Dienstgrade sind durch die Bank doch alle verdächtig. Torfköppe, Räsoneure, Pazifisten, Wasserleichenaspiranten. Sie haben sich ersoffen? Ja, war'n einer von denen, die ein bißchen verwildert sind im Krieg, 'n bißchen entmenschlicht, ohne jegliche soldatische Tugend. Unschöner Anblick, so was.

BECKMANN: Ja, nicht wahr, Herr Oberst, unschöner Anblick, diese vielen dicken weißen weichen Wasserleichen heutzutage. Und Sie sind der Mörder, Herr Oberst, Sie! Halten Sie das eigentlich aus, Herr Oberst, Mörder zu sein? Wie fühlen Sie sich so als Mörder, Herr Oberst?

OBERST: Wieso? Bitte? Ich?

BECKMANN: Doch, Herr Oberst, Sie haben mich in den Tod gelacht. Ihr Lachen war grauenhafter als alle Tode der Welt, Herr Oberst. Sie haben mich totgelacht, Herr Oberst!

OBERST *(völlig verständnislos)*: So? Na ja. War'n einer von denen, die sowieso vor die Hunde gegangen wären. Na, guten Abend!

BECKMANN: Angenehme Nachtruhe, Herr Oberst! Und vielen Dank für den Nachruf! Hast du gehört, Jasager, Menschenfreund! Nachruf auf einen ertrunkenen Soldaten. Epilog eines Menschen für einen Menschen.

DER ANDERE: Du träumst, Beckmann, du träumst. Die Menschen sind gut!

BECKMANN: Du bist ja so heiser, du optimistischer Tenor! Hat es dir die Stimme verschlagen? Oh ja, die Menschen sind gut. Aber manchmal gibt es Tage, da trifft man andauernd die paar schlechten, die es gibt. Aber so schlimm sind die Menschen nicht. Ich träume ja nur. Ich will nicht ungerecht sein. Die Menschen sind gut. Nur sind sie so furchtbar verschieden, das ist es, so unbegreiflich verschieden. Der eine Mensch ist ein Oberst, während der andere eben nur ein niederer Dienstgrad ist. Der Oberst ist satt, gesund und hat eine wollene Unterhose an. Abends hat er ein Bett und eine Frau.

DER ANDERE: Beckmann, träume nicht weiter! Steh auf! Lebe! Du träumst alles schief.

BECKMANN: Und der andere, der hungert, der humpelt und hat nicht mal ein Hemd. Abends hat er einen alten Liegestuhl als Bett und das Pfeifen der asthmatischen Ratten ersetzt ihm in seinem Keller das Geflüster seiner Frau. Nein, die Menschen sind gut. Nur verschieden sind sie, ganz außerordentlich voneinander verschieden.

DER ANDERE: Die Menschen sind gut. Sie sind nur so ahnungslos. Immer sind sie ahnungslos. Aber ihr Herz. Sich in ihr Herz — ihr Herz ist gut. Nur das Leben läßt es nicht zu, daß sie ihr Herz zeigen. Glaube doch, im Grunde sind sie alle gut.

BECKMANN: Natürlich. Im Grunde. Aber der Grund ist meistens so tief, du. So unbegreiflich tief. Ja, im Grunde sind sie gut — nur verschieden eben. Einer ist weiß und der andere grau. Einer hat 'ne Unterhose, der andere nicht. Und der graue ohne Unterhose, das bin ich. Pech gehabt, Wasserleiche Beckmann, Unteroffizier a. D., Mitmensch a. D.

DER ANDERE: Du träumst, Beckmann, steh auf. Lebe! Komm, sieh, die Menschen sind gut.

BECKMANN: Und sie gehen an meiner Leiche vorbei und kauen und lachen und spucken und verdauen. So gehen sie an meinem Tod vorbei, die guten Guten.

DER ANDERE: Wach auf, Träumer! Du träumst einen schlechten Traum, Beckmann. Wach auf!

BECKMANN: Oh ja, ich träume einen schaurig schlechten Traum. Da, da kommt der Direktor von dem Kabarett. Soll ich mit ihm ein Interview machen, Antworter?

DER ANDERE: Komm, Beckmann! Lebe! Die Straße ist voller Laternen. Alles lebt! Lebe mit!

BECKMANN: Soll ich mitleben? Mit wem? Mit dem Obersten? Nein!

DER ANDERE: Mit den andern, Beckmann. Lebe mit den andern.

BECKMANN: Auch mit dem Direktor?

DER ANDERE: Auch mit ihm. Mit allen.

BECKMANN: Gut. Auch mit dem Direktor. Hallo, Herr Direktor!

DIREKTOR: Wie? Ja? Was ist?

BECKMANN: Kennen Sie mich?

DIREKTOR: Nein – doch, warten Sie mal. Gasmaskenbrille, Russenfrisur, Soldatenmantel. Ja, der Anfänger mit dem Ehebruchchanson! Wie hießen Sie denn gleich?

BECKMANN: Beckmann.

DIREKTOR: Richtig. Na, und?

BECKMANN: Sie haben mich ermordet, Herr Direktor.

DIREKTOR: Aber, mein Lieber –

BECKMANN: Doch. Weil Sie feige waren. Weil Sie die Wahrheit verraten haben. Sie haben mich in die nasse Elbe getrieben, weil Sie dem Anfänger keine Chance gaben, anzufangen. Ich wollte arbeiten. Ich hatte Hunger. Aber Ihre Tür ging hinter mir zu. Sie haben mich in die Elbe gejagt, Herr Direktor.

DIREKTOR: Müssen ja ein sensibler Knabe gewesen sein. Laufen in die Elbe, in die nasse...

BECKMANN: In die nasse Elbe, Herr Direktor. Und da habe ich mich mit Elbwasser vollaufen lassen, bis ich satt war. Einmal satt, Herr Direktor, und dafür tot. Tragisch, was? Wär das nicht ein Schlager für Ihre Revue? Chanson der Zeit: Einmal satt und dafür tot!

DIREKTOR (sentimental, aber doch sehr oberflächlich): Das ist ja schaurig! Sie waren einer von denen, die ein bißchen sensibel sind. Unangebracht heute, durchaus fehl am Platz. Sie waren ganz wild auf die Wahrheit versessen, Sie kleiner Fanatiker! Hätten mir das ganze Publikum kopfscheu gemacht mit Ihrem Gesang.

BECKMANN: Und da haben Sie mir die Tür zugeschlagen, Herr Direktor. Und da unten lag die Elbe.

DIREKTOR *(wie oben)*: Die Elbe, ja. Ersoffen. Aus. Arme Sau. Vom Leben überfahren. Erdrückt und breitgewalzt. Einmal satt und dafür tot. Ja, wenn wir alle so empfindlich sein wollten!

BECKMANN: Aber das sind wir ja nicht, Herr Direktor. So empfindlich sind wir ja nicht...

DIREKTOR *(wie oben)*: Weiß Gott nicht, nein. Sie waren eben einer von denen, von den Millionen, die nun mal humpelnd durchs Leben müssen und froh sind, wenn sie fallen. In die Elbe, in die Spree, in die Themse – wohin, ist egal. Eher haben sie doch keine Ruhe.

BECKMANN: Und Sie haben mir den Fußtritt gegeben, damit ich fallen konnte.

DIREKTOR: Unsinn! Wer sagt denn das? Sie waren prädestiniert für tragische Rollen. Aber der Stoff ist toll! Ballade eines Anfängers: Die Wasserleiche mit der Gasmaskenbrille! Schade, daß das Publikum so was nicht sehen will. Schade... *(ab.)*

BECKMANN: Angenehme Nachtruhe, Herr Direktor!
Hast du das gehört? Soll ich weiterleben mit dem Herrn Oberst? Und weiterleben mit dem Herrn Direktor?

DER ANDERE: Du träumst, Beckmann, wach auf.

BECKMANN: Träum ich? Seh ich alles verzerrt durch diese elende Gasmaskenbrille? Sind alles Marionetten? Groteske, karikierte Menschenmarionetten? Hast du den Nachruf gehört, den mein Mörder mir gewidmet hat? Epilog auf einen Anfänger: Auch einer von denen – du, Anderer! Soll ich leben bleiben? Soll ich weiterhumpeln auf der Straße? Neben den anderen? Sie haben alle dieselben gleichen gleichgültigen entsetzlichen Visagen. Und sie reden alle so unendlich viel, und wenn man dann um ein einziges Ja bittet, sind sie stumm und dumm, wie – ja, eben wie die Menschen. Und feige sind sie. Sie haben uns verraten. So furchtbar verraten. Wie wir noch ganz klein waren, da haben sie Krieg gemacht. Und als wir größer waren, da haben sie vom Krieg erzählt. Begeistert. Immer waren sie begeistert. Und als wir dann noch größer waren, da haben sie sich auch für uns einen Krieg ausgedacht. Und da haben sie uns dann hingeschickt. Und sie waren begeistert. Immer waren sie begeistert. Und keiner hat uns gesagt, wo wir hingingen. Keiner hat uns gesagt, ihr geht in die Hölle. Oh nein, keiner. Sie haben Marschmusik gemacht und Langemarckfeiern. Und Kriegsgerichte und Aufmarschpläne. Und Heldengesänge und Blutorden. So begeistert waren sie. Und dann war der Krieg endlich da. Und dann haben sie uns hingeschickt. Und sie haben uns nichts gesagt. Nur – Macht's gut, Jungens! haben sie gesagt. Macht's gut, Jungens! So haben sie uns verraten. So furchtbar verraten. Und jetzt sitzen sie hinter ihren Türen. Herr Studienrat, Herr Direktor, Herr Gerichtsrat, Herr Oberarzt. Jetzt hat uns keiner hingeschickt. Nein, keiner. Alle sitzen sie jetzt hinter ihren Türen. Und ihre Tür haben sie fest zu. Und wir stehen draußen. Und von ihren Kathedern und von ihren Sesseln zeigen sie mit dem Finger auf uns. So haben sie uns verraten. So furchtbar verraten. Und jetzt gehen sie an ihrem Mord vorbei, einfach vorbei. Sie gehn an ihrem Mord vorbei.

DER ANDERE: Sie gehn nicht vorbei, Beckmann. Du übertreibst. Du träumst. Sieh auf das Herz, Beckmann. Sie haben ein Herz! Sie sind gut!

BECKMANN: Aber Frau Kramer geht an meiner Leiche vorbei.

DER ANDERE: Nein! Auch sie hat ein Herz!

BECKMANN: Frau Kramer!

FRAU KRAMER: Ja?

BECKMANN: Haben Sie ein Herz, Frau Kramer? Wo hatten Sie Ihr Herz, Frau Kramer, als Sie mich ermordeten? Doch, Frau Kramer, Sie haben den Sohn von den alten Beckmanns ermordet. Haben Sie nicht auch seine Eltern mit erledigt, wie? Na, ehrlich, Frau Kramer, so ein bißchen nachgeholfen, ja? Ein wenig das Leben sauer gemacht, nicht wahr? Und dann den Sohn in die Elbe gejagt – aber Ihr Herz, Frau Kramer, was sagt Ihr Herz?

FRAU KRAMER: Sie mit der ulkigen Brille sind in die Elbe gemacht? Daß ich mir das nicht gedacht hab. Kamen mir gleich so melancholisch vor, Kleiner. Macht sich in die Elbe! Armer Bengel! Nein aber auch!

BECKMANN: Ja, weil Sie mir so herzlich und innig taktvoll das Ableben meiner Eltern vermittelten. Ihre Tür war die letzte. Und Sie ließen mich draußen stehn. Und ich hatte tausend Tage, tausend sibirische Nächte auf diese Tür gehofft. Sie haben einen kleinen Mord nebenbei begangen, nicht wahr?

FRAU KRAMER (robust, um nicht zu heulen): Es gibt eben Figuren, die haben egal Pech. Sie waren einer von denen. Sibirien. Gashahn. Ohlsdorf. War wohl 'n bißchen happig. Geht mir ans Herz, aber wo kommt man hin, wenn man alle Leute beweinen wollte! Sie sahen gleich so finster aus, Junge. So ein Bengel! Aber das darf uns nicht kratzen, sonst wird uns noch das bißchen Margarine schlecht, das man auf Brot hat. Macht einfach davon ins Gewässer. Ja, man erlebt was! Jeden Tag macht sich einer davon.

BECKMANN: Ja, ja, leben Sie wohl, Frau Kramer! Hast du gehört, Anderer? Nachruf einer alten Frau mit Herz auf einen jungen Mann. Hast du gehört, schweigsamer Antworter?

DER ANDERE: Wach – auf – Beckmann –

BECKMANN: Du sprichst ja plötzlich so leise. Du stehst ja plötzlich so weit ab.

DER ANDERE: Du träumst einen tödlichen Traum, Beckmann. Wach auf! Lebe! Nimm dich nicht so wichtig. Jeden Tag wird gestorben. Soll die Ewigkeit voll Trauergeschrei sein? Lebe! Iß dein Margarinebrot, lebe! Das Leben hat tausend Zipfel. Greif zu! Steh auf!

BECKMANN: Ja, ich stehe auf. Denn da kommt meine Frau. Meine Frau ist gut. Nein, sie bringt ihren Freund mit. Aber sie war früher doch gut. Warum bin ich auch drei Jahre in Sibirien geblieben? Sie hat drei Jahre gewartet, das weiß ich, denn sie war immer gut zu mir. Die Schuld habe ich. Aber sie war gut. Ob sie heute noch gut ist?

DER ANDERE: Versuch es! Lebe!

BECKMANN: Du! Erschrick nicht, ich bin es. Sieh mich doch an!
Dein Mann. Beckmann, ich. Du, ich hab mir das Leben genommen, Frau. Das hättest du nicht tun sollen, du, das mit dem
andern. Ich hatte doch nur dich! Du hörst mich ja gar nicht!
Du! Ich weiß, du hast zu lange warten müssen. Aber sei nicht
traurig, mir geht es jetzt gut. Ich bin tot. Ohne dich wollte ich
nicht mehr! Du! Sieh mich doch an! Du! *(Die Frau geht in en-
ger Umarmung mit ihrem Freund langsam vorbei, ohne Beckmann zu hören.)*
Du! Du warst doch meine Frau! Sieh mich doch an, du hast
mich doch umgebracht, dann kannst du mich doch noch mal
ansehen! Du, du hörst mich ja gar nicht! Du hast mich doch
ermordet, du – und jetzt gehst du einfach vorbei? Du, warum
hörst du mich denn nicht? *(Die Frau ist mit dem Freund vorbeigegangen.)* Sie hat mich nicht gehört. Sie kennt mich schon
nicht mehr. Bin ich schon so lange tot? Sie hat mich vergessen
und ich bin erst einen Tag tot. So gut, oh, so gut sind die Menschen! Und du? Jasager, Hurraschreier, Antworter?! Du sagst
ja nichts! Du stehst ja so weit ab. Soll ich weiter leben? Deswegen bin ich von Sibirien gekommen! Und du, du sagst, ich soll
leben! Alle Türen links und rechts der Straße sind zu. Alle Laternen sind ausgegangen, alle. Und man kommt nur vorwärts,
weil man fällt! Und du sagst, ich soll weiter fallen? Hast du
nicht noch einen Fall für mich, den ich tun kann? Geh nicht so
weit weg, Schweigsamer du, hast du noch eine Laterne für mich
in der Finsternis? Rede, du weißt doch sonst immer so viel!!

DER ANDERE: Da kommt das Mädchen, das dich aus der Elbe gezogen hat, das dich gewärmt hat. Das Mädchen, Beckmann,
das deinen dummen Kopf küssen wollte. Sie geht nicht an deinem Tod vorbei. Sie hat dich überall gesucht.

BECKMANN: Nein! Sie hat mich nicht gesucht! Kein Mensch hat
mich gesucht! Ich will nicht immer wieder daran glauben. Ich
kann nicht mehr fallen, hörst du! Mich sucht kein Mensch!

DER ANDERE: Das Mädchen hat dich überall gesucht!

160

BECKMANN: Jasager, du quälst mich! Geh weg!

MÄDCHEN *(ohne ihn zu sehen)*: Fisch! Fisch! Wo bist du? Kleiner kalter Fisch!

BECKMANN: Ich? Ich bin tot.

MÄDCHEN: Oh, du bist tot? Und ich suche dich auf der ganzen Welt!

BECKMANN: Warum suchst du mich?

MÄDCHEN: Warum? Weil ich dich liebe, armes Gespenst! Und nun bist du tot? Ich hätte dich so gerne geküßt, kalter Fisch!

BECKMANN: Stehn wir nur auf und gehn weiter, weil die Mädchen nach uns rufen? Mädchen?

MÄDCHEN: Ja, Fisch?

BECKMANN: Wenn ich nun nicht tot wäre?

MÄDCHEN: Oh, dann würden wir zusammen nach Hause gehen, zu mir. Ja, sei wieder lebendig, kleiner kalter Fisch! Für mich. Mit mir. Komm, wir wollen zusammen lebendig sein.

BECKMANN: Soll ich leben? Hast du mich wirklich gesucht?

MÄDCHEN: Immerzu. Dich! Und nur dich. Die ganze Zeit über dich. Ach, warum bist du tot, armes graues Gespenst? Willst du nicht mit mir lebendig sein?

BECKMANN: Ja, ja, ja. Ich komme mit. Ich will mit dir lebendig sein!

MÄDCHEN: Oh, mein Fisch!

BECKMANN: Ich steh auf. Du bist die Lampe, die für mich brennt. Für mich ganz allein. Und wir wollen zusammen lebendig sein. Und wir wollen ganz dicht nebeneinander gehen auf der dunklen Straße. Komm, wir wollen miteinander lebendig sein und ganz dicht sein — —

MÄDCHEN: Ja, ich brenne für dich ganz allein auf der dunklen Straße.

BECKMANN: Du brennst, sagst du? Was ist denn das? Aber es wird ja alles ganz dunkel! Wo bist du denn?

*(Man hört ganz weit ab das Teck-Tock des Einbeinigen.)*

MÄDCHEN: Hörst du? Der Totenwurm klopft — ich muß weg, Fisch, ich muß weg, armes kaltes Gespenst.

BECKMANN: Wo willst du denn hin? Bleib hier! Es ist ja auf einmal alles so dunkel! Lampe, kleine Lampe! Leuchte! Wer klopft da? Da klopft doch einer! Teck – tock – teck – tock! Wer hat denn noch so geklopft? Da – Teck – tock – teck tock! Immer lauter! Immer näher! Teck – tock – teck – tock! *(schreit)* Da! *(flüstert)* Der Riese, der einbeinige Riese mit seinen beiden Krücken. Teck – tock – er kommt näher! Teck – tock – er kommt auf mich zu! Teck – tock – teck – tock!!! *(schreit.)*

DER EINBEINIGE *(ganz sachlich und abgeklärt)*: Beckmann?

BECKMANN *(leise)*: Hier bin ich.

DER EINBEINIGE *(ganz sachlich und abgeklärt)*: Beckmann?

Mord begangen, Beckmann. Und du lebst immer noch.

BECKMANN: Ich habe keinen Mord begangen!

DER EINBEINIGE: Doch, Beckmann. Wir werden jeden Tag ermordet und jeden Tag begehen wir einen Mord. Wir gehen jeden Tag an einem Mord vorbei. Und du hast mich ermordet, Beckmann. Hast du das schon vergessen? Ich war doch drei Jahre in Sibirien, Beckmann, und gestern abend wollte ich nach Hause. Aber mein Platz war besetzt – du warst da, Beckmann, auf meinem Platz. Da bin ich in die Elbe gegangen, Beckmann, gleich gestern abend. Wo sollte ich auch anders hin, nicht, Beckmann? Du, die Elbe war kalt und naß. Aber nun habe ich mich schon gewöhnt, nun bin ich ja tot. Daß du das so schnell vergessen konntest, Beckmann. Einen Mord vergißt man doch nicht so schnell. Der muß einem doch nachlaufen, Beckmann. Ja, ich habe einen Fehler gemacht, du. Ich hätte nicht nach Hause kommen dürfen. Zu Hause war kein Platz mehr für mich, Beckmann, denn da warst du. Ich klage dich nicht an, Beckmann, wir morden ja alle, jeden Tag, jede Nacht. Aber wir wollen doch unsere Opfer nicht so schnell vergessen. Wir wollen doch an unseren Morden nicht vorbeigehen. Ja, Beckmann, du hast mir meinen Platz weggenommen. Auf meinem Sofa, bei meiner Frau, bei meiner meiner Frau, von der ich drei Jahre lang geträumt hatte, tausend sibirische Nächte! Zu

Hause war ein Mann, der hatte mein Zeug an, Beckmann, das war ihm viel zu groß, aber er hatte es an, und ihm war wohl und warm in dem Zeug und bei meiner Frau. Und du, du warst der Mann, Beckmann. Na, ich habe mich dann verzogen. In die Elbe. War ziemlich kalt, Beckmann, aber man gewöhnt sich bald. Jetzt bin ich erst einen ganzen Tag tot – und du hast mich ermordet und hast den Mord schon vergessen. Das mußt du nicht, Beckmann, Morde darf man nicht vergessen, das tun die Schlechten. Du vergißt mich doch nicht, Beckmann, nicht wahr? Das mußt du mir versprechen, daß du deinen Mord nicht vergißt!

BECKMANN: Ich vergesse dich nicht.

DER EINBEINIGE: Das ist schön von dir, Beckmann. Dann kann man doch in Ruhe tot sein, wenn wenigstens einer an mich denkt, wenigstens mein Mörder – hin und wieder nur – nachts manchmal, Beckmann, wenn du nicht schlafen kannst! Dann kann ich wenigstens in aller Ruhe tot sein – – – *(geht ab.)*

BECKMANN *(wacht auf)*: Teck – tock – teck – tock!!! Wo bin ich? Hab ich geträumt? Bin ich denn nicht tot? Bin ich denn immer noch nicht tot? Teck – tock – teck – tock durch das ganze Leben! Teck – tock – durch den ganzen Tod hindurch! Teck – tock – teck – tock! Hörst du den Totenwurm? Und ich, ich soll leben! Und jede Nacht wird einer Wache stehen an meinem Bett, und ich werde seinen Schritt nicht los: Teck – tock – teck – tock! Nein!

Das ist das Leben! Ein Mensch ist da, und der Mensch kommt nach Deutschland, und der Mensch friert. Der hungert und der humpelt! Ein Mann kommt nach Deutschland! Er kommt nach Hause, und da ist sein Bett besetzt. Eine Tür schlägt zu, und er steht draußen.

Ein Mann kommt nach Deutschland! Er findet ein Mädchen, aber das Mädchen hat einen Mann, der hat nur ein Bein und der stöhnt andauernd einen Namen. Und der Name heißt Beckmann. Eine Tür schlägt zu, und er steht draußen.

Ein Mann kommt nach Deutschland! Er sucht Menschen, aber

ein Oberst lacht sich halbtot. Eine Tür schlägt zu und er steht wieder draußen.

Ein Mann kommt nach Deutschland! Er sucht Arbeit, aber ein Direktor ist feige, und die Tür schlägt zu, und wieder steht er draußen.

Ein Mann kommt nach Deutschland! Er sucht seine Eltern, aber eine alte Frau trauert um das Gas, und die Tür schlägt zu, und er steht draußen.

Ein Mann kommt nach Deutschland! Und dann kommt der Einbeinige – teck – tock – teck – kommt er, teck – tock, und der Einbeinige sagt: Beckmann. Sagt immerzu: Beckmann. Er atmet Beckmann, er schnarcht Beckmann, er stöhnt Beckmann, er schreit, er flucht, er betet Beckmann. Und er geht durch das Leben seines Mörders teck – tock – teck – tock! Und der Mörder bin ich. Ich? der Gemordete, ich, den sie gemordet haben, ich bin der Mörder? Wer schützt uns davor, daß wir nicht Mörder werden? Wir werden jeden Tag ermordet, und jeden Tag begehn wir einen Mord! Wir gehen jeden Tag an einem Mord vorbei! Und der Mörder Beckmann hält das nicht mehr aus, gemordet zu werden und Mörder zu sein. Und er schreit der Welt ins Gesicht: Ich sterbe! Und dann liegt er irgendwo auf der Straße, der Mann, der nach Deutschland kam, und stirbt. Früher lagen Zigarettenstummel, Apfelsinenschalen und Papier auf der Straße, heute sind es Menschen, das sagt weiter nichts. Und dann kommt ein Straßenfeger, ein deutscher Straßenfeger, in Uniform und mit roten Streifen, von der Firma Abfall und Verwesung, und findet den gemordeten Mörder Beckmann. Verhungert, erfroren, liegengeblieben. Im zwanzigsten Jahrhundert. Im fünften Jahrzehnt. Auf der Straße. In Deutschland. Und die Menschen gehen an dem Tod vorbei, achtlos, resigniert, blasiert, angeekelt, und gleichgültig, gleichgültig, so gleichgültig! Und der Tote fühlt tief in seinen Traum hinein, daß sein Tod gleich war wie sein Leben: sinnlos, unbedeutend, grau. Und du – du sagst, ich soll leben! Wozu? Für wen? Für was? Hab ich kein Recht auf meinen Tod?

Hab ich kein Recht auf meinen Selbstmord? Soll ich mich weiter morden lassen und weiter morden? Wohin soll ich denn? Wovon soll ich leben? Mit wem? Für was? Wohin sollen wir denn auf dieser Welt! Verraten sind wir. Furchtbar verraten.

Wo bist du, Anderer? Du bist doch sonst immer da!

Wo bist du jetzt, Jasager? Jetzt antworte mir! Jetzt brauche ich dich, Antworter! Wo bist du denn? Du bist ja plötzlich nicht mehr da! Wo bist du, Antworter, wo bist du, der mir den Tod nicht gönnte! Wo ist denn der alte Mann, der sich Gott nennt? Warum redet er denn nicht!

Gebt doch Antwort!

Warum schweigt ihr denn? Warum?

Gibt denn keiner Antwort?

Gibt keiner Antwort???

Gibt denn keiner, keiner Antwort???

# AN DIESEM DIENSTAG

NEUNZEHN GESCHICHTEN

Meinem Vater

Die in diesem Bande enthaltenen Erzählungen entstanden in der Zeit vom Herbst 1946 bis zum Sommer 1947. Als Buch erschienen sie kurz nach dem Tode des Dichters im Rowohlt Verlag.

# Im Schnee, im sauberen Schnee

Wir sind die Kegler.
Und wir selbst sind die Kugel.
Aber wir sind auch die Kegel,
die stürzen.
Die Kegelbahn, auf der es donnert,
ist unser Herz.

## DIE KEGELBAHN

Zwei Männer hatten ein Loch in die Erde gemacht. Es war ganz geräumig und beinahe gemütlich. Wie ein Grab. Man hielt es aus.

Vor sich hatten sie ein Gewehr. Das hatte einer erfunden, damit man damit auf Menschen schießen konnte. Meistens kannte man die Menschen gar nicht. Man verstand nicht mal ihre Sprache. Und sie hatten einem nichts getan. Aber man mußte mit dem Gewehr auf sie schießen. Das hatte einer befohlen. Und damit man recht viele von ihnen erschießen konnte, hatte einer erfunden, daß das Gewehr mehr als sechzigmal in der Minute schoß. Dafür war er belohnt worden.

Etwas weiter ab von den beiden Männern war ein anderes Loch. Da kuckte ein Kopf raus, der einem Menschen gehörte. Er hatte eine Nase, die Parfum riechen konnte. Augen, die eine Stadt oder eine Blume sehen konnten. Er hatte einen Mund, mit dem konnte er Brot essen und Inge sagen oder Mutter. Diesen Kopf sahen die beiden Männer, denen man das Gewehr gegeben hatte.

Schieß, sagte der eine.

Der schoß.

Da war der Kopf kaputt. Er konnte nicht mehr Parfum riechen, keine Stadt mehr sehen und nicht mehr Inge sagen. Nie mehr.

Die beiden Männer waren viele Monate in dem Loch. Sie machten viele Köpfe kaputt. Und die gehörten immer Menschen, die sie gar nicht kannten. Die ihnen nichts getan hatten und die sie nicht mal

169

verstanden. Aber einer hatte das Gewehr erfunden, das mehr als sechzigmal schoß in der Minute. Und einer hatte es befohlen.

Allmählich hatten die beiden Männer so viele Köpfe kaputt gemacht, daß man einen großen Berg daraus machen konnte. Und wenn die beiden Männer schliefen, fingen die Köpfe an zu rollen. Wie auf einer Kegelbahn. Mit leisem Donner. Davon wachten die beiden Männer auf.

Aber man hat es doch befohlen, flüsterte der eine.

Aber wir haben es getan, schrie der andere.

Aber es war furchtbar, stöhnte der eine.

Aber manchmal hat es auch Spaß gemacht, lachte der andere.

Nein, schrie der Flüsternde.

Doch, flüsterte der andere, manchmal hat es Spaß gemacht. Das ist es ja. Richtig Spaß.

Stunden saßen sie in der Nacht. Sie schliefen nicht. Dann sagte der eine:

Aber Gott hat uns so gemacht.

Aber Gott hat eine Entschuldigung, sagte der andere, es gibt ihn nicht.

Es gibt ihn nicht? fragte der erste.

Das ist seine einzige Entschuldigung, antwortete der zweite.

Aber uns – uns gibt es, flüsterte der erste.

Ja, uns gibt es, flüsterte der andere.

Die beiden Männer, denen man befohlen hatte, recht viele Köpfe kaputt zu machen, schliefen nicht in der Nacht. Denn die Köpfe machten leisen Donner.

Dann sagte der eine: Und wir sitzen nun damit an.

Ja, sagte der andere, wir sitzen nun damit an.

Da rief einer: Fertigmachen. Es geht wieder los.

Die beiden Männer standen auf und nahmen das Gewehr.

Und immer, wenn sie einen Menschen sahen, schossen sie auf ihn. Und immer war das ein Mensch, den sie gar nicht kannten. Und der ihnen nichts getan hatte. Aber sie schossen auf ihn. Dazu hatte einer das Gewehr erfunden. Er war dafür belohnt worden.

Und einer – einer hatte es befohlen.

Vier Soldaten. Und die waren aus Holz und Hunger und Erde gemacht. Aus Schneesturm und Heimweh und Barthaar. Vier Soldaten. Und über ihnen brüllten Granaten und bissen schwarzgiftig kläffend in den Schnee. Das Holz ihrer vier verlorenen Gesichter stand starrkantig im Geschwanke des Öllichts. Nur wenn das Eisen oben schrie und furchtbar bellend zerbarst, dann lachte einer der hölzernen Köpfe. Und die andern grinsten grau hinterher. Und das Öllicht bog sich verzagt.

Vier Soldaten.

Da krümmten sich zwei blaurote Striche im Barthaar: Meine Güte. Hier braucht im Frühling aber nicht gepflügt zu werden. Und gedüngt auch nicht, heiserte es aus der Erde.

Einer drehte zuversichtlich eine Zigarette: Hoffentlich ist das hier kein Rübenacker. Rüben kann ich auf den Tod nicht ausstehen. Aber zum Beispiel, wie findet ihr Radieschen? Die ganze Ewigkeit Radieschen?

Die blauroten Lippen krümmten sich: Wenn nur die Regenwürmer nicht wären. Da muß man sich doch mächtig dran gewöhnen.

Der in der Ecke sagte: Davon merkst du dann doch nichts mehr. Wer sagt das? fragte der Zigarettendreher, wie, wer sagt das?

Da schwiegen sie. Und oben kreischte ein wütender Tod durch die Nacht. Schwarzblau zerriß er den Schnee. Da grinsten sie wieder. Und sie sahen die Balken über sich an. Aber die Balken versprachen nichts.

Dann hustete der aus seiner Ecke her: Na, wir werden ja sehen. Darauf könnt ihr euch verlassen. Und das «verlassen» kam so heiser, daß das Öllicht schwankte.

Vier Soldaten. Aber einer, der sagte nichts. Der glitt mit dem Daumen am Gewehr auf und ab. Auf und ab. Auf und ab. Und er drückte sich an sein Gewehr. Aber er haßte nichts so, wie dieses Gewehr. Nur wenn es über ihnen brüllte, dann hielt er sich daran fest. Das Öllicht bog sich verzagt in seinen Augen. Da stieß der Zigarettendreher ihn an. Der Kleine mit dem gehaßten Gewehr wischte erschrocken über das blasse Bartgestrüpp um den Mund. Sein Gesicht war aus Hunger und Heimweh gemacht.

Da sagte der Zigarettendreher: Du, gib mal die Ölfunzel her. Natürlich, sagte der Kleine, und nahm das Gewehr zwischen die Knie. Und dann kam seine Hand aus dem Mantel und nahm das Öllicht und hielt es ihm hin. Aber da fiel ihm das Licht aus der Hand. Und erlosch. Und erlosch.

Vier Soldaten. Ihr Atem war zu groß und zu einsam im Dunkeln. Da lachte der Kleine laut und hieb sich die Hand auf das Knie:

Junge, hab ich einen Tatterich! Habt ihr das gesehn? Die Funzel fällt mir glatt aus der Hand. So ein Tatterich.

Laut lachte der Kleine. Aber im Dunkeln drückte er sich dicht an das Gewehr, das er so haßte. Und der in der Ecke dachte: Keiner ist unter uns, keiner, der nicht zittert.

Der Zigarettendreher aber sagte: Ja, man zittert den ganzen Tag. Das kommt von der Kälte. Diese elende Kälte.

Da brüllte das Eisen über ihnen und zerfetzte die Nacht und den Schnee.

Die machen die ganzen Radieschen kaputt, grinste der mit den blauroten Lippen.

Und sie hielten sich fest an den gehaßten Gewehren. Und lachten. Lachten sich über das dunkle dunkle Tal.


### Der viele viele Schnee

Schnee hing im Astwerk. Der Maschinengewehrschütze sang. Er stand in einem russischen Wald auf weit vorgeschobenem Posten. Er sang Weihnachtslieder und dabei war es schon Anfang Februar. Aber das kam, weil Schnee meterhoch lag. Schnee zwischen den schwarzen Stämmen. Schnee auf den schwarzgrünen Zweigen. Im Astwerk hängen geblieben, auf Büsche geweht, wattig, und an schwarze Stämme gebackt. Viel viel Schnee. Und der

Maschinengewehrschütze sang Weihnachtslieder, obgleich es schon Februar war.

Hin und wieder mußt du mal ein paar Schüsse loslassen. Sonst friert das Ding ein. Einfach geradeaus ins Dunkle halten. Damit es nicht einfriert. Schieß man auf die Büsche da. Ja, die da, dann weißt du gleich, daß da keiner drin sitzt. Das beruhigt. Kannst ruhig alle Viertelstunde mal eine Serie loslassen. Das beruhigt. Sonst friert das Ding ein. Dann ist es auch nicht so still, wenn man hin und wieder mal schießt. Das hatte der gesagt, den er abgelöst hatte. Und dazu noch: Du mußt den Kopfschützer von den Ohren machen. Befehl vom Regiment. Auf Posten muß man den Kopfschützer von den Ohren machen. Sonst hört man ja nichts. Das ist Befehl. Aber man hört sowieso nichts. Es ist alles still. Kein Mucks. Die ganzen Wochen schon. Kein Mucks. Na, also dann. Schieß man hin und wieder mal. Das beruhigt.

Das hatte der gesagt. Dann stand er allein. Er nahm den Kopfschützer von den Ohren und die Kälte griff mit spitzen Fingern nach ihnen. Er stand allein. Und Schnee hing im Astwerk. Klebte an blauschwarzen Stämmen. Angehäuft überm Gesträuch. Aufgetürmt, in Mulden gesackt und hingeweht. Viel viel Schnee.

Und der Schnee, in dem er stand, machte die Gefahr so leise. So weit ab. Und sie konnte schon hinter einem stehen. Er verschwieg sie. Und der Schnee, in dem er stand, allein stand in der Nacht, zum erstenmal allein stand, er machte die Nähe der andern so leise. So weit ab machte er sie. Er verschwieg sie, denn er machte alles so leise, daß das eigene Blut in den Ohren laut wurde, so laut wurde, daß man ihm nicht mehr entgehen konnte. So verschwieg der Schnee.

Da seufzte es. Links. Vorne. Dann rechts. Links wieder. Und hinten mit einmal. Der Maschinengewehrschütze hielt den Atem an. Da, wieder. Es seufzte. Das Rauschen in seinen Ohren wurde ganz groß. Da seufzte es wieder. Er riß sich den Mantelkragen auf. Die Finger zerrten, zitterten. Den Mantelkragen zerrten sie auf, daß er das Ohr nicht verdeckte. Da. Es seufzte. Der Schweiß kam kalt unter dem Helm heraus und gefror auf der Stirn. Ge-

fror dort. Es waren zweiundvierzig Grad Kälte. Unterm Helm
kam der Schweiß heraus und gefror. Es seufzte. Hinten. Und
rechts. Weit vorne. Dann hier. Da. Da auch.

Der Maschinengewehrschütze stand im russischen Wald. Schnee
hing im Astwerk. Und das Blut rauschte groß in den Ohren. Und
der Schweiß gefror auf der Stirn. Und der Schweiß kam unterm
Helm heraus. Denn es seufzte. Irgendwas. Oder irgendwer. Der
Schnee verschwieg den. Davon gefror der Schweiß auf der Stirn.
Denn die Angst war groß in den Ohren. Denn es seufzte.

Da sang er. Laut sang er, daß er die Angst nicht mehr hörte. Und
das Seufzen nicht mehr. Und daß der Schweiß nicht mehr fror.
Er sang. Und er hörte die Angst nicht mehr. Weihnachtslieder
sang er und er hörte das Seufzen nicht mehr. Laut sang er Weihnachtslieder im russischen Wald. Denn Schnee hing im schwarzblauen Astwerk im russischen Wald. Viel Schnee.

Aber dann brach plötzlich ein Zweig. Und der Maschinengewehrschütze schwieg. Und fuhr herum. Und riß die Pistole heraus.
Da kam der Feldwebel durch den Schnee in großen Sätzen auf ihn
zu.

Jetzt werde ich erschossen, dachte der Maschinengewehrschütze.
Ich habe auf Posten gesungen. Und jetzt werde ich erschossen.
Da kommt schon der Feldwebel. Und wie er läuft. Ich habe auf
Posten gesungen und jetzt kommen sie und erschießen mich.

Und er hielt die Pistole fest in der Hand.

Da war der Feldwebel da. Und hielt sich an ihm. Und sah sich
um. Und flog. Und keuchte dann:

Mein Gott. Halt mich fest, Mensch. Mein Gott! Mein Gott! Und
dann lachte er. Flog an den Händen. Und lachte doch: Weihnachtslieder hört man schon. Weihnachtslieder in diesem verdammten russischen Wald. Weihnachtslieder. Haben wir nicht
Februar? Wir haben doch schon Februar. Dabei hört man Weihnachtslieder. Das kommt von dieser furchtbaren Stille. Weihnachtslieder! Mein Gott nochmal! Mensch, halt mich bloß fest.
Sei mal still. Da! Nein. Jetzt ist es weg. Lach nicht, sagte der Feldwebel und keuchte noch und hielt den Maschinengewehrschützen

fest, lach nicht, du. Aber das kommt von der Stille. Wochenlang diese Stille. Kein Mucks! Nichts! Da hört man denn nachher
schon Weihnachtslieder. Und dabei haben wir doch längst Februar.
Aber das kommt von dem Schnee. Der ist so viel hier. Lach nicht,
du. Das macht verrückt, sag ich dir. Du bist erst zwei Tage hier.
Aber wir sitzen hier nun schon wochenlang drin. Kein Mucks.
Nichts. Das macht verrückt. Immer alles still. Kein Mucks. Wochenlang. Dann hört man allmählich Weihnachtslieder, du. Lach
nicht. Erst als ich dich sah, waren sie plötzlich weg. Mein Gott.
Das macht verrückt. Diese ewige Stille. Diese ewige!
Der Feldwebel keuchte noch. Und lachte. Und hielt ihn fest. Und
der Maschinengewehrschütze hielt ihn wieder fest. Dann lachten
sie beide. Im russischen Wald. Im Februar.
Manchmal bog sich ein Ast von dem Schnee. Und der rutschte
dann zwischen den schwarzblauen Zweigen zu Boden. Und seufzte dabei. Ganz leise. Vorne mal. Links. Dann hier. Da auch. Überall seufzte es. Denn Schnee hing im Astwerk. Der viele viele
Schnee.

## MEIN BLEICHER BRUDER

Noch nie war etwas so weiß wie dieser Schnee. Er war beinah
blau davon. Blaugrün. So fürchterlich weiß. Die Sonne wagte kaum
gelb zu sein vor diesem Schnee. Kein Sonntagmorgen war jemals so sauber gewesen wie dieser. Nur hinten stand ein dun-
kelblauer Wald. Aber der Schnee war neu und sauber wie ein
Tierauge. Kein Schnee war jemals so weiß wie dieser an diesem
Sonntagmorgen. Kein Sonntagmorgen war jemals so sauber. Die
Welt, diese schneeige Sonntagswelt, lachte.
Aber irgendwo gab es dann doch einen Fleck. Das war ein Mensch,
der im Schnee lag, verkrümmt, bäuchlings, uniformiert. Ein Bündel Lumpen. Ein lumpiges Bündel von Häutchen und Knöchel-
chen und Leder und Stoff. Schwarzrot überrieselt von angetrock-
netem Blut. Sehr tote Haare, perückenartig tot. Verkrümmt, den
letzten Schrei in den Schnee geschrien, gebellt oder gebetet viel-

leicht: Ein Soldat. Fleck in dem niegesehenen Schneeweiß des saubersten aller Sonntagmorgende. Stimmungsvolles Kriegsgemälde, nuancenreich, verlockender Vorwurf für Aquarellfarben: Blut und Schnee und Sonne. Kalter kalter Schnee mit warmem dampfendem Blut drin. Und über allem die liebe Sonne. Unsere liebe Sonne. Alle Kinder auf der Welt sagen: die liebe liebe Sonne. Und die bescheint einen Toten, der den unerhörten Schrei aller toten Marionetten schreit: Den stummen fürchterlichen stummen Schrei! Wer unter uns, steh auf, bleicher Bruder, oh, wer unter uns hält die stummen Schreie der Marionetten aus, wenn sie von den Drähten abgerissen so blöde verrenkt auf der Bühne rumliegen? Wer, oh, wer unter uns erträgt die stummen Schreie der Toten? Nur der Schnee hält das aus, der eisige. Und die Sonne. Unsere liebe Sonne.

Vor der abgerissenen Marionette stand eine, die noch intakt war. Noch funktionierte. Vor dem toten Soldaten stand ein lebendiger. An diesem sauberen Sonntagmorgen im niegesehnen weißen Schnee hielt der Stehende an den Liegenden folgende fürchterlich stumme Rede:

Ja. Ja ja. Ja ja ja. Jetzt ist es aus mit deiner guten Laune, mein Lieber. Mit deiner ewigen guten Laune. Jetzt sagst du gar nichts mehr, wie? Jetzt lachst du wohl nicht mehr, wie? Wenn deine Weiber das wüßten, wie erbärmlich du jetzt aussiehst, mein Lieber. Ganz erbärmlich siehst du ohne deine gute Laune aus. Und in dieser blöden Stellung. Warum hast du denn die Beine so ängstlich an den Bauch rangezogen? Ach so, hast einen in die Eingeweide gekriegt. Hast dich mit Blut besudelt. Sieht unappetitlich aus, mein Lieber. Hast dir die ganze Uniform damit bekleckert. Sieht aus wie schwarze Tintenflecke. Man gut, daß deine Weiber das nicht sehn. Du hattest dich doch immer so mit deiner Uniform. Saß alles auf Taille. Als du Korporal wurdest, gingst du nur noch mit Lackstiefeletten. Und die wurden stundenlang gebohnert, wenn es abends in die Stadt ging. Aber jetzt gehst du nicht mehr in die Stadt. Deine Weiber lassen sich jetzt von den andern. Denn du gehst jetzt überhaupt nicht mehr, verstehst du? Nie mehr, mein Lieber. Nie nie mehr. Jetzt lachst du auch nicht mehr mit deiner ewig guten Laune. Jetzt liegst du da, als ob du nicht bis drei zählen kannst. Kannst du auch nicht. Kannst nicht mal mehr bis drei zählen. Das ist dünn, mein Lieber, äußerst dünn. Aber das ist gut so, sehr gut so. Denn du wirst nie mehr «Mein bleicher Bruder Hängendes Lid» zu mir sagen. Jetzt nicht mehr, mein Lieber. Von jetzt ab nicht mehr. Nie mehr, du. Und die andern werden dich nie mehr dafür feiern. Die andern werden nie mehr über mich lachen, wenn du «Mein bleicher Bruder Hängendes Lid» zu mir sagst. Das ist viel wert, weißt du? Das ist eine ganze Masse wert für mich, das kann ich dir sagen. Sie haben mich nämlich schon in der Schule gequält. Wie die Läuse haben sie auf mir herumgesessen. Weil mein Auge den kleinen Defekt hat und weil das Lid runterhängt. Und weil meine Haut so weiß ist. So käsig. Unser Bläßling sieht schon wieder so müde aus, haben sie immer gesagt. Und die Mädchen haben immer gefragt, ob ich schon schliefe. Mein eines Auge wäre ja schon halb zu. Schläfrig, haben sie gesagt, du, ich wär schläfrig. Ich möchte mal wissen, wer von uns beiden jetzt schläfrig ist. Du oder ich, wie? Du oder ich? Wer ist jetzt «Mein bleicher Bruder Hängendes Lid»? Wie? Wer denn, mein Lieber, du oder ich? Ich etwa?

Als er die Bunkertür hinter sich zumachte, kamen ein Dutzend graue Gesichter aus den Ecken auf ihn zu. Eins davon gehörte dem Feldwebel. Haben Sie ihn gefunden, Herr Leutnant? fragte das graue Gesicht und war fürchterlich grau dabei.

Ja. Bei den Tannen. Bauchschuß. Sollen wir ihn holen?

Ja. Bei den Tannen. Ja, natürlich. Er muß geholt werden. Bei den Tannen.

Das Dutzend grauer Gesichter verschwand. Der Leutnant saß am Blechofen und lauste sich. Genau wie gestern. Gestern hatte er sich auch gelaust. Da sollte einer zum Bataillon kommen. Am besten der Leutnant, er selbst. Während er dann das Hemd anzog, horchte er. Es schoß. Es hatte noch nie so geschossen. Und als der Melder die Tür wieder aufriß, sah er die Nacht. Noch nie war eine Nacht so schwarz, fand er. Unteroffizier Heller, der sang. Der erzählte in einer Tour von seinen Weibern. Und dann hatte dieser Heller mit seiner ewig guten Laune gesagt: Herr Leutnant, ich würde nicht zum Bataillon gehn. Ich würde erst mal doppelte Ration beantragen. Auf Ihren Rippen kann man ja Xylophon spielen. Das ist ja ein Jammer, wie Sie aussehn. Das hatte Heller gesagt. Und im Dunkeln hatten sie wohl alle gegrinst. Und einer mußte zum Bataillon. Da hatte er gesagt: Na, Heller, dann kühlen Sie Ihre gute Laune mal ein bißchen ab. Und Heller sagte: Jawohl. Das war alles. Mehr sagte man nie. Einfach: Jawohl. Und dann war Heller gegangen. Und dann kam Heller nicht wieder.

Der Leutnant zog sein Hemd über den Kopf. Er hörte, wie sie draußen zurückkamen. Die andern. Mit Heller. Er wird nie mehr «Mein bleicher Bruder Hängendes Lid» zu mir sagen, flüsterte der Leutnant. Das wird er von nun an nie mehr zu mir sagen.

Eine Laus geriet zwischen seine Daumennägel. Es knackte. Die Laus war tot. Auf der Stirn – hatte er einen kleinen Blutspritzer.


## JESUS MACHT NICHT MEHR MIT

Er lag unbequem in dem flachen Grab. Es war wie immer reichlich kurz geworden, so daß er die Knie krumm machen mußte. Er fühlte die eisige Kälte im Rücken. Er fühlte sie wie einen kleinen Tod. Er fand, daß der Himmel sehr weit weg war. So grauenhaft weit weg, daß man gar nicht mehr sagen mochte, er ist gut oder er ist schön. Sein Abstand von der Erde war grauenhaft. All das Blau, das er aufwandte, machte den Abstand nicht geringer. Und die Erde war so unirdisch kalt und störrisch in ihrer eisigen Erstarrung, daß man sehr unbequem in dem viel zu flachen Grab lag. Sollte man das ganze Leben so unbequem liegen? Ach nein, den ganzen Tod hindurch sogar! Das war ja noch viel länger.

Zwei Köpfe erschienen am Himmel über dem Grabrand. Na, paßt es, Jesus? fragte der eine Kopf, wobei er einen weißen Nebelballen wie einen Wattebausch aus dem Mund fahren ließ. Jesus stieß aus seinen beiden Nasenlöchern zwei dünne ebenso weiße Nebelsäulen und antwortete: Jawoll. Paßt.

Die Köpfe am Himmel verschwanden. Wie Kleckse waren sie plötzlich weggewischt. Spurlos. Nur der Himmel war noch da mit seinem grauenhaften Abstand.

Jesus setzte sich auf und sein Oberkörper ragte etwas aus dem Grab heraus. Von weitem sah es aus, als sei er bis an den Bauch eingegraben. Dann stützte er seinen linken Arm auf die Grabkante und stand auf. Er stand in dem Grab und sah traurig auf seine linke Hand. Beim Aufstehen war der frischgestopfte Handschuh am Mittelfinger wieder aufgerissen. Die rotgefrorene Fingerspitze kam daraus hervor. Jesus sah auf seinen Handschuh und wurde sehr traurig. Er stand in dem vielzuflachen Grab, hauchte einen warmen Nebel gegen seinen entblößten frierenden Finger und sagte leise: Ich mach nicht mehr mit. Was ist los, glotzte der eine von den beiden, die in das Grab sahen, ihn an. Ich mach nicht mehr mit, sagte Jesus noch einmal ebenso leise und steckte den kalten nackten Mittelfinger in den Mund.

Haben Sie gehört, Unteroffizier, Jesus macht nicht mehr mit.

Der andere, der Unteroffizier, zählte die Sprengkörper in eine Munitionskiste und knurrte: Wieso? Er blies den nassen Nebel aus seinem Mund auf Jesus zu: Hä, wieso? Nein, sagte Jesus noch immer ebenso leise, ich kann das nicht mehr. Er stand in dem Grab und hatte die Augen zu. Die Sonne machte den Schnee so unerträglich weiß. Er hatte die Augen zu und sagte: Jeden Tag die Gräber aussprengen. Jeden Tag sieben oder acht Gräber. Gestern sogar elf. Und jeden Tag die Leute da reingeklemmt in die Gräber, die ihnen immer nicht passen. Weil die Gräber zu klein sind. Und die Leute sind manchmal so steif und krumm gefroren. Das knirscht dann so, wenn sie in die engen Gräber geklemmt werden. Und die Erde ist so hart und eisig und unbequem. Das sollen sie den ganzen Tod lang aushalten. Und ich, ich kann das Knirschen nicht mehr hören. Das ist ja, als wenn Glas zermahlen wird. Wie Glas.

Halt das Maul, Jesus. Los, raus aus dem Loch. Wir müssen noch fünf Gräber machen. Wütend flatterte der Nebel vom Mund des Unteroffiziers weg auf Jesus zu. Nein, sagte der und stieß zwei feine Nebelstriche aus der Nase, nein. Er sprach sehr leise und hatte die Augen zu: Die Gräber sind doch auch viel zu flach. Im Frühling kommen nachher überall die Knochen aus der Erde. Wenn es taut. Überall die Knochen. Nein, ich will das nicht mehr. Nein, nein. Und immer ich. Immer soll ich mich in das Grab legen, ob es paßt. Immer ich. Allmählich träume ich davon. Das ist mir gräßlich, wißt ihr, daß ich das immer bin, der die Gräber ausprobieren soll. Immer ich. Immer ich. Nachher träumt man noch davon. Mir ist das gräßlich, daß ich immer in die Gräber steigen soll. Immer ich.

Jesus sah noch einmal auf seinen zerrissenen Handschuh. Er kletterte aus dem flachen Grab heraus und ging vier Schritte auf einen dunklen Haufen los. Der Haufen bestand aus toten Menschen. Die waren so verrenkt, als wären sie in einem wüsten Tanz überrascht worden. Jesus legte seine Spitzhacke leise und vorsichtig neben den Haufen von toten Menschen. Er hätte die Spitzhacke auch hinwerfen können, der Spitzhacke hätte das nicht geschadet. Aber er legte sie leise und vorsichtig hin, als wollte er keinen stören oder aufwecken. Um Gottes willen keinen wecken. Nicht nur aus Rücksicht, aus Angst auch. Aus Angst. Um Gottes willen keinen wecken. Dann ging er, ohne auf die beiden anderen zu achten, an ihnen vorbei durch den knirschenden Schnee auf das Dorf zu.

Widerlich, der Schnee knirscht genau so, so ganz genau so. Er hob die Füße und stelzte wie ein Vogel durch den Schnee, nur um das Knirschen zu vermeiden.

Hinter ihm schrie der Unteroffizier: Jesus! Sie kehren sofort um! Ich gebe Ihnen den Befehl! Sie haben sofort weiterzuarbeiten! Der Unteroffizier schrie, aber Jesus sah sich nicht um. Er stelzte wie ein Vogel durch den Schnee, wie ein Vogel, nur um das Knirschen zu vermeiden. Der Unteroffizier schrie – aber Jesus sah sich nicht um. Nur seine Hände machten eine Bewegung, als sagte er: Leise, leise! Um Gottes willen keinen wecken! Ich will das nicht mehr. Nein. Nein. Immer ich. Immer ich. Er wurde immer kleiner, kleiner, bis er hinter einer Schneewehe verschwand.

Ich muß ihn melden. Der Unteroffizier machte einen feuchten wattigen Nebelballen in die eisige Luft. Melden muß ich ihn, das ist klar. Das ist Dienstverweigerung. Wir wissen ja, daß er einen weg hat, aber melden muß ich ihn.

Und was machen sie dann mit ihm? grinste der andere.

Nichts weiter. Gar nichts weiter. Der Unteroffizier schrieb sich einen Namen in sein Notizbuch. Nichts. Der Alte läßt ihn vorführen. Der Alte hat immer seinen Spaß an Jesus. Dann brüllt er ihn zusammen, daß er zwei Tage nichts ißt und redet, und läßt ihn laufen. Dann ist er wieder ganz normal für eine Zeitlang. Aber melden muß ich ihn erstmal. Schon weil der Alte seinen Spaß dran hat. Und die Gräber müssen doch gemacht werden. Einer muß doch rein, ob es paßt. Das hilft doch nichts.

Warum heißt er eigentlich Jesus, grinste der andere.

Oh, das hat weiter keinen Grund. Der Alte nennt ihn immer so, weil er so sanft aussieht. Der Alte findet, er sieht so sanft aus. Seitdem heißt er Jesus. Ja, sagte der Unteroffizier und machte eine neue Sprengladung fertig für das nächste Grab, melden muß ich ihn, das muß ich, denn die Gräber müssen ja sein.

## DIE KATZE WAR IM SCHNEE ERFROREN

Männer gingen nachts auf der Straße. Sie summten. Hinter ihnen war ein roter Fleck in der Nacht. Es war ein häßlicher roter Fleck. Denn der Fleck war ein Dorf. Und das Dorf, das brannte. Die Männer hatten es angesteckt. Denn die Männer waren Soldaten. Denn es war Krieg. Und der Schnee schrie unter ihren benagelten Schuhen. Schrie häßlich, der Schnee. Die Leute standen um ihre Häuser herum. Und die brannten. Sie hatten Töpfe und Kinder und Decken unter die Arme geklemmt. Katzen schrien im blutigen Schnee. Und der war vom Feuer so rot. Und er schwieg.

Denn die Leute standen stumm um die knisternden seufzenden Häuser herum. Und darum konnte der Schnee nicht schrein. Einige hatten auch hölzerne Bilder bei sich. Kleine, in gold und silber und blau. Da war ein Mann drauf zu sehen mit einem ovalen Gesicht und einem braunen Bart. Die Leute starrten dem sehr schönen Mann wild in die Augen. Aber die Häuser, die brannten und brannten und brannten doch.

Bei diesem Dorf lag noch ein anderes Dorf. Da standen sie in dieser Nacht an den Fenstern. Und manchmal wurde der Schnee, der mondhelle Schnee, sogar etwas rosa von drüben. Und die Leute sahen sich an. Die Tiere bumsten gegen die Stallwand. Und die Leute nickten im Dunkeln vielleicht vor sich hin.

Kahlköpfige Männer standen am Tisch. Vor zwei Stunden hatte der eine mit einem Rotstift eine Linie gezogen. Auf eine Karte. Auf dieser Karte war ein Punkt. Der war das Dorf. Und dann hatte einer telefoniert. Und dann hatten die Soldaten den Fleck in die Nacht reingemacht: das blutig brennende Dorf. Mit den frierenden schreienden Katzen im rosanen Schnee. Und bei den kahlköpfigen Männern war wieder leise Musik. Ein Mädchen sang irgendwas. Und es donnerte manchmal dazu. Ganz weit ab.

Männer gingen abends auf der Straße. Sie summten. Und sie rochen die Birnbäume. Es war kein Krieg. Und die Männer waren keine Soldaten. Aber dann war am Himmel ein blutroter Fleck. Da summten die Männer nicht mehr. Und einer sagte: Kuck mal, die Sonne. Und dann gingen sie wieder. Doch sie summten nicht mehr. Denn unter den blühenden Birnen schrie rosaner Schnee. Und sie wurden den rosanen Schnee nie wieder los.

In einem halben Dorf spielen Kinder mit verkohltem Holz. Und dann, dann war da ein weißes Stück Holz. Das war ein Knochen. Und die Kinder, die klopften mit dem Knochen gegen die Stallwand. Es hörte sich an, als ob jemand auf eine Trommel schlug. Tock, machte der Knochen, tock und tock und tock. Es hörte sich an, als ob jemand auf eine Trommel schlug. Und sie freuten sich. Er war so hübsch hell. Von einer Katze war er, der Knochen.

## DIE NACHTIGALL SINGT

Wir stehen barfuß im Hemd in der Nacht und sie singt. Herr Hinsch ist krank, Herr Hinsch hat den Husten. Er hat sich im Winter die Lunge verdorben, weil das Fenster nicht dicht war. Herr Hinsch wird wohl sterben. Manchmal dann regnet es. Das ist der Flieder. Der fällt violett von den Zweigen und riecht wie die Mädchen. Nur Herr Hinsch, der riecht das nicht mehr. Herr Hinsch hat den Husten. Die Nachtigall singt. Und Herr Hinsch wird wohl sterben. Wir stehn barfuß im Hemd und wir hören ihn. Das ganze Haus ist voll von dem Husten. Aber die Nachtigall singt die ganze Welt voll. Und Herr Hinsch wird den Winter nicht los aus der Lunge. Der Flieder, der fällt violett von den Zweigen. Die Nachtigall singt. Herr Hinsch hat einen sommersüßen Tod voll Nacht und Nachtigall und violettem Fliederregen.

Timm hatte nicht solchen Sommertod. Timm starb den einsam eisigen Wintertod. Als ich Timm ablösen wollte, da war sein Gesicht sehr gelblich im Schnee. Es war gelb. Das kam nicht vom Mond, denn der war nicht da. Doch Timm war wie Lehm in der Nacht. So gelb wie der Lehm in den naßkalten Kuhlen der Vorstadt zu Hause. Da haben wir früher gespielt und Männer aus dem Lehm gemacht. Aber ich habe nie gedacht, daß Timm auch aus Lehm sein könnte.

Als Timm auf Posten ging, wollte er den Stahlhelm nicht mithaben. Ich fühl die Nacht ganz gern, sagte er. Sie müssen den Helm mitnehmen, sagte der Unteroffizier, kann immer mal was passieren und ich bin dann der Dumme. Ich bin nachher der Dumme. Da sah Timm den Unteroffizier an. Und er sah durch ihn durch bis ans Ende der Welt. Dann hielt Timm eine von seinen Weltreden:

Die Dummen sind wir sowieso, sagte Timm an der Tür, wir alle Mann sind sowieso die Dummen. Wir haben den Schnaps und den Jazz und die Stahlhelme und die Mädchen, die Häuser und die chinesische Mauer und Lampen — alles das haben wir. Aber wir haben es aus Angst. Gegen die Angst haben wir das.

Aber die Dummen bleiben wir immer. Wir lassen uns aus Angst photographieren und machen Kinder aus Angst und aus Angst wühlen wir uns in die Mädchen, immer in die Mädchen, und die Dochte stecken wir aus Angst in das Öl und lassen sie brennen. Aber die Dummen bleiben wir doch. Alles das tun wir aus Angst und gegen die Angst. Und die Stahlhelme haben wir auch nur aus Angst. Aber helfen tut uns das alles nicht. Gerade wenn wir bei einem seidenen Unterrock oder einem Nachtigallengestöhn unser Leben vergessen, dann erwischt sie uns. Dann hustet sie irgendwo. Und dann hilft uns kein Stahlhelm, wenn die Angst uns erwischt. Dann hilft uns kein Haus und kein Mädchen, kein Schnaps und kein Stahlhelm.

Das war eine von Timms großen Reden, von den Weltreden, die er hielt. Die hielt er an die ganze Welt und dabei waren wir nur sieben Mann im Bunker. Und die meisten schliefen, wenn Timm seine Weltreden hielt. Dann ging er auf Posten, der Weltredner Timm. Und die andern, die schnarchten. Sein Stahlhelm lag auf seinem Platz. Und der Unteroffizier behauptete nochmal: Ich bin der Dumme, ich bin nachher der Dumme, wenn was passiert. Und dann schlief er.

Als ich Timm ablöste, war sein Gesicht sehr gelb im Schnee. So gelb wie der Lehm in den Kuhlen der Vorstadt. Und der Schnee war widerlich weiß.

Ich habe nie gedacht, daß du aus Lehm sein könntest, Timm, sagte ich. Deine großen Reden sind kurz, aber sie gehn bis ans Ende der Welt. Was du so sagst, läßt einen den Lehm ganz vergessen. Deine Reden sind immer enorm, Timm. Es sind richtige Weltreden.

Aber Timm sagte nichts. Sein gelbes Gesicht sah nicht gut aus im nachtweißen Schnee. Der Schnee war widerlich blaß. Timm schläft, dachte ich. Wer so groß über die Angst reden kann, der kann auch hier schlafen, wo die Russen im Wald sind. Timm stand in dem Schneeloch und hatte sein gelbes Gesicht aufs Gewehr gelegt. Steh auf, Timm, sagte ich. Timm stand nicht auf und sein gelbes Gesicht sah fremd aus im Schnee. Da drückte ich Timm mit dem Stiefel gegen die Backe. Am Stiefel war Schnee.

Der blieb an der Backe. Der Stiefel drückte eine kleine Kuhle in die Backe. Und die kleine Kuhle, die blieb. Da sah ich, daß Timms Hand um das Gewehr lag. Und der Zeigefinger war noch krumm. Ich stand eine Stunde im Schnee. Ich stand eine Stunde bei Timm. Dann sagte ich zu dem toten Timm: Du hast recht, Timm, es hilft uns alles nicht. Kein Mädchen, kein Kreuz und keine Nachtigall, Timm, und selbst nicht der fallende Flieder, Timm. Denn auch Herr Hinsch, der die Nachtigall hört und den Flieder noch riecht, der muß sterben. Und die Nachtigall singt. Und sie singt nur für sich. Und Herr Hinsch, der stirbt ganz für sich. Der Nachtigall ist das egal. Die Nachtigall singt. (Ob die Nachtigall auch nur aus Lehm ist? So wie du, Timm?)

## Die drei dunklen Könige

Er tappte durch die dunkle Vorstadt. Die Häuser standen abgebrochen gegen den Himmel. Der Mond fehlte und das Pflaster war erschrocken über den späten Schritt. Dann fand er eine alte Planke. Da trat er mit dem Fuß gegen, bis eine Latte morsch aufseufzte und losbrach. Das Holz roch mürbe und süß. Durch die dunkle Vorstadt tappte er zurück. Sterne waren nicht da.
Als er die Tür aufmachte (sie weinte dabei, die Tür), sahen ihm die blaßblauen Augen seiner Frau entgegen. Sie kamen aus einem müden Gesicht. Ihr Atem hing weiß im Zimmer, so kalt war es. Er beugte sein knochiges Knie und brach das Holz. Das Holz seufzte. Dann roch es mürbe und süß ringsum. Er hielt sich ein Stück davon unter die Nase. Riecht beinahe wie Kuchen, lachte er leise. Nicht, sagten die Augen der Frau, nicht lachen. Er schläft.
Der Mann legte das süße mürbe Holz in den kleinen Blechofen. Da glomm es auf und warf eine Handvoll warmes Licht durch das Zimmer. Die fiel hell auf ein winziges rundes Gesicht und blieb einen Augenblick. Das Gesicht war erst eine Stunde alt, aber es hatte schon alles, was dazugehört: Ohren, Nase, Mund

und Augen. Die Augen mußten groß sein, das konnte man sehen, obgleich sie zu waren. Aber der Mund war offen und es pustete leise daraus. Nase und Ohren waren rot. Er lebt, dachte die Mutter. Und das kleine Gesicht schlief.

Da sind noch Haferflocken, sagte der Mann. Ja, antwortete die Frau, das ist gut. Es ist kalt. Der Mann nahm noch von dem süßen weichen Holz. Nun hat sie ihr Kind gekriegt und muß frieren, dachte er. Aber er hatte keinen, dem er dafür die Fäuste ins Gesicht schlagen konnte. Als er die Ofentür aufmachte, fiel wieder eine Handvoll Licht über das schlafende Gesicht. Die Frau sagte leise: Kuck, wie ein Heiligenschein, siehst du? Heiligenschein! dachte er und er hatte keinen, dem er die Fäuste ins Gesicht schlagen konnte.

Dann waren welche an der Tür. Wir sahen das Licht, sagten sie, vom Fenster. Wir wollen uns zehn Minuten hinsetzen.

Aber wir haben ein Kind, sagte der Mann zu ihnen. Da sagten sie nichts weiter, aber sie kamen doch ins Zimmer, stießen Nebel aus den Nasen und hoben die Füße hoch. Wir sind ganz leise, flüsterten sie und hoben die Füße hoch. Dann fiel das Licht auf sie.

Drei waren es. In drei alten Uniformen. Einer hatte einen Pappkarton, einer einen Sack. Und der dritte hatte keine Hände. Erfroren, sagte er, und hielt die Stümpfe hoch. Dann drehte er dem Mann die Manteltasche hin. Tabak war darin und dünnes Papier. Sie drehten Zigaretten. Aber die Frau sagte: Nicht, das Kind.

Da gingen die vier vor die Tür und ihre Zigaretten waren vier Punkte in der Nacht. Der eine hatte dicke umwickelte Füße. Er nahm ein Stück Holz aus seinem Sack. Ein Esel, sagte er, ich habe sieben Monate daran geschnitzt. Für das Kind. Das sagte er und gab es dem Mann. Was ist mit den Füßen? fragte der Mann. Wasser, sagte der Eselschnitzer, vom Hunger. Und der andere, der dritte? fragte der Mann und befühlte im Dunkeln den Esel. Der dritte zitterte in seiner Uniform: Oh, nichts, wisperte er, das sind nur die Nerven. Man hat eben zuviel Angst gehabt. Dann traten sie die Zigaretten aus und gingen wieder hinein.

Sie hoben die Füße hoch und sahen auf das kleine schlafende

Gesicht. Der Zitternde nahm aus seinem Pappkarton zwei gelbe Bonbons und sagte dazu: Für die Frau sind die.

Die Frau machte die blassen blauen Augen weit auf, als sie die drei Dunklen über das Kind gebeugt sah. Sie fürchtete sich. Aber da stemmte das Kind seine Beine gegen ihre Brust und schrie so kräftig, daß die drei Dunklen die Füße aufhoben und zur Tür schlichen. Hier nickten sie nochmal, dann stiegen sie in die Nacht hinein.

Der Mann sah ihnen nach. Sonderbare Heilige, sagte er zu seiner Frau. Dann machte er die Tür zu. Schöne Heilige sind das, brummte er und sah nach den Haferflocken. Aber er hatte kein Gesicht für seine Fäuste.

Aber das Kind hat geschrien, flüsterte die Frau, ganz stark hat es geschrien. Da sind sie gegangen. Kuck mal, wie lebendig es ist, sagte sie stolz. Das Gesicht machte den Mund auf und schrie.

Weint er? fragte der Mann.

Nein, ich glaube, er lacht, antwortete die Frau.

Beinahe wie Kuchen, sagte der Mann und roch an dem Holz, wie Kuchen. Ganz süß.

Heute ist ja auch Weihnachten, sagte die Frau.

Ja, Weihnachten, brummte er und vom Ofen her fiel eine Handvoll Licht hell auf das kleine schlafende Gesicht.


## RADI


Heute nacht war Radi bei mir. Er war blond wie immer und er lachte in seinem weichen breiten Gesicht. Auch seine Augen waren wie immer: etwas ängstlich und etwas unsicher. Auch die paar blonden Bartspitzen hatte er.

Alles wie immer.

Du bist doch tot, Radi, sagte ich.

Ja, antwortete er, lach bitte nicht.

Warum soll ich lachen?

Ihr habt immer gelacht über mich, das weiß ich doch. Weil ich meine Füße so komisch setzte und auf dem Schulweg immer von allerlei Mädchen redete, die ich gar nicht kannte. Darüber habt ihr doch immer gelacht. Und weil ich immer etwas ängstlich war, das weiß ich ganz genau.

Bist du schon lange tot? fragte ich.

Nein, gar nicht, sagte er. Aber ich bin im Winter gefallen. Sie konnten mich nicht richtig in die Erde kriegen. War doch alles gefroren. Alles steinhart.

Ach ja, du bist ja in Rußland gefallen, nicht?

Ja, gleich im ersten Winter. Du, lach nicht, aber es ist nicht schön, in Rußland tot zu sein. Mir ist das alles so fremd. Die Bäume sind so fremd. So traurig, weißt du. Meistens sind es Erlen. Wo ich liege, stehen lauter traurige Erlen. Und die Steine stöhnen auch manchmal. Weil sie russische Steine sein müssen. Und die Wälder schreien nachts. Weil sie russische Wälder sein müssen. Und der Schnee schreit. Weil er russischer Schnee sein muß. Ja, alles ist fremd. Alles so fremd.

Radi saß auf meiner Bettkante und schwieg.

Vielleicht haßt du alles nur so, weil du da tot sein mußt, sagte ich.

Er sah mich an: Meinst du? Ach nein, du, es ist alles so furchtbar fremd. Alles. Er sah auf seine Knie. Alles ist so fremd. Auch man selbst.

Man selbst?

Ja, lach bitte nicht. Das ist es nämlich. Gerade man selbst ist sich so furchtbar fremd. Lach bitte nicht, du, deswegen bin ich nämlich heute nacht mal zu dir gekommen. Ich wollte das mal mit dir besprechen.

Mit mir?

Ja, lach bitte nicht, gerade mit dir. Du kennst mich doch genau, nicht? Ich dachte es immer.

Macht nichts. Du kennst mich ganz genau. Wie ich aussehe, meine ich. Nicht wie ich bin. Ich meine, wie ich aussehe, kennst du mich doch, nicht?

Ja, du bist blond. Du hast ein volles Gesicht.

Nein, sag ruhig, ich habe ein weiches Gesicht. Ich weiß das doch. Also –

Ja, du hast ein weiches Gesicht, das lacht immer und ist breit.

Ja, ja. Und meine Augen?

Deine Augen waren immer etwas – etwas traurig und seltsam –

Du mußt nicht lügen. Ich habe sehr ängstliche und unsichere Augen gehabt, weil ich nie wußte, ob ihr mir das alles glauben würdet, was ich von den Mädchen erzählte. Und dann? War ich immer glatt im Gesicht?

Nein, das warst du nicht. Du hattest immer ein paar blonde Bartspitzen am Kinn. Du dachtest, man würde sie nicht sehen. Aber wir haben sie immer gesehen.

Und gelacht.

Und gelacht.

Radi saß auf meiner Bettkante und rieb seine Handfläche an seinem Knie. Ja, flüsterte er, so war ich. Ganz genauso.

Und dann sah er mich plötzlich mit seinen ängstlichen Augen an. Tust du mir bitte einen Gefallen, ja? Aber lach bitte nicht, bitte.

Komm mit.

Nach Rußland?

Ja, es geht ganz schnell. Nur für einen Augenblick. Weil du mich noch so gut kennst, bitte.

Er griff nach meiner Hand. Er fühlte sich an wie Schnee. Ganz kühl. Ganz lose. Ganz leicht.

Wir standen zwischen ein paar Erlen. Da lag etwas Helles. Komm, sagte Radi, da liege ich. Ich sah ein menschliches Skelett, wie ich es von der Schule her kannte. Ein Stück braungrünes Metall lag daneben. Das ist mein Stahlhelm, sagte Radi, er ist ganz verrostet und voll Moos.

Und dann zeigte er auf das Skelett. Lach bitte nicht, sagte er, aber das bin ich. Kannst du das verstehen? Du kennst mich doch. Sag doch selbst, kann ich das hier sein? Meinst du? Findest du das nicht furchtbar fremd? Es ist doch nichts Bekanntes an mir. Man kennt mich doch gar nicht mehr. Aber ich bin es. Ich muß es ja sein. Aber ich kann es nicht verstehen. Es ist so furchtbar fremd. Mit all dem, was ich früher war, hat das nichts mehr zu tun. Nein, lach bitte nicht, aber mir ist das alles so furchtbar fremd, so unverständlich, so weit ab.

Er setzte sich auf den dunklen Boden und sah traurig vor sich hin. Mit früher hat das nichts mehr zu tun, sagte er, nichts, gar nichts.

Dann hob er mit den Fingerspitzen etwas von der dunklen Erde hoch und roch daran. Fremd, flüsterte er, ganz fremd. Er hielt mir die Erde hin. Sie war wie Schnee. Wie seine Hand war sie, mit der er vorhin nach mir gefaßt hatte: Ganz kühl. Ganz lose. Ganz leicht.

Riech, sagte er.

Ich atmete tief ein.

Na?

Erde, sagte ich.

Und?

Etwas sauer. Etwas bitter. Richtige Erde.

Aber doch fremd? Ganz fremd? Und doch so widerlich, nicht? Ich atmete tief an der Erde. Sie roch kühl, lose und leicht. Etwas sauer. Etwas bitter.

Sie riecht gut, sagte ich. Wie Erde.

Nicht widerlich? Nicht fremd?

Radi sah mich mit ängstlichen Augen an. Sie riecht doch so widerlich, du.

Ich roch.

Nein, so riecht alle Erde.

Meinst du?

Bestimmt.

Und du findest sie nicht widerlich?

Nein, sie riecht ausgesprochen gut, Radi. Riech doch mal genau.

Er nahm ein wenig zwischen die Fingerspitzen und roch.

Alle Erde riecht so? fragte er.

Ja, alle.

Er atmete tief. Er steckte seine Nase ganz in die Hand mit der Erde hinein und atmete. Dann sah er mich an. Du hast recht, sagte er. Es riecht vielleicht doch ganz gut. Aber doch fremd, wenn ich denke, daß ich das bin, aber doch furchtbar fremd, du.

Radi saß und roch und er vergaß mich und er roch und roch und roch. Und er sagte das Wort fremd immer weniger. Immer leiser sagte er es. Er roch und roch und roch.

Da ging ich auf Zehenspitzen nach Hause zurück. Es war morgens um halb sechs. In den Vorgärten sah überall Erde durch den Schnee. Und ich trat mit den nackten Füßen auf die dunkle Erde im Schnee. Sie war kühl. Und lose. Und leicht. Und sie roch. Ich stand auf und atmete tief. Ja, sie roch. Sie riecht gut, Radi, flüsterte ich. Sie riecht wirklich gut. Sie riecht wie richtige Erde. Du kannst ganz ruhig sein.

## An diesem Dienstag

Die Woche hat einen Dienstag.
Das Jahr ein halbes Hundert.
Der Krieg hat viele Dienstage.

An diesem Dienstag
übten sie in der Schule die großen Buchstaben. Die Lehrerin hatte eine Brille mit dicken Gläsern. Die hatten keinen Rand. Sie waren so dick, daß die Augen ganz leise aussahen.
Zweiundvierzig Mädchen saßen vor der schwarzen Tafel und schrieben mit großen Buchstaben:
DER ALTE FRITZ HATTE EINEN TRINKBECHER AUS BLECH.
DIE DICKE BERTA SCHOSS BIS PARIS. IM KRIEGE SIND ALLE VÄTER SOLDAT.
Ulla kam mit der Zungenspitze bis an die Nase. Da stieß die Lehrerin sie an. Du hast Krieg mit ch geschrieben, Ulla. Krieg wird mit g geschrieben. G wie Grube. Wie oft habe ich das schon gesagt. Die Lehrerin nahm ein Buch und machte einen Haken hinter Ullas Namen. Zu morgen schreibst du den Satz zehnmal ab, schön sauber, verstehst du? Ja, sagte Ulla und dachte: Die mit ihrer Brille.
Auf dem Schulhof fraßen die Nebelkrähen das weggeworfene Brot.

An diesem Dienstag
wurde Leutnant Ehlers zum Bataillonskommandeur befohlen.
Sie müssen den roten Schal abnehmen, Herr Ehlers.
Herr Major?
Doch, Ehlers. In der Zweiten ist sowas nicht beliebt.
Ich komme in die zweite Kompanie?
Ja, und die lieben sowas nicht. Da kommen Sie nicht mit durch.
Die Zweite ist an das Korrekte gewöhnt. Mit dem roten Schal
läßt die Kompanie Sie glatt stehen. Hauptmann Hesse trug so-
was nicht.
Ist Hesse verwundet?
Nee, er hat sich krank gemeldet. Fühlte sich nicht gut, sagte er.
Seit er Hauptmann ist, ist er ein bißchen flau geworden, der
Hesse, Versteh ich nicht. War sonst immer so korrekt. Na ja, Eh-
lers, sehen Sie zu, daß Sie mit der Kompanie fertig werden. Hesse
hat die Leute gut erzogen. Und den Schal nehmen Sie ab, klar?
Türlich, Herr Major.
Und passen Sie auf, daß die Leute mit den Zigaretten vorsichtig
sind. Da muß ja jedem anständigen Scharfschützen der Zeige-
finger jucken, wenn er diese Glühwürmchen herumschwirren
sieht. Vorige Woche hatten wir fünf Kopfschüsse. Also passen Sie
ein bißchen auf, ja?
Jawohl, Herr Major.
Auf dem Wege zur zweiten Kompanie nahm Leutnant Ehlers
den roten Schal ab. Er steckte eine Zigarette an. Kompanieführer
Ehlers, sagte er laut.
Da schoß es.


An diesem Dienstag
sagte Herr Hansen zu Fräulein Severin:
Wir müssen dem Hesse auch mal wieder was schicken, Severinchen. Was zu rauchen, was zu knabbern. Ein bißchen Literatur.
Ein Paar Handschuhe oder sowas. Die Jungens haben einen verdammt schlechten Winter draußen. Ich kenne das. Vielen Dank.
Hölderlin vielleicht, Herr Hansen?

Unsinn, Severinchen, Unsinn. Nein, ruhig ein bißchen freundlicher. Wilhelm Busch oder so. Hesse war doch mehr für das Leichte. Lacht doch gern, das wissen Sie doch. Mein Gott, Severinchen, was kann dieser Hesse lachen!

Ja, das kann er, sagte Fräulein Severin.

An diesem Dienstag
trugen sie Hauptmann Hesse auf einer Bahre in die Entlausungsanstalt. An der Tür war ein Schild:

OB GENERAL, OB GRENADIER:
DIE HAARE BLEIBEN HIER.

Er wurde geschoren. Der Sanitäter hatte lange dünne Finger. Wie Spinnenbeine. An den Knöcheln waren sie etwas gerötet. Sie rieben ihn mit etwas ab, das roch nach Apotheke. Dann fühlten die Spinnenbeine nach seinem Puls und schrieben in ein dickes Buch: Temperatur 41,6. Puls 116. Ohne Besinnung. Fleckfieberverdacht. Der Sanitäter machte das dicke Buch zu. Seuchenlazarett Smolensk stand da drauf. Und darunter: Vierzehnhundert Betten.

Die Träger nahmen die Bahre hoch. Auf der Treppe pendelte sein Kopf aus den Decken heraus und immer hin und her bei jeder Stufe. Und kurzgeschoren. Und dabei hatte er immer über die Russen gelacht. Der eine Träger hatte Schnupfen.

An diesem Dienstag
klingelte Frau Hesse bei ihrer Nachbarin. Als die Tür aufging, wedelte sie mit dem Brief. Er ist Hauptmann geworden. Hauptmann und Kompaniechef, schreibt er. Und sie haben über 40 Grad Kälte. Neun Tage hat der Brief gedauert. An Frau Hauptmann Hesse hat er oben drauf geschrieben.

Sie hielt den Brief hoch. Aber die Nachbarin sah nicht hin. 40 Grad Kälte, sagte sie, die armen Jungs. 40 Grad Kälte.

An diesem Dienstag
fragte der Oberfeldarzt den Chefarzt des Seuchenlazarettes Smolensk: Wieviel sind es jeden Tag?

Ein halbes Dutzend.
Scheußlich, sagte der Oberfeldarzt.
Ja, scheußlich, sagte der Chefarzt.
Dabei sahen sie sich nicht an.

An diesem Dienstag
spielten sie die Zauberflöte. Frau Hesse hatte sich die Lippen rot
gemacht.

An diesem Dienstag
schrieb Schwester Elisabeth an ihre Eltern: Ohne Gott hält man
das gar nicht durch. Aber als der Unterarzt kam, stand sie auf.
Er ging so krumm, als trüge er ganz Rußland durch den Saal.
Soll ich ihm noch was geben? fragte die Schwester.
Nein, sagte der Unterarzt. Er sagte das so leise, als ob er sich
schämte.
Dann trugen sie Hauptmann Hesse hinaus. Draußen polterte es.
Die bumsen immer so. Warum können sie die Toten nicht langsam hinlegen. Jedesmal lassen sie sie so auf die Erde bumsen. Das
sagte einer. Und sein Nachbar sang leise:

> Zicke zacke juppheidi
> Schneidig ist die Infanterie.

Der Unterarzt ging von Bett zu Bett. Jeden Tag. Tag und Nacht.
Tagelang. Nächte durch. Krumm ging er. Er trug ganz Rußland
durch den Saal. Draußen stolperten zwei Krankenträger mit einer
leeren Bahre davon. Nummer 4, sagte der eine. Er hatte Schnupfen.

An diesem Dienstag
saß Ulla abends und malte in ihr Schreibheft mit großen Buchstaben:
> IM KRIEG SIND ALLE VÄTER SOLDAT.
> IM KRIEG SIND ALLE VÄTER SOLDAT.
Zehnmal schrieb sie das. Mit großen Buchstaben. Und Krieg mit
G. Wie Grube.

# Und keiner weiß wohin

## DER KAFFEE IST UNDEFINIERBAR

Sie hingen auf den Stühlen. Über die Tische waren sie gehängt. Hingehängt von einer fürchterlichen Müdigkeit. Für diese Müdigkeit gab es keinen Schlaf. Es war eine Weltmüdigkeit, die nichts mehr erwartet. Höchstens mal einen Zug. Und in einem Wartesaal. Und da hingen sie dann hingehängt über Stühle und Tische. Sie hingen in ihren Kleidern und in ihrer Haut, als ob sie ihnen lästig wären, die Kleider. Und die Haut. Sie waren Gespenster und hatten sich mit dieser Haut kostümiert und spielten eine Zeitlang Mensch. Sie hingen an ihren Skeletten wie Vogelscheuchen an ihren Stangen. Vom Leben hingehängt zum Gespött ihres eigenen Gehirns und zur Qual ihrer Herzen. Und jeder Wind spielte ihnen mit. Der spielte mit ihnen. Sie hingen in einem Leben, hingehängt von einem Gott ohne Gesicht. Von einem Gott, der nicht gut und nicht böse war. Der nur war. Und nicht mehr. Und das war zu viel. Und das war zu wenig. Und er hatte sie da hingehängt ins Leben, damit sie ein Weilchen da pendelten, dünnstimmige Glocken im unsichtbaren Gestühl, windgeblähte Vogelscheuchen. Preisgegeben sich und der Haut, von der sie die Naht nicht entdeckten. Hingehängt über Stühle, Stangen, Tische, Galgen und maßlose Abgründe. Und keiner vernahm ihr dünnstimmiges Geschrei. Denn der Gott hatte ja kein Gesicht. Darum konnte er auch keine Ohren haben. Das war ihre größte Verlassenheit, der Gott ohne Ohren. Gott ließ sie nur atmen. Grausam und grandios. Und sie atmeten. Wild, gierig, gefräßig. Aber einsam, dünnstimmig einsam. Denn ihr Geschrei, ihr furchtbares Geschrei, drang nicht mal zum Nebenmann, der mit am Tisch saß. Nicht zu dem Gott ohne Ohren. Nicht mal zum Nebenmann, der mit am Tisch saß. An demselben Tisch saß. Nebenan. Am selben Tisch.

Vier saßen am Tisch und warteten auf den Zug. Sie konnten sich nicht erkennen. Nebel schwamm zwischen den weißen Gesichtern. Nebel aus Nachtdunst, Kaffeedampf und Zigarettenrauch. Der Kaffeedampf stank und die Zigaretten rochen süß. Der Nachtdunst war aus Not, Parfum und dem Atem alter Männer gemacht. Und von Mädchen, die noch wuchsen. Der Nachtdunst war kalt und naß. Wie Angstschweiß. Drei Männer saßen am Tisch. Und das Mädchen. Vier Menschen. Das Mädchen sah in die Tasse. Der eine Mann schrieb auf graues Papier. Er hatte sehr kurze Finger. Der andere las in einem Buch. Der dritte sah die andern an. Von einem zum andern. Er hatte ein fröhliches Gesicht. Das Mädchen sah in die Tasse.

Da bekam der mit den sehr kurzen Fingern seine fünfte Tasse Kaffee. Ekelhaft, dieser Kaffee, sagte er und sah ganz kurz auf. Der Kaffee ist undefinierbar. Ein tolles Getränk. Und dann schrieb er schon wieder. Aber plötzlich fiel ihm was ein und er sah noch mal auf. Sie haben Ihren Kaffee ja kalt werden lassen, sagte er zu dem Mädchen. Kalt schmeckt er erst recht nicht. Tolles Getränk. Wenn er heiß ist, dann gehts grad. Aber undefinierbar. Un-de-fi-nier-bar! Das macht nichts, sagte das Mädchen zu dem mit den sehr kurzen Fingern. Da hörte der ganz auf zu schreiben. So hatte sie das gesagt: Das macht nichts. Er sah sie an. Ich will da nur meine Tabletten mit nehmen, mit dem Kaffee, sagte sie verlegen und sah in die Tasse, das macht nichts, daß er kalt ist. Haben Sie Kopfschmerzen? fragte er sie. Nein, sagte sie wieder verlegen und sah in die Tasse. Sah so lange in die Tasse, bis der Kurzfingrige mit dem Bleistift zu trommeln anfing. Da sah sie ihn an. Ich muß mir das Leben nehmen. Kopfschmerzen habe ich nicht. Ich muß mir das Leben nehmen. Und sie sagte das wie: Ich fahr mit dem Elf-Uhr-Zug: Ich muß mir das Leben nehmen, sagte sie. Und sah in die Tasse.

Da sahen die drei Männer sie an. Der mit dem Buch. Und der mit dem fröhlichen Gesicht. Herrlich, dachte der, eine Verrückte. Eine richtige Verrückte. Sie sind aber komisch, sagte der mit den sehr kurzen Fingern. Weil sie sich das Leben nehmen will? fragte der mit dem Buch und beugte sich interessiert über den Tisch.

Nein, weil sie das einfach so sagt. Einfach so wie man Abfahrt oder Bahnhof sagt, antwortete der andere. Wieso, sagte der mit dem Buch, sie sagt doch nur, was sie denkt. Das ist doch nicht komisch. Das ist doch sehr schön sogar. Ich finde das sehr schön. Das Mädchen sah verlegen in die Tasse. Schön? empörte sich der mit den sehr kurzen Fingern und machte ein entrüstetes Fischmaul, schön, meinen Sie? Na, ich weiß nicht. Ich finde das! Sehen Sie mich an. Wenn ich nun einfach so sagen wollte, was ich denke. Wie? Was? Ich sollte heut nacht hier fünftausend Brote kriegen. Zweihundert sind nur gekommen. Macht Manko viertausend und acht mal einhundert. Und jetzt muß ich rechnen. Er machte sein Fischmaul und hob seinen Schreibblock hoch und warf ihn zurück auf den Tisch. Und wissen Sie, was ich jetzt denke? Das Mädchen sah in die Tasse. Der Fröhliche glotzte und grinste und schwieg. Und der mit dem Buch sagte: Na? Ich will es Ihnen sagen, mein Lieber, ich will es Ihnen sagen. Ich denke dabei, daß viertausendachthundert Familien morgen ihr Brot nicht bekommen. Morgen früh haben viertausendachthundert kein Brot. Morgen haben viertausendachthundert Kinder Hunger. Und die Väter. Und die Mütter natürlich. Aber die merken das nicht. Aber die Kinder, mein Guter, die viertausendachthundert Kinder. Die haben jetzt morgen kein Brot. Sehn Sie, das denk ich, mein Bester, das denk ich und sitz hier und schreib hier und trink diesen undefinierbaren Kaffee. Und dabei da denk ich das. Was meinen Sie, wenn ich das einfach so sagen würde, wie? Wer sollte das aushalten, wie? Das würde doch kein Mensch mehr aushalten, wenn man das alles so sagt, was man denkt. Er machte sein Fischmaul und machte die Stirn voller Stacheldraht. So voll Falten. Wie Stacheldraht.

Das Mädchen sah in die Kaffeetasse. Sie ersäuft sich, dachte der mit dem Buch. Und dann fiel ihm ein, daß die Tasse zu klein war zum Sterben und er sagte: Dieser Kaffee, kaum zu genießen. Da schlug der mit dem fröhlichen Gesicht mit der flachen Hand auf den Tisch, daß es patschte. Sie ist verrückt, sagte er, und sein Gesicht, das grinste ganz ohne sein Wissen so fröhlich dabei und er trank mit gierigen Schlucken den Kaffee. Sie ist verrückt, sagte er ganz aus der Puste vom Trinken, man müßte sie glattweg erschlagen, weil sie verrückt ist, sag ich. Na, hören Sie mal, Sie sind vielleicht ein Herzblatt! rief der Brothändler. Macht ein Gesicht wie Pfingsten und redet vom Totschlagen. Vor Ihnen muß man sich hüten, glaub ich. Macht ein Gesicht wie Pfingsten und redet – Da lächelte der mit dem Buch ziemlich cifrig. Keineswegs, sagte er, keineswegs. Das ist Dualismus, verstehen Sie? Typischer Dualismus. Wir haben alle ein Stück Jesus und Nero in uns, verstehen Sie. Wir alle. Er machte eine Grimasse, schob das Kinn und die Unterlippe vor, kniff die Augen ganz klein und blähte die Nasenlöcher dazu. Nero, sagte er erläuternd. Dann machte er ein sanftes sentimentales Gesicht, strich sich das Haar glatt und machte hundetreue Augen, harmlos und etwas langweilig. Jesus, erklärte er dazu. Und: Sehn Sie, haben wir alle in uns. Typischer Dualismus. Hie Jesus – Hie Nero. Und er versuchte noch mal blitzschnell die beiden Gesichter zu machen. Es mißlang. Vielleicht war der Kaffee so schlecht.

Wer ist Nero? sagte der Fröhliche mit dummem Gesicht. Oh, der Name spielt keine Rolle. Nero war einer wie Sie und ich auch. Nur daß er nicht bestraft wurde für das, was er tat. Und das wußte er. So tat er eben alles, was ein Mensch tun kann. Wenn er Briefträger oder Tischler gewesen wäre, hätte man ihn aufgehängt. Aber er war zufällig Kaiser und tat das, was ihm einfiel. Alles, was Menschen so einfällt. Das ist der ganze Nero. Und Sie meinen, ich bin so ein Nero? fragte der Fröhliche. Fifty-fifty, mein Lieber. Sicher können Sie auch Jesus sein. Aber wenn Sie das Mädchen da erschlagen wollen, dann sind Sie Nero, mein Lieber, dann sind Sie ausgesprochen Nero. Verstehen Sie?

Wie auf Kommando nahmen die drei Männer die Kaffeetassen und tranken und legten die Köpfe in den Nacken und sahen an die Decke. Aber oben war nichts zu erkennen und sie kehrten auf die Erde zurück. Und der Brothändler sagte zum siebzehntenmal und zum achtzehntenmal: Der Kaffee ist undefinierbar. Der Kaffee ist un-de-fi-nier-bar. Der mit dem Pfingstgesicht aber wischte sich die Lippen trocken und platzte heraus: Sie sind auch verrückt. Ihr seid alle verrückt. Was geht mich Nero an. Oder der andere. Nichts, sag ich Ihnen, nichts, sag ich. Ich komme ausm Krieg und ich will nach Hause. Siehste. Und zu Hause will ich mit meinen Eltern morgens auf dem Balkon sitzen und Kaffee trinken. Das hab ich mir den ganzen Krieg lang gewünscht. Morgens aufm Balkon sitzen und mit meinen Eltern Kaffee trinken. Siehste. Und jetzt bin ich unterwegs. Und da kommt diese Verrückte und sagt einfach, sie will sich das Leben nehmen. Das hält doch kein Mensch aus, wenn man das einfach so sagt: Ich will mir das Leben nehmen.

Das sagte der Soldat. Und der Brothändler nahm seine Augen aus der Unergründlichkeit seines Kaffees hoch und machte eine Na-was-sag-ich-Gebärde und sagte dazu: Das ist ja meine Rede, sagte er, das ist ja doch dauernd meine Rede. Genau wie mit den Broten. Wenn ich das so einfach hinausposaunen wollte, wie? Morgen haben viertausendachthundert Kinder kein Brot, wie? Wie wird Ihnen denn dabei, wie? Wer soll denn das aushalten. Das hält doch heut keiner mehr aus, meine Herrn. Und er sah den mit dem Buch an. Und der Fröhliche, der aus dem Krieg kam, der sah den auch an.

Da stand dieser auf. Mit dem kleinen Finger knipste er ein paar Krümel vom Tisch und sagte dazu: Sie sind mir zu materialistisch, sagte er betrübt. Sie kommen aus dem Krieg nach Hause, um auf dem Balkon Kaffee zu trinken. Und Sie, Sie handeln mit Brot. Sie rechnen mit Kindern und Broten. Mein Gott, wer garantiert mir, ob Sie das auseinanderhalten. Wer weiß, ob Sie nicht auch mit Munition rechnen. Pro Kopf dreißig Schuß. So war das doch immer im Krieg: Pro Kopf dreißig Schuß. Na, und jetzt sind es Brote, mein Gott, jetzt sind es zufällig Brote. Und er sagte betrübt: Gute Nacht, Sie sind mir einfach zu materialistisch, mehr ist es nicht, einfach zu materialistisch. Gute Nacht.

Da rief ihm der Brothändler nach: Haben Sie schon mal Hunger gehabt, werter Herr? Ohne mein Brot könnten Sie Ihre Bücher gar nicht lesen, das will ich Ihnen nur stecken, ohne Brot nicht, werter Herr! Und ohne Munition gehts auch nicht, wie, ohne Muni gehts auch nicht, werter Herr! Und er sah den Soldaten dabei an. Und der schoß nun auch noch auf den Buchmann und beugte sich vor, um zu sehn, wie er traf. Wie Nero, dachte der Buchbesitzer und starrte ihn an, ganz wie Nero. Und der Soldat-Nero fuhr ihn an: Warn Sie überhaupt im Krieg, Sie? Warn Sie denn schon mal im Krieg? Wenn Sie erst mal inn Krieg kommen, dann wollen Sie nachher auch weiter nichts, als aufm Balkon sitzen und Kaffee trinken. Weiter wollen Sie dann nichts, das sag ich Ihnen, mein Lieber.

Der Buchbesitzer sah die beiden an und klopfte sich mit seinem Buch betrübt auf die Lippen. Dann trank er im Stehen die Tasse leer. Und die andern zwei tranken auch. Undefinierbar, sagte der Brothändler und schüttelte sich. Wie das Leben, antwortete der Mann mit dem Buch und verbeugte sich freundlich zu ihm. Und der Brothändler verbeugte sich freundlich zurück. Und sie lächelten höflich über ihren Streit rüber. Und jeder war ein Mann von Welt. Und der Buchmann war heimlich für sich der Sieger. Und darüber wollte er lächeln.

Aber da riß er den Mund auf zu einem furchtbaren Schrei. Aber er schrie ihn nicht. Der Schrei war so furchtbar, daß er ihn nicht fertigbrachte. Er blieb ganz tief in dem Buchmann stecken. Nur der Mund stand weit auf, weil ihm die Luft ausging. Der Buchbesitzer starrte auf den vierten Stuhl, wo das Mädchen gesessen hatte. Der Stuhl war leer. Das Mädchen war weg. Da sahen die drei Männer auf dem Tisch ein kleines Glasröhrchen. Es war leer. Und das Mädchen war weg. Und die Tasse, die Tasse war leer. Und das Mädchen war weg. Der Stuhl. Und das Glasröhrchen. Und die Tasse. Leer. Ganz leise, unauffällig leer geworden.

Ob sie Hunger hatte? fragte der Brotmann die andern dann endlich. Sie war verrückt, sagte der Soldat fröhlich, sie war verrückt, sag ich doch immer. Kommen Sie, sagte er zu dem mit dem Buch, setzen Sie sich wieder hin. Sie war bestimmt verrückt. Der Buchbesitzer setzte sich langsam und meinte: Vielleicht war sie einsam? Sie war sicher zu einsam? Einsam, schimpfte der Brot-

händler los, wieso denn einsam? Wir warn doch hier. Wir warn
doch die ganze Zeit hier. Wir? fragte der Buchmann und sah in
die leere Tasse. Aus der Tasse sah ihm ein Mädchen entgegen.
Aber er konnte sie schon nicht mehr erkennen.

Nachtdunst schwamm durch den Bahnhof, Nachtdunst aus Nebel
und Not und Atem. Und der war dick wie der undefinierbare
Kaffee. Und naßkalt. Wie Angstschweiß. Der mit dem Buch machte
die Augen zu. Der Kaffee ist grauslich, hörte er den Brothändler
sagen. Ja, ja, nickte er langsam, da haben Sie recht: Ganz grauslich. Grauslich hin, grauslich her, sagte der Soldat, wie haben
doch nichts anderes. Hauptsache, er ist heiß.

Er ließ das Glasröhrchen über den Tisch rollen. Es fiel runter.
Und war kaputt. (Und Gott? Er hörte das kleine häßliche Geräusch nicht. Ob ein Glasröhrchen zersprang – oder ein Herz:
Gott hörte von all dem nichts. Er hatte ja keine Ohren. Das war
es. Er hatte ja keine Ohren.)


## DIE KÜCHENUHR

Sie sahen ihn schon von weitem auf sich zukommen, denn er
fiel auf. Er hatte ein ganz altes Gesicht, aber wie er ging, daran
sah man, daß er erst zwanzig war. Er setzte sich mit seinem alten
Gesicht zu ihnen auf die Bank. Und dann zeigte er ihnen, was er
in der Hand trug.

Das war unsere Küchenuhr, sagte er und sah sie alle der Reihe
nach an, die auf der Bank in der Sonne saßen. Ja, ich habe sie
noch gefunden. Sie ist übriggeblieben.

Er hielt eine runde tellerweiße Küchenuhr vor sich hin und tupfte
mit dem Finger die blaugemalten Zahlen ab.

Sie hat weiter keinen Wert, meinte er entschuldigend, das weiß
ich auch. Und sie ist auch nicht so besonders schön. Sie ist nur
wie ein Teller, so mit weißem Lack. Aber die blauen Zahlen sehen
doch ganz hübsch aus, finde ich. Die Zeiger sind natürlich nur
aus Blech. Und nun gehen sie auch nicht mehr. Nein. Innerlich

ist sie kaputt, das steht fest. Aber sie sieht noch aus wie immer. Auch wenn sie jetzt nicht mehr geht.

Er machte mit der Fingerspitze einen vorsichtigen Kreis auf dem Rand der Telleruhr entlang. Und er sagte leise: Und sie ist übriggeblieben.

Die auf der Bank in der Sonne saßen, sahen ihn nicht an. Einer sah auf seine Schuhe und die Frau sah in ihren Kinderwagen. Dann sagte jemand:

Sie haben wohl alles verloren?

Ja, ja, sagte er freudig, denken Sie, aber auch alles! Nur sie hier, sie ist übrig. Und er hob die Uhr wieder hoch, als ob die anderen sie noch nicht kannten.

Aber sie geht doch nicht mehr, sagte die Frau.

Nein, nein, das nicht. Kaputt ist sie, das weiß ich wohl. Aber sonst ist sie doch noch ganz wie immer: weiß und blau. Und wieder zeigte er ihnen seine Uhr. Und was das Schönste ist, fuhr er aufgeregt fort, das habe ich Ihnen ja noch überhaupt nicht erzählt. Das Schönste kommt nämlich noch: Denken Sie mal, sie ist um halb drei stehengeblieben. Ausgerechnet um halb drei, denken Sie mal!

Dann wurde Ihr Haus sicher um halb drei getroffen, sagte der Mann und schob wichtig die Unterlippe vor. Das habe ich schon oft gehört. Wenn die Bombe runtergeht, bleiben die Uhren stehen. Das kommt von dem Druck.

Er sah seine Uhr an und schüttelte überlegen den Kopf. Nein, lieber Herr, nein, da irren Sie sich. Das hat mit den Bomben nichts zu tun. Sie müssen nicht immer von den Bomben reden. Nein. Um halb drei war ganz etwas anderes, das wissen Sie nur nicht. Das ist nämlich der Witz, daß sie gerade um halb drei stehengeblieben ist. Und nicht um viertel nach vier oder um sieben. Um halb drei kam ich nämlich immer nach Hause. Nachts, meine ich. Fast immer um halb drei. Das ist ja gerade der Witz.

Er sah die anderen an, aber die hatten ihre Augen von ihm weggenommen. Er fand sie nicht. Da nickte er seiner Uhr zu: Dann

hatte ich natürlich Hunger, nicht wahr? Und ich ging immer
gleich in die Küche. Da war es dann fast immer halb drei. Und
dann, dann kam nämlich meine Mutter. Ich konnte noch so leise
die Tür aufmachen, sie hat mich immer gehört. Und wenn ich
in der dunklen Küche etwas zu essen suchte, ging plötzlich das
Licht an. Dann stand sie da in ihrer Wolljacke und mit einem
roten Schal um. Und barfuß. Immer barfuß. Und dabei war unsere Küche gekachelt. Und sie machte ihre Augen ganz klein, weil
ihr das Licht so hell war. Denn sie hatte ja schon geschlafen. Es
war ja Nacht.
So spät wieder, sagte sie dann. Mehr sagte sie nie. Nur: So spät
wieder. Und dann machte sie mir das Abendbrot warm und sah
zu, wie ich aß. Dabei scheuerte sie immer die Füße aneinander,
weil die Kacheln so kalt waren. Schuhe zog sie nachts nie an. Und
sie saß so lange bei mir, bis ich satt war. Und dann hörte ich sie
noch die Teller wegsetzen, wenn ich in meinem Zimmer schon das
Licht ausgemacht hatte. Jede Nacht war es so. Und meistens immer
um halb drei. Das war ganz selbstverständlich, fand ich, daß sie
mir nachts um halb drei in der Küche das Essen machte. Ich
fand das ganz selbstverständlich. Sie tat das ja immer. Und sie
hat nie mehr gesagt als: So spät wieder. Aber das sagte sie jedesmal. Und ich dachte, das könnte nie aufhören. Es war mir so
selbstverständlich. Das alles war doch immer so gewesen.
Einen Atemzug lang war es ganz still auf der Bank. Dann sagte
er leise: Und jetzt? Er sah die anderen an. Aber er fand sie nicht.
Da sagte er der Uhr leise ins weißblaue runde Gesicht: Jetzt, jetzt
weiß ich, daß es das Paradies war. Das richtige Paradies.
Auf der Bank war es ganz still. Dann fragte die Frau: Und Ihre
Familie?
Er lächelte sie verlegen an: Ach, Sie meinen meine Eltern? Ja,
die sind auch mit weg. Alles ist weg. Alles, stellen Sie sich vor.
Alles weg.
Er lächelte verlegen von einem zum anderen. Aber sie sahen ihn
nicht an.
Da hob er wieder die Uhr hoch und er lachte. Er lachte: Nur sie

hier. Sie ist übrig. Und das Schönste ist ja, daß sie ausgerechnet um halb drei stehengeblieben ist. Ausgerechnet um halb drei.

Dann sagte er nichts mehr. Aber er hatte ein ganz altes Gesicht. Und der Mann, der neben ihm saß, sah auf seine Schuhe. Aber er sah seine Schuhe nicht. Er dachte immerzu an das Wort Paradies.


## VIELLEICHT HAT SIE EIN ROSA HEMD

Die beiden saßen auf dem Brückengeländer. Ihre Hosen waren dünn und das Brückengeländer war eisig. Aber da gewöhnte man sich dran. Auch daß es so drückte. Sie saßen da. Es regnete, es regnete nicht, es regnete. Sie saßen und hielten Parade ab. Und weil sie einen Krieg lang nur Männer gesehen hatten, sahen sie jetzt nur Mädchen.

Eine ging vorbei.

Hat einen ganz schönen Balkon. Kann man auf Kaffee trinken, sagte Timm.

Und wenn sie so lange in der Sonne rumläuft, wird die Milch sauer, grinste der andere.

Dann kam noch eine.

Steinzeit, resignierte der neben Timm.

Alles voll Spinngewebe, sagte der.

Dann kamen Männer. Die kamen ohne Kommentar davon. Schlosserlehrlinge, Büroangestellte mit weißer Haut, Volksschullehrer mit genialen Gesichtern und schäbigen Hosen, dicke Männer mit dicken Beinen, Asthmatiker und Straßenbahner mit Feldwebelschritt.

Und dann kam sie. Sie war ganz anders. Man hatte das Gefühl, sie müsse nach Pfirsich riechen. Oder nach ganz sauberer Haut. Sicher hatte sie auch einen ganz besonderen Namen: Evelyne – oder so. Dann war sie vorbei. Die beiden sahen hinterher.

Vielleicht hat sie ein rosa Hemd, meinte Timm dann.

Warum, sagte der andere.

Doch, antwortete Timm, die so sind, die haben meistens ein rosa Hemd.

Blöde, sagte der andere, sie kann ebensogut ein blaues haben. Kann sie eben nicht, du, kann sie eben nicht. Solche die haben rosane. Das weiß ich ganz genau, mein Lieber. Timm wurde ganz laut, als er das sagte.

Da sagte der neben ihm: Du kennst wohl eine?

Timm sagte nichts. Sie saßen da und das Brückengeländer war eisig durch die dünnen Hosen. Da sagte Timm:

Nein, ich nicht. Aber ich kannte mal einen, der hatte eine mitn rosa Hemd. Beim Kommiß. In Rußland. In seiner Brieftasche hatte er immer son Stück rosa Zeug. Aber das ließ er nie sehen. Aber einen Tag fiel es auf die Erde. Da haben es alle gesehen. Aber gesagt hat er nichts. Nur angelaufen ist er. Wie das Stück Zeug. Ganz rosa. Abends hat er mir dann erzählt, das hätte er von seiner Braut. Als Talisman, weißt du. Sie hat nämlich lauter rosa Hemden, hat er gesagt. Und davon ist es.

Timm hörte auf.

Na und? fragte der andere.

Da sagte Timm ganz leise: Ich hab es ihm weggenommen. Und dann hab ich es hochgehalten. Und wir haben alle gelacht. Mindestens eine halbe Stunde haben wir gelacht. Und was die für Dinger gesagt haben, kannst du dir denken.

Und da? fragte der neben Timm.

Timm sah auf seine Knie. Er hat es weggeworfen, sagte er. Und dann sah Timm den andern an: Ja, sagte er, er hat es weggeworfen, und dann hat es ihn erwischt. Am nächsten Tag hat es ihn schon erwischt.

Sie sagten beide nichts. Saßen da so und sagten nichts. Aber dann sagte der andere: Blödsinn. Und er sagte es noch einmal. Blödsinn, sagte er.

Ja, ich weiß, sagte Timm. Natürlich ist es Blödsinn. Das ist ja ganz klar. Das weiß ich auch. Und dann sagte er noch: Aber komisch ist es, weißt du, komisch ist es doch.

Und Timm lachte. Sie lachten alle beide. Und Timm machte eine

Faust in der Hosentasche. Dabei zerdrückte er etwas. Ein kleines Stück rosa Stoff. Viel rosa war da nicht mehr dran, denn er hatte es schon lange in der Tasche. Aber es war noch rosa. Er hatte es aus Rußland mitgebracht.

## UNSER KLEINER MOZART

Von morgens halb fünf bis nachts um halb eins. Die Stadtbahn fuhr alle drei Minuten. Jedesmal rief eine Frauenstimme durch den Lautsprecher auf den Bahnsteig: Lehrter Straße. Lehrter Straße. Das wehte rüber bis nach uns. Von morgens halb fünf bis nachts um halb eins. Achthundertmal: Lehrter Straße. Lehrter Straße.

Am Fenster stand Liebig. Morgens schon. Mittags. Und nachmittags noch. Und die endlosen Abende: Lehrter Straße. Lehrter Straße.

Sieben Monate stand er nun schon am Fenster und sah nach der Frau. Da drüben mußte sie irgendwo sein. Mit ganz netten Beinen vielleicht. Mit Busen. Und Locken. Vorstellen konnte man sie sich. Und auch sonst noch. Liebig sah stundenlang rüber, wo sie sang. Durch sein Gehirn ging ein Rosenkranz. Bei jeder Perle betete Liebig: Lehrter Straße. Lehrter Straße. Von morgens halb fünf bis nachts um halb eins. Morgens schon. Mittags. Und nachmittags noch. Und die endlosen Abende: Lehrter Straße. Lehrter Straße. Achthundertmal jeden Tag. Und Liebig stand nun schon sieben Monate am Fenster und sah nach der Frau. Denn man konnte sie sich vorstellen. Mit ganz netten Beinen vielleicht. Mit Knien. Busen. Und mit viel Haar. Lang, endlos lang wie die endlosen Abende. Liebig sah nach ihr hin. Oder sah er nach Breslau? Aber Breslau war ein paar hundert Kilometer weit weg. Liebig war aus Breslau. Ob er abends nach Breslau sah? Oder betete er diese Frau an? Lehrter Straße. Lehrter Straße. Endloser Rosenkranz. Mit ganz netten Beinen. Lehrter Straße. Achthundertmal.

Und mit Busen. Morgens schon. Und mit endlosem endlosem Abendhaar. Und das ging von der Lehrter Straße bis Breslau. Bis in den Traum rein. Bis Breslau. Bis Bres – – Breslauer Straße – – Breslauer Straße – – Alles aussteigen – – Aussteigen – – Alles aus – – Alles aus – – Alles – – Alles – – Bres – – lau –

Aber Pauline saß krumm auf seinem Hocker und behauchte seine Fingernägel. Dann polierte er sie an der Hose. Das tat er immer. Monate schon. Und die Nägel waren schön rosig und blank. Pauline war homosexuell. Er war als Sanitäter an der Front gewesen. Er hatte sich an die Verwundeten rangemacht. Uns sagte er, er hätte ihnen bloß Pudding gekocht. Einfach bloß Pudding. Dafür hatte er dann zwei Jahre Zuchthaus gekriegt. Er hieß Paul. Für uns natürlich Pauline. Natürlich. Und allmählich protestierte er auch nicht mehr dagegen. Als er von der Verhandlung zurückkam, jammerte er: Mein scheenes Jespartes! Mein scheenes Jespartes. Das wär mir im Alter so prima zujute jekommen. So prima zujute. Aber dann vergaß er das alles. Er stellte sich um auf das Zuchthaus. Er wurde blöd. Und seitdem polierte er nur noch die Fingernägel. Das war das einzige, was er noch tat. Und von da ab ganz offen. Und nun schon monatelang. Und auch vielleicht noch weiter monatelang, bis im Zuchthaus ein Platz frei war. Eine Pritsche für Pauline. So lange polierte Pauline. Draußen, drüben hinter der Mauer, sang die Frau von der Stadtbahn das heroische Lied mit den achthundert Versen. Sang es von morgens halb fünf bis nachts um halb eins. Sang im Besitz von Locken und Busen. Sang in unsere Zelle hinein das idiotische Lied, das Mühle-Mahle-Alltagslied, das ewige Menschlied, das idiotische: Lehrter Straße, Lehrter Straße. Man konnte sie sich vorstellen. Die Singsangfrau. Vielleicht biß sie vor Tollheit beim Küssen. Vielleicht stöhnte sie tierhaft. (Vielleicht stammelte sie: Lehrter Straße, wenn ihr einer unter die Röcke ging?) Vielleicht riß sie die Augen groß und schwimmend auf, wenn man sie abends verführte. Vielleicht roch sie auch wie das nasse Gras morgens um vier: So kalt und so grün und so toll und so, ja, und so – – ach, das Weib sang achthundertmal jeden Tag: Lehrter Straße. Lehrter Straße. Und keiner kam und erwürgte sie. Keiner dachte an uns. Und keiner biß ihr die Kehle durch, diese verruchte. Aber nein, aber nie, denn sie sang, die Frau von der Stadtbahn, sang den sentimentalen Weltheimwehsong, dieses blödsinnige unaustilgbare Lied von der Lehrter Straße. Davon. Aber es gab auch schwindelfreie Tage. Fest- und Feier-, Sonntage einfach. Das waren die Montage. Denn montags durften wir uns rasieren. Das waren die männerbetonten Tage, die selbstbewußten, die erfrischenden. Einmal in der Woche durften wir das. Das war an den Montagen. Die Seife war schlecht und das Wasser war kalt und die Klingen waren jämmerlich stumpf. (Da kann man bis nach Breslau drauf reiten, fluchte Liebig. Er ritt immer nach Breslau. Auch auf der Frau von der Stadtbahn.) So stumpf waren die Klingen. Aber es waren Sonntage, diese Montage. Denn wir durften uns montags unter Aufsicht rasieren. Dann war unsere Zellentür auf und draußen saß Truttner mit der Uhr auf dem Schoß. Die Uhr war dick und laut und abgeschabt. Truttner war Unterfeldwebel, magenkrank, vierundfünfzig, Familienvater und Weltkriegsteilnehmer. Und grimmig. Seine Rolle in diesem Leben war grimmig. Mit seinen Kindern war er sicher nicht grimmig. Aber mit uns. Mit uns sogar sehr. Das war komisch. Und wenn wir uns montags rasierten, saß Truttner vor unserer Zelle mit der Uhr in der Hand und klappte mit seinen Absätzen (die waren benagelt, natürlich) einen preußischen Marsch. Davon schnitten wir uns dann. Denn er klopfte aus Ungeduld. Und weil er uns das Rasieren nicht gönnte. Denn frisch rasiert sein macht fröhlich. Deswegen ärgerte er sich, wenn wir uns rasierten. Und er sah dauernd auf seine widerlich laute Uhr. Und klappte die ungeduldigen Märsche dazu. Und obendrein hatte er noch die Pistolentasche offen. Er war Familienvater und hatte die Pistolentasche offen. Das war sehr komisch.

Einen Spiegel hatten wir natürlich nicht. Mit Spiegeln konnte man sich die Pulsadern aufschneiden. Das gönnten sie uns nicht. So einen harmlosen heimlichen Pulsadertod hatten wir nicht verdient. Dafür hatte man ein Stück blankes Blech an unser Schränk-

chen genagelt. Da konnte man sich zur Not drin sehen. Erkennen nicht. Nur gerade eben sehen. Und das war ganz gut, daß man sich nicht erkannte. Man hätte sich doch nicht erkannt. Das Stück blankes Blech war an unser Schränkchen genagelt. Denn wir hatten ein Schränkchen. Da waren unsere vier Eßnäpfe drin. Die aus Aluminium. Verbeult. Bekritzelt. An Hofhunde erinnernd. Wie gemein, stand auf einem, und: Morgen noch siebzehn Monate. Auf dem anderen war ein Kalender mit vielen kleinen Kreuzen. Und Elisabeth stand da drauf. Sieben- oder achtmal. In meinem Eßnapf stand nur: Immerzu Suppe. Das war alles. Der hatte recht gehabt. Und in Paulines Napf hatte einer zwei Hängebrüste geritzt. Immer wenn Pauline seine Suppe aufgegessen hatte, grinsten ihn die riesigen Hängebrüste an. Wie die Augen des Schicksals. Arme Pauline. Er war doch gar nicht für sowas. Aber er hatte doch Pudding gekocht. Das war nun die Strafe. Vielleicht magerte er deswegen so ab. Vielleicht ekelte er sich so vor den Brüsten.
Gestern abend hatte mir Mozart sein blaues Hemd hingeworfen. Ich brauch es jetzt nicht mehr, sagte er. Er hatte heute Verhandlung. Heute morgen hatten sie ihn geholt. Ich soll ein Radio geklaut haben, sagte Mozart. Und jetzt stand ich mit seinem blauen Hemd vor unserm Blechspiegel und spiegelte mich. Pauline sah zu. Ich freute mich über das Hemd. Denn meins war bei der Entlausung aus den Nähten gegangen. Jetzt hatte ich doch wieder ein Hemd. Und das Hellblau stand mir ganz gut. Pauline sagte das jedenfalls. Und ich fand das auch. Das Blau stand mir gut. Nur den Kragen kriegte ich nicht zu. Mozart war ein kleines zartes Kerlchen. Er hatte einen Hals wie ein Backfisch. Meiner war dicker. (Das mit dem Backfisch sagte Pauline immer.) Laß es offen, sagte Liebig vom Fenster her. Dann siehst du aus wie ein Sozialist.
Aber dann sieht man die Haare auf der Brust so, sagte Pauline. Das reizt, antwortete Liebig und starrte wieder nach der Lautsprecherstimme.
Mozart war wirklich unwahrscheinlich klein und zart. Er hatte einen Hals wie ein Backfisch. (Sagte Pauline immer.)

Dann kam unsere ungarische Suppe. Das war heißes Wasser mit Paprikaschoten. Das brannte im Bauch. Damit man sich satt fühlte. Und das war viel wert. Aber man mußte hundertmal auf den Kübel.

Beim Essen kam Mozart von der Verhandlung zurück. Er hatte Verhandlung gehabt. Vier Stunden. Er war etwas verlegen. Truttner schloß die Zellentür auf und ließ ihn rein. Aber er nahm ihm die Handschellen nicht ab. Wir wunderten uns. Na, was hast du gekriegt? fragten wir alle drei auf einmal und legten vor Spannung unsere Löffel wieder hin auf den Tisch. Halsschmerzen, sagte Mozart und war etwas verlegen dabei. Wir verstanden ihn nicht.

Der Unterfeldwebel hatte seine Pistolentasche offen. Er stand wie ein Riese in der Zellentür. Dabei war er höchstens einen Meter und siebzig. Los, packen Sie Ihre Sachen, Mozart. Mozart packte seine Sachen. Ein Stück Seife. Seinen Kamm. Das halbierte Handtuch. Zwei Briefe. Mehr hatte Mozart nicht. Er war sehr verlegen.

Erzählen Sie Ihren Kollegen mal, was Sie alles auf Ihrem Konto haben. Die interessiert das. Mozart erschrak. Truttner sah sehr gemein aus, als er das sagte. So gemein sah er zu Hause sicher nicht aus. Mozart war verlegen.

Ich habe Feldwebeluniform angehabt – fing Mozart sehr leise an.

Obgleich – half ihm Truttner.

Obgleich ich nur Oberschütze bin.

Weiter, Mozart, was noch.

Ich hab das Ritterkreuz getragen –

Obgleich, Mozart, obgleich –

Obgleich ich nur die Ostmedaille tragen darf.

Weiter, Mozart, immer munter.

Ich habe meinen Urlaub überschritten –

Nur ein paar Tage, nicht, Mozart, doch nur ein paar Tage?

Nein, Herr Unterfeldwebel.

Sondern, Mozart, sondern?

Neun Monate, Herr Unterfeldwebel.

Und wie heißt das, Mozart? Urlaub überschritten?

Nein.

Na wie denn?

Fahnenflucht, Herr Unterfeldwebel.

Richtig, Mozart, ganz richtig. Na, und was haben Sie sonst noch zu bieten?

Ich habe die Radios weggenommen.

Geklaut, Mozart.

Geklaut, Herr Unterfeldwebel.

Wieviel denn, mein kleiner Mozart, wieviel denn? Erzählen Sie doch. Ihre Kollegen interessiert das.

Sieben.

Und woher, Mozart?

Eingebrochen.

Siebenmal, Mozart?

Nein, Herr Unterfeldwebel. Elf.

Was elf, Mozart? Drücken Sie sich ruhig deutlich aus.

Elfmal eingebrochen.

Einen ganzen Satz, Mozart, nicht so schüchtern, reden Sie ruhig in ganzen Sätzen. Also?

Ich habe elfmal eingebrochen.

So ist schön, Mozart, so ist in Ordnung. Sonst war wohl nichts mehr, nicht, Mozart, das war wohl alles?

Nein, Herr Unterfeldwebel.

Ach, noch mehr, Mozart, noch mehr? Was denn noch?

Die alte Frau –

Was denn, Mozart, was war denn mit der?

Ich hab sie umgeschubst.

Umgeschubst, Mozart?

Gestoßen.

Ach so. Na, und da? Erzählen Sie Ihren Kollegen doch. Die interessiert das. Die sind schon ganz stumm geworden vor Spannung. Die sind schon ganz platt. Los, Mozartchen, was war denn mit der alten Oma?

Sie ist gestorben. Mozart sagte das ganz leise. Noch viel leiser. Beinahe nur: Ge – storben. Er war sehr verlegen. Dann sah er den Unterfeldwebel an. Der machte sich gerade. Haben Sie Ihre Klamotten?

Jawohl.

Wie heißt das?

Jawohl, Herr Unterfeldwebel.

Dann nehmen Sie Haltung an.

Mozart legte die Hände an die Hosennaht. Der Unterfeldwebel auch. Dann sagte er:

Ich mache Sie darauf aufmerksam, daß ich bei Fluchtversuch von der Schußwaffe Gebrauch machen muß. Seine Pistolentasche stand schon offen. Genau wie montags beim Rasieren. Los, kommandierte er. Mozart wollte uns die Hand geben. Aber dann war er doch zu verlegen. Er war eigentlich immer etwas verlegen gewesen. Er war auch nur ein kleines, zartes Kerlchen. Er hatte einen Hals wie ein Backfisch. Manchmal hatte er abends gesungen. Wenn es dunkel war. Wenn es hell war, war er zu verlegen. Er war Friseur. Er hatte Kinderhände. Er liebte Jazzmusik. Er machte stundenlang Jazzmusik mit unseren Löffeln auf seinem Eßnapf. Bis wir ihn Mozart nannten.

Er stand in der Zellentür. Er drehte sich noch um, obgleich er sehr verlegen war. Sein Backfischhals war ganz rot vor Verlegenheit.

Dein Hemd, sagte ich.

Mein Hemd? Er lächelte uns durch den Dunst unserer Paprikasuppe an. Ich hab doch Halsschmerzen, sagte er. Und dann machte er mit seinem Zeigefinger einen Halbkreis an seinem Uniformkragen entlang. Über den Kehlkopf. Von links nach rechts. Dann schloß Truttner die Tür ab.

Als wir abends unseren Abortkübel rausstellten, fand der Unterfeldwebel unser Mittagessen da drin. Das konnte er nicht begreifen.

## DAS KÄNGURUH

Morgen. Die Posten dösten. Ihre Decken waren noch naß von der
Nacht. Einer lag lang auf der Erde und schlug mit den Füßen den
Takt:

>Es war einmal ein Känguruh
>das nähte sich den Beutel zu
>mit einer Nagelfeile
>aus lauter Langeweile
>aus lauter Langeweile
>aus lauter –

Sei mal still, sagte der andere. Er blieb plötzlich stehen.

>– aus lauter Langeweile
>aus lauter –

Sei doch mal still.
Was ist denn los? Der auf der Erde lag, drehte sich zu ihm um.
Da kommen welche.
Wer?
Weiß nicht. Man sieht ja nichts. Es wird heute überhaupt nicht
hell.

>Es war einmal ein Känguruh
>das nähte – na, siehst du was?

Ja, sie kommen.
Wo? Ach, Weiber! – das nähte sich den Beutel zu –
Du, das sind die beiden, die heute nacht beim Alten waren.
Die gestern abend aus der Stadt gekommen sind?
Ja, die.
Na Mensch. Der Alte hat vielleicht einen Geschmack. Die Große
ist ein ganz gewaltiger Besen, sag ich dir.
Find ich nicht. Sie sieht doch ganz ordentlich aus.
Nee, du. Weißt du, so – so. Nee. Kuck dir bloß die Beine an.
Vielleicht hat er die Kleine gehabt.
Nee. Die ist nur so mitgekommen. Er hat die Große gehabt.
Junge, die Beine.
Wieso! sind doch ganz ordentlich.

Nee. Du. So – so – nee!

Versteh ich nicht vom Alten.

Was? Besoffen war er. Was sonst. Kannst ihm ne alte Kuh hinstellen, wenn er besoffen ist. Kuck dir bloß die Beine an. Junge,
ist das ein Besen. Muß der Alte wieder einen in der Krone gehabt haben, meine Güte. Na, und dann von gestern abend an.

Ich danke.

Ich auch.

Sie wickelten sich wieder in ihre Decken. Die waren noch naß von
der Nacht. Der an der Erde lag, schlug mit den Füßen den Takt:

> Es war einmal ein Känguruh
> das nähte sich den Beutel zu
> das nähte
> das nähte –

Er hatte kalte Füße und schlug mit den Füßen den Takt:

> das nähte
> das nähte – – –

Abend. Die Decken waren noch naß. Von der Nacht. Sie dösten.
Und der eine schlug mit den Füßen den Takt:

> Es war einmal ein Känguruh
> das nähte –

Du.

Hm?

Sei mal still.

Warum?

Sie kommen.

Sie kommen? Er stand auf. Die Decken fielen auf die Erde.

Ja, sie kommen. Sie tragen ihn.

Ja. Acht Mann.

Du.

Hm?

Sag mal, der Alte ist ja so klein. Oder kommt das, weil sie ihn
tragen?

Nee, sie hat ihm doch den Kopf abgehauen.

Meinst du, deswegen ist er so klein?

Was sonst.

Begraben sie ihn nun so?

Wie?

So ohne Kopf.

Was sonst. Den hat sie doch mitgenommen.

Junge Junge. Das war aber auch eine. Muß der Alte einen in der Krone gehabt haben.

Na, laß ihn man.

Natürlich. Jetzt hat er ja doch nichts mehr davon.

Nee.

Sie wickelten sich wieder in die Decken.

Du.

Ja?

Meinst du, ob das ein richtiges Mädchen war?

Wegen dem Kopf?

Na ja.

Nee, du. Ein richtiges Mädchen? Nee.

Dann hat sie ihn auch noch mitgenommen.

Na Mensch.

Ob sie das nur wegen der Stadt getan hat?

Was sonst.

Junge Junge. Einfach so den Kopf.

Ich danke.

Ich auch, weiß du, ich auch.

Und er schlug wieder mit den Füßen den Takt:

> Es war einmal ein Känguruh
> das nähte sich den Beutel zu
> den Beutel zu
> den Beutel zu – – –

Als die beiden Mädchen durch die Stadt gingen, schrien alle. Die Große trug einen Kopf. Ihr Kleid hatte dunkle Flecke. Sie zeigte den Kopf.

Judith! schrien alle.

Sie hob ihr Kleid hoch und machte einen Beutel daraus vor der Brust.

Da lag der Kopf drin. Sie zeigte ihn.

Judith! schrien alle. Judith! Judith!

Sie trug den Kopf im Kleid vor sich hin. Wie ein Känguruh sah sie aus.


## NACHTS SCHLAFEN DIE RATTEN DOCH

Das hohle Fenster in der vereinsamten Mauer gähnte blaurot voll früher Abendsonne. Staubgewölke flimmerte zwischen den steilgereckten Schornsteinresten. Die Schuttwüste döste.

Er hatte die Augen zu. Mit einmal wurde es noch dunkler. Er merkte, daß jemand gekommen war und nun vor ihm stand, dunkel, leise. Jetzt haben sie mich! dachte er. Aber als er ein bißchen blinzelte, sah er nur zwei etwas ärmlich behoste Beine. Die standen ziemlich krumm vor ihm, daß er zwischen ihnen hindurchsehen konnte. Er riskierte ein kleines Geblinzel an den Hosenbeinen hoch und erkannte einen älteren Mann. Der hatte ein Messer und einen Korb in der Hand. Und etwas Erde an den Fingerspitzen.

Du schläfst hier wohl was? fragte der Mann und sah von oben auf das Haargestrüpp herunter. Jürgen blinzelte zwischen den Beinen des Mannes hindurch in die Sonne und sagte: Nein, ich schlafe nicht. Ich muß hier aufpassen. Der Mann nickte: So, dafür hast du wohl den großen Stock da?

Ja, antwortete Jürgen mutig und hielt den Stock fest.

Worauf paßt du denn auf?

Das kann ich nicht sagen. Er hielt die Hände fest um den Stock.

Wohl auf Geld, was? Der Mann setzte den Korb ab und wischte das Messer an seinem Hosenboden hin und her.

Nein, auf Geld überhaupt nicht, sagte Jürgen verächtlich. Auf ganz etwas anderes.

Na, was denn?

Ich kann es nicht sagen. Was anderes eben.

Na, denn nicht. Dann sage ich dir natürlich auch nicht, was ich hier im Korb habe. Der Mann stieß mit dem Fuß an den Korb und klappte das Messer zu.

Pah, kann mir denken, was in dem Korb ist, meinte Jürgen geringschätzig, Kaninchenfutter.

Donnerwetter, ja! sagte der Mann verwundert, bist ja ein fixer Kerl. Wie alt bist du denn?

Neun.

Oha, denk mal an, neun also. Dann weißt du ja auch, wieviel drei mal neun sind, wie?

Klar, sagte Jürgen und um Zeit zu gewinnen, sagte er noch: Das ist ja ganz leicht. Und er sah durch die Beine des Mannes hindurch. Dreimal neun, nicht? fragte er noch mal, siebenundzwanzig. Das wußte ich gleich.

Stimmt, sagte der Mann, genau soviel Kaninchen habe ich.

Jürgen machte einen runden Mund: Siebenundzwanzig?

Du kannst sie sehen. Viele sind noch ganz jung. Willst du?

Ich kann doch nicht. Ich muß doch aufpassen, sagte Jürgen unsicher.

Immerzu? fragte der Mann, nachts auch?

Nachts auch. Immerzu. Immer. Jürgen sah an den krummen Beinen hoch. Seit Sonnabend schon, flüsterte er.

Aber gehst du denn gar nicht nach Hause? Du mußt doch essen.

Jürgen hob einen Stein hoch. Da lag ein halbes Brot. Und eine Blechschachtel.

Du rauchst? fragte der Mann, hast du denn eine Pfeife?

Jürgen faßte seinen Stock fest an und sagte zaghaft: Ich drehe. Pfeife mag ich nicht.

Schade, der Mann bückte sich zu seinem Korb, die Kaninchen hättest du ruhig mal ansehen können. Vor allem die Jungen. Vielleicht hättest du dir eines ausgesucht. Aber du kannst hier ja nicht weg.

Nein, sagte Jürgen traurig, nein nein.

Der Mann nahm den Korb und richtete sich auf. Na ja, wenn du hierbleiben mußt – schade. Und er drehte sich um. Wenn du mich nicht verrätst, sagte Jürgen da schnell, es ist wegen den Ratten.

Die krummen Beine kamen einen Schritt zurück: Wegen den Ratten?

Ja, die essen doch von Toten. Von Menschen. Da leben sie doch von.

Wer sagt das?

Unser Lehrer.

Und du paßt nun auf die Ratten auf? fragte der Mann.

Auf die doch nicht! Und dann sagte er ganz leise: Mein Bruder, der liegt nämlich da unten. Da. Jürgen zeigte mit dem Stock auf die zusammengesackten Mauern. Unser Haus kriegte eine Bombe. Mit einmal war das Licht weg im Keller. Und er auch. Wir haben noch gerufen. Er war viel kleiner als ich. Erst vier. Er muß hier ja noch sein. Er ist doch viel kleiner als ich.

Der Mann sah von oben auf das Haargestrüpp. Aber dann sagte er plötzlich: Ja, hat euer Lehrer euch denn nicht gesagt, daß die Ratten nachts schlafen?

Nein, flüsterte Jürgen und sah mit einmal ganz müde aus, das hat er nicht gesagt.

Na, sagte der Mann, das ist aber ein Lehrer, wenn er das nicht mal weiß. Nachts schlafen die Ratten doch. Nachts kannst du ruhig nach Hause gehen. Nachts schlafen sie immer. Wenn es dunkel wird, schon.

Jürgen machte mit seinem Stock kleine Kuhlen in den Schutt.

Lauter kleine Betten sind das, dachte er, alles kleine Betten. Da sagte der Mann (und seine krummen Beine waren ganz unruhig dabei): Weißt du was? Jetzt füttere ich schnell meine Kaninchen und wenn es dunkel wird, hole ich dich ab. Vielleicht kann ich eins mitbringen. Ein kleines oder, was meinst du?

Jürgen machte kleine Kuhlen in den Schutt. Lauter kleiner Kaninchen. Weiße, graue, weißgraue. Ich weiß nicht, sagte er leise und sah auf die krummen Beine, wenn sie wirklich nachts schlafen.

Der Mann stieg über die Mauerreste weg auf die Straße. Natürlich, sagte er von da, euer Lehrer soll einpacken, wenn er das nicht mal weiß.

Da stand Jürgen auf und fragte: Wenn ich eins kriegen kann? Ein weißes vielleicht?

Ich will mal versuchen, rief der Mann schon im Weggehen, aber du mußt hier solange warten. Ich gehe dann mit dir nach Hause, weißt du? Ich muß deinem Vater doch sagen, wie so ein Kaninchenstall gebaut wird. Denn das müßt ihr ja wissen.

Ja, rief Jürgen, ich warte. Ich muß ja noch aufpassen, bis es dunkel wird. Ich warte bestimmt. Und er rief: Wir haben auch noch Bretter zu Hause. Kistenbretter, rief er.

Aber das hörte der Mann schon nicht mehr. Er lief mit seinen krummen Beinen auf die Sonne zu. Die war schon rot vom Abend und Jürgen konnte sehen, wie sie durch die Beine hindurchschien, so krumm waren sie. Und der Korb schwenkte aufgeregt hin und her. Kaninchenfutter war da drin. Grünes Kaninchenfutter, das war etwas grau vom Schutt.


Er hatte auch viel Ärger mit den Kriegen

Damals hatte man seinen Vater. Wenn es dunkel wurde. Wenn man ihn auch schon nicht mehr sah in der violetten Dämmerung. Man hörte ihn doch. Wenn er hustete. Und wenn er durch die Wohnung ging und dabei hustete. Und man roch seinen Tabak. Und das genügte dann schon. Dann hielt man die violetten Abende aus.

Nachher hatte man dann schon die Mädchen, die beinah noch keine Brüste hatten. Aber es war doch schon irgendwie gut, sie in den violetten Dämmerungen bei sich zu haben. Am Bootssteg. Und unterm Balkon abends. Die hatten dann auch ganz heiße Hände. Das genügte dann schon. Dann hielt man die violetten Dunkelheiten aus.

Und in den russischen Häusern hatte man dann mal ein altes Frauengesicht, wenn die anderen schnarchten und wenn einen das violette Gebrüll der Kanonen noch wachhielt. So ein altes Frauengesicht, gelbledern wie das Tuch, das da rum war, das genügte dann schon, wenn es aus der andern Zimmerecke über die Schnarchenden rüberglomm wie ein Öllicht. Nur das Metall der schlanken Gewehre glummerte wie Haut von Reptilien: stumm und gefährlich und blank. Und die machten die Dämmerungen in den russischen Häusern nicht gut. Sie machten das weiche Abendviolett so eisig mit ihrem Stahl. Aber so ein ledernes Altfrauengesicht, kanonendurchzittert, das glimmt einem das Leben lang aus allen violetten Dunkelheiten entgegen. Blutübersprenkelt. Von Mündungsfeuer grell aufgerissen. Von Tränennächten dunkel. Ein Frauengesicht. Hinter Vorstadtgardinen sieht man es manchmal sehr blaß. In den Städten soviel. In den Abenden.

Diese Abende sind violett in den Straßen. In den engeren Straßen der Stadt jedenfalls. In unserer Stadt jedenfalls. Da, wo die kleinen Leute wohnen und die Straßen ganz eng sind. Die mit den großartigen Sehnsüchten. Die Büroangestellten mit den violetten Tintenflecken am Zeigefinger und am Ärmel. Und mit Gelbsucht manchmal. Die Tapezierer mit dem Ölfarbengeruch in der Haut. Und die Sielarbeiter, die noch einen Gashusten haben vom vorigen Krieg. Oder sonstwas. Die Maurer und die Briefträger, mit dem guten und etwas obeinigen Gang von Leuten, die viel gehen. Die Straßenbahnfeger mit ihrem gebürsteten Uniformstolz. Und mittendrin manchmal ein Kaffeehausgeiger und ein sozialistischer Dichter. Zigarettengrau, langhaarig, mit wüsten Gebärden. Ganz anders. Die wohnen in den engeren Straßen der Stadt, wo die Abende violett sind.

Violett und ganz weich werden abends die Kanten der Steine, die mausoleumskühlen Mäuler der Torwege, die würfeligen Mietblocks, die ergrauten Kasernen, die früher wohl heller waren, die Holzschuppen, die immer noch schief stehn. Und die Lichtmasten, die soldatisch korrekten, stehen sogar ganz verschlafen verloren in dem violetten Geschwimme des Abends. Und dann rascheln die seidenpapierenen Motten und Mücken und das andere strohige staubflügelige Nachtinsektengetier gegen das gelbe Geglimme der Lampen.

Eine Schüssel wird unterm Wasserhahn abgespült. Johannisbeeren waren drin. Kein Fett, denn die Schüssel ist schnell sauber. Man hört es. Sie wird in den Schrank gesetzt. Er knarrt. Er wird zugemacht. Er ist schon alt, denn er knarrt. Dann pischt es von vier Balkons, das Wasser, das über die Betunien gegossen wird. Es pischt von oben auf die Straße. Manchmal kommt auch ein Blütenblatt mit. Angewelkt. Von links nach rechts – von links nach rechts. Dann ist es unten. Morgen früh wird es zertreten. Vielleicht noch heut nacht. Und dann sagt Eine: Bist du jetzt still! Und ein Kind garrt gegenan wie ein Huhn im Halbschlaf. Halblaut. Und dann hört man, wie ein Aluminiumgefäß auf den Fußboden gestellt wird. Unters Bett womöglich. Der Nachttopf womöglich. Dann geht eine Tür asthmatisch zu. Das Kind, das ruft noch zweimal. Aber dann tutet ein sehr schöner Dampfer (er ist sicher sehr schön!) vom Hafen her. Und in der Wirtschaft bei Steenkamp, da grölen sie heut abend zum vierzehntenmal:

> Düüüch – mein stülles Tool
> grüüüß – üch tausend Mool – –

Und von all dem wird der Abend immer violetter.
Nun ist er schon so violett, daß man den Rauch, der aus der Pfeife von Herrn Lorenz kommt, gar nicht mehr sieht. Herr Lorenz steht nun vor der Tür. Er ist da eigentlich nur so hingetuscht und dabei etwas verwischt in diesem Abendviolett. Das kommt von seiner blauvioletten Uniform. Denn er ist bei der Straßenreinigung in Dienst, da haben sie die. Eigentlich bleibt von Herrn Lorenz nicht mehr viel übrig in Uniform. Er ist ganz aufgelöst darin. Sie hat ihn verschluckt mit ihrem satten Beamtenviolett. Mit diesem staatlich satten Violett. Und die Messingknöpfe hängen wie blanke Zehnpfennigstücke untereinander in der Haustür. Das ist der ganze Herr Lorenz. Darüber schwimmt ein hellgelber Käse. Das ist der Kopf von Herrn Lorenz. Und da ist manchmal ein rötlicher Punkt drin. Das ist die Pfeife von Herrn Lorenz. Aber nur wenn er zieht, ist da der rötliche Punkt. Sonst ist der hellgelbe Käse allein in der Haustür. Und unter ihm schwimmen wie Zehnpfennigstücke die messingnen Knöpfe.

Sechs. Immer drei untereinander. Das ist Herr Lorenz von der Straßenreinigung abends im violetten Hauseingang.

Und neben ihm noch was. Klein und verhutzelt und grau. Mit einer mehlblassen Scheibe darüber. Das ist Helene. Sie kriegt schwer Luft. Helene ist die Schwester von Herrn Lorenz. Alle drei Jahre kommt sie mal rein in die Stadt, um zu sehn, ob der Bruder noch lebt. Und der ist noch immer bei der Straßenreinigung. Nun stehn sie da beide im violetten Torwegmaul. Er in Uniform. Sie kriegt schwer Luft. Vorhin haben sie zum Himmel gesehn, ob Helene noch trocken nach Haus kommt. Wie Groschen, sagte Herr Lorenz, wie lauter Groschen. Er meinte die Sterne. Und dann sagte er plötzlich: Nee du, das mußt du nicht sagen. Das stimmt nicht. Schlecht ist unser Pflaster hier nicht. Das mußt du nicht sagen. Ich feg nun schon siebenunddreißig Jahre lang. Aber schlecht ist es nicht. Ich kenne hier fast jeden Stein. Die sitzen schon gut so. Die laß man.

Es macht aber müde, mein ich.

Gewohnheit, Helene, reine Gewohnheit.

Ich meins nicht direkt, weißt du. Ich meine das bildlich. Symbolisch, verstehst du?

Ach, symbolisch, meinst du, symbolisch?

Ja, übertragen, verstehst du?

Ah, ich weiß, was du meinst. Jetzt weiß ich, übertragen. Symbolisch. Symbolisch ist das Pflaster schlecht, willst du sagen? Ah.

Ja, siehst du. Bei uns draußen tritt man auf die Erde. Da weiß man doch immer, wo man ist. Und auch was man hat. Aber hier bei euch ist es glatt. Und wenn man ne Zeit unterwegs ist, dann wird man müde. Dann sieht man die rutschigen Stellen nicht mehr. Plötzlich, da liegt man. Und wo liegt man dann hier in der Stadt, Hermann, das frag ich dich, wo liegt man dann hier?

Du, sag das nicht, Helene, nee, sag das nicht. Sauber ist das Pflaster bei uns immer. Ich habe siebenunddreißig Jahre gefegt. Jeden Stein kenne ich. Wenn ich meine Tour rum hab, dann ist das aber wie geleckt, meine Gute. Wie ge-leckt!

Ich weiß wohl, Hermann, a –

Umsonst haben sie mich nicht siebenunddreißig Jahre im Staatsdienst behalten. Wir sind alle solange dabei. Und umsonst nicht, Helene, das kannst du mir glauben. Wenn ich meine Tour rum hab, dann ist das aber wie geleckt, meine Gute. Wie ge-leckt!

Das weiß ich doch, Hermann. Ich mein das doch nur übertragen, symbolisch, verstehst du?

Symbolisch meinetwegen. Aber meine Tour ist sauber, wenn ich rum bin. Aber wenn du das symbolisch meinst, dann magst du recht habn. Aber bei euch draußen ist auch nicht alles so sauber, Helene, das vergiß nicht. Auf dem Lande ist auch manchmal allerhand los, meine Gute.

Ich weiß wohl, Hermann, ich weiß wohl. Aber hier in der Stadt – –

Natürlich, hier in der Stadt – –

Die beiden stehn lange im Torweg. Der Abend wird noch violetter. Der Abend wird langsam Nacht. Liebespaare schwimmen manchmal vorbei. Die ganze Stadt ist violett. Nur die Fenster sind manchmal gelb oder grün. Manchmal auch rot. Aber sonst ist alles ganz violett. Und von den Liebespaaren hört man nur mal ein Wort. Manchmal auch nichts. Das Violett hat sie ganz verschluckt. Das Violett hat alles verschluckt.

Da patscht Herr Lorenz sich gegen die Stirn. Die Mücken, sagt er, sowie man nicht raucht!

Ich will auch man gehn, sagt seine Schwester, es wird sonst zu spät.

Ja, sagt Herr Lorenz, dann denk man nicht soviel, hörst du? Er kommt wohl noch wieder. Hört man doch oft, daß ein Vermißter mitn mal wieder da ist. Wenn der Krieg längst vorbei ist, hört man das noch. Hört man doch ziemlich oft.

Ach, weißt du – –

Nein nein, Helene, unterkriegen lassen darfst du dich nicht. Eine Lorenz läßt sich nicht unterkriegen, Helene. Schon allein der Kinder wegen nicht. Die brauchen dich ja letztenendes. Schlappmachen darfst du nicht. Wart man, mitn mal ist er plötzlich wieder da.

Ach, Hermann – –

Durchhalten, Helene, durchhalten. Paß auf, sollst sehn, mitn mal kommt er wieder. Das gleicht sich alles wieder aus, Helene. Son Krieg macht viel Ärger. Aber das gleicht sich alles wieder aus. Ich hab auch meinen Ärger mit den Kriegen gehabt, das kann ich dir sagen. Einen ziemlichen Ärger. Aber das gleicht sich alles wieder aus, Helene, das kann ich dir sagen, das gleicht sich alles wieder aus. Ich hab auch n Berg Ärger mit den Kriegen gehabt. Damals mit dem. Und mit diesem erst. Das kann ich dir flüstern. Die ganzen Jahre das doppelte Revier zu fegen. Warn doch alle mit draußen von der Straßenreinigung. Bis auf die Kranken. Und die hierbliebn, die hatten n Berg Ärger, das kann ich dir sagen. Die ganzen Jahre das doppelte Revier. Bei dem Essen. Und dann wurden die Besen so schlecht. Und dann lagn die Straßen so voll. Wenn sie rausmachten von den Kasernen zum Bahnhof, die Jungens, dann konnten wir hinterher drei Tage lang fegen. Was meinst du, wie die Straßen aussahn von den Kasernen zum Bahnhof. Das kann ich dir sagen. Aber das gleicht sich alles wieder aus. Paß auf, Helene, er kommt noch wieder, was ich dir sage, er kommt noch wieder. Das gleicht sich alles sachte wieder aus. Bei uns war das auch so. Was hatten wir fürn Ärger. Und jetzt kommen sie wieder, die Jungs. Jetzt, wo es vorbei ist. Und jetzt sammeln sie alles auf, was sie bloß sehn. Nee, nicht nur die Landser. Alle. Jetzt liegt bald nichts mehr auf der Straße. Heut wirft kein Mensch mehr was weg, sag ich dir. Heut sammeln sie alle. Und was haben sie damals die Straßen versaut. Von den Kasernen zum Bahnhof. Mit Musik. Kinder Kinder. Da hatten wir hinterher ne Last mit, das kann ich dir sagen. Diese elenden Kriege.

Meinst du, fragte Helene.

Was? sagte Herr Lorenz.

Daß er noch kommen kann?

Aber klar doch, Helene, aber klar doch. Ich sag doch, das gleicht sich alles wieder aus. Denk an die Straßen. Wie die vollgesaut waren. Von den Kasernen bis runter zum Bahnhof – ein Dreck. Immer wenn son Schwung an die Front ging, hatten wir da die

Last mit. Aber jetzt, wo es vorbei ist, jetzt sehn sie wie geleckt aus. Und das sind nicht nur die Soldaten, Helene. Alle sind es. Alle, Helene.

Das wär was.

Was sagst du?

Wenn er wiederkommt – –

Aber klar doch. Das gleicht sich alles wieder aus, Helene. Paß man auf. Das läuft sich alles wieder zurecht.

Das wär was. O ja. Das wär was.

Die Schwester von Herrn Lorenz sagt das noch mehreremal. Immer wieder: Das wär was. Dann klopft plötzlich was hölzernes.

Ach, du bist es, Hermann.

Ja, sie ist aus.

Er steckt seine Pfeife in die Tasche.

Ja, sagt er.

Ja, gute Nacht, Hermann.

Nacht, Helene, grüß die Kinder.

Ja, Hermann.

Komm bald mal wieder.

Ja, Hermann.

Oder schreib doch mal.

Ja, Hermann.

Sollst mal sehn, das gleicht sich alles wieder aus. Paß man auf. Da antwortet keiner mehr. Sie sieht sich noch um. Nur seine Messingknöpfe sind da. Sonst nichts. Wie Groschen, denkt sie. Dann sind die Groschen plötzlich weg.

Herr Lorenz macht sein Fenster zu. Lauter Groschen, denkt er. Herr Lorenz meint die Sterne damit. Und dann schläft er bald. Seine Uniform hängt überm Stuhl. Sie ist bläulich. Beinah noch mehr violett. Solche haben sie bei der Straßenreinigung. Herr Lorenz hat sie schon siebenunddreißig Jahre. Und zwei Kriege.

Draußen geht eine ältere Frau durch die Vorstadt. Das wär was, sagt sie manchmal. Dabei sieht man sie nicht. Die Nacht ist zu violett. Alles verschluckt sie. Und die ältere Frau trägt Schwarz.

Aber manchmal sagt sie noch: Das wär was. Das wär was. In einem fremden Land gibt es ein Dorf. Es hat einen Acker. An einer Stelle ist die Erde etwas höher als anderswo. Ungefähr einen Meter achtzig lang und einen halben Meter breit. Aber die Schwester von Herrn Lorenz kennt das Land nicht. Das Dorf nicht. Den Acker nicht. Das ist gut.

### Im Mai, im Mai schrie der Kuckuck

Toll sind die Märzmorgende am Strom, man liegt noch im Halbschlaf, gegen vier so, und die Schiffsungetüme blasen ihr vitales Saurier-Gestöhn unruhig über die Stadt hin, in den eisigrosigen Frühnebel, den sonnenüberhauchten Silberdampf des atmenden Flusses hinein, und in dem letzten Traum vor Tag, da träumt man dann nicht mehr von hellbeinigen schlafwarmen Mädchen, um vier so, im rosigen Frühnebel, im Geblase der Dampfer, in ihrem großmäuligen Uu-Gebrüll, am Strom morgens, da träumt man dann ganz andere Träume, nicht die von Schwarzbrot und Kaffee und kaltem Schmorbraten, nicht die von stammelnden strampelnden Mädchen, nein, dann träumt man die ganz anderen Träume, die ahnungsvollen, frühen, die letzten, die allgewaltigen, undeutbaren Träume, die träumt man an den tollen Märzmorgenden am Strom, früh, um vier so ...

Toll sind die Novembernächte in den vereinsamten mausgrauen Städten, wenn aus blauschwarzen Vorstadtfernen die Lokomotiven herüberschrein, angstvoll, hysterisch, kühn und abenteuerlich, in den ersten kaum begonnenen Schlaf hinein, Lokomotivenschrei, lang, sehnsüchtig, unfaßbar, davon zieht man die Decke noch höher und drängt sich noch dichter an das nächtliche, zaubrische, heiße Tier, das Evelyn oder Hilde heißt, das in solchen Nächten, voll November und Lokomotivenschrei, vor Lust und Leid seine Sprache verliert, Tier wird, traumschweres, zuckendes, unersättliches Novemberlokomotiventier, denn toll, ach toll sind im November die Nächte.

Das sind die Märzmorgenschreie, die Saurierschreie der Schiffe im Strom, das sind die novemberträchtigen Lokomotivenschreie über silbrigem Geleise durch angstblaue Wälder – aber man kennt auch, man kennt auch die Klarinettenschreie an Septemberabenden, die aus schnaps- und parfumstinkenden Bars kommen, und die Aprilschreie der Katzen, die schaurigen, wollüstigen, und die Jubelschreie der sechzehnjährigen Mädchen, die über irgendein Brückengeländer rückwärts gebogen werden, bis ihnen die Augen übergehen, die lüstern erschrockenen, und die einsamen januareisigen Schreie der jungen Männer kennt man, Genieschreie über verdorbenen Dramen und verkommenen Blumengedichten:

All dies Weltgeschrei, dies dunkelnächtige, von der Nacht benebelte, angeblaute, tintenfarbige, asternblütig blutige Geschrei, das kennt man, das erinnert man, das erträgt man wieder und wieder, und Jahr um Jahr, Tag um Tag, Nacht für Nacht.

Aber der Kuckuck, im Mai der Kuckuck, wer unter uns erträgt in den schwülen Mainächten, an den Maimittagen sein tolles träge erregtes Geschrei? Wer von uns hat sich je an den Mai mit seinem Kuckuck gewöhnt, welches Mädchen, welcher Mann? Jahr um Jahr wieder, Nacht für Nacht wieder, macht er die Mädchen, die gierigatmenden, und die Männer, die betäubten, macht er sie wild, der Kuckuck, der Kuckuck im Mai, dieser Maikuckuck. Auch im Mai schrein Lokomotiven und Schiffe und Katzen und Fraun und Klarinetten – sie schreien dich an, wenn du allein auf der Straße bist, dann, wenn es schon dunkelt, aber dann fällt noch der Kuckuck über dich her. Eisenbahnpfiff, Dampfergedröhn, Katzengejaul, Klarinettengemecker und Frauenschluchzen – aber der Kuckuck, der Kuckuck schreit wie ein Herz durch die Mainacht, wie ein pochendes lebendiges Herz, und wenn dich der Kuckucksschrei unvermutet überfällt in der Nacht, in der Mainacht, dann hilft kein Dampfer dir mehr und keine Lokomotive und kein Katzen- und Frauengetu und keine Klarinette. Der Kuckuck macht dich verrückt. Der Kuckuck lacht dich aus, wenn du fliehst. Wohin? lacht der Kuckuck, wohin denn im Mai? Und du stehst, von dem Kuckuck wild gemacht, mit all deinen Weltwünschen da, allein, ohne wohin, so allein, und dann haßt du den Mai, haßt ihn vor sehnsüchtiger Liebe, vor Weltschmerz, haßt ihn mit deiner ganzen Einsamkeit, haßt diesen Kuckuck im Mai, diesen...

... Und dann laufen wir mit unserem Kuckucksschicksal, ach, wir werden unser Kuckuckslos, dieses über uns verhängte Verhängnis nicht los, durch die tauigen Nächte. Schrei, Kuckuck, schrei deine Einsamkeit in den Maifrühling rein, schrei Kuckuck, brüderlicher Vogel, ausgesetzt, verstoßen, ich weiß, Bruder Kuckuck, all dein Geschrei ist Geschrei nach der Mutter, die dich den Mainächten auslieferte, als Fremdling unter Fremde verstieß, schrei, Kuckuck, schrei dein Herz den Sternen entgegen, Bruder Fremdling du, mutterlos, schrei... Schrei, Vogel Einsam, blamiere die Dichter, ihnen fehlt deine tolle Vokabel, und ihre Einsamkeitsnot wird Geschwätz, und nur wenn sie stumm bleiben, dann tun sie ihre größte Tat, Vogel Einsam, wenn dein Mutterschrei uns durch schlaflose Mainächte jagt, dann tun wir unsere heldische Tat: Die unsägliche Einsamkeit, diese eisige männliche, leben wir dann, leben wir ohne deine tolle Vokabel, Bruder Vogel, denn das Letzte, das Letzte geben die Worte nicht her.

Hingehen sollen die heroisch verstummten einsamen Dichter und lernen, wie man einen Schuh macht, einen Fisch fängt und ein Dach dichtet, denn ihr ganzes Getu ist Geschwätz, qualvoll, blutig, verzweifelt, ist Geschwätz vor den Mainächten, vor dem Kuckucksschrei, vor den wahren Vokabeln der Welt. Denn wer unter uns, wer dann, ach, wer weiß einen Reim auf das Röcheln einer zerschossenen Lunge, einen Reim auf einen Hinrichtungsschrei, wer kennt das Versmaß, das rhythmische, für eine Vergewaltigung, wer weiß ein Versmaß für das Gebell der Maschinengewehre, eine Vokabel für den frisch verstummten Schrei eines toten Pferdeauges, in dem sich kein Himmel mehr spiegelt und nicht mal die brennenden Dörfer, welche Druckerei hat ein Zeichen für das Rostrot der Güterwagen, dieses Weltbrandrot, dieses angetrocknete blutigverkrustete Rot auf weißer menschlicher Haut? Geht nach Haus, Dichter, geht in die Wälder, fangt Fische, schlagt Holz und tut eure heroische Tat: Verschweigt!

Verschweigt den Kuckucksschrei eures einsamen Herzens, denn es gibt keinen Reim und kein Versmaß dafür, und kein Drama, keine Ode und kein psychologischer Roman hält den Kuckucksschrei aus, und kein Lexikon und keine Druckerei hat Vokabel oder Zeichen für deine wortlose Weltwut, für deine Schmerzlust, für dein Liebesleid.

Denn wir sind wohl eingeschlafen unter dem Knistern geborstener Häuser (ach, Dichter, für das Seufzen sterbender Häuser fehlt dir jede Vokabel!), eingeschlafen sind wir unter dem Gebrüll der Granaten (welche Druckerei hat ein Zeichen für dieses metallische Geschrei?), und wir schliefen ein bei dem Gestöhn der Sträflinge und der vergewaltigten Mädchen (wer weiß einen Reim drauf, wer weiß den Rhythmus?) – aber hochgejagt wurden wir in den Mainächten von der stummen Qual unserer Fremdlingsherzen hier auf der Frühlingswelt, denn nur der Kukkuck, nur der Kuckuck weiß eine Vokabel für all seine einsame mutterlose Not. Und uns bleibt allein die heroische Tat, die Abenteuertat: Unser einsames Schweigen. Denn für das grandiose Gebrüll dieser Welt und für ihre höllische Stille fehlen uns die armseligsten Vokabeln. Alles, was wir tun können, ist: Addieren, die Summe versammeln, aufzählen, notieren.

Aber diesen tollkühnen sinnlosen Mut zu einem Buch müssen wir haben! Wir wollen unsere Not notieren, mit zitternden Händen vielleicht, wir wollen sie in Stein, Tinte oder Noten vor uns hinstellen, in unerhörten Farben, in einmaliger Perspektive, addiert, zusammengezählt und angehäuft, und das gibt dann ein Buch von zweihundert Seiten. Aber es wird nicht mehr da drin stehn als ein paar Glossen, Anmerkungen, Notizen, spärlich erläutert, niemals erklärt, denn die zweihundert bedruckten Seiten sind nur ein Kommentar zu den zwanzigtausend unsichtbaren Seiten, zu den Sisyphusseiten, aus denen unser Leben besteht, für die wir Vokabel, Grammatik und Zeichen nicht kennen. Aber auf diesen zwanzigtausend unsichtbaren Seiten unseres Buches steht die groteske Ode, das lächerliche Epos, der nüchternste verwunschenste aller Romane: Unsere verrückte kugelige Welt, un-

ser zuckendes Herz, unser Leben! Das ist das Buch unserer wahn-
sinnigen dreisten bangen Einsamkeit auf nachttoten Straßen.

Aber die abends in den erleuchteten gelbroten blechernen Straßenbahnen durch die steinerne Stadt fahren, die, die müssen doch
glücklich sein. Denn sie wollen ja irgendwohin, sie kennen den
Namen ihrer Station ganz genau, sie haben ihn schon genannt,
mit der Lippenfaulheit von Leuten, denen nichts mehr passieren
kann, ohne aufzusehn, sie wissen, wo ihre Haltestelle ist (sie haben es alle nicht weit) und sie wissen, daß die Bahn sie dahin
bringt. Dafür haben sie schließlich bezahlt an den Staat, mit
Steuern einige, einige mit einem amputierten Bein, und mit zwanzig Pfennig Fahrgeld. (Kriegsversehrte die Hälfte. Ein Einbeiniger fährt im Leben 7862mal mit der Straßenbahn für die Hälfte.
Er spart 786,20. Sein Bein, es ist bei Smolensk längst verfault,
war 786,20 wert. Immerhin.) Aber glücklich sind die in der Bahn.
Sie müssens doch sein. Sie haben weder Hunger noch Heimweh.
Wie können sie Hunger oder Heimweh haben? Ihre Station steht
schon fest und alle haben lederne Taschen bei sich, Pappkartons
oder Körbe. Einige lesen auch. Faust, Filmillustrierte oder den
Fahrschein, das siehst du ihnen nicht an. Sie sind gute Schauspie-
ler. Sie sitzen da mit ihren erstarrten plötzlich alt gewordenen
Kindergesichtern, hilflos, wichtig, und spielen Erwachsene. Und
die Neunjährigen glauben ihnen das. Aber am liebsten würden
sie aus den Fahrscheinen kleine Kügelchen machen und sich damit werfen, heimlich. So glücklich sind sie, denn in den Körben
und Taschen und Büchern, die die Leute abends in der Straßenbahn bei sich haben, da sind die Mittel drin gegen Heimweh und
Hunger, (und wenns eine Kippe ist, an der man sich satt kaut –
und wenns ein Fahrschein ist, mit dem man flieht –). Die, die
Körbe und Bücher bei sich haben, die in den Straßenbahnen
abends, die müssen doch glücklich sein, denn sie sind ja geborgen zwischen ihren Nebenmännern, die Brillen, Husten oder
bläuliche Nasen haben, und bei dem Schaffner, der eine amtliche
Uniform an hat, unsaubere Fingernägel und einen goldenen Ehe-
ring, der mit den Fingernägeln wieder versöhnt, denn nur Jung-

gesellenfingernägel sind unsympathisch, wenn sie unsauber sind. Ein verheirateter Straßenbahnschaffner hat womöglich einen kleinen Garten, einen Balkonkasten oder er bastelt für seine fünf Kinder Segelschiffe (ach, für sich baut er die, für seine heimlichen Reisen!). Die bei so einem Schaffner abends geborgen sind in der mäßig erleuchteten Bahn, denn die Lampen sind nicht zu hell und sind nicht zu triste, die müssen doch beruhigt und glücklich sein – kein Kuckucksschrei bricht aus ihren sparsamen billigen bitteren Mündern und kein Kuckucksschrei dringt von außen her durch die dicken glasigen Fenster. Sie sind ohne Bestürzung und wie geborgen, ach, wie unendlich geborgen sind sie unter den soliden und etwas erblindeten Lampen des Straßenbahnwagens, unter den mittelmäßigen Gestirnen ihrer Alltage, diesen trübseligen Leuchten, die das Vaterland seinen Kindern in Behörden, Bahnhöfen, Bedürfnisanstalten (grünschirmig, spinnwebig) und Straßenbahnen spendiert. Und die altgewordenen albernen mürrischen Kinder in den Bahnen abends, unter behördlich angeordneten Lampen, die müssen doch glücklich sein, denn Angst (diese Maiangst, die Kuckucksangst), Angst können sie nicht haben: Sie haben doch Licht. Sie kennen den Kuckuck doch nicht. Sie sind beieinander, wenn was passiert (ein Mord, ein Zusammenstoß, ein Gewitter). Und sie wissen: wohin. Und sie sind in den gelbroten blechernen Straßenbahnen unter den Lampen bei Schaffner und Nachbar (und wenn er auch nach Hering aufstößt) mitten in der steinernen dunklen Abend-Stadt geboren.
Nie wird die Welt über sie hereinbrechen wie über den, der allein auf der Straße steht: Ohne Lampe, ohne Station, ohne Nebenmann, hungrig, ohne Korb, ohne Buch, kuckucksüberschrien, voll Angst. Die so nackt und arm auf der Straße stehn, wenn die zigarettenrauchvollen Straßenbahnen vorbeiklingeln (schon das Klingeln jagt Heimweh und Angst in die düsteren Torwege zurück!) mit ihren beruhigenden Mittelmaßlampen darin und den beruhigten Gesichtern darunter, aufgehoben für zehntausend Alltage, die dann noch dastehn, wenn die Straßenbahn schon weit ab durch eine rostige Kurve heulkreischt, die – die gehören

der Straße. Die Straße ist ihr Himmel, ihr andächtiges Schreiten, ihr toller Tanz, ihre Hölle, ihr Bett (mit Parkbänken und Brückenbogen), ihre Mutter und ihr Mädchen. Diese grauharte Straße ist ihr staubiger schweigsam verläßlicher Kumpel, stur, treu, beständig. Diese verregnete sonnenbrennende sternüberstickte mondblanke windüberatmete Straße ist ihr Fluch und ihr Abendgebet (ist ihr Abendgebet, wenn eine Frau ein Glas Milch über hat – ist ihr Fluch, wenn die nächste Stadt, wenn die nächste Stadt vor der Nacht nicht mehr rankommt). Diese Straße ist ihre Verzagtheit und ihr abenteuerlicher Mut. Und wenn du ihnen vorbeigehst, dann sehn sie dich an wie die Fürsten, diese Flickenkönige von Lumpens Gnaden, und mit zugebissenem Mund sagen sie ihren ganzen großen harten protzigen klotzigen Reichtum:

Die Straße gehört uns. Die Sterne über, die sonnenwarmen Steine unter uns. Der Singsangwind und der erdigriechende Regen. Die Straße gehört uns. Wir haben unser Herz, unsere Unschuld, unsere Mutter, das Haus und den Krieg verloren – aber die Straße, unsere Straße verlieren wir nie. Die gehört uns. Ihre Nacht unterm Großen Bär. Ihr Tag unter der gelben Sonne. Ihr singender klingender Regen: Dies alles: Dieser Sonnenregenwindgeruch, dieser feuchtgrasige, naßerdige, mädchenblumige, der so gut riecht wie sonst nichts auf der Welt: Diese Straße gehört uns. mit ihren emaillierten Hebammenschildern und ligusternen Friedhöfen rechts und links, mit der vergessenen Dunstwelt Gestern, die hinter uns liegt, mit dem ungeahnten morgigen Dunstland da vor uns. Da stehn wir, dem Kuckuck ausgeliefert, dem Mai, mit verkniffenen Tränen, heroisch sentimental, mit ein bißchen Romantik betrogen, einsam, männlich, muttersehnsüchtig, großspurig, verloren. Verloren zwischen Dorf und Dorf. Vereinsamt in der millionenfenstrigen Stadt. Schrei, Vogel Einsam, schrei um Hilfe, schrei für uns mit, denn uns fehlen die letzten Vokabeln, der Reim fehlt uns und das Versmaß auf all unsere Not.

Aber manchmal, Vogel Einsam, manchmal, selten, seltsam und

selten, wenn die gelbblühende Straßenbahn die Straße gnadenlos zurückgeschleudert hat in ihre schwarze Verlassenheit, dann manchmal, selten, seltsam und selten, dann bleibt manchmal in mancher Stadt (oh so selten) doch noch ein Fenster da. Ein helles warmes verführerisches Viereck im steinern kalten Koloß, in der fürchterlichen Schwärze der Nacht: Ein Fenster.

Und dann geht alles ganz schnell. Ganz sachlich. Man notiert nur im Kopf: Das Fenster, die Frau, und die Mainacht. Das ist alles, wortlos, banal, verzweifelt. Man muß das wie einen Schnaps runterkippen, hastig, bitter, scharf, betäubend. Davor ist alles Geschwätz, alles. Denn dies ist das Leben: Das Fenster, die Frau, und die Mainacht. Ein fleckiger Geldschein aufm Tisch, Schokolade oder n Stück Schmuck. Dann notiert man: Beine und Knie und Schenkel und Brüste und Blut. Kipp runter den Schnaps. Und morgen schreit wieder der Kuckuck. Alles andere ist rührseliges Geschwätz. Alles. Denn dies ist das Leben, für das es keine Vokabel gibt: heißes hektisches Getu. Kipp runter den Schnaps. Er verbrennt und berauscht. Auf dem Tisch liegt das Geld. Alles andere ist Geschwätz, denn morgen, schon morgen schreit wieder der Kuckuck. Heute abend nur diese kurze banale Notiz: Das Fenster, die Frau. Das genügt. Alles andere ist – um drei nachts beginnt wieder der Kuckuck. Wenn es graut. Aber heut abend ist erstmal ein Fenster da. Und eine Frau. Und eine Frau.

Im Parterre steht ein Fenster offen. Noch offen zur Nacht. Der Kuckuck schreit grün wie eine leere Flasche Gin in die seidige Jasminnacht der Vorstadtstraßen hinein. Ein Fenster steht noch offen. Ein Mann steht in der grüngeschrienen Kuckucksnacht, ein jasminüberfallener Mann mit Hunger und Heimweh nach einem offenen Fenster. Das Fenster ist offen. (Oh so selten!) Eine Frau lehnt da raus. Blaß. Blond. Hochbeinig vielleicht. Der Mann denkt: Hochbeinig vielleicht, sie ist so der Typ. Und sie spricht so wie alle Fraun, die abends am Fenster stehn. So tierwarm und halblau. So unverschämt träge erregt wie der Kuckuck. So schwersüß wie der Jasmin. So dunkel wie die Stadt. So verrückt wie der Mai. Und sie spricht so gewerbsmäßig nächtlich. So moll-

tönig grün wie eine ausgesoffene Flasche Gin. So unverblümt
blumig. Und der Mann vor dem Fenster knarrt ungeliebt ein-
sam wie das ausgedörrte Leder seines Stiefels:
Also nicht.
Ich hab doch gesagt –
Also nicht?
– – –
Und wenn ich das Brot geb?
– – –
Ohne Brot nicht, aber wenn ich das Brot nun geb, dann?
Ich hab doch gesagt, Junge –
Dann also ja?
Ja.
Also ja. Hm. Also.
Ich hab doch gesagt, Junge, wenn die Kinder uns hören, wachen
sie auf. Und dann haben sie Hunger. Und wenn ich dann kein
Brot für sie hab, schlafen sie nicht wieder ein. Dann weinen sie
die ganze Nacht. Versteh doch.
Ich geb ja das Brot. Mach auf. Ich geb es. Hier ist es. Mach auf.
Ich komm.
Die Frau macht die Tür auf, dann macht der Mann sie hinter sich
zu. Unterm Arm hat er ein Brot. Die Frau macht das Fenster zu.
Der Mann sieht an der Wand ein Bild. Zwei nackte Kinder sind
da drauf mit Blumen. Das Bild hat einen breiten Rahmen aus
Gold und ist sehr bunt. Besonders die Blumen. Aber die Kinder
sind viel zu dick. Amor und Psyche heißt das Bild. Die Frau
macht das Fenster zu. Dann die Gardine. Der Mann legt das Brot
auf den Tisch. Die Frau kommt an den Tisch und nimmt das
Brot. Überm Tisch hängt die Lampe. Der Mann sieht die Frau
an und schiebt die Unterlippe vor, als ob er etwas probiert. Vier-
unddreißig, denkt er dann. Die Frau geht mit dem Brot zum
Schrank. Was für ein Gesicht, denkt sie, was hat der für ein Gesicht. Dann kommt sie von dem Schrank zurück wieder an den
Tisch. Ja, sagt sie. Sie sehen beide auf den Tisch. Der Mann fängt
an, mit dem Zeigefinger die Brotkrümel vom Tisch zu knipsen.

Ja, sagte er. Der Mann sieht an ihren Beinen hoch. Man sieht die Beine fast ganz. Die Frau hat nur einen dünnen durchsichtig hellblauen Unterrock an. Man sieht ihre Beine fast ganz. Dann sind keine Brotkrümel mehr auf dem Tisch. Darf ich meine Jacke ausziehen? sagt der Mann. Sie ist so blöde.

Ja, die Farbe, nicht?

Gefärbt.

Ach, gefärbt? Wie eine Bierflasche.

Bierflasche?

Ja, so grün.

Ach so, ja, so grün. Ich häng sie hier hin.

Richtig wie eine Bierflasche.

Na, dein Kleid ist aber auch –

Was denn?

Na, himmelblau.

Das ist nicht mein Kleid.

Ach so.

Aber schön, ja?

Ja –

Soll ich anbehalten?

Ja ja. Natürlich.

Die Frau steht noch immer am Tisch. Sie weiß nicht, warum der Mann immer noch sitzt. Aber der Mann ist müde. Ja, sagt die Frau und sieht an sich runter. Da sieht der Mann sie an. Er sieht auch an ihr runter. Du, weißt du – sagt der Mann und sieht nach der Lampe. Das ist doch selbstverständlich, sagt sie und macht das Licht aus. Der Mann bleibt im Dunkeln still auf seinem Stuhl sitzen. Sie geht dicht an ihm vorbei. Er fühlt einen warmen Lufthauch, wie sie an ihm vorbeigeht. Dicht geht sie an ihm vorbei. Er kann sie riechen. Er riecht sie. Er ist müde. Da sagt sie von drüben her (von weit weit her, denkt der Mann): Komm doch jetzt. Natürlich, sagt er und tut, als wenn er drauf gewartet hat. Er stößt gegen den Tisch: Oh, der Tisch. Hier bin ich, sagt sie im Dunkeln. Aha. Er hört ihr Atmen ganz nah neben sich. Er streckt vorsichtig seine Hand aus. Sie hören sich beide atmen. Da trifft seine Hand auf etwas. Oh, sagt er, da bist du. Es ist ihre Hand. Ich hab im Dunkeln deine Hand gefunden, lacht er. Ich hab sie ja auch hingehalten, sagt sie leise. Da beißt sie ihn in den Finger. Sie zieht ihn runter. Er setzt sich hin. Sie lachen beide. Sie hört, daß er ganz schnell atmet. Er ist höchstens zwanzig, denkt sie, er hat Angst. Du alte Bierflasche, sagt sie. Sie nimmt seine Hand und tut sie auf ihre heiße nachtkühle Haut. Er fühlt, daß sie das himmelblaue Ding doch ausgezogen hat. Er fühlt ihre Brust. Er sagt großspurig ins Dunkle hinein (aber er ist ganz außer Atem): Du Milchflasche du. Du bist eine Milchflasche, weißt du das? Nein, sagt sie, das hab ich noch nie gewußt. Sie lachen beide. Er ist viel zu jung, denkt sie. Sie ist doch nur wie alle, denkt er. Er ist erschrocken vor ihrer nackten Haut. Er hält seine Hände ganz still. So ein Kind, denkt sie. So sind sie alle, denkt er, ja, alle sind sie so, alle. Er weiß nicht, was er mit seinen Händen tun soll auf ihrer Brust. Du frierst, glaub ich, sagt er, ich glaube, du frierst, wie? Mitten im Mai? lacht sie, mitten im Mai? Na ja, sagt er, immerhin, nachts. Aber im Mai, sagt sie, wir sind doch mitten im Mai. Man hört sogar den Kuckuck, sei mal still, hörst du, man hört sogar den Kuckuck, hör doch, atme doch nicht so laut, hör doch, hörst du, der Kuckuck. Immerzu. Eins zwei drei vier fünf – na? – da! – sechs sieben acht – hörst du? Da wieder – neun zehn elf – hör doch: Kuckuck Kuckuck Kuckuck Kuckuck – – – – Bierflasche du, alte Bierflasche, sagt die Frau leise. Sie sagt es verächtlich und mütterlich und leise. Denn der Mann schläft.

Morgen wird es. Es wird schon grau draußen vor den Gardinen. Es wird wohl bald vier sein. Und der Kuckuck ist schon wieder dabei. Die Frau liegt wach. Oben geht schon jemand. Eine Brotmaschine bumst drei- vier- fünfmal. Eine Wasserleitung. Dann den Flur, die Tür, die Treppen: Schritte. Der von oben muß um halb sechs auf der Werft sein. Halb fünf ist es wohl. Draußen ein Fahrrad. Hellgrau, beinah rosig schon. Hellgrau sickert langsam durch die Gardine vom Fenster her über den Tisch, die Stuhllehne, ein Stück Zimmerdecke, den Goldrahmen, Psyche, und eine Hand, die eine Faust macht. Morgens halb fünf im Hellgrau vor Tag noch macht einer im Schlaf eine Faust. Hellgrau sickert vom Fenster her durch die Gardine auf ein Gesicht, auf ein Stück Stirn, auf ein Ohr. Die Frau ist wach. Vielleicht schon lange. Sie bewegt sich nicht. Aber der Mann mit der Faust im Schlaf hat einen schweren Kopf. Der fiel gestern abend auf ihre Brust. Halb fünf ist es jetzt. Und der Mann liegt noch wie gestern abend. Ein magerer langer junger Mann mit einer Faust und einem schweren Kopf. Als die Frau seinen Kopf vorsichtig von sich wegrücken will, faßt sie in sein Gesicht. Es ist naß. Was hat der für ein Gesicht, denkt die hellgraue Frau morgens vor Tag, die einen Mann auf sich liegen hat, der die ganze Nacht schlief, mit einer Faust, und jetzt ist sein Gesicht naß. Und was ist das für ein Gesicht jetzt im Hellgrau. Ein nasses langes armes wildes Gesicht. Ein sanftes Gesicht, einsam grau, schlecht und gut. Ein Gesicht. Die Frau zieht ihre Schulter langsam unter dem Kopf weg, bis er auf das Kissen sackt. Da sieht sie den Mund. Der Mund sieht sie an. Was ist das für ein Mund. Und der Mund sieht sie an. Sieht sie an, daß ihr die Augen verschwimmen.

Es ist das übliche, sagt der Mund, es ist gar nichts besonderes, es ist nur das übliche. Du brauchst gar nicht so überlegen zu lächeln, so verächtlich mütterlich, hör auf damit, sag ich dir, hör damit auf, du, sonst – du, ich sag dir, ich hab alles gelernt, hör damit auf. Ich weiß, ich hätte über dich herfallen sollen gestern abend, dir die weißen Schultern zerbeißen und das weiche Fleisch hoch über den Knien, ich hätte dich fertigmachen sollen, bis du in der Ecke gelegen hättest und dann hättest du noch vor Schmerz gestöhnt: Mehr, Schätzchen, mehr. So dachtest du dir das doch. Oh, der ist noch jung, dachtest du gestern abend in deinem Fenster, der ist noch nicht so verbraucht wie die feigen alten Familienväter, die hier abends für eine Viertelstunde Don Juan markieren. Oh, dachtest du, da ist mal so ein junges Gemüse, der wirft dich mal so restlos um. Und dann kam ich rein. Du rochst nach Tier, aber ich war müde, weißt du, ich wollte nur erst mal ne Stunde die Beine lang machen. Du hättest deinen Unterrock anbehalten können. Die Nacht ist um. Du grinst, weil du dich schämst. Du verachtest mich. Du denkst wohl, ich wär noch kein Mann. Natürlich denkst du das, denn du machst nun ganz auf mütterlich. Du denkst, ich bin noch ein Junge. Du hast Mitleid mit mir, verächtliches mütterliches Mitleid, weil ich nicht über dich hergefallen bin. Aber ich bin ein Mann, verstehst du, ich bin schon lange ein Mann. Ich war nur müde gestern abend, sonst hätte ich dirs schon gezeigt, das kann ich dir sagen, denn ich bin schon lange ein Mann, sagt der Mund, verstehst du, längst schon. Denn ich hab schon Wodka getrunken, meine Liebe, richtigen russischen Wodka, 98prozentigen, meine Liebe, und ich habe Scheiße geschrien, weißt du, ein Gewehr hab ich gehabt und Scheiße hab ich geschrien und geschossen hab ich und ganz allein auf Horchposten gestanden und der Kompaniechef hat Du zu mir gesagt und Feldwebel Brand hat mit mir immer die Zigaretten getauscht, weil er so gern Kunsthonig wollte und dann hatte ich seine Zigaretten noch dazu, wenn du glaubst, ich wär noch ein Junge! Ich war schon, am Abend bevor es nach Rußland ging, bei einer Frau, längst schon, meine Liebe, bei einer Frau und über ne Stunde lang und heiser war die und teuer und ne richtige Frau war das, eine Erwachsene, meine Liebe, die hat nicht bei mir auf mütterlich gemacht, die hat mein Geld weggesteckt und hat gesagt: Na, wann gehts los, Schätzchen, gehts nach Rußland? Willst noch mal mit der deutschen Frau, gelt, Schätzchen? Schätzchen hat sie zu mir gesagt und hat mir den Kragen von der Uniform aufgeknöpft. Aber dann hat sie sich die ganze Zeit die Fransen von der Tischdecke um die Finger gewickelt und hat an die Wand gesehn. Hin und wieder hat sie Schätzchen gesagt, aber nachher ist sie sofort aufgestanden und hat sich gewaschen und an der Tür unten hat sie dann Tschüs gesagt. Das war alles. Im Nebenhaus sangen sie die Rosamunde und aus den andern Fenstern hingen auch überall welche raus und alle sagten sie Schätzchen. Alle sagten sie Schätzchen. Das war der Abschied von Deutschland. Aber das Schlimmste kam am anderen Morgen auf dem Bahnhof.

Die Frau macht die Augen zu. Denn der Mund, der wächst. Denn der Mund wird groß und grausam und groß.

Es war das übliche, sagt der riesige Mund, es war gar nichts besonderes. Es war nur das übliche. Ein Blei-Morgen. Eine Blei-Eisenbahn. Und Blei-Soldaten. Die Soldaten waren wir. Es war gar nichts besonderes. Nur das übliche. Ein Bahnhof. Ein Güterzug. Und Gesichter. Das war alles.

Als wir dann in den Güterzug kletterten, sie stanken nach Vieh, die Waggons, die blutroten, da wurden unsere Väter laut und lustig mit ihren Blei-Gesichtern und sie haben verzweifelt ihre Hüte geschwenkt. Und unsere Mütter verwischten mit buntfarbigen Tüchern ihre maßlose Trauer: Verlier auch nicht die neuen Strümpfe, Karlheinz. Und Bräute waren da, denen taten noch die Münder weh von dem Abschied und die Brüste und die – – alles tat ihnen weh, und das Herz und die Lippen brannten noch und der Brand der Abschiedsnacht war noch nicht oh noch lange nicht erloschen im Blei. Wir aber sangen so wunderwunderschön in Gottes weite Welt hinaus und grinsten und grölten, daß unsern Müttern die Herzen erfroren. Und dann wurde der Bahnhof – der wollte keine Knechte – dann wurden die Mütter – Säbel, Schwert und Spieß – die Mütter und Bräute immer winziger und Vaters Hut – daß er bestände bis aufs Blut – Vaters Hut machte noch lange: Machs gut, Karlheinz – bis in den Tod – machs gut, mein Junge – die Feeeheeeede. Und unser Kompaniechef saß vorn im Waggon und schrieb auf den Meldeblock: Abfahrt: 6 Uhr 23. Auf dem Küchenwagen schälten die Rekruten mit männlichen Gesichtern Kartoffeln. In einem Büro in der Bismarckstraße sagte Herr Dr. Sommer, Rechtsanwalt und Notar, diesen Morgen: Mein Füller ist kaputt. Es wird hohe Zeit, daß der Krieg zu Ende geht. Draußen vor der Stadt juchte eine Lokomotive. In den Waggons aber, in den dunklen Waggons, hatte man noch den Geruch von den brennenden Bräuten für sich, ganz im Dunkel für sich, aber keiner riskierte im Öllicht eine Träne. Keiner von uns. Wir sangen den trostlosen Männergesang von Madagaskar und die blutroten Waggons stanken nach Vieh, denn wir hatten Menschen an Bord. Ahoi, Kameraden, und keiner riskierte eine Träne, ahoi, kleines Mädel, täglich ging einer über Bord, und in den Kratern, da faulte die warmrote Himbeerlimonade, die einmalige Limonade, für die es keinen Ersatz gibt und die keiner bezahlen kann, nein, keiner. Und wenn uns die Angst den Schlamm schlucken ließ und uns hinwarf in den zerwühlten Schoß der mütterlichen Erde, dann fluchten wir in den Himmel, in den taubstummen Himmel: Und führe uns niemals in Fahnenflucht und vergib uns unsere MGs, vergib uns, aber keiner keiner war da, der uns vergab, es war keiner da. Und was dann kam, dafür gibts keine Vokabel, davor ist alles Geschwätz, denn wer weiß ein Versmaß für das blecherne Gemecker der Maschinengewehre und wer weiß einen Reim auf den Aufschrei eines achtzehnjährigen Mannes, der mit seinen Gedärmen in den Händen zwischen den Linien verwimmerte, wer denn, ach keiner!!!

Als wir an dem bleiernen Morgen den Bahnhof verließen und die winkenden Mütter winzig und winziger wurden, da haben wir großartig gesungen, denn der Krieg, der kam uns gerade recht. Und dann kam er. Dann war er da. Und vor ihm war alles Geschwätz. Keine Vokabel hielt ihm stand, dem brüllenden seuchigen kraftstrotzenden Tier, keine Vokabeln. Was heißt denn la guerre oder the war oder Krieg? Armseliges Geschwätz, vor dem Tiergebrüll seiner glühenden Münder, der Kanonenmünder. Und Verrat vor den glühenden Mündern der verratenen Helden. An das Metall, an den Phosphor, an den Hunger und Eissturm und Wüstensand erbärmlich verraten. Und nun sagen wir wieder the war und la guerre und der Krieg und kein Schauer ergreift uns, kein Schrei und kein Grausen. Heute sagen wir einfach wieder C'était la guerre – das war der Krieg. Mehr sagen wir heute nicht mehr, denn uns fehlen die Vokabeln, um nur eine Sekunde von ihm wiederzugeben, nur für eine Sekunde, und wir sagen einfach wieder: Oh ja, so war es. Denn alles andere ist nur Geschwätz, denn es gibt keine Vokabel, keinen Reim und kein Versmaß für ihn und keine Ode und kein Drama und keinen psychologischen Roman, die ihn ertragen, die nicht platzen vor seinem zinnoberroten Gebrüll. Und als wir die Anker lichteten, die Kaimauern knirschten vor Lust, um das Land, das dunkle Land Krieg anzusteuern, da haben wir tapfer gesungen, wir Männer, oh so bereit waren wir und so haben wir gesungen, wir in den Viehwagen. Und auf den marschmusikenen Bahnhöfen jubelten sie uns in das dunkle dunkle Land Krieg. Und dann kam er. Dann war er da. Und dann, eh wir ihn begriffen, dann war er aus. Dazwischen liegt unser Leben. Und da sind zehntausend Jahre. Und jetzt ist er aus und wir werden auf den fauligen Planken der verlorenen Schiffe nachts heimlich verächtlich an die Küste von Land Frieden, dem unverständlichen Land, gespien. Und keiner keiner kann uns noch erkennen, uns zwanzigjährige Greise, so hat uns das Gebrüll verwüstet. Kennt uns noch jemand? Wo sind die, die uns jetzt noch kennen? Wo sind sie? Die Väter verstecken sich tief in ihr Gesicht und die Mütter, die siebentausendfünfhundertvierundachtzigmal ermordeten Mütter, ersticken an ihrer Hilflosigkeit vor der Qual unserer entfremdeten Herzen. Und die Bräute, die Bräute schnuppern erschreckt den Katastrophengeruch, der wie Angstschweiß aus unserer Haut bricht, nachts, in ihren Armen, und sie wittern den einsamen Metallgeschmack aus unsern verzweifelten Küssen und sie atmen erstarrt den marzipansüßen Blutdunst erschlagener Brüder aus unserm Haar und sie begreifen unsere bittere Zärtlichkeit nicht. Denn wir vergewaltigen in ihnen all unsere Not, denn wir morden sie jedwede Nacht, bis uns eine erlöst. Eine. Erlöst. Aber keiner erkennt uns. Und jetzt sind wir unterwegs zwischen den Dörfern. Ein Pumpengequietsch ist schon ein Fetzen Heimat. Und ein heiserer Hofhund. Und eine Magd, die Guten Tag sagt. Und der Geruch von Himbeersaft aus einem Haus. (Unser Kompaniechef hatte plötzlich das ganze Gesicht voll Himbeersaft. Aus dem Mund kam der. Und darüber hat er sich so gewundert, daß seine Augen wie Fischaugen wurden: maßlos erstaunt und blöde. Unser Kompaniechef hat sich sehr über den Tod gewundert. Er konnte ihn gar nicht verstehn.) Aber der Himbeersaftduft in den Dörfern, das ist für uns schon ein Fetzen Zuhaus. Und die Magd mit den roten Armen. Und der heisere Hund. Ein Fetzen, ein kostbarer unersetzlicher Fetzen.

Und in den Städten sind wir nun. Häßlich, gierig, verloren. Und Fenster sind für uns selten, seltsam und selten. Aber sie sind doch, abends im Dunkeln, mit schlafwarmen Frauen, ein einmaliger himmlischer Fetzen für uns, oh so selten. Und wir sind unterwegs nach der ungebauten neuen Stadt, in der uns alle Fenster gehören, und alle Frauen, und alles und alles und alles: Wir sind unterwegs nach unserer Stadt, nach der neuen Stadt, und unsere Herzen schreien nachts wie Lokomotiven vor Gier und vor Heimweh – wie Lokomotiven. Und alle Lokomotiven fahren nach der neuen Stadt. Und die neue Stadt, das ist die Stadt, in der die weisen Männer, die Lehrer und die Minister, nicht lügen, in der die Dichter sich von nichts anderem verführen lassen, als von der Vernunft ihres Herzens, das ist die Stadt, in der die Mütter nicht sterben und die Mädchen keine Syphilis haben, die Stadt, in der es keine Werkstätten für Prothesen und keine Rollstühle gibt, das ist die Stadt, in der der Regen Regen genannt wird und die Sonne Sonne, die Stadt, in der es keine Keller gibt, in denen blaßgesichtige Kinder nachts von Ratten angefressen werden, und in der es keine Dachböden gibt, in denen sich die Väter erhängen, weil die Frauen kein Brot auf den Tisch stellen können, das ist die Stadt, in der die Jünglinge nicht blind und nicht einarmig sind und in der es keine Generäle gibt, das ist die neue, die großartige Stadt, in der sich alle hören und sehn und in der alle verstehn: mon cœur, the night, your heart, the day, der Tag, die Nacht, das Herz.

Und nach der neuen Stadt, nach der Stadt aller Städte, sind wir voll Hunger unterwegs durch unsere einsamen Maikuckucksnächte, und wenn wir am Morgen erwachen und wissen, wir werden es furchtbar wissen, daß es die neue Stadt niemals gibt, oh daß es die Stadt gar nicht gibt, dann werden wir wieder zehntausend Jahre älter sein und unser Morgen wird kalt und bitter sein, einsam, oh einsam, und nur die sehnsüchtigen Lokomotiven, die bleiben, die schluchzen weiter ihren fernsüchtigen Heimwehschrei in unseren qualvollen Schlaf, gierig, grausam, groß und erregt. Sie schrein weiter nachts vor Schmerz auf ihnen einsamen kalten Geleisen. Aber sie fahrn nie mehr nach Rußland, nein, sie fahrn nie mehr nach Rußland, denn keine Lokomotive fährt mehr nach Rußland keine Lokomotive fährt mehr nach Rußland keine Lokomotive fährt mehr nach Rußla nach Rußla keine denn keine Lokomotive fährt mehr nach nach denn keine denn keine Lokomo keine Lokomo keine Lokomo kei – –

Im Hafen, vom Hafen her, uuht schon ein frühes Schiff. Eine Barkasse schreit schon erregt. Und ein Auto. Nebenan singt ein Mann beim Waschen: Komm, wir machen eine kleine Reise. Im anderen Zimmer fragt ein Kind schon. Warum uuht der Dampfer, warum schreit die Barkasse, warum das Auto, warum singt der Mann nebenan, und wonach fragt das Kind?

Der Mann, der gestern abend mit dem Brot kam, der mit der Bierflaschenjacke, der grünen gefärbten, der in der Nacht eine Faust und ein nasses Gesicht hatte, der Mann macht die Augen auf. Die Frau sieht von seinem Mund weg. Und der Mund ist so arm und so klein und so voll bitterem Mut. Sie sehen sich an, ein Tier das andere, ein Gott den anderen, eine Welt die andere Welt. (Und dafür gibt es keine Vokabel.) Groß, gut, fremd, unendlich und warm und erstaunt sehn sie sich an, von jeher verwandt und verfeindet und unlöslich aneinander verloren.

Der Schluß ist dann so wie alle wirklichen Schlüsse im Leben: banal, wortlos, überwältigend. Die Tür ist da. Er steht schon draußen und riskiert den ersten Schritt noch nicht. (Denn der erste Schritt heißt: wiederum verloren.) Sie steht noch drinnen und kann die Tür noch nicht zuschlagen. (Denn jede zugeschlagene Tür heißt: wiederum verloren.) Aber dann ist er plötzlich schon mehrere Schritte weit ab. Und es ist gut, daß er nichts mehr gesagt hat. Denn was, was hätte sie antworten sollen? Und dann ist er im Frühdunst (der vom Hafen aufkommt und nach Fisch und nach Teer riecht), im Frühdunst verschwunden. Und es ist so gut, daß er sich nicht mal mehr umgedreht hat. Das ist so gut. Denn was hätte sie tun sollen? Winken? Etwa winken?

Links zwei drei vier links zwei drei vier links zwei weiter, Fischer! drei vier links zwei vorwärts, Fischer! schneidig, Fischer!
drei vier atme, Fischer! weiter, Fischer, immer weiter zickezacke
zwei drei vier schneidig ist die Infantrie zickezackejuppheidi
schneidig ist die Infantrie die Infantrie – – – –
Ich bin unterwegs. Zweimal hab ich schon gelegen. Ich will zur
Straßenbahn. Ich muß mit. Zweimal hab ich schon gelegen. Ich
hab Hunger. Aber mit muß ich. Muß. Ich muß zur Straßenbahn. Ich muß mit. Zweimal hab ich schon drei vier links zwei
drei vier aber mit muß ich drei vier zickezacke zacke drei vier
juppheidi ist die Infantrie die Infantrie Infantrie fantrie fantrie – – – 57 haben sie bei Woronesch begraben. 57, die hatten
keine Ahnung, vorher nicht und nachher nicht.Vorher haben sie
noch gesungen. Zickezackejuppheidi. Und einer hat nach Hause
geschrieben: – – – dann kaufen wir uns ein Grammophon. Aber
dann haben viertausend Meter weiter ab die Andern auf Befehl
auf einen Knopf gedrückt. Da hat es gerumpelt wie ein alter
Lastwagen mit leeren Tonnen über Kopfsteinpflaster: Kanonen-
orgel. Dann haben sie 57 bei Woronesch begraben. Vorher haben
sie noch gesungen. Hinterher haben sie nichts mehr gesagt. 9
Autoschlosser, 2 Gärtner, 5 Beamte, 6 Verkäufer, 1 Friseur, 17
Bauern, 2 Lehrer, 1 Pastor, 6 Arbeiter, 1 Musiker, 7 Schuljungen.
7 Schuljungen. Die haben sie bei Woronesch begraben. Sie hatten
keine Ahnung. 57.
Und mich haben sie vergessen. Ich war noch nicht ganz tot. Juppheidi. Ich war noch ein bißchen lebendig. Aber die andern, die
haben sie bei Woronesch begraben. 57. 57. Mach noch ne Null
dran. 570. Noch ne Null und noch ne Null. 57 000. Und noch
und noch und noch. 57 000 000. Die haben sie bei Woronesch
begraben. Sie hatten keine Ahnung. Sie wollten nicht. Das hatten
sie gar nicht gewollt. Und vorher haben sie noch gesungen. Juppheidi. Nachher haben sie nichts mehr gesagt. Und der eine hat das
Grammophon nicht gekauft. Sie haben ihn bei Woronesch und

die andern 56 auch begraben. 57 Stück. Nur ich. Ich, ich war noch nicht ganz tot. Ich muß zur Straßenbahn. Die Straße ist grau. Aber die Straßenbahn ist gelb. Ganz wunderhübsch gelb. Da muß ich mit. Nur daß die Straße so grau ist. So grau und so grau. Zweimal hab ich schon zickezacke vorwärts, Fischer! drei vier links zwei links zwei gelegen drei vier weiter, Fischer! Zickezacke juppheidi schneidig ist die Infantrie schneidig, Fischer! weiter, Fischer! links zwei drei vier wenn nur der Hunger der elende Hunger immer der elende links zwei drei vier links zwei links zwei links zwei – – –

Wenn bloß die Nächte nicht wärn. Wenn bloß die Nächte nicht wärn. Jedes Geräusch ist ein Tier. Jeder Schatten ist ein schwarzer Mann. Nie wird man die Angst vor den schwarzen Männern los. Auf dem Kopfkissen grummeln die ganze Nacht die Kanonen: Der Puls. Du hättest mich nie allein lassen sollen, Mutter. Jetzt finden wir uns nicht wieder. Nie wieder. Nie hättest du das tun sollen. Du hast doch die Nächte gekannt. Du hast doch gewußt von den Nächten. Aber du hast mich von dir geschrien. Aus dir heraus und in diese Welt mit den Nächten hineingeschrien. Und seitdem ist jedes Geräusch ein Tier in der Nacht. Und in den blaudunklen Ecken warten die schwarzen Männer. Mutter Mutter! in allen Ecken stehn die schwarzen Männer. Und jedes Geräusch ist ein Tier. Jedes Geräusch ist ein Tier. Und das Kopfkissen ist so heiß. Die ganze Nacht grummeln die Kanonen darauf. Und dann haben sie 57 bei Woronesch begraben. Und die Uhr schlurft wie ein altes Weib auf Latschen davon davon davon. Sie schlurft und schlurft und schlurft und keiner keiner hält sie auf. Und die Wände kommen immer näher. Und die Decke kommt immer tiefer. Und der Boden der Boden der wankt von der Welle Welt. Mutter Mutter! warum hast du mich allein gelassen, warum? Wankt von der Welle. Wankt von der Welt. 57. Rums. Und ich will zur Straßenbahn. Die Kanonen haben gegrummelt. Der Boden wankt. Rums. 57. Und ich bin noch ein bißchen lebendig. Und ich will zur Straßenbahn. Die ist gelb in der grauen Straße. Wunderhübsch gelb in der grauen. Aber ich komm ja nicht hin.

Zweimal hab ich schon gelegen. Denn ich hab Hunger. Und davon wankt der Boden. Wankt so wunderhübsch gelb von der Welle Welt. Wankt von der Hungerwelt. Wankt so welthungrig und straßenbahngelb.

Eben hat einer zu mir gesagt: Guten Tag, Herr Fischer. Bin ich Herr Fischer? Kann ich Herr Fischer sein, einfach wieder Herr Fischer? Ich war doch Leutnant Fischer. Kann ich denn wieder Herr Fischer sein? Bin ich Herr Fischer? Guten Tag, hat der gesagt. Aber der weiß nicht, daß ich Leutnant Fischer war. Einen guten Tag hat er gewünscht – für Leutnant Fischer gibt es keine guten Tage mehr. Das hat er nicht gewußt.

Und Herr Fischer geht die Straße lang. Die lange Straße lang. Die ist grau. Er will zur Straßenbahn. Die ist gelb. So wunderhübsch gelb. Links zwei, Herr Fischer. Links zwei drei vier. Herr Fischer hat Hunger. Er hält nicht mehr Schritt. Er will doch noch mit, denn die Straßenbahn ist so wunderhübsch gelb in dem Grau. Zweimal hat Herr Fischer schon gelegen. Aber Leutnant Fischer kommandiert: Links zwei drei vier vorwärts, Herr Fischer! Weiter, Herr Fischer! Schneidig, Herr Fischer, kommandiert Leutnant Fischer. Und Herr Fischer marschiert die graue Straße lang, die graue graue lange Straße lang. Die Mülleimerallee. Das Aschkastenspalier. Das Rinnsteinglacis. Die Champs-Ruinés. Den Muttschuttschlaginduttbroadway. Die Trümmerparade. Und Leutnant Fischer kommandiert. Links zwei links zwei. Und Herr Fischer Herr Fischer marschiert, links zwei links zwei links zwei links vorbei vorbei vorbei – – – –

Das kleine Mädchen hat Beine, die sind wie Finger so dünn. Wie Finger im Winter. So dünn und so rot und so blau und so dünn. Links zwei drei vier machen die Beine. Das kleine Mädchen sagt immerzu und Herr Fischer marschiert nebenan das sagt immerzu: Lieber Gott, gib mir Suppe. Lieber Gott, gib mir Suppe. Ein Löffelchen nur. Ein Löffelchen nur. Ein Löffelchen nur. Die Mutter hat Haare, die sind schon tot. Lange schon tot. Die Mutter sagt: Der liebe Gott kann dir keine Suppe geben, er kann es doch nicht. Warum kann der liebe Gott mir keine

Suppe geben? Er hat doch keinen Löffel. Den hat er nicht. Das kleine Mädchen geht auf seinen Fingerbeinen, den dünnen blauen Winterbeinen, neben der Mutter. Herr Fischer geht nebenan. Von der Mutter sind die Haare schon tot. Sie sind schon ganz fremd um den Kopf. Und das kleine Mädchen tanzt rundherum um die Mutter herum um Herrn Fischer herum rundherum: Er hat ja keinen Löffel. Er hat ja keinen Löffel. Er hat ja keinen nicht mal einen hat ja keinen Löffel. So tanzt das kleine Mädchen rundherum. Und Herr Fischer marschiert hinteran. Wankt nebenan auf der Welle Welt. Wankt von der Welle Welt. Aber Leutnant Fischer kommandiert: Links zwei juppvorbei schneidig, Herr Fischer, links zwei und das kleine Mädchen singt dabei: Er hat ja keinen Löffel. Er hat ja keinen Löffel. Und zweimal hat Herr Fischer schon gelegen. Vor Hunger gelegen. Er hat ja keinen Löffel. Und der andere kommandiert: Juppheidi juppheidi die Infantrie die Infantrie die Infantrie－－－－

57 haben sie bei Woronesch begraben. Ich bin Leutnant Fischer. Mich haben sie vergessen. Ich war noch nicht ganz tot. Zweimal hab ich schon gelegen. Jetzt bin ich Herr Fischer. Ich bin 25 Jahre alt. 25 mal 57. Und die haben sie bei Woronesch begraben. Nur ich, ich, ich bin noch unterwegs. Ich muß die Straßenbahn noch kriegen. Hunger hab ich. Aber der liebe Gott hat keinen Löffel. Er hat ja keinen Löffel. Ich bin 25 mal 57. Mein Vater hat mich verraten und meine Mutter hat mich ausgestoßen aus sich. Sie hat mich allein geschrien. So furchtbar allein. So allein. Jetzt gehe ich die lange Straße lang. Die wankt von der Welle der Welt. Aber immer spielt einer Klavier. Immer spielt einer Klavier. Als mein Vater meine Mutter sah – spielte einer Klavier. Als ich Geburtstag hatte – spielte einer Klavier. Bei der Heldengedenkfeier in der Schule – spielte einer Klavier. Als wir dann selbst Helden werden durften, als es den Krieg gab – spielte einer Klavier. Im Lazarett – spielte dann einer Klavier. Als der Krieg aus war – spielte immer noch einer Klavier. Immer spielt einer. Immer spielt einer Klavier. Die ganze lange Straße lang. Die Lokomotive tutet. Timm sagt, sie weint. Wenn man hoch-

kuckt, zittern die Sterne. Immerzu tutet die Lokomotive. Aber Timm sagt, sie weint. Immerzu. Die ganze Nacht. Die ganze lange Nacht nun schon. Sie weint, das tut einem im Magen weh, wenn sie so weint, sagt Timm. Sie weint wie Kinder, sagt er. Wir haben einen Wagen mit Holz. Das riecht wie Wald. Unser Wagen hat kein Dach. Die Sterne zittern, wenn man hochkuckt. Da tutet sie wieder. Hörst du? sagt Timm, sie weint wieder. Ich versteh nicht, warum die Lokomotive weint. Timm sagt es. Wie Kinder, sagt er. Timm sagt, ich hätte den Alten nicht vom Wagen schubsen sollen. Ich hab den Alten nicht vom Wagen geschubst. Du hättest es nicht tun sollen, sagt Timm. Ich habe es nicht getan. Sie weint, hörst du, wie sie weint, sagt Timm, du hättest es nicht tun sollen. Ich hab den Alten nicht vom Wagen geschubst. Sie weint nicht. Sie tutet. Lokomotiven tuten. Sie weint, sagt Timm. Er ist von selbst vom Wagen gefallen. Ganz von selbst, der Alte. Er hat gepennt, Timm, gepennt hat er, sag ich dir. Da ist er von selbst vom Wagen gefallen. Du hättest es nicht tun sollen. Sie weint. Die ganze Nacht nun schon. Timm sagt, man soll keine alten Männer vom Wagen schubsen. Ich hab es nicht getan. Er hat gepennt. Du hättest es nicht tun sollen, sagt Timm. Timm sagt, er hat in Rußland mal einen Alten in den Hintern getreten. Weil er so langsam war. Und er nahm immer so wenig auf einmal. Sie waren beim Munitionsschleppen. Da hat Timm den Alten in den Hintern getreten. Da hat der Alte sich umgedreht. Ganz langsam, sagt Timm, und er hat ihn ganz traurig angekuckt. Gar nichts weiter. Aber er hat ein Gesicht gehabt wie sein Vater. Genau wie sein Vater. Das sagt Timm. Die Lokomotive tutet. Manchmal hört es sich an, als ob sie schreit. Timm meint sogar, sie weint. Vielleicht hat Timm recht. Aber ich hab den Alten nicht vom Wagen geschubst. Er hat gepennt. Da ist er von selbst. Es rüttelt ja ziemlich auf den Schienen. Wenn man hochkuckt, zittern die Sterne. Der Wagen wankt von der Welle Welt. Sie tutet. Schrein tut sie. Schrein, daß die Sterne zittern. Von der Welle Welt.

Aber ich bin noch unterwegs. Zwei drei vier. Zur Straßenbahn.

Zweimal hab ich schon gelegen. Der Boden wankt von der Welle Welt. Wegen dem Hunger. Aber ich bin unterwegs. Ich bin schon so lange so lange unterwegs. Die lange Straße lang. Die Straße.
Der kleine Junge hält die Hände auf. Ich soll die Nägel holen.
Der Schmied zählt die Nägel. Drei Mann? fragt er.
Vati sagt, für drei Mann.
Die Nägel fallen in die Hände. Der Schmied hat dicke breite Finger. Der kleine Junge ganz dünne, die sich biegen von den großen Nägeln.
Ist der, der sagt, er ist Gottes Sohn, auch dabei?
Der kleine Junge nickt.
Sagt er immer noch, daß er Gottes Sohn ist?
Der kleine Junge nickt. Der Schmied nimmt die Nägel noch mal. Dann läßt er sie wieder in die Hände fallen. Die kleinen Hände biegen sich davon. Dann sagt der Schmied: Na ja.
Der kleine Junge geht weg. Die Nägel sind schön blank. Der kleine Junge läuft. Da machen die Nägel ein Geräusch. Der Schmied nimmt den Hammer. Na ja, sagt der Schmied. Dann hört der kleine Junge hinter sich: Pink Pank Pink Pank. Er schlägt wieder, denkt der kleine Junge. Nägel macht er, viele blanke Nägel.
57 haben sie bei Woronesch begraben. Ich bin über. Aber ich hab Hunger. Mein Reich ist von dieser dieser Welt. Und der Schmied hat die Nägel umsonst gemacht, juppheidi, umsonst gemacht, die Infantrie, umsonst die schönen blanken Nägel. Denn 57 haben sie bei Woronesch begraben. Pink Pank macht der Schmied. Pink Pank bei Woronesch. Pink Pank. 57 mal Pink Pank. Pink Pank macht der Schmied. Pink Pank macht die Infantrie. Pink Pank machen die Kanonen. Und das Klavier spielt immerzu Pink Pank Pink Pank Pink Pank————
57 kommen jede Nacht nach Deutschland. 9 Autoschlosser, 2 Gärtner, 5 Beamte, 6 Verkäufer, 1 Friseur, 17 Bauern, 2 Lehrer, 1 Pastor, 6 Arbeiter, 1 Musiker, 7 Schuljungen. 57 kommen jede Nacht an mein Bett, 57 fragen jede Nacht:
Wo ist deine Kompanie? Bei Woronesch, sag ich dann. Begraben,

sag ich dann. Bei Woronesch begraben. 57 fragen Mann für Mann: Warum? Und 57mal bleib ich stumm.

57 gehen nachts zu ihrem Vater. 57 und Leutnant Fischer. Leutnant Fischer bin ich. 57 fragen nachts ihren Vater: Vater, warum? und der Vater bleibt 57mal stumm. Und er friert in seinem Hemd. Aber er kommt mit.

57 gehen nachts zum Ortsvorsteher. 57 und der Vater und ich. 57 fragen nachts den Ortsvorsteher: Ortsvorsteher, warum? Und der Ortsvorsteher bleibt 57mal stumm. Und er friert in seinem Hemd. Aber er kommt mit.

57 gehen nachts zum Pfarrer. 57 und der Vater und der Ortsvorsteher und ich. 57 fragen nachts den Pfarrer: Pfarrer, warum? Und der Pfarrer bleibt 57mal stumm. Und er friert in seinem Hemd. Aber er kommt mit.

57 gehen nachts zum Schulmeister. 57 und der Vater und der Ortsvorsteher und der Pfarrer und ich. 57 fragen nachts den Schulmeister: Schulmeister, warum? Und der Schulmeister bleibt 57mal stumm. Und er friert in seinem Hemd. Aber er kommt mit.

57 gehen nachts zum General. 57 und der Vater und der Ortsvorsteher und der Pfarrer und der Schulmeister und ich. 57 fragen nachts den General: General, warum? Und der General – der General dreht sich nicht einmal rum. Da bringt der Vater ihn um. Und der Pfarrer? Der Pfarrer bleibt stumm.

57 gehen nachts zum Minister. 57 und der Vater und der Ortsvorsteher und der Pfarrer und der Schulmeister und ich. 57 fragen nachts den Minister: Minister, warum? Da hat der Minister sich sehr erschreckt. Er hatte sich so schön hinterm Sektkorb versteckt, hinterm Sekt. Und da hebt er sein Glas und prostet nach Süden und Norden und Westen und Osten. Und dann sagt er: Deutschland, Kameraden, Deutschland! Darum! Da sehen die 57 sich um. Stumm. So lange und stumm. Und sie sehen nach Süden und Norden und Westen und Osten. Und dann fragen sie leise: Deutschland? Darum? Dann drehen die 57 sich rum. Und sehen sich niemals mehr um. 57 legen sich bei Woronesch wieder ins Grab. Sie haben alte arme Gesichter. Wie Frauen. Wie Mütter.

Und sie sagen die Ewigkeit durch: Darum? Darum? Darum?
57 haben sie bei Woronesch begraben. Ich bin über. Ich bin Leutnant Fischer. Ich bin 25. Ich will noch zur Straßenbahn. Ich will mit. Ich bin schon lange lange unterwegs. Nur Hunger hab ich. Aber ich muß. 57 fragen: Warum? Und ich bin über. Und ich bin schon so lange die lange lange Straße unterwegs.
Unterwegs. Ein Mann. Herr Fischer. Ich bin es. Leutnant steht drüben und kommandiert: Links zwei drei vier links zwei drei vier zickezacke juppheidi zwei drei vier links zwei drei vier die Infantrie die Infantrie pink pank pink pank drei vier pink pank drei vier pink pank pink pank die lange Straße lang pink pank immer lang immer rum warum warum warum pink pank pink pank bei Woronesch darum bei Woronesch darum pink pank die lange lange Straße lang. Ein Mensch. 25. Ich. Die Straße. Die lange lange. Ich. Haus Haus Haus Wand Wand Milchgeschäft Vorgarten Kuhgeruch Haustür.

Zahnarzt

Sonnabends nur nach Vereinbarung

Wand Wand Wand

Hilde Bauer ist doof                                                          .

Leutnant Fischer ist dumm. 57 fragen: warum. Wand Wand Tür Fenster Glas Glas Glas Laterne alte Frau rote rote Augen Bratkartoffelgeruch Haus Haus Klavierunterricht pink pank die ganze Straße lang die Nägel sind so blank Kanonen sind so lang pink pank die ganze Straße lang Kind Kind Hund Ball Auto Pflasterstein Pflasterstein Kopfsteinköpfe Köpfe pink pank Stein Stein grau grau violett Benzinfleck grau grau die lange lange Straße lang Stein Stein grau blau flau flau so grau Wand Wand grüne Emaille

Schlechte Augen schnell behoben

Optiker Terboben

Im 2. Stockwerk oben

Wand Wand Wand Stein Hund Hund hebt Bein Baum Seele Hundetraum Auto hupt noch Hund pupt doch Pflaster rot Hund tot Hund tot Hund tot Wand Wand Wand die lange Straße lang Fenster Wand Fenster Fenster Fenster Lampen Leute Licht Männer immer noch Männer blanke Gesichter wie Nägel so blank so wunderhübsch blank – – –

Vor hundert Jahren spielten sie Skat. Vor hundert Jahren spielten sie schon. Und jetzt jetzt spielen sie noch. Und in hundert Jahren dann spielen sie auch immer noch. Immer noch Skat. Die drei Männer. Mit blanken biederen Gesichtern.

Passe.

Karl, sag mehr.

Ich passe auch.

Also dann – – ihr habt gemauert, meine Herren.

Du hättest ja auch passen können, dann hätten wir einen schönen Ramsch gehabt.

Man los. Man los. Wie heißt er?

Das Kreuz ist heilig. Wer spielt aus?

Immer der fragt.

Einmal hat es die Mutter erlaubt. Und noch mal Trumpf!

Was, Karl, du hast kein Kreuz mehr?

Diesmal nicht.

Na, dann wollen wir mal auf die Dörfer gehen. Ein Herz hat jeder.

Trumpf! Nun wimmel, Karl, was du bei der Seele hast. Achtundzwanzig.

Und noch einmal Trumpf!

Vor hundert Jahren spielten sie schon. Spielten sie Skat. Und in hundert Jahren, dann spielen sie noch. Spielen sie immer noch Skat mit blanken biederen Gesichtern. Und wenn sie ihre Fäuste auf den Tisch donnern lassen, dann donnert es. Wie Kanonen. Wie 57 Kanonen.

Aber ein Fenster weiter sitzt eine Mutter. Die hat drei Bilder vor sich. Drei Männer in Uniform. Links steht ihr Mann. Rechts steht ihr Sohn. Und in der Mitte steht der General. Der General von ihrem Mann und ihrem Sohn. Und wenn die Mutter abends zu Bett geht, dann stellt sie die Bilder, daß sie sie sieht, wenn sie liegt. Den Sohn. Und den Mann. Und in der Mitte den General.

Und dann liest sie die Briefe, die der General schrieb. 1917. Für
Deutschland. – steht auf dem einen. 1940. Für Deutschland. –
steht auf dem anderen. Mehr liest die Mutter nicht. Ihre Augen
sind ganz rot. Sind so rot.

Aber ich bin über. Juppheidi. Für Deutschland. Ich bin noch unterwegs. Zur Straßenbahn. Zweimal hab ich schon gelegen. Wegen
dem Hunger. Juppheidi. Aber ich muß hin. Der Leutnant kommandiert. Ich bin schon unterwegs. Schon lange lange unterwegs.

Da steht ein Mann in einer dunklen Ecke. Immer stehen Männer
in den dunklen Ecken. Immer stehn dunkle Männer in den Ecken.
Einer steht da und hält einen Kasten und einen Hut. Pyramidon!
bellt der Mann. Pyramidon! 20 Tabletten genügen. Der Mann
grinst, denn das Geschäft geht gut. Das Geschäft geht so gut.
57 Frauen, rotäugige Frauen, die kaufen Pyramidon. Mach eine
Null dran. 570. Noch eine und noch eine. 57 000. Und noch und
noch und noch. 57 000 000. Das Geschäft geht gut. Der Mann
bellt: Pyramidon. Er grinst, der Laden floriert: 57 Frauen, rotäugige Frauen, die kaufen Pyramidon. Der Kasten wird leer. Und
der Hut wird voll. Und der Mann grinst. Er kann gut grinsen.
Er hat keine Augen. Er ist glücklich: Er hat keine Augen. Er sieht
die Frauen nicht. Sieht die 57 Frauen nicht. Die 57 rotäugigen
Frauen.

Nur ich bin über. Aber ich bin schon unterwegs. Und die Straße
ist lang. So fürchterlich lang. Aber ich will zur Straßenbahn. Ich
bin schon unterwegs. Schon lange unterwegs.

In einem Zimmer sitzt ein Mann. Der Mann schreibt mit Tinte
auf weißem Papier: Und er sagt in das Zimmer hinein:

  Auf dem Braun der Ackerkrume
  weht hellgrün ein Gras.
  Eine blaue Blume
  ist vom Morgen naß.

Er schreibt es auf das weiße Papier. Er liest es ins leere Zimmer
hinein. Er streicht es mit Tinte wieder durch. Er sagt in das Zimmer hinein:

Auf dem Braun der Ackerkrume
weht hellgrün ein Gras.
Eine blaue Blume
lindert allen Haß.

Der Mann schreibt es hin. Er liest es in das leere Zimmer hinein.
Er streicht es wieder durch. Dann sagt er in das Zimmer hinein:

Auf dem Braun der Ackerkrume
weht hellgrün ein Gras.
Eine blaue Blume –
Eine blaue Blume –
Eine blaue –

Der Mann steht auf. Er geht um den Tisch herum. Immer um
den Tisch herum. Er bleibt stehen:

Eine blaue –
Eine blaue –
Auf dem Braun der Ackerkrume –

Der Mann geht immer um den Tisch herum.

57 haben sie bei Woronesch begraben. Aber die Erde war grau.
Und wie Stein. Und da weht kein hellgrünes Gras. Schnee war
da. Und der war wie Glas. Und ohne blaue Blume. Millionenmal
Schnee. Und keine blaue Blume. Aber der Mann in dem Zimmer
weiß das nicht. Er weiß es nie. Er sieht immer die blaue Blume.
Überall die blaue Blume. Und dabei haben sie 57 bei Woro-
nesch begraben. Unter glasigem Schnee. Im grauen gräulichen
Sand. Ohne Grün. Und ohne Blau. Der Sand war eisig und grau.
Und der Schnee war wie Glas. Und der Schnee lindert keinen
Haß. Denn 57 haben sie bei Woronesch begraben. 57 begraben.
Bei Woronesch begraben.

Das ist noch gar nichts, das ist ja noch gar nichts! sagt der Obergefreite mit der Krücke. Und er legt die Krücke über seine Fußspitze und zielt. Er kneift das eine Auge klein und zielt mit der
Krücke über die Fußspitze. Das ist noch gar nichts, sagt er. 86
Iwans haben wir die eine Nacht geschafft. 86 Iwans. Mit einem
MG, mein Lieber, mit einem einzigen MG in einer Nacht. Am
andern Morgen haben wir sie gezählt. Übereinander lagen sie.

86 Iwans. Einige hatten das Maul noch offen. Viele auch die Augen. Ja, viele hatten die Augen noch offen. In einer Nacht, mein Lieber. Der Obergefreite zielt mit seiner Krücke auf die alte Frau, die ihm auf der Bank gegenübersitzt. Er zielt auf die eine alte Frau und er trifft 86 alte Frauen. Aber die wohnen in Rußland. Davon weiß er nichts. Es ist gut, daß er das nicht weiß. Was sollte er sonst wohl machen? Jetzt, wo es Abend wird?

Nur ich weiß es. Ich bin Leutnant Fischer. 57 haben sie bei Woronesch begraben. Aber ich war nicht ganz tot. Ich bin noch unterwegs. Zweimal hab ich schon gelegen. Vom Hunger. Denn der liebe Gott hat ja keinen Löffel. Aber ich will auf jeden Fall zur Straßenbahn. Wenn nur die Straße nicht so voller Mütter wäre. 57 haben sie bei Woronesch begraben. Und der Obergefreite hat am anderen Morgen 86 Iwans gezählt. Und 86 Mütter schießt er mit seiner Krücke tot. Aber er weiß es nicht, das ist gut. Wo sollte er sonst wohl hin. Denn der liebe Gott hat ja keinen Löffel. Es ist gut, wenn die Dichter die blauen Blumen blühen lassen. Es ist gut, wenn immer einer Klavier spielt. Es ist gut, wenn sie Skat spielen. Immer spielen sie Skat. Wo sollten sie sonst wohl hin, die alte Frau mit den drei Bildern am Bett, der Obergefreite mit den Krücken und den 86 toten Iwans, die Mutter mit dem kleinen Mädchen, das Suppe haben will, und Timm, der den alten Mann getreten hat? Wo sollten sie sonst wohl hin?

Aber ich muß die lange lange Straße lang. Lang. Wand Wand Tür Laterne Wand Wand Fenster Wand Wand und buntes Papier buntes bedrucktes Papier.

Sind Sie schon versichert?
Sie machen sich und Ihrer Familie
eine Weihnachtsfreude
mit einer Eintrittserklärung in die
URANIA LEBENSVERSICHERUNG

57 haben ihr Leben nicht richtig versichert. Und die 86 toten Iwans auch nicht. Und sie haben ihren Familien keine Weihnachtsfreude gemacht. Rote Augen haben sie ihren Familien gemacht. Weiter nichts, rote Augen. Warum waren sie auch nicht auch

nicht in der Urania Lebensversicherung? Und ich kann mich nun mit den roten Augen herumschlagen. Überall die roten rotgeweinten rotgeschluchzten Augen. Die Mutteraugen, die Frauenaugen. Überall die roten rotgeweinten Augen. Warum haben sich die 57 nicht versichern lassen? Nein, sie haben ihren Familien keine Weihnachtsfreude gemacht. Rote Augen. Nur rote Augen. Und dabei steht es doch auf tausend bunten Plakaten: Urania Lebensversicherung Urania Lebensversicherung – –

Evelyn steht in der Sonne und singt. Die Sonne ist bei Evelyn. Man sieht durch das Kleid die Beine und alles. Und Evelyn singt. Durch die Nase singt sie ein wenig und heiser singt sie bißchen. Sie hat heute nacht zu lange im Regen gestanden. Und sie singt, daß mir heiß wird, wenn ich die Augen zumach. Und wenn ich sie aufmach, dann seh ich die Beine bis oben und alles. Und Evelyn singt, daß mir die Augen verschwimmen. Sie singt den süßen Weltuntergang. Die Nacht singt sie und Schnaps, den gefährlich kratzenden Schnaps voll wundem Weltgestöhn. Das Ende singt Evelyn, das Weltende, süß und zwischen nackten schmalen Mädchenbeinen: heiliger himmlischer heißer Weltuntergang. Ach, Evelyn singt wie nasses Gras, so schwer von Geruch und Wollust und so grün. So dunkelgrün, so grün wie leere Bierflaschen neben den Bänken, auf denen Evelyns Knie abends mondblaß aus dem Kleid raussehen, daß mir heiß wird.

Sing, Evelyn, sing mich tot. Sing den süßen Weltuntergang, sing einen kratzenden Schnaps, sing einen grasgrünen Rausch. Und Evelyn drückt meine graskalte Hand zwischen die mondblassen Knie, daß mir heiß wird.

Und Evelyn singt. Komm lieber Mai und mache, singt Evelyn und hält meine graskalte Hand mit den Knien. Komm lieber Mai und mache die Gräber wieder grün. Das singt Evelyn. Komm lieber Mai und mache die Schlachtfelder bierflaschengrün und mache den Schutt, den riesigen Schuttacker grün wie mein Lied, wie mein schnapssüßes Untergangslied. Und Evelyn singt auf der Bank ein heiseres hektisches Lied, daß mir kalt wird. Komm lieber Mai und mache die Augen wieder blank, singt Evelyn und hält meine Hand mit den Knien. Sing, Evelyn, sing mich zurück unters bierflaschengrüne Gras, wo ich Sand war und Lehm war und Land war. Sing, Evelyn, sing und sing mich über die Schuttäcker und über die Schlachtfelder und über das Massengrab rüber in deinen süßen heißen mädchenheimlichen Mondrausch. Sing, Evelyn, sing, wenn die tausend Kompanien durch die Nächte marschieren, dann sing, wenn die tausend Kanonen die Äcker pflügen und düngen mit Blut. Sing, Evelyn, sing, wenn die Wände die Uhren und Bilder verlieren, dann sing mich in schnapsgrünen Rausch und in deinen süßen Weltuntergang. Sing, Evelyn, sing mich in dein Mädchendasein hinein, in dein heimliches, nächtliches Mädchengefühl, das so süß ist, daß mir heiß wird, wieder heiß wird vom Leben. Komm lieber Mai und mache das Gras wieder grün, so bierflaschengrün, so evelyngrün. Sing, Evelyn!

Aber das Mädchen, das singt nicht. Das Mädchen, das zählt, denn das Mädchen hat einen runden Bauch. Ihr Bauch ist etwas zu rund. Und nun muß sie die ganze Nacht am Bahnsteig stehen, weil einer von den 57 nicht versichert war. Und nun zählt sie die ganze Nacht die Waggons. Eine Lokomotive hat 18 Räder. Ein Personenwagen 8. Ein Güterwagen 4. Das Mädchen mit dem runden Bauch zählt die Waggons und die Räder – die Räder die Räder die Räder – – – – 78, sagt sie einmal, das ist schon ganz schön. 62, sagt sie dann, das reicht womöglich nicht. 110, sagt sie, das reicht. Dann läßt sie sich fallen und fällt vor den Zug. Der Zug hat eine Lokomotive, 6 Personenwagen und fünf Güterwagen. Das sind 86 Räder. Das reicht. Das Mädchen mit dem runden Bauch ist nicht mehr da, als der Zug mit seinen 86 Rädern vorbei ist. Sie ist einfach nicht mehr da. Kein bißchen. Kein einziges kleines bißchen ist mehr von ihr da. Sie hatte keine blaue Blume und keiner spielte für sie Klavier und keiner mit ihr Skat. Und der liebe Gott hatte keinen Löffel für sie. Aber die Eisenbahn hatte die vielen schönen Räder. Wo sollte sie sonst auch hin? Was sollte sie sonst wohl tun? Denn der liebe Gott hatte nicht mal einen Löffel. Und nun ist von ihr nichts mehr über, gar nichts mehr über.

Nur ich. Ich bin noch unterwegs. Noch immer unterwegs. Schon lange, so lang schon lang schon unterwegs. Die Straße ist lang. Ich komm die Straße und den Hunger nicht entlang. Sie sind beide so lang.

Hin und wieder schrein sie los. Links auf dem Fußballplatz. Rechts in dem großen Haus. Da schrein sie manchmal los. Und die Straße geht da mitten durch. Auf der Straße geh ich. Ich bin Leutnant Fischer. Ich bin 25. Ich hab Hunger. Ich komm schon von Woronesch. Ich bin schon lange unterwegs. Links ist der Fußballplatz. Und rechts das große Haus. Da sitzen sie drin. 1000. 2000. 3000. Und keiner sagt ein Wort. Vorne machen sie Musik. Und einige singen. Und die 3000 sagen kein Wort. Sie sind sauber gewaschen. Sie haben ihre Haare geordnet und reine Hemden haben sie an. So sitzen sie da in dem großen Haus und lassen sich erschüttern. Oder erbauen. Oder unterhalten. Das kann man nicht unterscheiden. Sie sitzen und lassen sich sauber gewaschen erschüttern. Aber sie wissen nicht, daß ich Hunger hab. Das wissen sie nicht. Und daß ich hier an der Mauer steh – ich, der von Woronesch, der auf der langen Straße mit dem langen Hunger unterwegs ist, schon so lange unterwegs ist – daß ich hier an der Mauer steh, weil ich vor Hunger vor Hunger nicht weiter kann. Aber das können sie ja nicht wissen. Die Wand, die dicke dumme Wand ist ja dazwischen. Und davor steh ich mit wackligen Knien – und dahinter sind sie in sauberer Wäsche und lassen sich Sonntag für Sonntag erschüttern. Für zehn Mark lassen sie sich die Seele umwühlen und den Magen umdrehen und die Nerven betäuben. Zehn Mark, das ist so furchtbar viel Geld. Für meinen Bauch ist das furchtbar viel Geld. Aber dafür steht auch das Wort PASSION auf den Karten, die sie für zehn Mark bekommen. MATTHÄUS-PASSION. Aber wenn der große Chor dann BARRABAS schreit, BARRABAS blutdurstig blutrünstig schreit, dann fallen sie nicht von den Bänken, die Tausend in sauberen Hemden. Nein und sie weinen auch nicht und beten auch nicht und man sieht ihren Gesichtern, sieht ihren Seelen eigentlich gar nicht viel an, wenn der große Chor BARRABAS schreit. Auf den Billetts steht für zehn Mark MATTHÄUS-Passion. Man kann bei der Passion ganz vorne sitzen, wo die Passion recht laut erlitten wird, oder etwas weiter hinten, wo nur noch gedämpft gelitten wird. Aber das ist egal. Ihren Gesichtern sieht man nichts an, wenn der große Chor BARRABAS schreit. Alle beherrschen sich gut bei der Passion. Keine Frisur geht in Unordnung vor Not und vor Qual. Nein, Not und Qual, die werden ja nur da vorne gesungen und gegeigt, für zehn Mark vormusiziert. Und die BARRABAS-Schreier, die tun ja nur so, die werden ja schließlich fürs Schreien bezahlt. Und der große Chor schreit BARRABAS. MUTTER! schreit Leutnant Fischer auf der endlosen Straße. Leutnant Fischer bin ich. BARRABAS! schreit der große Chor der Saubergewaschenen. HUNGER! bellt der Bauch von Leutnant Fischer. Leutnant Fischer bin ich. TOR! schreien die Tausend auf dem Fußballplatz. BARRABAS! schreien sie links von der Straße. TOR schreien sie rechts von der Straße. WORONESCH! schrei ich dazwischen. Aber die Tausend schrein gegenan. BARRABAS! schrein sie rechts. TOR! schrein sie links. PASSION spielen sie rechts. FUSSBALL spielen sie links. Ich steh dazwischen. Ich. Leutnant Fischer. 25 Jahre jung. 57 Millionen Jahre alt. Woronesch-Jahre. Mütter-Jahre. 57 Millionen Straßen-Jahre alt. Woronesch-Jahre. Und rechts schrein sie BARRABAS. Und links schrein sie TOR. Und dazwischen steh ich ohne Mutter allein. Auf der wankenden Welle Welt ohne Mutter allein. Ich bin 25. Ich kenne die 57, die sie bei Woronesch begraben haben, die 57, die nichts wußten, die nicht wollten, die kenn ich Tag und Nacht. Und ich kenne die 86 Iwans, die morgens mit offenen Augen und Mäulern vor dem Maschinengewehr lagen. Ich kenne das kleine Mädchen, das keine Suppe hat und ich kenne den Obergefreiten mit den Krücken. BARRABAS schrein sie rechts für zehn Mark den Saubergewaschenen ins Ohr. Aber ich kenne die alte Frau mit den drei Bildern am Bett und das Mädchen mit dem runden Bauch, das unter die Eisenbahn sprang. TOR! schrein sie links, tausendmal TOR! Aber ich kenne Timm, der nicht schlafen kann, weil er den alten Mann getreten hat und ich kenne die 57

rotäugigen Frauen, die bei dem blinden Mann Pyramidon ein-
kaufen. PYRAMIDON steht für 2 Mark auf der kleinen Schachtel.
PASSION steht auf den Eintrittskarten rechts von der Straße,
für 10 Mark PASSION. POKALSPIEL steht auf den blauen, den
blumenblauen Billetts für 4 Mark auf der linken Seite der Straße.
BARRABAS! schrein sie rechts. TOR! schrein sie links. Und immer
bellt der blinde Mann: PYRAMIDON! Dazwischen steh ich ganz
allein, ohne Mutter allein, auf der Welle, der wankenden Welle
Welt allein. Mit meinem bellenden Hunger! Und ich kenne die
57 von Woronesch. Ich bin Leutnant Fischer. Ich bin 25. Die
anderen schrein TOR und BARRABAS im großen Chor. Nur ich
bin über. Bin so furchtbar über. Aber es ist gut, daß die Saubergewaschenen die 57 von Woronesch nicht kennen. Wie sollten
sie es sonst wohl aushalten bei Passion und Pokalspiel. Nur ich
bin noch unterwegs. Von Woronesch her. Mit Hunger schon lange
lange unterwegs. Denn ich bin über. Die andern haben sie bei
Woronesch begraben. 57. Nur mich haben sie vergessen. Warum
haben sie mich bloß vergessen? Nun hab ich nur noch die Wand.
Die hält mich. Da muß ich entlang. TOR! schrein sie hinter mir
her. BARRABAS! schrein sie hinter mir her. Die lange lange
Straße entlang. Und ich kann schon lange nicht mehr. Ich kann
schon so lange nicht mehr. Und ich hab nur noch die Wand, denn
meine Mutter ist nicht da. Nur die 57 sind da. Die 57 Millionen
rotäugigen Mütter, die sind so furchtbar hinter mir her. Die Straße entlang. Aber Leutnant Fischer kommandiert: Links zwei drei
vier links zwei drei vier zickezacke BARRABAS die blaue Blume
ist so naß von Tränen und von Blut zicke zacke juppheidi begraben
ist die Infantrie unterm Fußballplatz unterm Fußballplatz.
Ich kann schon lange nicht mehr, aber der alte Leierkastenmann
macht so schneidige Musik. Freut euch des Lebens, singt der alte
Mann die Straße lang. Freut euch, ihr bei Woronesch, juppheidi,
so freut euch doch solange noch die blaue Blume blüht freut euch
des Lebens solange noch der Leierkasten läuft — — — —
Der alte Mann singt wie ein Sarg. So leise. Freut euch! singt er,
solange noch, singt er, so leise, so nach Grab, so wurmig, so

erdig, so nach Woronesch singt er, freut euch solange noch das Lämpchen Schwindel glüht. Solange noch die Windel blüht!

Ich bin Leutnant Fischer! schrei ich. Ich bin über. Ich bin schon lange die lange Straße unterwegs. Und 57 haben sie bei Woronesch begraben. Die kenn ich.

Freut euch, singt der Leierkastenmann.

Ich bin 25, schrei ich.

Freut euch, singt der Leierkastenmann.

Ich hab Hunger, schrei ich.

Freut euch singt er und die bunten Hampelmänner an seiner Orgel schaukeln. Schöne bunte Hampelmänner hat der Leierkastenmann. Viele schöne hampelige Männer. Einen Boxer hat der Leierkastenmann. Der Boxer schwenkt die dicken dummen Fäuste und ruft: Ich boxe! Und er bewegt sich meisterlich. Einen fetten Mann hat der Leierkastenmann. Mit einem dicken dummen Sack voll Geld. Ich regiere, ruft der fette Mann und er bewegt sich meisterlich. Einen General hat der Leierkastenmann. Mit einer dicken dummen Uniform. Ich kommandiere, ruft er immerzu, ich kommandiere! Und er bewegt sich meisterlich. Und einen Dr. Faust hat der Leierkastenmann mit einem weißen weißen Kittel und einer schwarzen Brille. Und der ruft nicht und schreit nicht. Aber er bewegt sich fürchterlich so fürchterlich.

Freut euch, singt der Leierkastenmann und seine Hampelmänner schaukeln. Schaukeln fürchterlich. Schöne Hampelmänner hast du, Leierkastenmann, sag ich. Freut euch, singt der Leierkastenmann. Aber was macht der Brillenmann, der Brillenmann im weißen Kittel? frag ich. Er ruft nicht, er boxt nicht, er regiert nicht und er kommandiert nicht. Was macht der Mann im weißen Kittel, er bewegt sich, bewegt sich so fürchterlich! Freut euch, singt der Leierkastenmann, er denkt, singt der Leierkastenmann, er denkt und forscht und findet. Was findet er denn, der Brillenmann, denn er bewegt sich so fürchterlich. Freut euch, singt der Leierkastenmann, er erfindet ein Pulver, ein grünes Pulver, ein hoffnungsgrünes Pulver. Was kann man mit dem grünen Pulver machen, Leierkastenmann, denn er bewegt sich fürchterfürchter-

lich. Freut euch, singt der Leierkastenmann, mit dem hoffnungs-
grünen Pulver kann man mit einem Löffelchen voll 100 Millionen
Menschen totmachen, wenn man pustet, wenn man hoffnungs-
voll pustet. Und der Brillenmann erfindet und erfindet. Freut
euch doch solange noch, singt der Leierkastenmann. Er erfindet!
schrei ich. Freut euch solange noch, singt der Leierkastenmann,
freut euch doch solange noch.
Ich bin Leutnant Fischer. Ich bin 25. Ich hab dem Leierkastenmann den Mann im weißen Kittel weggenommen. Freut euch
doch solange noch. Ich hab dem Mann, dem Brillenmann im
weißen Kittel, den Kopf abgerissen! Freut euch doch solange
noch. Ich hab dem weißen Kittelbrillenmann, dem Grünpulver-
mann, die Arme abgedreht. Freut euch doch solange noch. Ich
hab den Hoffnungsgrünenerfindermann mittendurchgebrochen.
Ich hab ihn mittendurchgebrochen. Nun kann er kein Pulver
mehr mischen, nun kann er kein Pulver mehr erfinden. Ich hab
ihn mittenmittendurchgebrochen.
Warum hast du meinen schönen Hampelmann kaputt gemacht,
ruft der Leierkastenmann, er war so klug, er war so weise, er
war so faustisch klug und weise und erfinderisch. Warum hast
du den Brillenmann kaputt gemacht, warum? fragt mich der
Leierkastenmann.
Ich bin 25, schrei ich. Ich bin noch unterwegs, schrei ich. Ich hab
Angst, schrei ich. Darum hab ich den Kittelmann kaputt gemacht. Wir wohnen in Hütten aus Holz und aus Hoffnung, schrei
ich, aber wir wohnen. Und vor unsern Hütten da wachsen noch
Rüben und Rhabarber. Vor unsern Hütten da wachsen Tomaten
und Tabak. Wir haben Angst! schrei ich. Wir wollen leben! schrei
ich. In Hütten aus Holz und aus Hoffnung! Denn die Tomaten
und Tabak, die wachsen doch noch. Die wachsen doch noch. Ich
bin 25, schrei ich, darum hab ich den Brillenmann im weißen
Kittel umgebracht. Darum hab ich den Pulvermann kaputt gemacht. Darum darum darum – – – Freut euch, singt da der Leierkastenmann, so freut euch doch solange noch solange noch solange noch freut euch, singt der Leierkastenmann und nimmt aus

seinem furchtbar großen Kasten einen neuen Hampelmann mit einer Brille und mit einem weißen Kittel und mit einem Löffelchen ja Löffelchen voll hoffnungsgrünem Pulver. Freut euch, singt der Leierkastenmann, freut euch solange noch ich hab doch noch so viele viele weiße Männer so furchtbarfurchtbar viele. Aber die bewegen sich so fürchterlichfürchterlich, schrei ich, und ich bin 25 und ich hab Angst und ich wohne in einer Hütte aus Holz und aus Hoffnung. Und Tomaten und Tabak, die wachsen doch noch.

Freut euch doch solange noch, singt der Leierkastenmann.

Aber der bewegt sich doch so fürchterlich, schrei ich.

Nein, er bewegt sich nicht, er wird er wird doch nur bewegt.

Und wer bewegt ihn denn, wer wer bewegt ihn denn?

Ich, sagt da der Leierkastenmann so fürchterlich, ich!

Ich hab Angst, schrei ich und mach aus meiner Hand eine Faust und schlag sie dem Leierkastenmann dem fürchterlichen Leierkastenmann in das Gesicht. Nein, ich schlag ihn nicht, denn ich kann sein Gesicht das fürchterliche Gesicht nicht finden. Das Gesicht ist so hoch am Hals. Ich kann mit der Faust nicht heran. Und der Leierkastenmann der lacht so fürchterfürchterlich. Doch ich find es nicht ich find es nicht. Denn das Gesicht ist ganz weit weg und lacht so lacht so fürchterlich. Es lacht so fürchterlich!

Durch die Straße läuft ein Mensch. Er hat Angst. Seine Mutter hat ihn allein gelassen. Nun schrein sie so fürchterlich hinter ihm her. Warum? schrein 57 von Woronesch her. Warum? Deutschland, schreit der Minister. Barrabas, schreit der Chor. Pyramidon, ruft der blinde Mann. Und die andern schrein: Tor. Schrein 57mal Tor. Und der Kittelmann, der weiße Brillenkittelmann, bewegt sich so fürchterlich. Und erfindet und erfindet und erfindet. Und das kleine Mädchen hat keinen Löffel. Aber der weiße Mann mit der Brille hat einen. Der reicht gleich für 100 Millionen. Freut euch, singt der Leierkastenmann.

Ein Mensch läuft durch die Straße. Die lange lange Straße lang. Er hat Angst. Er läuft mit seiner Angst durch die Welt. Durch die wankende Welle Welt. Der Mensch bin ich. Ich bin 25. Und ich bin unterwegs. Bin lange schon und immer noch unterwegs. Ich will zur

Straßenbahn. Ich muß mit der Straßenbahn, denn alle sind hinter mir her. Sind furchtbar hinter mir her. Ein Mensch läuft mit seiner Angst durch die Straße. Der Mensch bin ich. Ein Mensch läuft vor dem Schreien davon. Der Mensch bin ich. Ein Mensch glaubt an Tomaten und Tabak. Der Mensch bin ich. Ein Mensch springt auf die Straßenbahn, die gelbe gute Straßenbahn. Der Mensch bin ich. Ich fahre mit der Straßenbahn, der guten gelben Straßenbahn.

Wo fahren wir hin? frag ich die andern. Zum Fußballplatz? Zur Matthäus-Passion? Zu den Hütten aus Holz und aus Hoffnung mit Tomaten und Tabak? Wo fahren wir hin? frag ich die andern. Da sagt keiner ein Wort. Aber da sitzt eine Frau, die hat drei Bilder im Schoß. Und da sitzen drei Männer beim Skat nebendran. Und da sitzt auch der Krückenmann und das kleine Mädchen ohne Suppe und das Mädchen mit dem runden Bauch. Und einer macht Gedichte. Und einer spielt Klavier. Und 57 marschieren neben der Straßenbahn her. Zickezackejuppheidi schneidig war die Infanterie bei Woronesch heijuppheidi. An der Spitze marschiert Leutnant Fischer. Leutnant Fischer bin ich. Und meine Mutter marschiert hinterher. Marschiert 57 millionenmal hinter mir her. Wohin fahren wir denn? frag ich den Schaffner. Da gibt er mir ein hoffnungsgrünes Billett. Matthäus – Pyramidon steht da drauf. Bezahlen müssen wir alle, sagt er und hält seine Hand auf. Und ich gebe ihm 57 Mann. Aber wohin fahren wir denn? frag ich die andern. Wir müssen doch wissen: wohin? Da sagt Timm: Das wissen wir auch nicht. Das weiß keine Sau. Und alle nicken mit dem Kopf und grummeln: Das weiß keine Sau. Aber wir fahren. Tingeltangel, macht die Klingel der Straßenbahn und keiner weiß wohin. Aber alle fahren mit. Und der Schaffner macht ein unbegreifliches Gesicht. Es ist ein uralter Schaffner mit zehntausend Falten. Man kann nicht erkennen, ob es ein böser oder ein guter Schaffner ist. Aber alle bezahlen bei ihm. Und alle fahren mit. Und keiner weiß: ein guter oder böser. Und keiner weiß: wohin. Tingeltangel, macht die Klingel der Straßenbahn. Und keiner weiß: wohin? Und alle fahren: mit. Und keiner weiß —— und keiner weiß —— und keiner weiß ——

# Nachgelassene Gedichte

Diese Gedichte gehören zu den frühen Arbeiten des Dichters. Sie entstanden in dem gleichen Zeitraum wie die Verse des Bändchens «Laterne, Nacht und Sterne». Aus dem umfangreichen lyrischen Nachlaß, dem Borchert selbst kein besonderes literarisches Gewicht beimaß, wurden diese fünfzehn Gedichte ausgewählt, weil sie wegen ihrer stark persönlichen Haltung geeignet sind, die Vorstellung vom Menschen Borchert zu vertiefen.

## KINDERLIED

Wo wohnt der liebe Gott?
Im Graben, im Graben!
Was macht er da?
Er bringt den Fischlein 's Schwimmen bei,
damit sie auch was haben.

Wo wohnt der liebe Gott?
Im Stalle, im Stalle!
Was macht er da?
Er bringt dem Kalb das Springen bei,
damit es niemals falle.

Wo wohnt der liebe Gott?
Im Fliederbusch am Rasen!
Was macht er da?
Er bringt ihm wohl das Duften bei
für unsre Menschennasen.

Stell dich mitten in den Regen,
glaub an seinen Tropfensegen
spinn dich in das Rauschen ein
und versuche gut zu sein!

Stell dich mitten in den Wind,
glaub an ihn und sei ein Kind –
laß den Sturm in dich hinein
und versuche gut zu sein!

Stell dich mitten in das Feuer,
liebe dieses Ungeheuer
in des Herzens rotem Wein –
und versuche gut zu sein!

## GEDICHT

Blume Anmut blüht so rot,
Blume Huldvoll blaut daneben.
Blume Anmut ist das Leben,
Blume Huldvoll ist der Tod.

Süß und herbe ist das Leben,
herb die Lust und süß die Not.
Blume Leben blüht so rot –
Blume Tod blüht blau daneben.

Man wird tierisch.
Das macht die eisenhaltige
Luft. Aber das faltige
Herz fühlt manchmal noch lyrisch.
Ein Stahlhelm im Morgensonnenschimmer.
Ein Buchfink singt und der Helm rostet.
Was wohl zu Hause ein Zimmer
mit Bett und warm Wasser kostet?
Wenn man nicht so müde wär!

Aber die Beine sind schwer.
Hast du noch ein Stück Brot?
Morgen nehmen wir den Wald.
Aber das Leben ist hier so tot.
Selbst die Sterne sind fremd und kalt.
Und die Häuser sind
so zufällig gebaut.
Nur manchmal siehst du ein Kind,
das hat wunderbare Haut.

## DER MOND LÜGT

### Moabit

Der Mond malt ein groteskes Muster an die Mauer.
Grotesk? Ein helles Viereck, kaum gebogen,
von einer Anzahl dunkelgrauer
und schmaler Linien durchzogen.
Ein Fischernetz? Ein Spinngewebe?
Doch ach, die Wimper zittert,
wenn ich den Blick zum Fenster hebe:
Es ist vergittert!

## DER VOGEL

Du bist vom Wind erlöste Ackerkrume,
du bist ein Kind von Fisch und Blume.
Aus allem aufgehoben,
bist du der Wunsch der Seele,
daß sie im tollsten Toben
sich nicht mehr quäle.
Du bist vom Stern geboren
in einer großen Nacht.
Pan hat sein Herz verloren
und dich daraus gemacht!

## AM FENSTER EINES WIRTSHAUSES
### BEIM STEINHUDER MEER
Auf dem Nachhausewege 1945

Die Apfelblüten tun sich langsam zu
beim Abendvers der süßen Vogelkehle.
Die Frösche sammeln sich am Fuß des Stegs.
Die Biene summt den Tag zur Ruh –
nur meine Seele
ist noch unterwegs.

Die Straße sehnt sich nach der nahen Stadt,
wo in der Nacht das Leben weiterglimmt,
weil hier noch Herzen schlagen.
Wer jetzt noch kein Zuhause hat,
wenn ihn die Nacht gefangen nimmt,
der muß noch lange fragen:

Warum die Blumen leidlos sind –
warum die Vögel niemals weinen –
und ob der Mond wohl auch so müde ist –

Und dann erbarmt sich leis ein Wind des einen,
bis er – im Schlaf – die Welt vergißt.

## DRAUSSEN

Das macht das Fenster, daß wir «draußen» sagen –
und weil wir selber drinnen sind.
Nach draußen muß man schauernd fragen,
denn draußen ist der Wind.

Laternen stehn
schon hundert schwarze Nächte –
und abends, bald nach zehn,
wenn mancher schlafen möchte,
graut wohl die Straße blaß
und schweigend aus der Flut
von Seufzern, Stein und Glas.

Nun ist es unser Blut,
das so gewaltig rauscht –
da hält der Wind im Tanz den Schritt,
bleibt manchmal stehn,
als ob er lauscht.
Und die Laternen gehn
noch lange durch die Träume mit.

## WINTERABEND

Der Nebel legt sich kühl und grau
auf die Dinge, und nur Laternen
und die weißen Hauben von Schwestern
schimmern. Und einzelne Worte fallen
wie Regentropfen:... Gestern...
und:... meine Frau...
und seltsam hallen
sie nach wie Gedichte
und man denkt eine ganze Geschichte
aus ihnen zusammen.

Ein einsamer Schritt verweht noch im Norden,
die Straßen sind still,
und der Lärm ist müde geworden,
weil die Stadt nun schlafen will.

Meine Seele ist wie eine Straßenlaterne.
Wenn es Nacht wird und die Sterne
aufgehn, beginnt sie zu sein.
Mit zitterndem Schein
tastet sie durchs Dunkel,
verliebt wie die Katzen
auf nächtlichen Dächern, mit grünem Gefunkel
in den Augen. Menschen und Spatzen
schlafen.
Nur die Schiffe schwanken im Hafen.

Hebt der Mond sich über den Rand
von einem Kirchendache,
ist in meinen Augen
knisternd ein Streichholz aufgeflammt,
und ich lache.

Regen rinnt –
bei mir sind
nur mein Schatten und der Wind.
Und meine Hände haben noch den Duft
von irgendeinem schönen Kind.

# DIE NACHT

Und wieder geht die dunkelblaue Frau,
die blasse Schwester der Betrunkenen und Dichter,
durch die verstummten, nebeligen Straßen.

Es schwankt im Schlendrian das Nachtgelichter:
Die Mädchen, die für Stunden heilig sind,
glühn sündhaft aus dem Häuserschatten,

bis sie der kühle Morgenwind verscheucht.
Laternen fühlen sich von den Bezechten
verzweifelt und berauscht umarmt –

der Dichter aber flüstert seinen großen Monolog:
Nimm, dunkelblaue Frau, die ohne Ruhe sind,
in deinen gnadenreichen Schoß!

## LIEBESLIED

Weil nun die Nacht kommt,
bleib ich bei dir.
Was ich dir sein kann,
gebe ich dir!

Frage mich niemals:
woher und wohin –
nimm meine Liebe,
nimm mich ganz hin!

Sei eine Nacht lang
zärtlich zu mir.
Denn eine Nacht nur
bleib ich bei dir.

## LIEBESGEDICHT

Du warst die Blume Makellos
und ich war wild und wach.
Als deine Iris überfloß,
da gabst du gebend nach.

Ich war die Blume Schmerzenlos
in deinem lichten Duft.
Wir schenkten uns aus Grenzenlos,
aus Erde, Leid und Gruft.

Da wuchs die Blume Morgenrot
an unserer Nächte Saum.
Wir litten eine süße Not
um einen süßen Traum.

## ABSCHIED

Laß mir deinen Rosenmund
noch für einen Kuß.
Draußen weiß ein ferner Hund,
daß ich weiter muß.

Laß mir deinen hellen Schoß
noch für ein Gebet.
Mach mich aller Schmerzen los!
– horch, der Seewind weht.

Laß mir noch dein weiches Haar
schnell für diesen Traum:
Daß dein Lieben Liebe war –
laß mir diesen Traum!

## SÜDFRÜCHTE

Die Kokosnuß, einst affenkühn umklettert,
die maskenstarre, borstenzöpfige,
sehnt sich nach ihren meerumblauten Inseln,
von hellem Vogelschrei umschmettert.

Dem Sphinxenkopf der Ananas,
von Dunkelhäutigen gepflückt,
wächst ein Gebüsch wie grünes Gras –
von fremden Rhythmen jäh entzückt.

Die bernsteinfarbenen Bananen,
die säbelbeinigen, sie träumen
nun im Verein mit Feigen, deren Ahnen
des Orients geheimnisreiche Wüsten säumen.

Die kleinen Monde praller Apfelsinen,
sie lauschen dem Geschwätze schlanker Datteln:
Von Haremstänzerinnen mit Brokatpantinen
auf weißen Dromedaren, die sie silbern satteln.

In diese Heimwehträume der Exoten
platzt plötzlich ganz gewöhnlich und frivol
das plumpe Lachen über freche Zoten
von einem simplen Wirsingkohl!

# Nachgelassene Erzählungen

Diese Geschichten sind chronologisch nach dem Zeitpunkt ihres Entstehens geordnet. Die Erzählung «Schischyphusch», beachtenswert wegen ihres abgründigen Humors, gehört zu den frühen Prosastücken Borcherts. Der aufrüttelnde Mahnruf «Dann gibt es nur eins» ist die letzte Arbeit des Dichters, er schrieb sie — gleichsam als Vermächtnis an Europa und die Menschheit — kurz vor seinem Tode in Basel.

## DER SCHRIFTSTELLER

Der Schriftsteller muß dem Haus, an dem alle bauen, den Namen geben. Auch den verschiedenen Räumen. Er muß das Krankenzimmer «Das traurige Zimmer» nennen, die Dachkammer «Das windige» und den Keller «Das düstere». Er darf den Keller nicht «Das schöne Zimmer» nennen.

Wenn man ihm keinen Bleistift gibt, muß er verzweifeln vor Qual. Er muß versuchen, mit dem Löffelstiel an die Wand zu ritzen. Wie im Gefängnis: Dies ist ein häßliches Loch. Wenn er das nicht tut in seiner Not, ist er nicht echt. Man sollte ihn zu den Straßenkehrern schicken.

Wenn man seine Briefe in anderen Häusern liest, muß man wissen: Aha. Ja. So also sind sie in jenem Haus. Es ist egal, ob er groß oder klein schreibt. Aber er muß leserlich schreiben. Er darf in dem Haus die Dachkammer bewohnen. Dort hat man die tollsten Aussichten. Toll, das ist schön und grausig. Es ist einsam da oben. Und es ist da am kältesten und am heißesten.

Wenn der Steinhauer Wilhelm Schröder den Schriftsteller in der Dachkammer besucht, kann ihm womöglich schwindelig werden. Darauf darf der Schriftsteller keine Rücksicht nehmen. Herr Schröder muß sich an die Höhe gewöhnen. Sie wird ihm gut tun.

Nachts darf der Schriftsteller die Sterne begucken. Aber wehe ihm, wenn er nicht fühlt, daß sein Haus in Gefahr ist. Dann muß er posaunen, bis ihm die Lungen platzen!

## SCHISCHYPHUSCH
### ODER DER KELLNER MEINES ONKELS

Dabei war mein Onkel natürlich kein Gastwirt. Aber er kannte einen Kellner. Dieser Kellner verfolgte meinen Onkel so intensiv mit seiner Treue und mit seiner Verehrung, daß wir immer sagten: Das ist sein Kellner. Oder: Ach so, sein Kellner.

Als sie sich kennenlernten, mein Onkel und der Kellner, war ich dabei. Ich war damals gerade so groß, daß ich die Nase auf den

Tisch legen konnte. Das durfte ich aber nur, wenn sie sauber war. Und immer konnte sie natürlich nicht sauber sein. Meine Mutter war auch nicht viel älter. Etwas älter war sie wohl, aber wir waren beide noch so jung, daß wir uns ganz entsetzlich schämten, als der Onkel und der Kellner sich kennenlernten. Ja, meine Mutter und ich, wir waren dabei.

Mein Onkel natürlich auch, ebenso wie der Kellner, denn die beiden sollten sich ja kennenlernen und auf sie kam es an. Meine Mutter und ich waren nur als Statisten dabei und hinterher haben wir es bitter verwünscht, daß wir dabei waren, denn wir mußten uns wirklich sehr schämen, als die Bekanntschaft der beiden begann. Es kam dabei nämlich zu allerhand erschrecklichen Szenen mit Beschimpfung, Beschwerden, Gelächter und Geschrei. Und beinahe hätte es sogar eine Schlägerei gegeben. Daß mein Onkel einen Zungenfehler hatte, wäre beinahe der Anlaß zu dieser Schlägerei geworden. Aber daß er einbeinig war, hat die Schlägerei dann schließlich doch verhindert.

Wir saßen also, wir drei, mein Onkel, meine Mutter und ich, an einem sonnigen Sommertag nachmittags in einem großen prächtigen bunten Gartenlokal. Um uns herum saßen noch ungefähr zwei- bis dreihundert andere Leute, die auch alle schwitzten. Hunde saßen unter den schattigen Tischen und Bienen saßen auf den Kuchentellern. Oder kreisten um die Limonadengläser der Kinder. Es war so warm und so voll, daß die Kellner alle ganz beleidigte Gesichter hatten, als ob das alles nur stattfände aus Schikane. Endlich kam auch einer an unseren Tisch.

Mein Onkel hatte, wie ich schon sagte, einen Zungenfehler. Nicht bedeutend, aber immerhin deutlich genug. Er konnte kein s sprechen. Auch kein z oder tz. Er brachte das einfach nicht fertig. Immer wenn in einem Wort so ein harter s-Laut auftauchte, dann machte er ein weiches feuchtwässeriges sch daraus. Und dabei schob er die Lippen weit vor, daß sein Mund entfernte Ähnlichkeit mit einem Hühnerpopo bekam. Der Kellner stand also an unserem Tisch und wedelte mit seinem Taschentuch die Kuchenkrümel unserer Vorgänger von der Decke. (Erst viele Jahre später erfuhr ich, daß es nicht sein Taschentuch, sondern eine Art Serviette gewesen sein muß.) Er wedelte also damit und fragte kurzatmig und nervös:

«Bitte schehr? Schie wünschen?»

Mein Onkel, der keine alkoholarmen Getränke schätzte, sagte gewohnheitsmäßig:

«Alscho: Schwei Aschbach und für den Jungen Schelter oder Brausche. Oder wasch haben Schie schonscht?»

Der Kellner war sehr blaß. Und dabei war es Hochsommer und er war doch Kellner in einem Gartenlokal. Aber vielleicht war er überarbeitet. Und plötzlich merkte ich, daß mein Onkel unter seiner blanken braunen Haut auch blaß wurde. Nämlich als der Kellner die Bestellung der Sicherheit wegen wiederholte:

«Schehr wohl. Schwei Aschbach. Eine Brausche. Bitte schehr.»

Mein Onkel sah meine Mutter mit hochgezogenen Brauen an, als ob er etwas Dringendes von ihr wollte. Aber er wollte sich nur vergewissern, ob er noch auf dieser Welt sei. Dann sagte er mit einer Stimme, die an fernen Geschützdonner erinnerte:

«Schagen Schie mal, schind Schie wahnschinnig? Schie? Schie machen schich über mein Lischpeln luschtig? Wasch?»

Der Kellner stand da und dann fing es an, an ihm zu zittern. Seine Hände zitterten. Seine Augendeckel. Seine Knie. Vor allem aber zitterte seine Stimme. Sie zitterte vor Schmerz und Wut und Fassungslosigkeit, als er sich jetzt Mühe gab, auch etwas geschützdonnerähnlich zu antworten:

«Esch ischt schamlosch von Schie, schich über mich schu amüschieren, taktlosch ischt dasch, bitte schehr.»

Nun zitterte alles an ihm. Seine Jackenzipfel. Seine pomadenverklebten Haarsträhnen. Seine Nasenflügel und seine sparsame Unterlippe.

An meinem Onkel zitterte nichts. Ich sah ihn ganz genau an: Absolut nichts. Ich bewunderte meinen Onkel. Aber als der Kellner ihn schamlos nannte, da stand mein Onkel doch wenigstens auf. Das heißt, er stand eigentlich gar nicht auf. Das wäre ihm mit seinem einen Bein viel zu umständlich und beschwerlich gewesen. Er blieb sitzen und stand dabei doch auf. Innerlich stand er auf. Und das genügte auch vollkommen. Der Kellner fühlte dieses innerliche Aufstehen meines Onkels wie einen Angriff und er wich zwei kurze zittrige unsichere Schritte zurück. Feindselig standen sie sich gegenüber. Obgleich mein Onkel saß. Wenn er wirklich aufgestanden wäre, hätte sich sehr wahrscheinlich der Kellner hingesetzt. Mein Onkel konnte es sich auch leisten, sitzen zu bleiben, denn er war noch im Sitzen ebenso groß wie der Kellner und ihre Köpfe waren auf gleicher Höhe.

So standen sie nun und sahen sich an. Beide mit einer zu kurzen Zunge, beide mit demselben Fehler. Aber jeder mit einem völlig anderen Schicksal.

Klein, verbittert, verarbeitet, zerfahren, fahrig, farblos, verängstigt, unterdrückt: der Kellner. Der kleine Kellner. Ein richtiger Kellner: Verdrossen, stereotyp höflich, geruchlos, ohne Gesicht, numeriert, verwaschen und trotzdem leicht schmuddelig. Ein kleiner Kellner. Zigarettenfingrig, servil, steril, glatt, gut gekämmt, blaurasiert, gelbgeärgert, mit leerer Hose hinten und dikken Taschen an der Seite, schiefen Absätzen und chronisch verschwitztem Kragen – der kleine Kellner.

Und mein Onkel? Ach, mein Onkel! Breit, braun, brummend, baßkehlig, laut, lachend, lebendig, reich, riesig, ruhig, sicher, satt, saftig – mein Onkel!

Der kleine Kellner und mein großer Onkel. Verschieden wie ein Karrengaul vom Zeppelin. Aber beide kurzzungig. Beide mit demselben Fehler. Beide mit einem feuchten wässerigen weichen sch. Aber der Kellner ausgestoßen, getreten von seinem Zungenschicksal, bockig, eingeschüchtert, enttäuscht, einsam, bissig.

Und klein, ganz klein geworden. Tausendmal am Tag verspottet, an jedem Tisch belächelt, belacht, bemitleidet, begrinst, beschrien. Tausendmal an jedem Tag im Gartenlokal an jedem Tisch einen Zentimeter in sich hineingekrochen, geduckt, geschrumpft. Tausendmal am Tag bei jeder Bestellung an jedem Tisch, bei jedem «bitte schehr» kleiner, immer kleiner geworden. Die Zunge, gigantischer unförmiger Fleischlappen, die viel zu kurze Zunge, formlose zyklopische Fleischmasse, plumper unfähiger roter Muskelklumpen, diese Zunge hatte ihn zum Pygmäen erdrückt: kleiner, kleiner Kellner!

Und mein Onkel! Mit einer zu kurzen Zunge, aber: als hätte er sie nicht. Mein Onkel, selbst am lautesten lachend, wenn über ihn gelacht wurde. Mein Onkel, einbeinig, kolossal, slickzungig. Aber Apoll in jedem Zentimeter Körper und jedem Seelenatom. Autofahrer, Frauenfahrer, Herrenfahrer, Rennfahrer. Mein Onkel, Säufer, Sänger, Gewaltmensch, Witzereißer, Zotenflüsterer, Verführer, kurzzungiger sprühender, sprudelnder spuckender Anbeter von Frauen und Kognak. Mein Onkel, saufender Sieger, prothesenknarrend, breitgrinsend, mit viel zu kurzer Zunge, aber: als hätte er sie nicht!

So standen sie sich gegenüber. Mordbereit, todwund der eine, lachfertig, randvoll mit Gelächtereruptionen der andere. Ringsherum sechs- bis siebenhundert Augen und Ohren, Spaziergänger, Kaffeetrinker, Kuchenschleckerer, die den Auftritt mehr genossen als Bier und Brause und Bienenstich. Ach, und mittendrin meine Mutter und ich. Rotköpfig, schamhaft, tief in die Wäsche verkrochen. Und unsere Leiden waren erst am Anfang.

«Schuchen Schie schofort den Wirt, Schie aggreschiver Schpatsch, Schie. Ich will Schie lehren, Gäschte schu inschultieren.»

Mein Onkel sprach jetzt absichtlich so laut, daß den sechs- bis siebenhundert Ohren kein Wort entging. Der Asbach regte ihn in angenehmer Weise an. Er grinste vor Wonne über sein großes gutmütiges breites braunes Gesicht. Helle salzige Perlen kamen aus der Stirn und trudelten abwärts über die massiven Backenknochen. Aber der Kellner hielt alles an ihm für Bosheit, für Gemeinheit, für Beleidigung und Provokation. Er stand mit faltigen hohlen leise wehenden Wangen da und rührte sich nicht von der Stelle.

«Haben Schie Schand in den Gehörgängen? Schuchen Schie den Beschitscher, Schie beschoffener Schpaschvogel. Losch, oder haben Schie die Hosche voll, Schie mischgeschtalteter Schwerg?»

Da faßte der kleine kleine Pygmäe, der kleine slickzungige Kell-

ner, sich ein großmütiges, gewaltiges, für uns alle und für ihn selbst überraschendes Herz. Er trat ganz nah an unsern Tisch, wedelte mit seinem Taschentuch über unsere Teller und knickte zu einer korrekten Kellnerverbeugung zusammen. Mit einer kleinen männlichen und entschlossen leisen Stimme, mit überwältigender zitternder Höflichkeit sagte er: «Bitte schehr!» und setzte sich klein, kühn und kaltblütig auf den vierten freien Stuhl an unserem Tisch. Kaltblütig natürlich nur markiert. Denn in seinem tapferen kleinen Kellnerherzen flackerte die empörte Flamme der verachteten gescheuchten mißgestalteten Kreatur. Er hatte auch nicht den Mut, meinen Onkel anzusehen. Er setzte sich nur so klein und sachlich hin und ich glaube, daß höchstens ein Achtel seines Gesäßes den Stuhl berührte. (Wenn er überhaupt mehr als ein Achtel besaß – vor lauter Bescheidenheit.) Er saß, sah vor sich hin auf die kaffeeübertropfte grauweiße Decke, zog seine dicke Brieftasche hervor und legte sie immerhin einigermaßen männlich auf den Tisch. Eine halbe Sekunde riskierte er einen kurzen Aufblick, ob er wohl zu weit gegangen sei mit dem Aufbumsen der Tasche, dann, als er sah, daß der Berg, mein Onkel nämlich, in seiner Trägheit verharrte, öffnete er die Tasche und nahm ein Stück pappartiges zusammengeknifftes Papier heraus, dessen Falten das typische Gelb eines oftbenutzten Stück Papiers aufwiesen. Er klappte es wichtig auseinander, verkniff sich jeden Ausdruck von Beleidigtsein oder Rechthaberei und legte sachlich seinen kurzen abgenutzten Finger auf eine bestimmte Stelle des Stück Papiers. Dazu sagte er leise, eine Spur heiser und mit großen Atempausen:
«Bitte schehr. Wenn Schie schehen wollen. Schtellen Schie höflichscht schelbscht fescht. Mein Pasch. In Parisch geweschen. Barschelona. Oschnabrück, bitte schehr. Allesch ausch meinem Pasch schu erschehen. Und hier: Beschondere Kennscheichen: Narbe am linken Knie. (Vom Fußballspiel.) Und hier, und hier? Wasch ischt hier? Hier, bitte schehr: Schprachfehler scheit Geburt. Bitte schehr. Wie Schie schelbscht schehen!»
Das Leben war zu rabenmütterlich mit ihm umgegangen, als

daß er jetzt den Mut gehabt hätte, seinen Triumph auszukosten und meinen Onkel herausfordernd anzusehen. Nein, er sah still und klein vor sich auf seinen vorgestreckten Finger und den bewiesenen Geburtsfehler und wartete geduldig auf den Baß meines Onkels.

Es dauerte lange, bis der kam. Und als er dann kam, war es so unerwartet, was er sagte, daß ich vor Schreck einen Schluckauf bekam. Mein Onkel ergriff plötzlich mit seinen klobigen viereckigen Tatmenschenhänden die kleinen flatterigen Pfoten des Kellners und sagte mit der vitalen wütendkräftigen Gutmütigkeit und der tierhaft warmen Weichheit, die als primärer Wesenszug aller Riesen gilt: «Armesch kleinesch Luder! Schind schie schon scheit deiner Geburt hinter dir her und hetschen?»

Der Kellner schluckte. Dann nickte er. Nickte sechs-, siebenmal. Erlöst. Befriedigt. Stolz. Geborgen. Sprechen konnte er nicht. Er begriff nichts. Verstand und Sprache waren erstickt von zwei dikken Tränen. Sehen konnte er auch nicht, denn die zwei dicken Tränen schoben sich vor seine Pupillen wie zwei undurchsichtige allesversöhnende Vorhänge. Er begriff nichts. Aber sein Herz empfing diese Welle des Mitgefühls wie eine Wüste, die tausend Jahre auf einen Ozean gewartet hatte. Bis an sein Lebensende hätte er sich so überschwemmen lassen können! Bis an seinen Tod hätte er seine kleinen Hände in den Pranken meines Onkels verstecken mögen! Bis in die Ewigkeit hätte er das hören können, dieses: Armesch kleinesch Luder!

Aber meinem Onkel dauerte das alles schon zu lange. Er war Autofahrer. Auch wenn er im Lokal saß. Er ließ seine Stimme wie eine Artilleriesalve über das Gartenlokal hinwegdröhnen und donnerte irgendeinen erschrockenen Kellner an:

«Schie, Herr Ober! Acht Aschbach! Aber losch, schag ich Ihnen! Wasch? Nicht Ihr Revier? Bringen Schie schofort acht Aschbach oder tun Schie dasch nicht, wasch?»

Der fremde Kellner sah eingeschüchtert und verblüfft auf meinen Onkel. Dann auf seinen Kollegen. Er hätte ihm gern von den Augen abgesehen (durch ein Zwinkern oder so), was das alles zu bedeuten hätte. Aber der kleine Kellner konnte seinen Kollegen kaum erkennen, so weit weg war er von allem, was Kellner, Kuchenteller, Kaffeetasse und Kollege hieß, weit weit weg davon.

Dann standen acht Asbach auf dem Tisch. Vier Gläser davon mußte der fremde Kellner gleich wieder mitnehmen, sie waren leer, ehe er einmal geatmet hatte. «Laschen Schie dasch da nochmal vollaufen!» befahl mein Onkel und wühlte in den Innentaschen seiner Jacke. Dann pfiff er eine Parabel durch die Luft und legte nun seinerseits seine dicke Brieftasche neben die seines neuen Freundes. Er fummelte endlich eine zerknickte Karte heraus und legte seinen Mittelfinger, der die Maße eines Kinderarms hatte, auf einen bestimmten Teil der Karte.

«Schiehscht du, dummesch Häschchen, hier schtehtsch: Beinamputiert und Unterkieferschusch. Kriegschverletschung.» Und während er das sagte, zeigte er mit der anderen Hand auf die Narbe, die sich unterm Kinn versteckt hielt.

«Die Öösch haben mir einfach ein Schtück von der Schungenschpitsche abgeschoschen. In Frankreich damalsch.»

Der Kellner nickte.

«Noch bösche?» fragte mein Onkel.

Der Kellner schüttelte schnell den Kopf hin und her, als wollte er etwas ganz Unmögliches abwehren.

«Ich dachte nur schuerscht, Schie wollten mich utschen.»

Erschüttert über seinen Irrtum in der Menschenkenntnis wakkelte er mit dem Kopf immer wieder von links nach rechts und wieder zurück.

Und nun schien es mit einmal, als ob er alle Tragik seines Schicksals damit abgeschüttelt hätte. Die beiden Tränen, die sich nun in den Hohlheiten seines Gesichtes verliefen, nahmen alle Qual seines bisherigen verspotteten Daseins mit. Sein neuer Lebensabschnitt, den er an der Riesentatze meines Onkels betrat, begann mit einem kleinen aufstoßenden Lacher, einem Gelächterchen, zage, scheu, aber von einem unverkennbaren Asbachgestank begleitet.

Und mein Onkel, dieser Onkel, der sich auf einem Bein, mit zerschossener Zunge und einem bärigen baßstimmigen Humor durch das Leben lachte, dieser mein Onkel war nun so unglaublich selig, daß er endlich endlich lachen konnte. Er war schon bronzefarben angelaufen, daß ich fürchtete, er müsse jede Minute platzen. Und sein Lachen lachte los, unbändig, explodierte, polterte, juchte, gongte, gurgelte – lachte los, als ob er ein Riesensaurier wäre, dem diese Urweltlaute entrülpsten. Das erste kleine neuprobierte Menschlachen des Kellners, des neuen kleinen Kellnermenschen, war dagegen wie das schüttere Gehüstel eines erkälteten Ziegenbabys. Ich griff angstvoll nach der Hand meiner Mutter. Nicht daß ich Angst vor meinem Onkel gehabt hätte, aber ich hatte doch eine tiefe tierische Angstwitterung vor den acht Asbachs, die in meinem Onkel brodelten. Die Hand meiner Mutter war eiskalt. Alles Blut hatte ihren Körper verlassen, um den Kopf zu einem grellen plakatenen Symbol der Schamhaftigkeit und des bürgerlichen Anstandes zu machen. Keine Vierländer Tomate konnte ein röteres Rot ausstrahlen. Meine Mutter leuchtete. Klatschmohn war blaß gegen sie. Ich rutschte tief von meinem Stuhl unter den Tisch. Siebenhundert Augen waren rund und riesig um uns herum. Oh, wie wir uns schämten, meine Mutter und ich.

Der kleine Kellner, der unter dem heißen Alkoholatem meines Onkels ein neuer Mensch geworden war, schien den ersten Teil seines neuen Lebens gleich mit einer ganzen Ziegenmeckerlachepoche beginnen zu wollen. Er mähte, bähte, gnuckte und gnikkerte wie eine ganze Lämmerherde auf einmal. Und als die beiden Männer nun noch vier zusätzliche Asbachs über ihre kurzen Zungen schütteten, wurden aus den Lämmern, aus den rosigen dünnstimmigen zarten schüchternen kleinen Kellnerlämmern, ganz gewaltige hölzern meckernde steinalte weißbärtige blechscheppernde blödblökende Böcke.

Diese Verwandlung vom kleinen giftigen tauben verkniffenen Bitterling zum andauernd, fortdauernd meckernden schenkelschlagenden geckernden blechern blökenden Ziegenbockmenschen war selbst meinem Onkel etwas ungewöhnlich. Sein Lachen vergluckerte langsam wie ein absaufender Felsen. Er wischte sich mit dem Ärmel die Tränen aus dem braunen breiten Gesicht und glotzte mit asbachblanken sturerstaunten Augen auf den unter Lachstößen bebenden weißbejackten Kellnerzwerg. Um uns herum feixten siebenhundert Gesichter. Siebenhundert Augen glaubten, daß sie nicht richtig sahen. Siebenhundert Zwerchfelle schmerzten. Die, die am weitesten ab saßen, standen erregt auf, um sich ja nichts entgehen zu lassen. Es war, als ob der Kellner sich vorgenommen hatte, fortan als ein riesenhafter boshaft bähender Bock sein Leben fortzusetzen. Neuerdings, nachdem er wie aufgezogen einige Minuten in seinem eigenen Gelächter untergegangen war, neuerdings bemühte er sich erfolgreich, zwischen den Lachsalven, die wie ein blechernes Maschinengewehrfeuer aus seinem runden Mund perlten, kurze schrille Schreie auszustoßen. Es gelang ihm, so viel Luft zwischen dem Gelächter einzusparen, daß er nun diese Schreie in die Luft wiehern konnte.

«Schischyphusch!» schrie er und patschte sich gegen die nasse Stirn. «Schischyphusch! Schiiischyyyphuuusch!» Er hielt sich mit beiden Händen an der Tischplatte fest und wieherte: «Schischyphusch!» Als er fast zwei Dutzend mal gewiehert hatte, dieses «Schischyphusch» aus voller Kehle gewiehert hatte, wurde meinem Onkel das Schischyphuschen zuviel. Er zerknitterte dem unaufhörlich wiehernden Kellner mit einem einzigen Griff das gestärkte Hemd, schlug mit der anderen Faust auf den Tisch, daß zwölf leere Gläser an zu springen fingen, und donnerte ihn an: «Schlusch! Schlusch, schag ich jetsch. Wasch scholl dasch mit dieschem blödschinnigen schaudummen Schischyphusch? Schlusch jetscht, verschtehscht du!» Der Griff und der gedonnerte Baß meines Onkels machten aus dem schischyphuschschreienden Ziegenbock im selben Augenblick wieder den kleinen lispelnden armseligen Kellner.

Er stand auf. Er stand auf, als ob es der größte Irrtum seines Lebens gewesen wäre, daß er sich hingesetzt hatte. Er fuhr sich mit dem Serviettentuch durch das Gesicht und räumte Lachtränen,

Schweißtropfen, Asbach und Gelächter wie etwas hinweg, das fluchwürdig und frevelhaft war. Er war aber so betrunken, daß er alles für einen Traum hielt, die Pöbelei am Anfang, das Mitleid und die Freundschaft meines Onkels. Er wußte nicht: Hab ich nun eben Schischyphusch geschrien? Oder nicht? Hab ich schechsch Aschbach gekippt, ich, der Kellner dieschesch Lokalsch, mitten unter den Gäschten? Ich? Er war unsicher. Und für alle Fälle machte er eine abgehackte kleine Verbeugung und flüsterte: «Verscheihung!» Und dann verbeugte er sich noch einmal: «Verscheihung. Ja, verscheihen Schie dasch Schischyphuschgeschrei. Bitte schehr. Verscheihen der Herr, wenn ich schu laut war, aber der Aschbach, Schie wischen ja schelbscht, wenn man nichtsch gegeschen hat, auf leeren Magen. Bitte schehr darum. Schischyphusch war nämlich mein Schpitschname. Ja, in der Schule schon. Die gansche Klasche nannte mich scho. Schie wischen wohl, Schischyphusch, dasch war der Mann in der Hölle, diesche alte Schage, wischen Schie, der Mann im Hadesch, der arme Schünder, der einen groschen Felschen auf einen rieschigen Berg raufschieben schollte, eh, muschte, ja, dasch war der Schischyphusch, wischen Schie wohl. In der Schule muschte ich dasch immer schagen, immer diesch Schischyphusch. Und allesch hat dann gepuschtet vor Lachen, können Schie schich denken, werter Herr. Allesch hat dann gelacht, wischen Schie, schintemalen ich doch die schu kursche Schungenschpitsche beschitsche. Scho kam esch, dasch ich schpäter überall Schischyphusch geheischen wurde und gehänschelt wurde, schehen Schie. Und dasch, verscheihen, kam mir beim Aschbach nun scho insch Gedächtnisch, alsch ich scho geschrien habe, verschtehen. Verscheihen Schie, ich bitte schehr, verscheihen Schie, wenn ich Schie beläschtigt haben schollte, bitte schehr.»
Er verstummte. Seine Serviette war indessen unzählige Male von einer Hand in die andere gewandert. Dann sah er auf meinen Onkel.
Jetzt war der es, der still am Tisch saß und vor sich auf die Tischdecke sah. Er wagte nicht, den Kellner anzusehen. Mein Onkel,

mein bärischer bulliger riesiger Onkel wagte nicht, aufzusehen und den Blick dieses kleinen verlegenen Kellners zu erwidern. Und die beiden dicken Tränen, die saßen nun in seinen Augen. Aber das sah keiner außer mir. Und ich sah es auch nur, weil ich so klein war, daß ich ihm von unten her ins Gesicht sehen konnte. Er schob dem still abwartenden Kellner einen mächtigen Geldschein hin, winkte ungeduldig ab, als der ihm zurückgeben wollte, und stand auf, ohne jemanden anzusehen.

Der Kellner brachte noch zaghaft einen Satz an: «Die Aschbach wollte ich wohl gern beschahlt haben, bitte schehr.»

Dabei hatte er den Schein schon in seine Tasche gesteckt, als erwarte er keine Antwort und keinen Einspruch. Es hatte auch keiner den Satz gehört und seine Großzügigkeit fiel lautlos auf den harten Kies des Gartenlokals und wurde da später gleichgültig zertreten. Mein Onkel nahm seinen Stock, wir standen auf, meine Mutter stützte meinen Onkel und wir gingen langsam auf die Straße zu. Keiner von uns dreien sah auf den Kellner. Meine Mutter und ich nicht, weil wir uns schämten. Mein Onkel nicht, weil er die beiden Tränen in den Augen sitzen hatte. Vielleicht schämte er sich auch, dieser Onkel. Langsam kamen wir auf den Ausgang zu, der Stock meines Onkels knirschte häßlich auf dem Gartenkies und das war das einzige Geräusch im Augenblick, denn die drei- bis vierhundert Gesichter an den Tischen waren stumm und glotzäugig auf unseren Abgang konzentriert.

Und plötzlich tat mir der kleine Kellner leid. Als wir am Ausgang des Gartens um die Ecke biegen wollten, sah ich mich schnell noch einmal nach ihm um. Er stand noch immer an unserem Tisch. Sein weißes Serviettentuch hing bis auf die Erde. Er schien mir noch viel viel kleiner geworden zu sein. So klein stand er da und ich liebte ihn plötzlich, als ich ihn so verlassen hinter uns herblicken sah, so klein, so grau, so leer, so hoffnungslos, so arm, so kalt und so grenzenlos allein! Ach, wie klein! Er tat mir so unendlich leid, daß ich meinen Onkel an die Hand tippte, aufgeregt, und leise sagte: «Ich glaube, jetzt weint er.»

Mein Onkel blieb stehen. Er sah mich an und ich konnte die beiden dicken Tropfen in seinen Augen ganz deutlich erkennen. Noch einmal sagte ich, ohne genau zu verstehen, warum ich es eigentlich tat: «Oh, er weint. Kuck mal, er weint.»

Da ließ mein Onkel den Arm meiner Mutter los, humpelte schnell und schwer zwei Schritte zurück, riß seinen Krückstock wie ein Schwert hoch und stach damit in den Himmel und brüllte mit der ganzen großartigen Kraft seines gewaltigen Körpers und seiner Kehle:

«Schischyphusch! Schischyphusch! Hörscht du? Auf Wiederschehen, alter Schischyphusch! Bisch nächschten Schonntag, dummesch Luder! Wiederschehen!»

Die beiden dicken Tränen wurden von den Falten, die sich jetzt über sein gutes braunes Gesicht zogen, zu nichts zerdrückt. Es waren Lachfalten und er hatte das ganze Gesicht voll davon. Noch einmal fegte er mit seinem Krückstock über den Himmel, als wollte er die Sonne herunterraken, und noch einmal donnerte er sein Riesenlachen über die Tische des Gartenlokals hin: «Schischyphusch! Schischyphusch!»

Und Schischyphusch, der kleine graue arme Kellner, wachte aus seinem Tod auf, hob seine Serviette und fuhr damit auf und ab wie ein wildgewordener Fensterputzer. Er wischte die ganze graue Welt, alle Gartenlokale der Welt, alle Kellner und alle Zungenfehler der Welt mit seinem Winken endgültig und für immer weg aus seinem Leben. Und er schrie schrill und überglücklich zurück, wobei er sich auf die Zehen stellte und ohne sein Fensterputzen zu unterbrechen:

«Ich verschtehe! Bitte schehr! Am Schonntag! Ja, Wiederschehen! Am Schonntag, bitte schehr!»

Dann bogen wir um die Ecke. Mein Onkel griff wieder nach dem Arm meiner Mutter und sagte leise: «Ich weisch, esch war schicher entschetschlich für euch. Aber wasch schollte ich andersch tun, schag schelbscht. Scho'n dummer Hasche. Läuft nun schein ganschesch Leben mit scho einem garschtigen Schungenfehler herum. Armesch Luder dasch!»

Oh, Charlotte! Du, kuck dir bloß mal den da an! Da, den kleinen Kurzgeschorenen. Der kommt sicher von drüben, weißt du. Der tut noch so neu. Die tun alle so.

Was sucht der denn bloß an den Bäumen, möcht ich mal wissen. Vielleicht 'n Ast zum Aufhängen.

Na, denn laß ihn man.

Die beiden Straßenarbeiter, die damit beschäftigt waren, die Rillen zwischen den frischgepflasterten Steinen mit Teer vollzugießen, nahmen ihre langhalsigen Kannen wieder auf und ließen mit der heißen schwarzen Soße ein gutgezieltes quadratisches Muster auf die Straße kleckern.

Mit «drüben» meinten sie das Gefängnis, dessen dicke dunkelrote Mauer die andere Straßenseite gegen den Gefängnishof abgrenzte. Auf der Mauer, über die einige trostlos flachdachige Gebäude mit endlosen Reihen vergitterter Fenster behördlich sachlich herüberragten, lagen Nägel und Glasscherben. Das sagte man jedenfalls. Ausprobiert hatte es noch keiner.

Der «sicher von drüben kam», war klein, mager, müde und kurzgeschoren. Mit dem linken Ellbogen klemmte er sich einen mit Stiefelbändern verschnürten Pappkarton gegen die Rippen. Auf dem Deckel war in grüner großer Schrift zu lesen, daß Persil Persil bleiben würde. Dagegen konnte keiner etwas einwenden. Persil war vor sieben Jahren Persil gewesen und Persil würde wohl auch noch die nächsten sieben Jahre Persil bleiben. Nur aus dem Buchhalter Erwin Knoke war inzwischen der Kurzgeschorene Nummer 1563 geworden. Aber Persil war Persil geblieben. Die ganzen sieben Jahre.

Der Kurzgeschorene stand und stierte die Bäume an. Starr. Stur. Manchmal machte er eine ängstlich ausweichende Bewegung. Daran erkannte man, daß er noch neu war. Und ungewohnt. Er fürchtete, mit einem der Vorübereilenden zusammenzustoßen oder ihnen im Wege zu stehen. Nachher schlug der ihn womöglich mit dem Schlüsselbund auf den Hinterkopf oder ließ ihn

Kniebeugen machen. Bei jeder Kniebeuge einen Tritt in den Hintern. Gratis dazu. Er wußte eben nicht mehr, denn es war ja wieder ganz neu und ungewohnt, daß brave Zivilisten so etwas durchaus verabscheuen. Die würden eher sagen, wenn man zusammengestoßen war: Pardon. Tschuldigung. Aber Kniebeugen? Dazu mußte man wohl Uniform anhaben. Ja, und das hatte der Kurzgeschorene, der von da drüben kam, eben vergessen. Dazu war er noch zu neu wieder.

Er war enttäuscht. Wenn er Tränen gehabt hätte, würde er seine blassen grauen Augen damit gefüllt haben. Er hätte gerne leise etwas geweint. Aber das hatte man sich ganz abgewöhnt. Man hatte meistens gelacht. Das hält man besser aus. Weinen macht nur noch weicher. Er war enttäuscht und stierte die Bäume an. Stur. Starr. Die Bäume waren es nämlich, die ihn so maßlos enttäuschten. Nun starrte er sie stur an und wurde dabei ganz arm. Die Bäume, die sieben Jahre lang seine Bäume, seine lebendigen allesverheißenden Bäume gewesen waren, hatte er in diesem Augenblick, wo man ihn drüben entlassen hatte, verloren. Er stierte sie an. Nein, das waren sie nicht. Seine Bäume nicht.

Nicht daß er ein so großer Naturfreund oder vielleicht ein Forstbeamter oder Gärtner gewesen wäre, da er sich soviel aus den Bäumen machte. Er war Buchhalter und hatte keine Ahnung von Bäumen. Die große Stadt war seine Heimat und da waren Laternenpfähle häufiger als Bäume.

Für ihn waren Bäume entweder Wald oder Obstbäume. Daß sie auch Namen haben, wußte er nur undeutlich. Daß diese Bäume hier Linden waren, hätte ihn wahrscheinlich sehr erstaunt. Bäume waren entweder Wald oder Obstbäume. Vielleicht noch Allee. Oh, manchmal konnten Bäume Allee sein.

Wenn spätnachmittags die Sonne das Muster des Gitterfensters an die hintere Wand seiner Zelle warf und das Licht zwischen den vier Wänden müde und milde wurde, hatte er auf seinem Schemel unter dem Fenster gestanden und auf den dämmernden Abend gewartet. Dann war er mit schlenkernden Armen und großen feierlichen Schritten die Allee hinaufgegangen. Die Allee hinauf, die dort drüben hinter der Mauer war. Wohin? Dahin, hinauf, weg. Ganz weit weg. Jeden Abend hatte er seine Zelle verlassen und war seine Allee mit den lebendigen schönen schönen Bäumen, die so lebendig und grün waren, hinaufgegangen. Jeden Abend. Zweitausendfünfhundertmal in sieben Jahren. Ganz weit weg. Weg. Weg. Liebe, gute Allee. An ihrem Ende, kurz vor dem Schloß (denn ein Schloß stand todsicher am Ende der Allee. Das taten Schlösser immer.) winkte seine Frau mit seinen beiden Kindern. Sie hatten einen Korb mit Kartoffelpuffern bei sich. Und sie riefen: Oh, wie haben wir gewartet! Wo warst du bloß so lange? Willst auch einen Kartoffelpuffer?

Und seine Frau hatte ihm heimlich den Arm in die Rippen gestochert und geflüstert: Das war aber viel zu lange, Erwin! Nun stierte er abgrundtief traurig die Bäume an und sie enttäuschten ihn ohne Maß. Sie gehörten einer ganz gewöhnlichen grauen häßlichen lauten Straße, auf der ganz gewöhnliche Leute gingen und ganz gewöhnliche Autos und Bahnen fuhren. Leute, wie: Briefträger, Volksschullehrer, Klempnermeister, Feinkostverkäufer, Büroangestellte, Friseusinnen, Musiker und Rechtsanwälte. Und Milchautos, die nach Käse dufteten, Feuerwehrautos, Taxis, Wäscheautos. Die Straße war lieblos und lärmend und die Bäume waren grau und staubig. Kinder pulten an ihrer Rinde herum und Hunde pinkelten achtlos gegen die grauen Stämme.

Langsam ging der Kurzgeschorene weiter. Einmal sah er sich noch nach den Bäumen um. Er begriff nicht. Das war alles zu grau, zu nackt, zu unerbittlich. Aber er weinte nicht, als er plötzlich so arm war. Er lachte. Verlegen. Aber er lachte. Das hatten sie sich drüben so angewöhnt. Er lachte und stierte die lügenhaften dummerhaftigen dreckigen Bäume an und lachte. Und dann lachte er plötzlich noch lauter und nicht mehr so verlegen, als ihm einfiel, daß er die Allee ja gar nicht mehr brauchte. Wozu brauchte er jetzt noch eine Allee mit schönen grünen Bäumen? Zu nichts mehr. Sollte die häßliche Straße doch hingehen, wohin sie wollte! Er hatte weißgott keine Allee mehr nötig. Nein! Weißgott nicht! Er würde sich gleich auf die Bahn schwingen und in spätestens einer Stunde würde er Kartoffelpuffer essen. Zehn, oder auch zwölf. Und neben seiner Frau sitzen. Brauchte er noch Alleen? Er lachte die armen armseligen Bäume geringschätzig an, gab ihnen noch einen schnellen schiefen Blick und machte kehrt. Laß sie lügen, solange sie wollen. Ich fahr nach Hause.

Als er bei den beiden Straßenarbeitern vorüberkam, machten die Mittag. Es roch intensiv nach Teer, Margarine und süßem Kaffee. Aber in der Hauptsache doch nach Teer. Die beiden Teergießer hatten ihn die ganze Zeit grinsend beobachtet. Der hatte einen schönen Knacks von drüben mitbekommen, das war ihnen sofort klar. Sie sahen ihm erwartungsvoll entgegen, als müsse er noch etwas bieten. Sie erwarteten noch etwas von ihm. Als der Kurzgeschorene sich so auffordernd angesehen fühlte, grüßte er sie und sagte vor lauter neuer Liebe zum neuen Leben viermal hintereinander: Mahlzeit! Mahlzeit! Mahlzeit! Mahlzeit!

Mit der neugierigen Bereitwilligkeit, die man den Verrückten entgegenbringt, kauten die zwei Teermänner einen freundlichen unverständlichen Gruß zurück. Dabei konnten sie sich das Lachen kaum noch verbeißen. Sie schluckten und grinsten. Um ein Haar hätte der eine von ihnen losgeprustet. Aber ihm fiel noch rechtzeitig das kostbare Stück Mettwurst auf seiner Margarine ein. Da ließ er es.

Als der Kurzgeschorene weitergehen wollte, stieg ihm plötzlich der Teergeruch (dieses süße unvergeßliche Parfum von Kindheit, Großstadt, schmutzigen Fingern und Straße) aufdringlich und gewaltig in die Nase. Und da hatte er einen großen Einfall. Der überwältigte ihn so unversehens, daß er stehenblieb und tief Luft holte. Teerluft. Berauschendes Parfum voller Erinnerung! Heilige himmlische Teerluft!

Er dachte an seine beiden Jungens zu Hause und er dachte an den Teer. Und er dachte, was für herrliche Dinge man aus halbtrockenem Teer machen konnte. Tiere, Männer, Kugeln. Kugeln, in der Hauptsache natürlich Kugeln. Sie hatten damals fast immer nur Kugeln aus Teer gemacht, den sie, wenn die Arbeiter Feierabend gemacht hatten, aus den Rillen der neugepflasterten Straße pulten. Er dachte, wie schön es wäre und wie überraschend, wenn er seinen beiden Kindern so ein Geschenk mit nach Hause bringen würde. Und er nahm sich einen verwegenen ungeahnten Mut. Er tastete sich auf die beiden fassungslosen Teermänner zu und bat leise und ganz hilflos lächelnd um die Genehmigung, sich ein bißchen, nur ein ganz klein bißchen kaltgewordenen Teer mitnehmen zu dürfen. Er lächelte unsicher, aber doch sehr mutig, wenngleich er bis in den letzten Nerv bereit war, davonzulaufen. Sprechen konnten sie nicht, sonst hätten sie ohne weiteres ihren süßen Kaffee in großem Bogen ausspucken müssen. So nickten die Teermänner wortlos und großzügig und ihre Gesichter waren vor lauter Grinsen und Erstaunen ganz ernst und kindisch geworden. Blöde und baff gafften sie hinter dem gänzlich Verrückten her, der, in der linken Hand seinen Persilkarton mit der philosophischen Aufschrift, in der rechten den Teer emsig knetend, glückselig, flatterig über die Fahrbahn schwebte.

Und der Kurzgeschorene vergaß die Welt der Gitter, der Schlüsselbunde und der Kniebeugen und der erlogenen verlogenen Alleen. Er rollte auf einer riesenhaften Teerkugel nach Hause. Den Kartoffelpuffern, seiner Frau entgegen. Rollte, rannte, raste! Und vergaß die Welt mit den bösen sieben Jahren. Und juchte einmal klein und leise wie betrunken vor sich hin. Vor wonnigem Weltgefühl!

Da schrien plötzlich die Bremsen eines Wäschereiautos hell und häßlich auf. Acht riesige Gummiräder wimmerten und kreischten rutschend über das Pflaster. Und eine Frau schrie und ein Kind. Und von allen Seiten kamen Menschen auf das Auto zugelaufen.

Da! Jetzt hats ihn erwischt! rief der eine Teermann. Na, so ein Dussel, so ein Pech zu haben, brummte der andere, goß sich den Rest seines süßen Kaffees in den Hals und schob sich hinter seinem Kollegen her in Richtung des Wäscheautos.

Das Auto stand quer über die Straße. Die Straßenbahn hielt. Fünf, sechs Autos hielten, ein Pferdegespann, einige zwanzig der unvermeidlichen Radfahrer. Leute, die vorher so unbedingt hastig und eilig und beschäftigt taten, hatten auf einmal entsetzlich viel Zeit, sich einen breitgedrückten Mann mit einem breitgedrückten Persilkarton ausgiebig anzusehen. Das kleine breitgedrückte Stückchen Teer, die eben noch so prächtige Kugel, sah keiner. Damit hätte auch keiner etwas anfangen können. Dafür sahen aber alle das Blut, das der Breitgedrückte friedlich und mohnblütenfarbig auf das Pflaster rieseln ließ.

Der Fahrer des mordlustigen Wäscheautos, das vielleicht eine Ladung persilgewaschener Wäsche an Bord hatte, bückte sich schwitzend (und mehr anstandshalber als tatsächlich besorgt) zu seinem Opfer herunter. Dann brummte er mißmutig: Nee, der ist drüben. Der ist drüben.

Oh, Charlotte! Der hat sich was verändert! Junge, sowas! meinte der eine Teergießer und kaute den letzten Fetzen Mettwurst andächtig in kleine Stückchen.

Gott, wie originell! schrillte eine junge Frau ihren bebrillten Begleiter an und fragte ihn, ob er das gehört hätte.

Wieso oh Charlotte? fragte übermäßig gutgelaunt der junge Polizist und sah sonnig lachend von seinem Notizbuch auf. Auf jeden Fall sollte man merken, daß er trotz seiner Jugend vollkommen über der Situation stand.

Ach, das ist weiter nichts, schmunzelte der mettwurstessende Teergießer, so hieß meine erste Frau.

Witwer? fragte der Polizist interessiert.

Nee, geschieden, machte der andere.

Das war wohl ein Fremder, sagte eine ältere Dame. Und alle sahen wieder auf den Menschenrest in ihrer Mitte. Beinahe hätten sie ihn vergessen.

Nee, schüttelte der Fahrer mit dem Kopf, das ist nicht zu ändern. Der ist drüben. Restlos.

Als die beiden Straßenarbeiter am späten Nachmittag mit leeren Kaffeeflaschen nach Hause fuhren, fiel dem einen in der Bahn noch ein:

Du, der würde sich schön geärgert haben, der Kleine, wenn er noch könnte. Wo er gerade da drüben raus war. So ein Kerl.

(Aber der Teermann irrte sich. Erwin Knoke, jetzt weder Buchhalter noch Nummer 1563, sondern nur noch Erwin Knoke, strolchte abenteuernd mit einem fabelhaften Pusterohr und unermeßlich vielen Teerkugeln durch die ewigen Jagdgründe Winnetous. Und er schoß und traf mit seinen selbstgekneteten Teerkugeln alles, was er wollte. Er hatte immer noch seine Indianerbücher gelesen und die ewigen Jagdgründe spukten, in Ermangelung einer anderen Ewigkeitsvorstellung, immer noch heimlich in ihm herum. Das war sein einziges bescheidenes kleines Laster gewesen.)

## DAS BROT

Plötzlich wachte sie auf. Es war halb drei. Sie überlegte, warum sie aufgewacht war. Ach so! In der Küche hatte jemand gegen einen Stuhl gestoßen. Sie horchte nach der Küche. Es war still. Es war zu still und als sie mit der Hand über das Bett neben sich fuhr, fand sie es leer. Das war es, was es so besonders still gemacht hatte: sein Atem fehlte. Sie stand auf und tappte durch die dunkle Wohnung zur Küche. In der Küche trafen sie sich. Die Uhr war halb drei. Sie sah etwas Weißes am Küchenschrank stehen. Sie machte Licht. Sie standen sich im Hemd gegenüber. Nachts. Um halb drei. In der Küche.

Auf dem Küchentisch stand der Brotteller. Sie sah, daß er sich Brot abgeschnitten hatte. Das Messer lag noch neben dem Teller. Und auf der Decke lagen Brotkrümel. Wenn sie abends zu Bett gingen, machte sie immer das Tischtuch sauber. Jeden Abend. Aber nun lagen Krümel auf dem Tuch. Und das Messer lag da. Sie fühlte, wie die Kälte der Fliesen langsam an ihr hochkroch. Und sie sah von dem Teller weg.

«Ich dachte, hier wär was», sagte er und sah in der Küche umher.

«Ich habe auch was gehört», antwortete sie und dabei fand sie, daß er nachts im Hemd doch schon recht alt aussah. So alt wie er war. Dreiundsechzig. Tagsüber sah er manchmal jünger aus. Sie sieht doch schon alt aus, dachte er, im Hemd sieht sie doch ziemlich alt aus. Aber das liegt vielleicht an den Haaren. Bei den Frauen liegt das nachts immer an den Haaren. Die machen dann auf einmal so alt.

«Du hättest Schuhe anziehen sollen. So barfuß auf den kalten Fliesen. Du erkältest dich noch.»

Sie sah ihn nicht an, weil sie nicht ertragen konnte, daß er log. Daß er log, nachdem sie neununddreißig Jahre verheiratet waren.

«Ich dachte, hier wäre was», sagte er noch einmal und sah wieder so sinnlos von einer Ecke in die andere, «ich hörte hier was. Da dachte ich, hier wäre was.»

«Ich hab auch was gehört. Aber es war wohl nichts.» Sie stellte den Teller vom Tisch und schnippte die Krümel von der Decke.

«Nein, es war wohl nichts», echote er unsicher.

Sie kam ihm zu Hilfe: «Komm man. Das war wohl draußen. Komm man zu Bett. Du erkältest dich noch. Auf den kalten Fliesen.»

Er sah zum Fenster hin. «Ja, das muß wohl draußen gewesen sein. Ich dachte, es wäre hier.»

Sie hob die Hand zum Lichtschalter. Ich muß das Licht jetzt ausmachen, sonst muß ich nach dem Teller sehen, dachte sie. Ich darf doch nicht nach dem Teller sehen. «Komm man», sagte sie und machte das Licht aus, «das war wohl draußen. Die Dachrinne schlägt immer bei Wind gegen die Wand. Es war sicher die Dachrinne. Bei Wind klappert sie immer.»

Sie tappten sich beide über den dunklen Korridor zum Schlafzimmer. Ihre nackten Füße platschten auf den Fußboden.

«Wind ist ja», meinte er. «Wind war schon die ganze Nacht.»

Als sie im Bett lagen, sagte sie: «Ja, Wind war schon die ganze Nacht. Es war wohl die Dachrinne.»

«Ja, ich dachte, es wäre in der Küche. Es war wohl die Dachrinne.» Er sagte das, als ob er schon halb im Schlaf wäre.

Aber sie merkte, wie unecht seine Stimme klang, wenn er log.

«Es ist kalt», sagte sie und gähnte leise, «ich krieche unter die Decke. Gute Nacht.»

«Nacht», antwortete er und noch: «ja, kalt ist es schon ganz schön.»

Dann war es still. Nach vielen Minuten hörte sie, daß er leise und vorsichtig kaute. Sie atmete absichtlich tief und gleichmäßig, damit er nicht merken sollte, daß sie noch wach war. Aber sein Kauen war so regelmäßig, daß sie davon langsam einschlief.

Als er am nächsten Abend nach Hause kam, schob sie ihm vier Scheiben Brot hin. Sonst hatte er immer nur drei essen können.

«Du kannst ruhig vier essen», sagte sie und ging von der Lampe weg. «Ich kann dieses Brot nicht so recht vertragen. Iß du man eine mehr. Ich vertrag es nicht so gut.»

Sie sah, wie er sich tief über den Teller beugte. Er sah nicht auf. In diesem Augenblick tat er ihr leid.

«Du kannst doch nicht nur zwei Scheiben essen», sagte er auf seinen Teller.

«Doch. Abends vertrag ich das Brot nicht gut. Iß man. Iß man.»

Erst nach einer Weile setzte sie sich unter die Lampe an den Tisch.

## GOTTES AUGE

Gottes Auge lag rund und rotgerändert mitten in einem weißen Suppenteller. Der Suppenteller stand auf unserem Küchentisch. Blutfleckige Eingeweide und das milchbleiche Skelett eines größeren Fisches ließen den Küchentisch aussehen wie ein Schlachtfeld. Das Auge in dem weißen Teller gehörte einem Kabeljau. Der lag in großen weißfleischigen Stücken in unserem Topf und ließ sich kochen. Das Auge war ganz allein. Es war Gottes Auge.

Du mußt nicht immer mit der Gabel das Auge auf dem Teller hin- und herrutschen lassen, sagte meine Mutter.

Ich ließ das glatte runde Auge durch die Kurven des Suppentellers sausen und fragte: Warum denn nicht? Er merkt es doch nicht mehr. Er kocht doch.

306

Man spielt nicht mit einem Auge. Das Auge hat der liebe Gott genau so gemacht wie deins, sagte meine Mutter.

Während ich die sausende Rundfahrt des Kabeljauauges plötzlich abbrach, fragte ich: Das soll vom lieben Gott sein?

Natürlich, antwortete meine Mutter, das Auge gehört dem lieben Gott.

Nicht dem Kabeljau, bohrte ich weiter.

Dem auch. Aber in der Hauptsache dem lieben Gott.

Als ich von dem Teller aufsah, merkte ich, daß meine Mutter weinte. An diesem Tag, wo es bei uns Kabeljau gab, war mein Großvater gestorben. Meine Mutter weinte und ging hinaus. Da zog ich den Teller mit dem einsamen Auge mittendrin, mit dem rotgeränderten Auge, das Gott gehören sollte, ganz dicht an mich heran. Ganz dicht brachte ich meinen Mund über den Teller.

Du bist das Auge vom lieben Gott? flüsterte ich, dann kannst du wohl auch sagen, warum Großvater heute mit einmal tot ist. Sag das, du!

Das Auge sagte es nicht.

Das weißt du nicht mal, wisperte ich triumphierend, und du willst das Auge vom lieben Gott sein, und weißt nicht mal, warum Großvater tot ist. Kommt er denn auch nicht wieder, Großvater, fragte ich dicht über dem Teller, weißt du denn, ob er noch mal wiederkommt, du, sag das doch. Du mußt das doch wissen. Kommt er nun nie wieder?

Das Auge sagte es nicht.

Ganz dicht hielt ich meinen Mund an das Auge und fragte noch einmal eindringlich und ernst: Du, sehen wir Großvater denn nicht wieder, du? Sag das doch. Sehen wir ihn noch mal wieder? Wir können ihn doch noch mal irgendwo treffen, nicht? Du, sag doch, treffen wir ihn wieder? Du, sag das, du bist doch vom lieben Gott, sag das!

Das Auge sagte es nicht.

Da stieß ich den Teller wütend von mir weg. Das Auge glitschte hoch über den Rand auf den Fußboden. Da blieb es liegen. Gespannt sah ich hin. Das Auge lag auf der Erde. Und es war Gottes

Auge. Gottes Auge lag auf der Erde. Aber es sagte nichts. Ich sah noch einmal hin. Nein, Nichts. Ich stand auf. Ich stand langsam auf, um Gott Zeit zu lassen. Ganz langsam ging ich zur Küchentür. Ich faßte nach dem Türgriff. Ich drückte ihn langsam herunter. Mit dem Rücken zu dem Auge hin wartete ich so noch einen langen langen Augenblick an der Küchentür. Es kam keine Antwort. Gott sagte nichts. Da ging ich, ohne mich nach dem Auge umzusehen, laut aus der Tür.

## DAS IST UNSER MANIFEST

Helm ab Helm ab: – Wir haben verloren!
Die Kompanien sind auseinandergelaufen. Die Kompanien, Bataillone, Armeen. Die großen Armeen. Nur die Heere der Toten, die stehn noch. Stehn wie unübersehbare Wälder: dunkel, lila, voll Stimmen. Die Kanonen aber liegen wie erfrorene Urtiere mit steifem Gebein. Lila vor Stahl und überrumpelter Wut. Und die Helme, die rosten. Nehmt die verrosteten Helme ab: Wir haben verloren.
In unsern Kochgeschirren holen magere Kinder jetzt Milch. Magere Milch. Die Kinder sind lila vor Frost. Und die Milch ist lila vor Armut.
Wir werden nie mehr antreten auf einen Pfiff hin und Jawohl sagen auf ein Gebrüll. Die Kanonen und die Feldwebel brüllen nicht mehr. Wir werden weinen, scheißen und singen, wann wir wollen. Aber das Lied von den brausenden Panzern und das Lied von dem Edelweiß werden wir niemals mehr singen. Denn die Panzer und die Feldwebel brausen nicht mehr und das Edelweiß, das ist verrottet unter dem blutigen Singsang. Und kein General sagt mehr Du zu uns vor der Schlacht. Vor der furchtbaren Schlacht.
Wir werden nie mehr Sand in den Zähnen haben vor Angst. (Keinen Steppensand, keinen ukrainischen und keinen aus der Cyrenaika oder den der Normandie – und nicht den bitteren

bösen Sand unserer Heimat!) Und nie mehr das heiße tolle Gefühl in Gehirn und Gedärm vor der Schlacht.

Nie werden wir wieder so glücklich sein, daß ein anderer neben uns ist. Warm ist und da ist und atmet und rülpst und summt – nachts auf dem Vormarsch. Nie werden wir wieder so zigeunerig glücklich sein über ein Brot und fünf Gramm Tabak und über zwei Arme voll Heu. Denn wir werden nie wieder zusammen marschieren, denn jeder marschiert von nun an allein. Das ist schön. Das ist schwer. Nicht mehr den sturen knurrenden Andern bei sich zu haben – nachts, nachts beim Vormarsch. Der alles mit anhört. Der niemals was sagt. Der alles verdaut.

Und wenn nachts einer weinen muß, kann er es wieder. Dann braucht er nicht mehr zu singen – vor Angst.

Jetzt ist unser Gesang der Jazz. Der erregte hektische Jazz ist unsere Musik. Und das heiße verrückttolle Lied, durch das das Schlagzeug hinhetzt, katzig, kratzend. Und manchmal nochmal das alte sentimentale Soldatengegröhl, mit dem man die Not überschrie und den Müttern absagte. Furchtbarer Männerchor aus bärtigen Lippen, in die einsamen Dämmerungen der Bunker und der Güterzüge gesungen, mundharmonikablechüberzittert:

Männlicher Männergesang – hat keiner die Kinder gehört, die sich die Angst vor den lilanen Löchern der Kanonen weggröhlten?

Heldischer Männergesang – hat keiner das Schluchzen der Herzen gehört, wenn sie Juppheidi sangen, die Verdreckten, Krustigen, Bärtigen, Überlausten?

Männergesang, Soldatengegröhl, sentimental und übermütig, männlich und baßkehlig, auch von den Jünglingen männlich gegröhlt: Hört keiner den Schrei nach der Mutter? Den letzten Schrei des Abenteurers Mann? Den furchtbaren Schrei: Juppheidi?

Unser Juppheidi und unsere Musik sind ein Tanz über den Schlund, der uns angähnt. Und diese Musik ist der Jazz. Denn unser Herz und unser Hirn haben denselben heißkalten Rhythmus: den erregten, verrückten und hektischen, den hemmungslosen.

Und unsere Mädchen, die haben denselben hitzigen Puls in den Händen und Hüften. Und ihr Lachen ist heiser und brüchig und klarinettenhart. Und ihr Haar, das knistert wie Phosphor. Das brennt. Und ihr Herz, das geht in Synkopen, wehmütig wild. Sentimental. So sind unsere Mädchen: wie Jazz. Und so sind die Nächte, die mädchenklirrenden Nächte: wie Jazz: heiß und hektisch. Erregt.

Wer schreibt für uns eine neue Harmonielehre? Wir brauchen keine wohltemperierten Klaviere mehr. Wir selbst sind zuviel Dissonanz.

Wer macht für uns ein lilanes Geschrei? Eine lilane Erlösung? Wir brauchen keine Stilleben mehr. Unser Leben ist laut.

Wir brauchen keine Dichter mit guter Grammatik. Zu guter Grammatik fehlt uns Geduld. Wir brauchen die mit dem heißen heiser geschluchzten Gefühl. Die zu Baum Baum und zu Weib Weib sagen und ja sagen und nein sagen: laut und deutlich und dreifach und ohne Konjunktiv.

Für Semikolons haben wir keine Zeit und Harmonien machen uns weich und die Stilleben überwältigen uns: Denn lila sind nachts unsere Himmel. Und das Lila gibt keine Zeit für Grammatik, das Lila ist schrill und ununterbrochen und toll. Über den Schornsteinen, über den Dächern: die Welt: lila. Über unseren hingeworfenen Leibern die schattigen Mulden: die blaubeschneiten Augenhöhlen der Toten im Eissturm, die violettwütigen Schlünde der kalten Kanonen – und die lilane Haut unserer Mädchen am Hals und etwas unter der Brust. Lila ist nachts das Gestöhn der Verhungernden und das Gestammel der Küssenden. Und die Stadt steht so lila am nächtlich lilanen Strom.

Und die Nacht ist voll Tod: Unsere Nacht. Denn unser Schlaf ist voll Schlacht. Unsere Nacht ist im Traumtod voller Gefechtslärm. Und die nachts bei uns bleiben, die lilanen Mädchen, die wissen das und morgens sind sie noch blaß von der Not unserer Nacht. Und unser Morgen ist voller Alleinsein. Und unser Alleinsein ist dann morgens wie Glas. Zerbrechlich und kühl. Und ganz klar. Es ist das Alleinsein des Mannes. Denn wir haben unsere Mütter bei den wütenden Kanonen verloren. Nur unsere Katzen und Kühe und die Läuse und die Regenwürmer, die ertragen das große eisige Alleinsein. Vielleicht sind sie nicht so nebeneinander wie wir. Vielleicht sind sie mehr mit der Welt. Mit dieser maßlosen Welt. In der unser Herz fast erfriert.

Wovon unser Herz rast? Von der Flucht. Denn wir sind der Schlacht und den Schlünden erst gestern entkommen in heilloser Flucht. Von der furchtbaren Flucht von einem Granatloch zum andern – die mütterlichen Mulden – davon rast unser Herz noch – und noch von der Angst.

Horch hinein in den Tumult deiner Abgründe. Erschrickst du? Hörst du den Chaoschoral aus Mozartmelodien und Herms Niel-Kantaten? Hörst du Hölderlin noch? Kennst du ihn wieder, blutberauscht, kostümiert und Arm in Arm mit Baldur von Schirach? Hörst du das Landserlied? Hörst du den Jazz und den Luthergesang?

Dann versuche zu sein über deinen lilanen Abgründen. Denn der Morgen, der hinter den Grasdeichen und Teerdächern aufsteht, kommt nur aus dir selbst. Und hinter allem? Hinter allem, was du Gott, Strom und Stern, Nacht, Spiegel oder Kosmos und Hilde oder Evelyn nennst – hinter allem stehst immer du selbst. Eisig einsam. Erbärmlich. Groß. Dein Gelächter. Deine Not. Deine Frage. Deine Antwort. Hinter allem, uniformiert, nackt oder sonstwie kostümiert, schattenhaft verschwankt, in fremder fast scheuer ungeahnt grandioser Dimension: Du selbst. Deine Liebe. Deine Angst. Deine Hoffnung.

Und wenn unser Herz, dieser erbärmliche herrliche Muskel, sich selbst nicht mehr erträgt – und wenn unser Herz uns zu weich werden will in den Sentimentalitäten, denen wir ausgeliefert sind, dann werden wir laut ordinär. Alte Sau, sagen wir dann zu der, die wir am meisten lieben. Und wenn Jesus oder der Sanftmütige, der einem immer nachläuft im Traum, nachts sagt: Du, sei gut! – dann machen wir eine freche Respektlosigkeit zu unserer Konfession und fragen: Gut, Herr Jesus, warum? Wir haben mit den toten Iwans vorm Erdloch genau so gut in Gott gepennt. Und im Traum durchlöchern wir alles mit unsern M.Gs.: Die Iwans. Die Erde. Den Jesus.

Nein, unser Wörterbuch, das ist nicht schön. Aber dick. Und es stinkt. Bitter wie Pulver. Sauer wie Steppensand. Scharf wie Scheiße. Und laut wie Gefechtslärm.

Und wir prahlen uns schnodderig über unser empfindliches deutsches Rilke-Herz rüber. Über Rilke, den fremden verlorenen Bruder, der unser Herz ausspricht und der uns unerwartet zu Tränen verführt: Aber wir wollen keine Tränenozeane beschwören – wir müssen denn alle ersaufen. Wir wollen grob und proletarisch sein, Tabak und Tomaten bauen und lärmende Angst haben bis ins lilane Bett – bis in die lilanen Mädchen hinein. Denn wir lieben die lärmend laute Angabe, die unrilkesche, die uns über die Schlachtträume hinüberrettet und über die lilanen Schlünde der Nächte, der blutübergossenen Äcker, der sehnsüchtigen blutigen Mädchen. Denn der Krieg hat uns nicht hart gemacht, glaubt doch das nicht, und nicht roh und nicht leicht. Denn wir tragen viele weltschwere wächserne Tote auf unseren mageren Schultern. Und unsere Tränen, die saßen noch niemals so lose wie nach diesen Schlachten. Und darum lieben wir das lärmende laute lila Karussell, das jazzmusikene, das über unsere Schlünde rüberorgelt, dröhnend, clownig, lila, bunt und blöde – vielleicht. Und unser Rilke-Herz – ehe der Clown kräht – haben wir es dreimal verleugnet. Und unsere Mütter weinen bitterlich. Aber sie, sie wenden sich nicht ab. Die Mütter nicht!

Und wir wollen den Müttern versprechen:

Mütter, dafür sind die Toten nicht tot: Für das marmorne Kriegerdenkmal, das der beste ortsansässige Steinmetz auf dem Marktplatz baut – von lebendigem Gras umgrünt, mit Bänken drin für Witwen und Prothesenträger. Nein, dafür nicht. Nein, dafür sind die Toten nicht tot: Daß die Überlebenden weiter in ihren guten Stuben leben und immer wieder neue und dieselben guten Stuben mit Rekrutenfotos und Hindenburgportraits. Nein, dafür nicht.

Und dafür, nein, dafür haben die Toten ihr Blut nicht in den Schnee laufen lassen, in den naßkalten Schnee ihr lebendiges mütterliches Blut: Daß dieselben Studienräte ihre Kinder nun benäseln, die schon die Väter so brav für den Krieg präparierten. (Zwischen Langemarck und Stalingrad lag nur eine Mathematikstunde.) Nein, Mütter, dafür starbt ihr nicht in jedem Krieg zehntausendmal!

Das geben wir zu: Unsere Moral hat nichts mehr mit Betten, Brüsten, Pastoren oder Unterröcken zu tun – wir können nicht mehr tun als gut sein. Aber wer will das messen, das «Gut»? Unsere Moral ist die Wahrheit. Und die Wahrheit ist neu und hart wie der Tod. Doch auch so milde, so überraschend und so gerecht. Beide sind nackt.

Sag deinem Kumpel die Wahrheit, beklau ihn im Hunger, aber sag es ihm dann. Und erzähl deinen Kindern nie von dem heiligen Krieg: Sag die Wahrheit, sag sie so rot wie sie ist: voll Blut und Mündungsfeuer und Geschrei. Beschwindel das Mädchen noch nachts, aber morgens, morgens sag dann die Wahrheit: Sag, daß du gehst und für immer. Sei gut wie der Tod. Nitschewo. Kaputt. For ever. Parti, perdu und never more.

Denn wir sind Neinsager. Aber wir sagen nicht nein aus Verzweiflung. Unser Nein ist Protest. Und wir haben keine Ruhe beim Küssen, wir Nihilisten. Denn wir müssen in das Nichts hinein wieder ein Ja bauen. Häuser müssen wir bauen in die freie Luft unseres Neins, über den Schlünden, den Trichtern und Erdlöchern und den offenen Mündern der Toten: Häuser bauen in die reingefegte Luft der Nihilisten, Häuser aus Holz und Gehirn und aus Stein und Gedanken.

Denn wir lieben diese gigantische Wüste, die Deutschland heißt. Dies Deutschland lieben wir nun. Und jetzt am meisten. Und um Deutschland wollen wir nicht sterben. Um Deutschland wollen wir leben. Über den lilanen Abgründen. Dieses bissige, bittere, brutale Leben. Wir nehmen es auf uns für diese Wüste. Für Deutschland. Wir wollen dieses Deutschland lieben wie die Christen ihren Christus: Um sein Leid.

Wir wollen diese Mütter lieben, die Bomben füllen mußten – für ihre Söhne. Wir müssen sie lieben um dieses Leid.

Und die Bräute, die nun ihren Helden im Rollstuhl spazieren fahren, ohne blinkernde Uniform – um ihr Leid.

Und die Helden, die Hölderlinhelden, für die kein Tag zu hell und keine Schlacht schlimm genug war – wir wollen sie lieben um ihren gebrochenen Stolz, um ihr umgefärbtes heimliches Nachtwächterdasein.

Und das Mädchen, das eine Kompanie im nächtlichen Park verbrauchte und die nun immer noch Scheiße sagt und von Krankenhaus zu Krankenhaus wallfahrten muß – um ihr Leid. Und den Landser, der nun nie mehr lachen lernt –

und den, der seinen Enkeln noch erzählt von einunddreißig Toten nachts vor seinem, vor Opas M.G. –

sie alle, die Angst haben und Not und Demut: Die wollen wir lieben in all ihrer Erbärmlichkeit. Die wollen wir lieben wie die Christen ihren Christus: Um ihr Leid. Denn sie sind Deutschland. Und dieses Deutschland sind wir doch selbst. Und dieses Deutschland müssen wir doch wieder bauen im Nichts, über Abgründen: Aus unserer Not, mit unserer Liebe. Denn wir lieben dieses Deutschland doch. Wie wir die Städte lieben um ihren Schutt – so wollen wir die Herzen um die Asche ihres Leides lieben. Um ihren verbrannten Stolz, um ihr verkohltes Heldenkostüm, um ihren versengten Glauben, um ihr zertrümmertes Vertrauen, um ihre ruinierte Liebe. Vor allem müssen wir die Mütter lieben, ob sie nun achtzehn oder achtundsechzig sind – denn die Mütter sollen uns die Kraft geben für dies Deutschland im Schutt.

Unser Manifest ist die Liebe. Wir wollen die Steine in den Städten lieben, unsere Steine, die die Sonne noch wärmt, wieder wärmt nach der Schlacht –

Und wir wollen den großen Uuh-Wind wieder lieben, unseren Wind, der immer noch singt in den Wäldern. Und der auch die gestürzten Balken besingt –

Und die gelbwarmen Fenster mit den Rilkegedichten dahinter –

Und die rattigen Keller mit den lilagehungerten Kindern darin –
Und die Hütten aus Pappe und Holz, in denen die Menschen noch
essen, unsere Menschen, und noch schlafen. Und manchmal noch
singen. Und manchmal und manchmal noch lachen –
Denn das ist Deutschland. Und das wollen wir lieben, wir, mit
verrostetem Helm und verlorenem Herzen hier auf der Welt.
Doch, doch: Wir wollen in dieser wahn-witzigen Welt noch wieder, immer wieder lieben!


## LESEBUCHGESCHICHTEN

Alle Leute haben eine Nähmaschine, ein Radio, einen Eisschrank
und ein Telefon. Was machen wir nun? fragte der Fabrikbe-
sitzer?
Bomben, sagte der Erfinder.
Krieg, sagte der General.
Wenn es denn gar nicht anders geht, sagte der Fabrikbesitzer.

Der Mann mit dem weißen Kittel schrieb Zahlen auf das Papier.
Er machte ganz kleine zarte Buchstaben dazu.
Dann zog er den weißen Kittel aus und pflegte eine Stunde lang
die Blumen auf der Fensterbank. Als er sah, daß eine Blume ein-
gegangen war, wurde er sehr traurig und weinte.
Und auf dem Papier standen die Zahlen. Danach konnte man
mit einem halben Gramm in zwei Stunden tausend Menschen
totmachen.
Die Sonne schien auf die Blumen.
Und auf das Papier.

Zwei Männer sprachen miteinander.
Kostenanschlag?
Mit Kacheln?
Mit grünen Kacheln natürlich.
Vierzigtausend.

Vierzigtausend? Gut. Ja, mein Lieber, hätte ich mich nicht rechtzeitig von Schokolade auf Schießpulver umgestellt, dann könnte ich Ihnen diese vierzigtausend nicht geben.

Und ich Ihnen keinen Duschraum.

Mit grünen Kacheln.

Mit grünen Kacheln.

Die beiden Männer gingen auseinander.

Es waren ein Fabrikbesitzer und ein Bauunternehmer.

Es war Krieg.

Kegelbahn. Zwei Männer sprachen miteinander.

Nanu, Studienrat, dunklen Anzug an. Trauerfall?

Keineswegs, keineswegs. Feier gehabt. Jungens gehn an die Front. Kleine Rede gehalten. Sparta erinnert. Clausewitz zitiert. Paar Begriffe mitgegeben: Ehre, Vaterland. Hölderlin lesen lassen. Langemarck gedacht. Ergreifende Feier. Ganz ergreifend. Jungens haben gesungen: Gott, der Eisen wachsen ließ. Augen leuchteten. Ergreifend. Ganz ergreifend.

Mein Gott, Studienrat, hören Sie auf. Das ist ja gräßlich.

Der Studienrat starrte die anderen entsetzt an. Er hatte beim Erzählen lauter kleine Kreuze auf das Papier gemacht. Lauter kleine Kreuze. Er stand auf und lachte. Nahm eine neue Kugel und ließ sie über die Bahn rollen. Es donnerte leise. Dann stürzten hinten die Kegel. Sie sahen aus wie kleine Männer.

Zwei Männer sprachen miteinander.

Na, wie ist es?

Ziemlich schief.

Wieviel haben Sie noch?

Wenn es gut geht: viertausend.

Wieviel können Sie mir geben?

Höchstens achthundert.

Die gehen drauf.

Also tausend.

Danke.

Die beiden Männer gingen auseinander.
Sie sprachen von Menschen.
Es waren Generale.
Es war Krieg.

Zwei Männer sprachen miteinander.
Freiwilliger?
'türlich.
Wie alt?
Achtzehn. Und du?
Ich auch.
Die beiden Männer gingen auseinander.
Es waren zwei Soldaten.
Da fiel der eine um. Er war tot.
Es war Krieg.

Als der Krieg aus war, kam der Soldat nach Haus. Aber er hatte
kein Brot. Da sah er einen, der hatte Brot. Den schlug er tot.
Du darfst doch keinen totschlagen, sagte der Richter.
Warum nicht, fragte der Soldat.

Als die Friedenskonferenz zuende war, gingen die Minister durch
die Stadt. Da kamen sie an einer Schießbude vorbei. Mal schießen,
der Herr? riefen die Mädchen mit den roten Lippen. Da nahmen
die Minister alle ein Gewehr und schossen auf kleine Männer aus
Pappe.
Mitten im Schießen kam eine alte Frau und nahm ihnen die Gewehre weg. Als einer der Minister es wiederhaben wollte, gab
sie ihm eine Ohrfeige.
Es war eine Mutter.

Es waren mal zwei Menschen. Als sie zwei Jahre alt waren, da
schlugen sie sich mit den Händen.
Als sie zwölf waren, schlugen sie sich mit Stöcken und warfen
mit Steinen.

Als sie zweiundzwanzig waren, schossen sie mit Gewehren nach einander.

Als sie zweiundvierzig waren, warfen sie mit Bomben.

Als sie zweiundsechzig waren, nahmen sie Bakterien.

Als sie zweiundachtzig waren, da starben sie. Sie wurden nebeneinander begraben.

Als sich nach hundert Jahren ein Regenwurm durch ihre beiden Gräber fraß, merkte er gar nicht, daß hier zwei verschiedene Menschen begraben waren. Es war dieselbe Erde. Alles dieselbe Erde.

Als im Jahre 5000 ein Maulwurf aus der Erde rauskuckte, da stellte er beruhigt fest:

Die Bäume sind immer noch Bäume.

Die Krähen krächzen noch.

Und die Hunde heben immer noch ihr Bein.

Die Stinte und die Sterne,

das Moos und das Meer

und die Mücken:

Sie sind alle dieselben geblieben.

Und manchmal –

manchmal trifft man einen Menschen.

### Dann gibt es nur eins!

Du. Mann an der Maschine und Mann in der Werkstatt. Wenn sie dir morgen befehlen, du sollst keine Wasserrohre und keine Kochtöpfe mehr machen – sondern Stahlhelme und Maschinengewehre, dann gibt es nur eins:

Sag NEIN!

Du. Mädchen hinterm Ladentisch und Mädchen im Büro. Wenn sie dir morgen befehlen, du sollst Granaten füllen und Zielfernrohre für Scharfschützengewehre montieren, dann gibt es nur eins:

Sag NEIN!

Du. Besitzer der Fabrik. Wenn sie dir morgen befehlen, du sollst statt Puder und Kakao Schießpulver verkaufen, dann gibt es nur eins:

Sag NEIN!

Du. Forscher im Laboratorium. Wenn sie dir morgen befehlen, du sollst einen neuen Tod erfinden gegen das alte Leben, dann gibt es nur eins:

Sag NEIN!

Du. Dichter in deiner Stube. Wenn sie dir morgen befehlen, du sollst keine Liebeslieder, du sollst Haßlieder singen, dann gibt es nur eins:

Sag NEIN!

Du. Arzt am Krankenbett. Wenn sie dir morgen befehlen, du sollst die Männer kriegstauglich schreiben, dann gibt es nur eins:

Sag NEIN!

Du. Pfarrer auf der Kanzel. Wenn sie dir morgen befehlen, du sollst den Mord segnen und den Krieg heilig sprechen, dann gibt es nur eins:

Sag NEIN!

Du. Kapitän auf dem Dampfer. Wenn sie dir morgen befehlen, du sollst keinen Weizen mehr fahren – sondern Kanonen und Panzer, dann gibt es nur eins:

Sag NEIN!

Du. Pilot auf dem Flugfeld. Wenn sie dir morgen befehlen, du sollst Bomben und Phosphor über die Städte tragen, dann gibt es nur eins:

Sag NEIN!

Du. Schneider auf deinem Brett. Wenn sie dir morgen befehlen, du sollst Uniformen zuschneiden, dann gibt es nur eins:

Sag NEIN!

Du. Richter im Talar. Wenn sie dir morgen befehlen, du sollst zum Kriegsgericht gehen, dann gibt es nur eins:

Sag NEIN!

Du. Mann auf dem Bahnhof. Wenn sie dir morgen befehlen,

du sollst das Signal zur Abfahrt geben für den Munitionszug und für den Truppentransport, dann gibt es nur eins:

Sag NEIN!

Du. Mann auf dem Dorf und Mann in der Stadt. Wenn sie morgen kommen und dir den Gestellungsbefehl bringen, dann gibt es nur eins:

Sag NEIN!

Du. Mutter in der Normandie und Mutter in der Ukraine, du, Mutter in Frisko und London, du, am Hoangho und am Mississippi, du, Mutter in Neapel und Hamburg und Kairo und Oslo – Mütter in allen Erdteilen, Mütter in der Welt, wenn sie morgen befehlen, ihr sollt Kinder gebären, Krankenschwestern für Kriegslazarette und neue Soldaten für neue Schlachten, Mütter in der Welt, dann gibt es nur eins:

Sagt NEIN! Mütter, sagt NEIN!

Denn wenn ihr nicht NEIN sagt, wenn IHR nicht nein sagt, Mütter, dann:

dann:

In den lärmenden dampfdunstigen Hafenstädten werden die großen Schiffe stöhnend verstummen und wie titanische Mammutkadaver wasserleichig träge gegen die toten vereinsamten Kaimauern schwanken, algen-, tang- und muschelüberwest den früher so schimmernden dröhnenden Leib, friedhöflich fischfaulig duftend, mürbe, siech, gestorben –

die Straßenbahnen werden wie sinnlose glanzlose glasäugige Käfige blöde verbeult und abgeblättert neben den verwirrten Stahlskeletten der Drähte und Gleise liegen, hinter morschen dachdurchlöcherten Schuppen, in verlorenen kraterzerrissenen Straßen –

eine schlammgraue dickbreiige bleierne Stille wird sich heranwälzen, gefräßig, wachsend, wird anwachsen in den Schulen und Universitäten und Schauspielhäusern, auf Sport- und Kinderspielplätzen, grausig und gierig, unaufhaltsam –

der sonnige saftige Wein wird an den verfallenen Hängen verfaulen, der Reis wird in der verdorrten Erde vertrocknen, die Kartoffel wird auf den brachliegenden Äckern erfrieren und die Kühe werden ihre totsteifen Beine wie umgekippte Melkschemel in den Himmel strecken –

in den Instituten werden die genialen Erfindungen der großen Ärzte sauer werden, verrotten, pilzig verschimmeln –

in den Küchen, Kammern und Kellern, in den Kühlhäusern und Speichern werden die letzten Säcke Mehl, die letzten Gläser Erdbeeren, Kürbis und Kirschsaft verkommen – das Brot unter den umgestürzten Tischen und auf zersplitterten Tellern wird grün werden und die ausgelaufene Butter wird stinken wie Schmierseife, das Korn auf den Feldern wird neben verrosteten Pflügen hingesunken sein wie ein erschlagenes Heer und die qualmenden Ziegelschornsteine, die Essen und die Schlote der stampfenden Fabriken werden, vom ewigen Gras zugedeckt, zerbröckeln – zerbröckeln – zerbröckeln –

dann wird der letzte Mensch, mit zerfetzten Gedärmen und verpesteter Lunge, antwortlos und einsam unter der giftig glühenden Sonne und unter wankenden Gestirnen umherirren, einsam zwischen den unübersehbaren Massengräbern und den kalten Götzen der gigantischen betonklotzigen verödeten Städte, der letzte Mensch, dürr, wahnsinnig, lästernd, klagend – und seine furchtbare Klage: WARUM? wird ungehört in der Steppe verrinnen, durch die geborstenen Ruinen wehen, versickern im Schutt der Kirchen, gegen Hochbunker klatschen, in Blutlachen fallen, ungehört, antwortlos, letzter Tierschrei des letzten Tieres Mensch – all dieses wird eintreffen, morgen, morgen vielleicht, vielleicht heute nacht schon, vielleicht heute nacht, wenn – – wenn – –

wenn ihr nicht NEIN sagt.

WOLFGANG BORCHERT

GEBOREN
20. MAI 1921 IN HAMBURG
GESTORBEN
20. NOVEMBER 1947 IN BASEL

«Wenn du mit der Wahrheit zurück-
hältst, wenn du die Wahrheit verbirgst,
wenn du in der Öffentlichkeit sprichst,
ohne die ganze Wahrheit zu sagen,
dann bist du weniger wahr als die
Wahrheit.»

*Jack London*

Was morgen ist,
auch wenn es Sorge ist,
ich sage: Ja!

*Wolfgang Borchert*

Zwischen Verwüstung und Hoffnung, zwischen Tod und Leben, zwischen Verzweiflung und Gläubigkeit wuchs das Werk Wolfgang Borcherts. Zwei Jahre waren ihm nach der Rückkehr aus dem Inferno des Krieges nur gegeben. Eine knapp bemessene Frist für all das, was in dem Kranken glühte und gesagt zu werden verlangte. Er fand keine Muße, er war immer atemlos, gejagt, rastlos. Mochte er auch gelegentlich an Heilung und Gesundung glauben, mochte er auch den Willen haben, der unmißverständlichen Bedrohung seines Körpers zu widerstehen, es wird genug einsame Stunden gegeben haben, in denen er die Aussichtslosigkeit seines Kampfes erkannte. So waren die letzten Jahre seines Daseins ein Wettlauf mit unerbittlich verrinnenden Stunden, Tagen und Nächten.

Um die besten Jahre seiner Jugend hatte ihn der Krieg betrogen. Als er nach dem Kriegsende endlich wieder als freier Mann ins Dasein hinaustrat, hätte er dieses Dasein gern stürmisch gelebt; denn er verschwendete gern, in allem! Aber sich als Genießender ans Leben zu verschwenden, blieb ihm versagt. Einzig an sein Werk konnte er sich verschwenden. Das war Glück – und Qual. Aber auch Erfüllung! Denn als er 1947 davonging, hatte er für sich, für seine Generation, für seine Zeit Gültiges und Bleibendes gesagt. Gütig und furchtlos, besessen von einem Mut zur Unbedingtheit, der Staunen, Bewunderung, aber auch Entsetzen erregte. Leid und Schmerz und das Bewußtsein, daß sein Schicksal beschlossen und besiegelt war, mögen zur Festigung dieses Mutes, an dem es vielen Gesunden gebrach, beigetragen haben. Er stand schon jenseits – und brauchte vom Diesseits nichts mehr zu fürchten.

Sein Leben, Denken und Schreiben galt der Wahrheit. Daß Wahrheit schmerzt und einsam macht, erfuhr er schon in jungen Jahren. Doch im Erdulden dieses Schmerzes und dieser Einsamkeit lag zugleich eine Erlösung. Resignierendes Schweigen gegenüber der Wahrheit hätte er nicht ertragen. Das wurde ihm schon früh zum Verhängnis: In seinen Soldatenbriefen sprach er von einer Wahrheit, wie er sie angesichts der Lüge, die Millionen Menschen ins Verderben riß, erkannte. Diese Briefe wurden in Hamburg bei einer Haussuchung entdeckt. Sie boten willkommenes Material zur Anklage. Doch bevor man den Zwanzigjährigen verhaften konnte, war er mit Hunderttausenden anderer Deutscher bereits gegen Rußland getrieben worden. Er sah das Blut dieser Hunderttausende in der gnadenlosen russischen Unendlichkeit versickern. Auch sein Blut floß. Schwerer noch traf ihn eine Krankheit. Seine Ankläger verfolgten ihn aus der Heimat bis an die Front und gewährten ihm nicht einmal die Gnade der Genesung. Aus dem Lazarett wurde er, mit zerschossener Hand, gepeinigt vom Fieber einer gefährlichen Gelbsucht und einer Diphtherie, nach Nürnberg ins Gefängnis verschleppt. Als Kranker stand er vor dem Gericht. Und das Gericht beantragte gegen diesen zerschlagenen Jungen, der sich zur Wahrheit bekannt hatte, das Todesurteil. Sechs Wochen ließ man ihn mit dieser Drohung allein in der Zelle. Eine Hölle von Tagen und Nächten. Dostojewski am Henkerpfahl auf dem Semenowskplatz!

Doch noch einmal durfte er ins Leben zurückkehren. Seiner Jugend wegen wurde das Urteil gemildert. Das Leben, das man ihm schenkte, war die bedrückende Einsamkeit einer dunklen Zelle. Nach einem halben Jahr begnadigte man ihn mit Vorbehalt. Diese Begnadigung hieß: Frontbewährung! Wieder Rußland! Obwohl er immer noch krank und schwach war, wurde er in die vorderste Linie getrieben. Doch die Krankheit war stärker als alle mitleidlosen Befehle. Als Werkzeug zum Töten war Borchert unbrauchbar geworden. Man entließ ihn aus der Fronttruppe in die Garnison. Er blieb krank, ein Unnützer also. Ein Fronttheater wollte ihn, der vor seiner Soldatenzeit einige Schauspielermonate an der Lüneburger Landesbühne wie einen glücklichen Rausch genossen hatte, für eine Tournee engagieren. Das Militär gab den Unnützen frei. Am Vorabend des Tages der ihm die Kasernentore öffnen sollte, verriet ihn ein Stubenkamerad einiger politischer Witze wegen. Statt der Freiheit wieder Haft. Wieder Zelleneinsamkeit. Neun Monate. Diesmal in Berlin-Moabit. Monate, deren Tage und Nächte erfüllt waren vom Bombenkrachen. Kein Kellerschutz für den Verfemten. In verschlossener Zelle gab man ihn den Todesschrecken preis. Keine Gnade, keine helfende Hand gegen die unausgeheilte Krankheit.

Das Ende Berlins blieb Borchert erspart. Im Frühling 1945 brachte man ihn in den Südwesten des zertrümmerten Reiches. Dort entließen ihn die Amerikaner in die Freiheit. Zu Fuß zog er hinter den nordwärts rollenden Panzern der Alliierten der Heimat entgegen. Völlig entkräftet und fieberglühend stand er in den ersten sommerlichen Maitagen Hamburg gegenüber an der Elbe.

Einen Tag später war er daheim, bei den Eltern – ein vom Tode Gezeichneter, aber dankbar empfangen wie ein vom Tode Befreiter.

Er hätte lange ruhen müssen. Doch es hielt ihn nicht in der Zimmerstille. Er wollte teilhaben am neuen Beginnen, daseinshungrig und tatenfroh. Heute wissen wir, daß ihm auch die Ruhe nicht mehr hätte helfen können. Was in Kriegs- und Kerkerjahren an seinem kranken Körper versäumt worden war, ließ sich durch keine ärztliche Therapie wieder einbringen. Deshalb war es gut, daß ihn die erste Welle des neuen Lebens mit emportrug. Die unberechenbare, sprunghafte, durch kein Medikament zu packende Krankheit machte ihm seine körperliche Existenz allerdings zur Qual. Er wehrte sich, er wollte nicht erliegen. Er nahm als Regieassistent teil an einer Nathan-Inszenierung des Staatlichen Schauspielhauses, er arbeitete als Kabarettist, obwohl er oft keine Treppe steigen konnte und vor und während des Auftritts von Schmerz und Atemnot geplagt wurde.

Er wollte gar zu gern dabeisein! In der Hoffnung auf ein neues, würdigeres Dasein.

Doch sein Wille konnte das Unmögliche nicht erzwingen. Die Krankheit warf ihn endgültig nieder. Kein Krankenhaus entließ ihn als gebessert, kein Arzt vermochte über die in Leber, Milz und Galle wütende Krankheit eine präzise Diagnose zu stellen oder gar zu helfen – ja, nicht einmal zu lindern. Borchert jedoch empfing jeden Besucher mit unbefangener jugendlicher Heiterkeit. Man glaubte nicht an den seiner Sache sicheren Tod ihm zu Häupten. Es war soviel Daseinszugewandtheit, soviel Teilnahme, soviel Wünschen und Wollen in diesem Fünfundzwanzigjährigen, daß man ihn nicht aufzugeben vermochte.

Ein Jahr hindurch besuchte ich ihn fast Tag um Tag. Ich wußte, daß sich sein Körper oft wie unter einer Folter krümmte, daß sein Rücken kaum den Druck einer stützenden Hand ertrug, daß seine geschwollene Leber ihm den Atem abschnürte und das Herz im Angstkrampf zusammenpreßte. Sah ich ihn aber bei der Begrüßung lächeln, erwartungsvoll, dankbar für jedes Wort vom Leben draußen, war er kein Todkranker mehr, sondern ein Lebensgläubiger und Hoffender. Jede Bewegung, jede Erschütterung ließ ihn Qualen leiden. Trotzdem sprühte er oft von Heiterkeit und Witz.

Selten nur sprach er von seiner Krankheit. Das täuschte manche seiner Besucher. Er erzählte auch nur wenig von Rußland und vom Gefängnis. Er bedrängte andere nicht mit seinen Leiden.

Erst in seinen Erzählungen brach das Erlebte und Erlittene wieder hervor, gelöst aus der Sphäre des Persönlichen, visionär verdichtet und zum Gleichnis erhoben.

Wer ihn bedauerte, erregte leicht seinen Widerwillen. Diese Abwehr war kein Selbstbetrug, sie war verzweifelter Widerstand. Er wollte nicht vorzeitig aufgeben. Er mag seinen Körper ob seiner Hinfälligkeit oft gehaßt haben, doch er preßte ihm das Äußerste ab. Jeden Morgen zwang er sich vom Lager hoch, wusch und rasierte sich im Bad wie ein Gesunder. Er brauchte Wände, Türpfosten und die unermüdlichen Hände seiner Mutter als Stützen, um diese kleinen morgendlichen Gänge zu bestehen. Aber er gab nicht nach. Ihm graute vor der endgültigen Niederlage, vor der unwiderruflichen Fesselung ans Bett.

Dieser Kampf eines ungebeugten jugendlichen Geistes gegen den körperlichen Verfall war ergreifend und erschütternd. Obwohl das Fieber gelegentlich einige Tage absank oder sogar ausblieb, wurde es allmählich offenbar, daß Borchert unterlag. Hunderte schlafloser Schmerznächte, Tausende erregungsgeladener Schaffensstunden, der peinigende Zwang ständiger Überwindung vor den Augen der Gesunden, die furchterregenden Stürze ins kalte Dunkel der Gewißheit von der Unheilbarkeit seines Leidens – die Summe dieser Sekunden, Minuten, Stunden verzehrte die letzte Substanz. Er aber gab noch immer nicht auf. Eine letzte vage Hoffnung leuchtete ihm: eine Erholungsreise in die Schweiz. Von ihr versprachen sich die Ärzte einen heilsamen Einfluß. Dort in der Schweiz gab es Nahrungsmittel, die in dem darbenden Deutschland nicht zu kaufen waren. Dort gab es alle Medikamente und geheizte Stuben. Borchert wäre wahrscheinlich schon im zermürbenden Eiswinter 1946/47 ein Opfer der Kälte geworden, hätten nicht einige Bekannte ihn unter schwierigen Umständen mit Holz und Kohle versorgt.

Ein Sanatorium in den Schweizer Bergen sollte ihn aufnehmen. Die Verleger Goverts, Oprecht, Rowohlt und Männer vom Hamburger Sender, vor allem Ernst Schnabel, bemühten sich, diesen Plan zu verwirklichen. Es gab immer neue Verzögerungen. Bürokratische Hemmnisse, Transportunfähigkeit des Patienten. Manche Freunde fragten sich, ob die Reise überhaupt noch sinnvoll sei. War der Kranke ihren Anstrengungen gewachsen? Würde sie ihm nicht eher schaden als nützen? Alle diese Fragen waren müßig. Borchert mußte reisen! In Hamburg konnte ihm niemand und nichts mehr helfen. Das wußte er. Begreiflich, daß sein Erduldungsvermögen nahezu erschöpft war. Sogar der Besuch vertrautester Freunde war ihm nicht mehr zuträglich. Und auch für die Freunde wurde mancher Besuch zur Qual, weil man dem Leidenden keinen ehrlichen Trost geben konnte. Er spürte nur zu gut, daß alle guten Worte allmählich schal wurden. Deshalb mußte er fort.

Im September 1947 konnte er endlich reisen. Wir machten aus dem Abschied keine große Sache. Borchert schien ein wenig abwesend, sein Blick glitt über uns hinweg ins Unbestimmbare. Innerlich war er schon auf die Reise gegangen. Stube und Schreibtisch hinterließ er aufgeräumt, als gelte es einen endgültigen Abschied. Nichts blieb später mehr zu ordnen.

Doch das Heimweh eilte ihm schneller nach, als er vermutet haben mochte. Als der Zug, in dessen überhitztem Krankenabteil er nach Atem rang, die Oberrheinische Tiefebene passierte, versuchte die Mutter, seinen Blick auf den Strom zu lenken. Er aber wandte sich schmerzvoll ab. Er hatte die Elbe, die große geliebte graue Elbe, nicht mehr sehen dürfen, nun wollte er auch den Rhein nicht grüßen.

Auf dem Grenzbahnhof Weil mußte die Mutter den Erschöpften aus ihren sorgenden Händen lassen. Sie durfte die Grenze nicht überschreiten. Behördliche Verfügungen waren stärker als Menschenbande und Menschennot. Deutschland und Deutsche lebten noch in der Acht. So mußte Borchert die letzten Schritte seines Weges auf dieser Erde allein gehen.

Als der Zug anrollte, richtete er sich am Fenster noch einmal auf und winkte. So entglitt er. Das war der letzte Gruß an die Mutter, an die Welt daheim, von der er wieder einmal hatte Abschied nehmen müssen. Diesmal für immer.

Die Erde sinkt zurück,
die Fesseln und die Schmerzen:
Ich bin am Himmel Stern geworden
und fühl' im All den Schlag
von Gottes weitem Herzen.

*Wolfgang Borchert*

Man hatte in Basel einen Kranken, aber keinen Todgeweihten erwartet. Deshalb war man zunächst ein wenig ratlos. Da Borchert unbedingt der Pflege eines Krankenhauses bedurfte, brachte man ihn in das katholische Claraspital. In einem kühlen weißen Zimmer kam er zur Ruhe. Aber diese Ruhe war Einsamkeit und Verlorenheit – in einer fremden Welt. Abermals überfiel ihn das Heimweh. Es war kaum weniger schmerzlich als die Krankheit. Er besaß nicht einmal Geld für Briefpapier, und die Freunde aus Deutschland konnten ihm nicht helfen.

Es fanden sich jedoch neue Freunde, unerwartet und unerhofft. Und seine deutschen Freunde, denen es zunächst vielleicht sinnlos erschienen sein mag, daß er, fern der Heimat, in der Verlorenheit eines großen Heimwehs verlöschen sollte, erkannten, daß auch diese Reise ein Teil seines Schicksals – und seiner Aufgabe war. Obwohl er nahezu bewegungsunfähig in der klösterlichen Abgeschiedenheit seiner Spitalzelle lag, als Unbekannter, als Deutscher überdies, begann von ihm eine Kraft auszustrahlen, die jeden, der an sein Lager trat, ergriff. Diese Ergriffenheit war nicht nur Mitleid, sie wirkte tiefer, über das Persönliche hinaus ins Allgemein-Menschliche. Borchert war nicht nur ein vom Zufall in den Frieden der Schweiz verschlagener Einzelner, in ihm verkörperte sich das Schicksal eines Volkes, das – in Schuld und Unschuld tragisch verstrickt – auf Hilfe, Duldsamkeit und Brüderlichkeit hoffte.

Die Briefe seiner letzten Freunde von drüben sind ebenso erschütternde wie beglückende Zeugnisse der Menschlichkeit.

«In der zweiten Oktoberwoche kam Frau L. zu mir, um mich darauf aufmerksam zu machen, daß im Claraspital ein junger deutscher Schriftsteller aus Hamburg läge, der sehr einsam sei!» heißt es in einem dieser Freundesbriefe. «Frau L. ließ mir die ‹Hundeblume› da. Ich war recht skeptisch – wie wir Deutschen, die Deutschland als Emigranten oder Flüchtlinge verlassen mußten, eben gegen alles, was aus Deutschland uns erreicht, eine gewisse Zurückhaltung tragen. Ich begann in der ‹Hundeblume› zu lesen und war zutiefst beschämt wegen meiner Skepsis, denn was

da stand, war eine tiefehrliche Schilderung der Lage der deutschen Jugend, das war nichts anderes als das Wort: ‹Ja, so ist es! Da stehen wir›.»
Und ein anderer schrieb: «Er war so elend, der arme, liebe Junge, seine Seele fror und war einsam. Äußerlich hatte er es wunderschön, ein helles großes, beinahe elegantes Krankenzimmer mit einem wunderschönen Blick über einige herbstliche Baumkronen, aber es waren keine deutschen Bäume. Die Ärzte taten ihr Äußerstes, die Schwestern waren tüchtig, sehr katholisch, und das junge Mädchen beim Eingang kannte ihn persönlich und sagte uns zu unserer großen Freude sofort seine Zimmernummer.»
«Er lag so klein und so groß in dem weißen Bett. Man hatte ihm die Haare ziemlich kurz geschnitten, und wir lachten über die ‹Streichholzlänge›. Meine sehr liebe Schweizer Freundin, Frau B., brachte ihm zwei Wechselrahmen und einige gute Reproduktionen von Paul Klee und modernen Franzosen, Matisse, Picasso etc., die er sich gewünscht hatte, da er es nicht mehr aushielt, nur die Wände anzuschauen. Die Schwestern waren natürlich entsetzt über diese Ausgeburten der Hölle, die wir ihm mitgebracht hatten, aber der Professor wollte ihm dazu verhelfen, daß die Wechselrahmen an die Wand kämen.»
«Ich war überwältigt, als ich sein Zimmer betrat, von dem Eindruck, einem Wesen gegenüberzustehen, das schon nicht mehr ganz auf dieser Welt weilte. Dieses liebe, feine und empfindsame Gesicht, das vor Freude ganz klein wurde und dann wieder aufblühte, die sanften und schnellen Augen, die aus den dunklen Höhlen glücklich aufleuchteten, weil ein Mensch von zu Hause kam und man von allem sprechen konnte. Er kam den langen, überirdischen Weg, den er schon gegangen war, wieder zurück und wurde wieder jung und glücklich und mensch-lebendig. Und ich fing dann an, doch noch zu hoffen und zu glauben, weil so sehr viel Lebenwollen und eine so große Freude von ihm ausging und er gar nicht mehr so krank schien, daß mein erster Eindruck eine Täuschung gewesen wäre, und ich wollte es auch so gern glauben. Er sprach mit so großer Liebe von Ihnen, von seiner Mutter, Sie fehlten ihm so sehr, und die Krankheit war doch oft so groß und stärker als er selbst; und er sprach von Hamburg und der Alster, von den Nächten, den Mädchen und den Menschen, die er so sehr vermißte. Man war wohl gut zu ihm hier in der Schweiz, aber man konnte ihn nicht verstehen, denn er sprach eine andere Sprache, und er hatte niemanden, der ganz

für ihn da war. Das Pförtnermädchen zwar kannte ihn und besorgte ihm einiges; der Friseur rasierte ihn umsonst einmal die Woche, weil er einen einzigen Tag in Hamburg gewesen war und es ihm so gut dort gefallen hatte, und ganz spitzbübisch stolz zeigte Wolfgang uns ein rührendes kleines Amulett, das er um den Hals trug, weil eine von den Nonnenschwestern es ihm gegeben hatte, damit er wieder gesund werden sollte.»

Langsam, aber unaufhaltbar entglitt der Kranke seinen letzten liebevollen Freunden. «Am Samstag, dem 15. November, habe ich Wolfgang zuletzt gesehen», schrieb einer von ihnen der Mutter. «Er berichtete von einem schmerzhaften Zustand am Morgen des gleichen Tages: der behandelnde Arzt, Prof. Gigon, habe ihn bei der Visite schweißgebadet, in einer Art Krampf angetroffen, sei sofort wortlos hinausgegangen und sei mit einer schmerzlindernden Tablette zurückgekommen. Wolfgang hatte zuletzt große Angst vor diesen krampfartigen Schmerzzuständen und verlangte öfter, als den Schwestern angemessen schien, nach schmerzstillenden Tabletten.»

(Nach den Feststellungen des Baseler Pathologen, Prof. Werdemann, litt Borchert nicht an einer Leberentzündung, sondern an einer bisher noch nicht erkannten, aber bereits im vorigen Jahrhundert von einem französischen Arzt beobachteten Leberkrankheit, bei der eine besonders empfindliche Leber durch Ernährungsschäden außer Funktion gesetzt werden kann. Durch den jahrelangen Mangel an ärztlicher Pflege und durch Überbeanspruchung während der Haft und im Kriege war Borcherts Körper so sehr geschwächt, daß eine Gesundung einem Wunder gleichgekommen wäre.)

«Zu Beginn der Woche, wohl am Dienstag, dem 18. November, müssen dann innere Blutungen eingesetzt haben, die zur Folge hatten, daß Wolfgang auch Blut erbrach. Er soll sich aber, nach Äußerungen der Schwester M., der Schwester an der Pforte des Spitals, zu der er das beste Verhältnis hatte – auch danach wieder besser gefühlt und besonders eisgekühltes Orangenwasser als wohltuend empfunden haben... Am Mittwoch, dem 19. November, soll bei Wiederholung der Blutungen das Coma, die tiefe Bewußtlosigkeit, eingesetzt haben, aus der Wolfgang nicht mehr erwachte. Am Donnerstag, dem 20. November, früh ist er entschlafen.»

«Am Montag, dem 24. November, früh 9 Uhr war ich dann auf dem Hörnli-Gottesacker, dicht am deutschen Grenzwald, in Basel und sah Wolfgang zur Ruhe gebettet. Seine Stirn wölbte sich klar, groß und gütig unter dem seit einiger Zeit kürzer geschnittenen dunklen Haar. Die Nase war noch schmaler und edler geworden. Um Augen und Mund lag Frieden und ruhige Heiterkeit. ‹Nun bist du gut aufgehoben› – das sah ich und sagte ich zu ihm. Ihr Junge lag weißgekleidet, weißgebettet, von margueritenartigen großen Astern, deren gelbe Staubgefäße golden strahlten, wie er es liebte, umgeben. Rostrosa Rosen lagen zu Füßen und blaßrosa Astern auf dem Herzen. Schöne gelbe Rosenknospen – ich erfuhr es später, daß sie von Dr. W. stammten – ließ ich auf das schwarze Sargtuch legen. Sie erinnerten uns wohl alle, zusammen mit den beiden riesigen Sträußen gelber Astern auf dem Katafalk, an das Leuchten der einen Löwenzahnblume, Wolfgangs gelber Hundeblume.»

«Ein Stück Bachscher Passionsmusik und der Choral ‹Befiehl du deine Wege›, von der Orgel gespielt, umrahmten die Feier. Pfarrer Kaiser von der rechtsufrigen Kleinbasler Theodorsgemeinde hielt seine Andacht über das Wort aus Jesaja 43, I: ‹Fürchte dich nicht, denn ich habe dich erlöst, ich habe dich bei deinem Namen gerufen, du bist mein.› Nach ihm sprach Dr. Würzburger im Namen des ‹Schutzverbandes deutscher Schriftsteller in der Schweiz›, vor allem aber als innerlich tief betroffener väterlicher Freund – dem insbesondere die Schuld der Generation der heute fünfzig bis sechzig Jahre alten Deutschen zur eigenen Last geworden ist, nicht rechtzeitig durch mutigeres Tun und Reden die Jungen bewahrt zu haben vor dem, was dann unser und ihr Schicksal wurde. Zum Schluß gedachte Dr. Goverts dreier Begegnungen: mit Wolfgangs ersten rilkehaften Versen, mit seiner Prosa und mit ihm selbst.»

Auch ein junges Mädchen, eine Schweizerin, begleitete ihn auf seinem letzten Wege, Tränen in den Augen.

«Liebe Mutter», berichtete sie nach Hamburg. «Er hat mir von Ihnen erzählt und vom Brief und der braunen Tinte, und ich habe gespürt, wie teuer Sie ihm waren.»

«Am Dienstag habe ich braune Tinte gekauft, um ihn damit glücklicher zu stimmen, aber da lag er schon ganz bleich und schwach in den Kissen, so daß ich kein Wort über die Lippen brachte. Ich war so erschrocken. Aber meine Augen müssen alles verraten haben. Er hielt meine Hand und bat mich wiederzukommen. Ich ging nicht gleich am folgenden Tag; ich versprach ihm den Freitag, weil ich ihn unterdessen ruhen und sich stärken lassen wollte.»

«Am Freitagvormittag ging ich nicht zur Schule. Ich verbrachte den ganzen Morgen im Wald. Es war so wunderschön, ich sah Hasen, Eichhörnchen, Grünspechte, Buntspechte, Spinnlein und sogar einen verspäteten Schmetterling. Meine Gedanken ließ ich frei wandern, und sie eilten oft zu Wolfgang. Ich pflückte ein paar Efeublätter und ein Haselzweiglein und trug es den ganzen Morgen mit mir herum, um Wolfgang damit ein bißchen Wald ins einsame Krankenzimmer zu zaubern – und ich wollte ihm sagen, daß ich ihn lieb hätte. Ich zählte die Stunden und die halben Stunden, und als ich dann – da war er tot.»

«Nun fühle ich mich wieder einsam wie zuvor – nicht im Leben, denn ich besitze ja noch meine Eltern und viele Freunde – aber einsam im Denken und Fühlen. Man kann nur wenige Menschen lieben im Leben, die einem über diese Einsamkeit hinweghelfen können.» «Einsam wie vorher – wie vorher? – doch nicht ganz. Ein klein wenig reifer und vor allem reicher durch Wolfgang, Ihren Sohn.» «Ich hatte ihm ein Buch ‹Die Schlüssel zum Königreich› zu lesen gebracht. Es hatte ihm wohlgetan, und er hatte sich danach so viel ruhiger gefühlt. Heute will mir fast scheinen, als hätte ich ihm nicht das Buch, sondern die Schlüssel gebracht; als hätte mir das Schicksal nur diese Aufgabe zugedacht und mich dann grausam stehengelassen.»

Während Borchert in der Ferne Abschied nahm, riefen die Anschlagsäulen in Hamburg seinen Namen aus: Die Kammerspiele kündigten die Premiere seines Stückes «Draußen vor der Tür» in der Inszenierung Wolfgang Liebeneiners an.

Einen Tag vor der Premiere kam aus Basel das letzte Telegramm. Wolfgang Borchert hatte uns endgültig verlassen.

Seine Stimme aber traf uns unvermindert stark am nächsten Abend in den Kammerspielen. Selten wohl hat ein Hamburger Theater eine solche Premiere erlebt. Dieser Abend war mehr als eine Premiere, er war ein Requiem für eine verlorene Jugend in einem zerschlagenen Lande; davor verstummte zunächst jede formale Kritik. Die Jugend, deren Qual Borchert hinausschrie, diese Jugend fühlte, was ihr der Tod in dem Sechsundzwanzigjährigen geraubt hatte:

«Es scheint, als ob man unserer Generation nichts ersparen will», mit diesen Worten Wolfgang Borcherts eröffnete ein junger Berliner einen Brief an die Mutter des Toten. «Ja. Er hat recht behalten. Es bleibt uns nichts erspart. Mit seinem Tode ist die Leere um uns noch endloser geworden. Der winzige Streifen Licht, der einen Augenblick lang das Dunkel zerriß – erloschen. Es ist wieder Nacht. Tiefere Nacht als zuvor . . .»

«Vater und Mutter habe ich verloren. Es war Krieg. Und ich war Soldat. Als ich zurückkam, waren sie tot. Begraben von fremden Menschen. Ich habe nicht geweint. Ich habe es nicht einmal als Schmerz empfunden. Es war eben so. Alles war tot, zertrümmert, heimatlos. Wir hatten zuviel gelitten, um noch Schmerz zu empfinden. Wir – die Generation ohne Abschied. O – wie liebe ich diese Worte. Mit diesen Worten ist mir Wolfgang zum Bruder geworden.»

«Sein Tod ist der erste Tod, der mich in meinem Leben berührt hat. Tief. Ganz tief. Plötzlich war aus mir ein Stück herausgebrochen. War fort. Schwamm weitab von mir. Und meine Hände waren zu gering, es zu greifen. Man schreibt so etwas nicht. Man sollte es nicht schreiben. Aber ich kann das alles nicht mehr alleine tragen. Ich muß mit einem Menschen sprechen. Mit einem Menschen, der verlor, was ich verlor.»

«Wir haben uns nie gesehen. Ein Brief, eine Karte, ein Bändchen Erzählungen. Das war alles. Vielleicht hat Wolfgang mich Ihnen gegenüber nicht einmal erwähnt. Ich weiß es nicht. Aber es war auch nicht nötig. Für mich genügte, daß ich in ihm lesen durfte. Daß ich plötzlich erschrak und wußte – Du bist nicht allein. Da ist ein Mensch. Ein Mensch, der spricht wie Du. Der denkt wie Du. Der leidet wie Du. Ein Mensch. Das hat mich froh gemacht. Das hat mir Kraft gegeben.»

«Ich war nicht sentimental. Unsere Generation ist zu hart angepackt worden, um es zu sein. Wir haben gelernt, Abschied zu nehmen. Von allem und immer. Wir weinen nicht, wenn das Schicksal uns schlägt. Wir haben nie geweint. Auch als Kinder nicht. Wir waren nie Kinder. Wir sind die Jugend ohne Jugend. Wir fluchen, wir schreien, wir verbluten uns nach innen. Aber wir weinen nicht. Niemand hat uns je weinen sehen. Niemand. Aber wir sind eine arme Generation. Wir kennen nicht einmal mehr Tränen...»

«Aber von ihm Abschied nehmen ist schwer. Da liegt sein kleines Bändchen vor mir auf dem Tisch. Ich schlage es nicht auf. Ich kann es nicht. Ich habe Furcht, ich müßte dann unter der Last der angestauten Tränen ersticken. Nein – ich sehe es nur an. Wozu soll ich das lesen? Er – ist in mir. Sein Herzschlag pulst wie der meine. Was sind dagegen Worte? Ich habe Furcht vor dem Abschied...»

Am frühen Nachmittag des 17. Februar 1948 trugen die Eltern und die Hamburger Freunde des Dichters die Urne auf dem Ohlsdorfer Friedhof zu Grabe. Am Hang eines kleinen Hügels, auf dessen Kuppe ein anderer Dichter, Fritz Stavenhagen ruht, unter zärtlich sich neigenden Birken, nahm ihn die Heimaterde auf. In die letzten Worte, die der Lyriker Carl Albert Lange über der versenkten Urne sprach, klang vom nahen Schienenstrang dunkles Räderrollen. Rollende Räder und Lokomotivenschreie, die Borchert so sehr geliebt hatte, Sinnklänge für das ewige menschliche Unterwegs, den ewigen Abschied, die ewige Ankunft.

Er liebte schon früh den Klang der Verse. Rilke war für den Achtzehnjährigen Vorbild und Maß. Hellas, Sappho, Nofretete berauschten ihn. Seine Feder flog jugendlich erhitzt über das Papier. Die Welt stürzte ungestüm auf ihn ein, ungestüm riß er Erfühltes, Erdachtes, Erlebtes an sich. Überschwenglich unterzeichnete er: Wolff Maria Borchert! Ein rastlos Suchender, dankbar Empfangender und jäh Entflammter, in dessen Versen sich Entrücktheit und Wirklichkeit seltsam durchdrangen. Neben zarten schwelgerischen Klängen die ersten komödiantisch-ironischen Dissonanzen, mit denen er später, als die Realität viele seiner Träume zerbrochen hatte, so gern spielte. Manche dieser Verse waren Geschenke an Mädchen und Frauen, die er liebte, wie man Blumen liebt.

Nach seiner Heimkehr ließ er kaum eines dieser Gedichte noch gelten, allenfalls als persönliche Reminiszenzen. Auf eine 1940 gebündelte Gedichtmappe, die nach dem Kriege im Papierkorb endete, schrieb er: «Unerlaubte, zum Teil mißglückte, wilde und nachgelassene Gedichte.» Und in eine Ecke des Titelblattes hieb er den Stoßseufzer: «Ich bin erlöst!» Er sparte nicht mit Kritik gegen sein Werk und besaß Humor genug, sich selbst zu glossieren.

Seine Lyrik war eine Vorstufe seines Schaffens. Auch das Bändchen «Laterne, Nacht und Sterne» (Verlag Hamburgische Bücherei 1946) darf nur als Präludium für sein Prosawerk, das eigentliche Werk seines Lebens, gewertet werden. Die in diesem Bändchen enthaltenen vierzehn Gedichte sind mit leichtem Pinsel getuschte Impressionen, oft nur skizzenhaft im Umriß. Eines aber ist ihnen unleugbar eigen: Die Unmittelbarkeit dichterischen Ausdrucks. Sie sind nicht nachempfunden, sie kopieren keine Vorbilder, sie sind Borcherts Eigentum. Wohl ahnt man hinter einigen Zeilen schon jene dunklen Gründe, die später in seiner Prosa so erschreckend aufreißen, aber noch zeigt sich nichts Beunruhigendes. Volksliedhafte Melancholie und kabarettistische Beschwingtheit kennzeichnen die Grenzen dieser Empfindungswelt zwischen Hell und Dunkel.

Neben diesem Versbändchen lag noch ein anderes Buch auf dem Weihnachtstisch des Jahres 1946: Die Anthologie «Hamburg, Heimat am Strom» (Verlag Hamburgische Bücherei). Die ersten Seiten dieses Buches, das Beiträge aus drei Jahrhunderten vereinigte, gehörten Wolfgang Borchert. Zum ersten Male war er mit einem Prosastück in einem Buche vertreten. Er, der Jüngste, sprach den Prolog. Welch neuer Klang! Welch Temperament unter norddeutsch Verhaltenen und Gemäßigten.\* Die Stadt Hamburg war plötzlich eine Welt, nicht idyllischer Lokalbereich, sondern Teil eines großen Ganzen. Das war keine romantisierende Heimatdichtung, das war Gegenwartsruf, über die Dächer der geliebten Stadt hinweg, über Meere und Kontinente. Hier kündigte sich eine neue, weltzugewandte Heimatdichtung an, befreit aus konservativer Enge und Bequemlichkeit.

Dieser Prolog tat seine Wirkung. Fast alle Leser merkten auf. Borchert weckte Erwartungen. Der Hamburg-Hymnus war nicht seine erste Prosaarbeit. Begonnen hatte er mit der im Winter 1945/46 im Krankenhaus geschriebenen Erzählung «Die Hundeblume». Als er sie uns zum Lesen gab, war er sich seiner Sache noch keineswegs sicher. Zögernd bat er um Urteil und Rat. Es hätte des Zuratens eigentlich nicht bedurft. Er *mußte* schreiben! *So* schreiben – und nicht anders. Diese Prosa war für ihn eine Notwendigkeit, und er hatte ein Anrecht, gehört zu werden. Um des Stoffes und der Gestaltung willen. Es war *seine* Prosa – mochte ihm auch gelegentlich das ferne, wilde Rauschen der Epik Thomas Wolfes in den Ohren klingen. Noch war er sich seiner Gestaltungskraft nicht recht bewußt, sein Weg war ihm aber bereits vorgezeichnet – ein einsamer Weg in Weiten und Tiefen, in die mancher ihm nur zögernd oder gar nicht zu folgen vermochte. Für seine Freunde, die er um kritische Äußerungen bat, gab es nur eine Konsequenz: ihn unbeirrt diesen Weg ziehen zu lassen. Denn nur gar zu bald wurde es offenbar, daß in Borcherts Schaffensdrang ein nicht zu bändigendes und zu gängelndes Ungestüm waltete. Seine Sicherheit wuchs – und damit das Verlangen, alles zu sagen, was ihn bedrängte, was er sich und der Welt schuldig zu sein glaubte. So entstanden in überraschend kurzer Zeit die Prosastücke, die den Band «Die Hundeblume» füllten. Diese Prosastücke waren keine «Lektüre», sie waren Anklage, Notschrei, Aufruhr. Borchert setzte sich mit seiner rücksichtslosen Aussage und seiner oft gewalttätig wirkenden Diktion über alle Konvention und Tradition hinweg. Er zerriß althergebrachte Bindungen und schlug der Heuchelei ins Gesicht. Er forderte mehr als nur literarische Teilnahme, er wollte Entscheidungen, Stellungnahmen erzwingen. Das machte ihn unbequem. Viele schreckte er ab, mehr aber riß er mit sich. Daß seine Arbeiten ein starkes Echo auslösten, stärker als er je zu erhoffen gewagt hatte, bestärkte ihn in seiner Entschlossenheit, jeden Kompromiß ein für allemal aus seinem Werk auszuschließen.

Allerdings wurde ihm in seiner Arbeit nichts geschenkt. Jeden Federstrich, jedes Wort mußte er seinem kranken Körper abringen. Und er mußte einen hohen Preis dafür zahlen: Schmerz, Fieber, Schlaflosigkeit, Angst. Doch in glühender Inbrunst verbrannte er sich bedenkenlos.

Sein Schaffen war ein gewaltiger Schrei, ein Aufschrei der Lust, der Qual, der Seligkeit, der Verzweiflung. Alles war in diesem Schrei, was in einem jungen Leben nur sein kann. Er kannte keine Furcht, keine Verstellung, keine Feigheit, er drängte nach dem Bekenntnis der Wahrheit, nach der Entlarvung der Lüge. Schonungslos! Gegen sich selbst und gegen andere.

Seine Arbeiten waren fast immer wie aus einem Guß. Er änderte, nachdem sein Vater die Handschriften mit der Schreibmaschine abgeschrieben hatte, kaum etwas – so bestimmt und ausgeprägt war sein Stilwille. Doch bei aller Entschlossenheit und Sicherheit brauchte er gelegentlich eine Bestätigung. Vor allem aus seinem engsten Kreise. Viele seiner Erzählungen las er seinen Eltern und Freunden vor, auch dabei rücksichtslos gegen sich selbst; denn sein geschwächter Organismus vertrug kein lang andauerndes Sprechen. Aber auch noch aus einem anderen Grunde mochten ihm diese Lesungen notwendig erscheinen: Ihm genügte nicht allein das *geschriebene* Wort, ihn verlangte nach der Magie des *Klanges*.

Schon bei diesen ersten Begegnungen mit Borcherts Prosa wurde offenbar, daß sie, mit ihrer flutenden Dynamik und ungewöhnlichen Lebendigkeit, sich geradezu anbietet, *gesprochen* zu werden. Die für Borchert charakteristischen Wiederholungen, Worthäufungen und Satzvariationen, die manchem Leser zuweilen Schwierigkeiten bereiten oder ihm übertrieben, manieriert erscheinen mögen, enthüllen ihre letzten eigenwilligen Feinheiten als Ausdruck einer sehr rhythmischen Musikalität erst dann, wenn sie wieder *Ton* werden, also zur ursprünglichen Bestimmung der Sprache zurückkehren. Ein unbewußter, aber logischer Kontrapunkt steckt in diesen Worthäufungen und Wiederholungen. Man täte Borchert unrecht, wollte man sie als effekthascherische Manier bezeichnen. Borchert schrieb Klänge, Klangreihen, Klangkaskaden, gebrochene Akkorde, schrille Dissonanzen, die als Ganzes eine harmonische und geschlossene Form bilden.

Am Totensonntag 1946 drang Borcherts Prosa zum erstenmal über seine Stube hinaus. Die «Vereinigung Niederdeutsches Hamburg» (später «Hamburg-Gesellschaft») und der «Verlag Hamburgische Bücherei» veranstalteten im Großen Saal des Eppendorfer Gemeindehauses einen Borchert-Abend. Es gab genug

Skeptiker, die es als sehr gewagt empfanden, einem erst wenige Monate alten und unbekannten Werk einen vollen Abend zu widmen. Borchert selbst äußerte ähnliche Bedenken. Das Vertrauen in sein Werk wurde jedoch gerechtfertigt. Als dieser Abend, dessen Vortragsfolge den Gedichtzyklus «Laterne, Nacht und Sterne», die «Hundeblume» und andere Erzählungen umfaßte, verklungen war, trugen einige Hunderte Borcherts Namen ergriffen und begeistert hinaus in die Stadt, und die Zeitungen begrüßten ihn als einen Neuen, den man hören und auf den man hoffen müsse. Selten hat ein junger Autor einen so raschen und überzeugenden Sieg errungen.

Zum Sommer 1947 erschien im Verlag Hamburgische Bücherei der Prosaband «Die Hundeblume», bescheiden im äußeren Gewande – denn holzfreies Papier und Leineneinbände waren damals unerreichbare Artikel –, explosiv aber in seiner Wirkung. Der junge Dichter der Zeit, nach dem gerufen wurde, hier erhob er seine Stimme. Eine gequälte, betrogene Jugend schrie auf, eine Jugend, deren auf Lügen gebauter Glaube eingestürzt war und die nun, ratlos und im Stich gelassen, ins düstere kalte Nichts ausgestoßen schien.

Noch erregender war die Wirkung des Stückes «Draußen vor der Tür», das – wie Borchert im Untertitel schrieb – «kein Theater spielen und kein Publikum sehen will.» Über die Posaune des Rundfunks ließ es Millionen deutscher Mütter, Bräute, Witwen, Väter, Heimkehrer, Verlassene, Verstümmelte, Verzweifelte erbeben.

Borchert schrieb dieses Stück in knapp acht Tagen. Der Stoff überwältigte ihn derart, daß er jede Rücksicht gegen sich vergaß. Er fand keine Ruhe, bevor der letzte Federstrich getan war. Gehetzt von Gesichten und Gestalten, fand er auch keine Zeit und Geduld, Formprobleme abzuwägen. Es ist deshalb müßig, Analysen und Betrachtungen anzustellen, inwieweit Borchert dramaturgische Gesetze hat erfüllen oder nicht erfüllen wollen. Als er schrieb, wagte er nicht zu hoffen, das Stück jemals auf einer Bühne zu sehen. Er dachte auch nicht an das Theater im landläufigen Sinn. Er gestaltete unbeeinflußt von jeder herkömmlichen Vorstellung und – im Hinblick auf das Theater – auch nicht in einer bewußten revolutionären Absicht. Er rang nicht um die Form, sie war *in* ihm als selbstverständliche Gegebenheit, über die es – jedenfalls für ihn – keiner ästhetischen Diskussion bedurfte.

Dieses Stück ist in der Glut einer irdischen Vorhölle gebrannt worden, es ist mehr als eine literarische Angelegenheit, in ihm verdichten sich die Stimmen von Millionen, von Toten und Lebenden, von vorgestern, gestern, heute und morgen, zur Anklage und Mahnung. Das Leid dieser Millionen wird Schrei. *Das* ist Borcherts Stück: Schrei! Nur *so* kann es begriffen und gewertet werden.

Borchert büßte diese Arbeit mit einem Schwächeanfall, was ihn nicht hinderte, uns das Stück vorzulesen, sobald es in der Maschinenabschrift vorlag. Drei Stunden las er. Wir wagten ihn nicht zu unterbrechen, obwohl diese dreistündige, auch ihn selbst erregende Lesung für seinen Körper eine unerhörte Zumutung bedeutete; denn er war nicht so beschaffen, daß er als Interpret dem Werk gegenüber eine schonende Distanz hätte wahren können. Als Beckmanns letzter Schrei: «... gibt denn keiner, keiner Antwort???» verhallt war, schwiegen wir. Dieser Schrei war zu ungeheuerlich. Man konnte nicht gleich in die übliche Diskussion eintreten.

Wer sollte den Mut aufbringen, dieses Stück ins Publikum zu schleudern? War Borcherts sarkastischer Untertitel «Ein Stück, das kein Theater spielen und kein Publikum sehen will» nicht bereits eine Prognose für das Schicksal des Stückes? Wollte das Publikum Vergangenes nicht möglichst schnell vergessen? War es in seinem Hang nach ablenkender Unterhaltung und bequemer Zerstreuung überhaupt einer konsequenten Abrechnung mit der Vergangenheit fähig? War es bereit, nach all dem Erlebten und Erlittenen, die Beschwörung überstandener Schrecken zu ertragen?

Wir waren einhellig der Überzeugung: dieser Schrei eines Dichters dürfe nicht ungehört verhallen! Wir waren bereit, alles für das Stück zu tun. Unser Ziel war die Bühne. Da kam die große Überraschung: Der Hamburger Sender nahm «Draußen vor der Tür» als Hörspiel an. Das hatten wir am wenigsten erwartet. Ein gut Teil des Dankes für diesen mutigen Einsatz des Senders gebührt Ernst Schnabel, dem derzeitigen Chefdramaturgen der Hörspielabteilung. Die erste Sendung fand am 13. Februar 1947 statt. Borchert konnte sie nicht abhören, weil sein Stadtteil infolge der Kohlennot von einer turnusmäßigen Stromsperre betroffen wurde. Da er nicht transportfähig war, konnte er auch nicht mit dem Auto zu Freunden in einen anderen, mit Strom versorgten Stadtteil gebracht werden. Beim Schein einer flackernden Kerze lauschte er ins Dunkel der Winternacht, die von seiner Stimme erfüllt war.

Borcherts Schrei löste tausend Zungen in dem verwüsteten und darbenden Deutschland. Die Hörer schrien zurück: emporgerissen, gepeinigt, erschreckt, befreit, zornig, erschüttert, abwehrend, dankbar. Von welcher Seite die Briefe auch kamen, von Borcherts neuen Freunden oder neuen Gegnern, aus allen spürte man: Dieser Schrei ist nicht überhört worden, ihn konnte keiner überhören. «Wir, Deine gleichaltrigen Kameraden, die jungen Unteroffiziere von Stalingrad und Demjansk, von Smolensk und Wjasma, die wir in atemloser Spannung am Lautsprecher gesessen haben, wir haben Dich gehört und – verstanden! Und nachdem wir dieses Erlebnis nun tagelang mit uns herumgetragen und uns damit beschäftigt haben, weil wir uns im Tiefsten und Allerpersönlichsten angesprochen sehen, haben wir nun begonnen – zunächst freilich nur im kleinen Kreise – darüber zu diskutieren. Und wir fühlen, daß sich etwas in uns, die man für verstockt und reaktionär hält, gelöst hat. Einer aus unseren eigenen Reihen hat als erster den Mut gefunden zu sprechen. Der Ring des eisigen Schweigens, das wirksamste Mittel unserer Abwehr gegen eine uns fremd gewordene Heimat, ist an einer Stelle durchbrochen! Wir alle, die wir immer noch in umgefärbten Militärklamotten herumlaufen, Gasmaskenbrillen tragen, Trümmer räumen und tanzen gehen, an den Straßenecken diskutieren und Kippen rauchen, die wir tagtäglich morden und ermordet werden, an deren Betten nachts die toten Kameraden hocken und uns mit dem Blick ihrer erloschenen Augen quälen, die wir überall im Wege sind und beiseite stehen, wir haben einmal wieder unsere eigene Stimme gehört, die einer von uns in Worte geformt hat.»

«Und darum laß Dich bitten: Wenn Dich keiner hören will, kein Theater Deine Stücke spielt und kein Theaterbesucher Beifall klatscht, laß Dich auf Deinem einmal beschrittenen Weg nicht beirren, schreibe für uns, für Deine Kameraden, schreibe für die Tausende von ‹Beckmanns›, für die Einsamen und Verlassenen, für die in keine Heimat Heimgekehrten, für die Verzweifelnden und sich überflüssig Glaubenden, für alle, die draußen vor den Türen stehen, und laß nicht nach und schreibe, daß Dir die Finger bluten!»

So antwortete einer aus Borcherts Generation!

Ein anderer bekannte: «Heute, ausgerechnet heute, am ..., an dem ich vor einem Jahr vollkommen zerlumpt und gesundheitlich ruiniert als Kriegsversehrter, aus russischer Gefangenschaft entlassen, in meiner Heimatstadt Essen angekommen bin, sendest Du das Hörspiel ‹Draußen vor der Tür›. Noch keine Deiner Sendungen hat mich innerlich so aufgewühlt, geschweige denn

# Friedo Lampe

---

NEUAUFLAGE

## Das Gesamtwerk

### Am Rande der Nacht/Septembergewitter/ Von Tür zu Tür/Aus dem Nachlaß

Mit einem Nachwort von Jürgen Dierking
und Johann-Günther König
400 Seiten. Gebunden

«Es ist kein umfangreiches, aber wichtiges,
vollendetes, nobles, noch unausgeschöpftes Œuvre, voll
von Lesefreuden, und ich glaube, es zählt zum
Bleibenden in der deutschen Literatur.»

*Wolfgang Koeppen*

«Was uns damals ... so schön uns stark ansprach, ist
nicht verblaßt und hat standgehalten.
Es bewährt sich aufs schönste und fesselt und entzückt
wie einst.»

*Hermann Hesse*

---

Rowohlt

# Wolfgang Borchert

## *Die Hundeblume /*
## *Nachts schlafen die Ratten doch*

Faksimile
limitierte und numerierte Auflage
98 Seiten. Gebunden

## *Draußen vor der Tür*

und ausgewählten Erzählungen
Mit einem Nachwort von
Heinrich Böll
rororo Band 170

## *Die traurigen Geranien*

und andere Geschichten aus dem Nachlaß
Herausgegeben mit einem Nachwort
von Peter Rühmkorf
rororo Band 975

## *Wolfgang Borchert*

mit Selbstzeugnissen und Bilddokumenten
dargestellt von Peter Rühmkorf
rowohlts monographien Band 58

## *Marius Müller-Westernhagen liest*
## *Wolfgang Borchert*
## *Erzählungen*

Die Hundeblume / Nachts schlafen die
Ratten doch / Die Küchenuhr / Schischyphusch
1 Tonbandcassette im Schuber mit 90
Minuten Spieldauer
Literatur für Kopf Hörer 66011

# Rowohlt

rika. In vielen fremden Zungen hat sein Werk zur Welt gesprochen. Kein anderer deutscher Nachkriegsdichter hat diesseits und jenseits der Meere einen ähnlich starken Widerhall gefunden. Dennoch müssen wir uns, angesichts der Weltereignisse des letzten Jahrzehnts, eine alte bittere Wahrheit erneut eingestehen: Wenig gilt das Wort des Dichters vor dem Gewissen der Welt!

«Wir haben doch längst wieder das dickste Zivilleben!» Dieser saturierte Ausspruch, mit dem Borcherts gutgelaunter Kabarettdirektor dem verzweifelt um Wahrheit und Verantwortung ringenden Heimkehrer Beckmann entgegentritt, enthält vielleicht eine der erschütterndsten Konsequenzen des Nachkriegsdaseins. Dieses «dicke Zivilleben», durch illusionistischen Wohlstand bequem wattiert gegen Schrecken der Vergangenheit und Drohungen der Zukunft, scheint gefährlicher zu sein, als jene mit grausamer wissenschaftlicher Logik entwickelten Superbomben, weil es die Voraussetzungen für die Anwendung dieser Bomben schafft – oder zumindest nicht abschafft. Borcherts Schrei «Sag NEIN!» ist in dem «dicken Zivilleben» mit seinen trägen Augenblicks-Illusionen zunächst erstickt worden. Die Hoffnung, daß dieses «Sag NEIN!» einmal allgemein in der Welt werden wird, ist gering. Und es ist beschämend genug, daß sich eine solche Hoffnung nicht auf die menschliche Vernunft, nicht auf die Liebe gründen kann, sondern allein auf eine panische kreatürliche Angst. Gleichgültig aber, ob Borcherts Schrei immer wieder nutzlos verhallt, wer noch Verantwortung in sich trägt, wer dem Leben noch Ehrfurcht entgegenbringt, muß ihn unermüdlich, unerbittlich stets aufs neue wiederholen:

«Sag NEIN!»

Hamburg, April 1957

*Bernhard Meyer-Marwitz*

Du. Mutter in der Normandie und Mutter in der Ukraine, du, Mutter in Frisko und London, du, am Hoangho und am Mississippi, du, Mutter in Neapel und Hamburg und Kairo und Oslo – Mütter in allen Erdteilen, Mütter in der Welt, wenn sie morgen befehlen, ihr sollt Kinder gebären, Krankenschwestern für Kriegslazarette und neue Soldaten für neue Schlachten, Mütter in der Welt, dann gibt es nur eins:
Sagt NEIN! Mütter, sagt NEIN!

Denn wenn ihr nicht NEIN sagt, wenn IHR nicht nein sagt, Mütter, dann...»

...dann wird der Mensch sich selbst zerstören und das Antlitz der Erde verwüsten. Borcherts grauenhafte Vision ist die Vision der endgültigen Vernichtung, des apokalyptischen Höllensturzes.

«...dann wird der letzte Mensch, mit zerfetzten Gedärmen und verpesteter Lunge, antwortlos und einsam unter der giftig glühenden Sonne und unter wankenden Gestirnen umherirren, einsam zwischen den unübersehbaren Massengräbern und den kalten Götzen der gigantischen betonklotzigen verödeten Städte, der letzte Mensch, dürr, wahnsinnig, lästernd, klagend – und seine furchtbare Klage: WARUM? wird ungehört in der Steppe verrinnen, durch die geborstenen Ruinen wehen, versickern im Schutt der Kirchen, gegen Hochbunker klatschend, in Blutlachen fallen, ungehört, antwortlos, letzter Tierschrei des letzten Tieres Mensch –
all dieses wird eintreffen, morgen, morgen vielleicht, vielleicht heute nacht schon, vielleicht heute nacht, wenn –– wenn ––

wenn ihr nicht NEIN sagt.»

Das waren die letzten Worte, die Borchert in seinem Leben schrieb. In ihnen erschöpfte sich seine letzte Kraft. Nach diesem «NEIN!» konnte er endlich zurücksinken in die letzte Ruhe. Er hatte alles getan, was er zu tun vermochte. Und das war weit, weit mehr, als viele andere getan haben. Wo Borchert «NEIN» schrie, haben andere geschwiegen. Und schweigen heute noch.
Zehn Jahre sind seitdem vergangen. Borcherts Stimme ist in keinem dieser Jahre verstummt, sie ist weit über Deutschlands Grenzen hinausgedrungen, in alle europäischen Länder, nach dem Osten, bis nach Japan – und westwärts über den Ozean nach Ame-

schenen Traumsegler. Um ein Schiff war für ihn Weite und Freiheit, es hob und senkte sich auf der «ewigen Welle Welt». Ein Schiff war Ausfahrt und Verheißung. Deshalb liebte er auch die Elbe so sehr, den Westwind und die Möwen.

«Auslöffeln, aussaufen, auslecken, auskosten, ausquetschen will ich dieses herrliche heiße sinnlose tolle unverständliche Leben! Das soll ich versäumen? Ich?» Das schrieb er, krank schon und geschlagen. Er mußte leider vieles versäumen, das meiste. Solange aber noch Atem in ihm war, konnte er nicht entsagen. Er liebte das Leben so sehr, daß er sogar einen schweren Verzicht auf sich zu nehmen bereit war: «Ich will keine Zeile mehr schreiben können», flüsterte er einmal in den letzten Monaten seines Lebens, «wenn ich nur mal wieder über die Straße gehen dürfte, mal wieder Straßenbahn fahren – und an die Elbe gehen, immer wieder an die Elbe gehen!» Nein, er war wahrlich kein Nihilist!

Niemals hätte er das Leben verleugnen können. Er trug ihm eine verzehrende Sehnsucht und tiefe Ehrfurcht entgegen. Aber er bangte auch oft um dieses Leben; denn er spürte, wie sehr es in seiner Zerbrechlichkeit immer und überall bedroht war. Bedroht vom Unbegreiflichen jenseits des Menschen, bedroht aber auch vom Menschen selbst; denn der Mensch kann auf den Menschen nicht vertrauen. Der Mensch scheint oft des Menschen größter Feind zu sein. Aus dieser Erkenntnis und Angst erhob Borchert, wenige Tage vor seinem Tode, seine Stimme noch einmal zu einem letzten gellenden Warnruf. Hiroshima vor Augen, appellierte er an das Gewissen der Welt:

«Du. Mann an der Maschine und Mann in der Werkstatt. Wenn sie dir morgen befehlen, du sollst keine Wasserrohre und keine Kochtöpfe mehr machen – sondern Stahlhelme und Maschinengewehre, dann gibt es nur eins:
Sag NEIN!

Du. Forscher im Laboratorium. Wenn sie dir morgen befehlen, du sollst einen neuen Tod erfinden gegen das alte Leben, dann gibt es nur eins:
Sag NEIN!

Du. Pfarrer auf der Kanzel. Wenn sie dir morgen befehlen, du sollst den Mord segnen und den Krieg heilig sprechen, dann gibt es nur eins:
Sag NEIN!

Baum, eine Wolke, einen Sonnenstreif, eine Katze, ein Bild, eine Plastik, eine Frau! Nie werde ich den Blick vergessen, mit dem er aus dem Fenster meines Wagens, der ihn für einige Stunden seinem Krankenlager entführte, bei Teufelsbrücke die Elbe und die ziehenden Schiffe anschaute. Nichts ging ihm verloren. Er kostete alles aus. Und er bewahrte die Erinnerung wie etwas Unverlierbares. Unvergeßlich bleibt mir auch der Anblick seiner zermarterten Gestalt, die nur der Wille mühsam aufrecht hielt, in den Kunstsälen von Bock zwischen den farbtrunkenen Bildern Emil Noldes und den Plastiken Ernst Barlachs. Vor Barlachs «Bettler», der jetzt von St. Katharinen zu Lübeck herabschaut, kamen ihm fast die Tränen. Dieses steinerne Standbild wurde ihm zum Sinnbild menschlichen Schicksals, so wie er und Millionen es erleiden mußten. Barlachs Bettler und Borcherts Beckmann waren Brüder. Borchert war immer ein Mit-Leidender. Und er liebte die Sünder mehr als die Gerechten. Er konnte sich im Schmerz eines anderen Herzens für dieses Herz verzehren, und er konnte unendlich zärtlich sein. Aber er war Mensch und Mann genug, um auch den bacchantischen Rausch zu preisen, die starken, unverdünnten Genüsse, das Wilde, Ungestüme, Rauhe, wo es echt war. Ein aufrechter Zecher des Lebens! Enthaltsamkeit ohne Wagnis und Verschwendung war nicht seine Sache.

Er liebte die Sonne – und er liebte die Nacht. Und in der Nacht die einsam glühenden Laternen am Hafenwasser – und die leuchtenden Fenster in dunklen Gassen. Er liebte die Frauen unter diesen Laternen und hinter diesen Fenstern, die leichten Röcke, die roten Münder, die sanften süßen stürmischen Umarmungen. Und er liebte die Mütter. Frauen waren ihm Sinnbilder der großen, berauschenden, heiligen Gnade des Lebens. Schoß der Geborgenheit für Verzückte und Verzweifelte.

Er liebte das lockende «Draußen», obwohl er wußte, wie gnadenlos der Mensch ihm oft ausgeliefert sein kann. «Draußen» hieß für ihn: Lebensabenteuer! Und gerade er geriet in Gefangenschaft: im Kerker und auf dem Krankenlager. Und als Gefangener wurde er in ein anderes, unerbittlicheres «Draußen» vertrieben, in ein «Draußen» jenseits des Lebens und Liebens, in die Verlassenheit des Ausgestoßenen, der nicht mehr teilhaben darf. So wurde «draußen» für ihn zum Schicksalswort.

Als er daheim im Elternhaus lag, versuchte er etwas von «draußen» hereinzuholen: Blumen, Tiere, Fotos, Bilder, Plastiken! Und Schiffe! Winzige Modelle von Seglern, Dampfern, Schleppern, Schuten – und Flaschenschiffe, jene in gläserne Welten verwun-

Berauscht euch! Nur berauscht
läßt sich dies Leben leben —
berauscht von Geist und Blut und Reben,
berauscht von Licht und Dunkelsein!
Sauft doch das Leben —
das Leben selbst ist Wein!

*Wolfgang Borchert*

Bei der Bewertung des Dichters ist oft vom «Nihilisten» Borchert
geredet worden; ein etwas voreiliges und oberflächliches Urteil,
sofern damit Mensch und Werk in ihrer Gesamtheit charakteri-
siert werden sollen. Wenn Borchert zeit seines Lebens eines *nicht*
zu sein wünschte, dann ein Nihilist. Und es ist ein tragischer
Bruch in seinem Schicksal, daß er, entgegen seinem Wünschen
und Hoffen, während der letzten Jahre seines Lebens, die von
aufblühender, berauschter Jugend hätten erfüllt sein sollen, dazu
verdammt war, mit den Gewalten der Finsternis, der Saat des
Bösen, zu ringen. So bitter, hart und düster seine Sätze oft klingen, hinter jeder Anklage, jedem Notschrei, jedem Fluch leuchtet
unauslöschlich die Liebe zum Dasein. Borcherts Haß gegen die
Widersacher aus der Finsternis wurde stets aufs neue entfacht,
weil sie die Schönheiten des Lebens ständig bedrohten und zynisch
zu zerstören bereit waren. Er lief Sturm bis vor Gottes Angesicht:
«Lieber Gott!... Warst du in Stalingrad lieb, lieber Gott, warst
du da lieb, wie? Ja? Wann warst du denn eigentlich lieb?»
In dieser zornigen Erbitterung mag viel subjektives Empfinden
stecken, eben weil Borchert aus dem Dunkel hinterrücks gefällt
und um das Beste des Lebens, so wie er es faßte,

> «berauscht von Geist und Blut und Reben,
> berauscht von Licht und Dunkelsein!»

betrogen worden war. Doch was für ihn galt, galt für Hunderttausende, für Millionen. Auch für sie litt er. Und für sie stritt er.
So wuchs alles bei ihm aus dem Persönlichen ins Allgemeine.
Will man Borchert also in seinen negativen Aussagen gerecht
erkennen, muß man ihn zunächst in seiner Liebe zum Leben begreifen. Er war ganz von dieser Erde.

> «Liebe?
> Wir lachen und weinen.»

schrieb er einmal. Alles umfaßten seine Sinne mit inbrünstiger
Hingabe. Wie liebevoll konnte er eine Blume betrachten, einen

dulden – denn ein Erdulden wäre es gewesen, weil solche Pausen ihm keine Erholung gebracht hätten. Das mag er selbst gefühlt haben. Und weniger die Hoffnung auf Genesung – eine Illusion, die Eltern und Freunde nicht aufzugeben vermochten – als der Wille, dem Leben mit seinem Werk abzuringen, was er ihm abzuringen imstande war, mag ihn noch einige Monate aufrechterhalten haben. Er schrieb, schrieb, gab mit vollen Händen. Ein neuer Band Erzählungen wuchs. Der Plan eines großen Hamburg-Romans «Persil bleibt Persil» reifte. (Er blieb ein Plan; in Basel fand man, nach Borcherts Tode, nur eine kurze handschriftliche Konzeption.) Aus allen Teilen Deutschlands kamen Briefe: dankbare und begeisterte, wenige ablehnende und feindselige. Borchert fühlte sich oft ein wenig hilflos im dröhnenden Chor dieser vielen unbekannten Stimmen; denn fast jede Stimme, die ihn anrief, erhoffte auch eine Antwort, erwartete tröstlichen Zuspruch. Obwohl Borcherts gesundheitlicher Zustand die Aufnahme einer umfangreichen Korrespondenz nicht gestattete, brachte er es nicht übers Herz, zu schweigen. Auf viele Briefe schrieb er zurück – dankte, half, linderte, weckte neuen Mut –, er, der endgültig Geschlagene an der Schwelle der Nacht.

Nach dem übermäßig heißen Sommer konnte er endlich reisen. Der zweite Prosaband «An diesem Dienstag» und «Draußen vor der Tür» befanden sich im Satz. Für die Premiere in den Kammerspielen wurden die ersten Vorbereitungen getroffen. Borchert sah die fertigen Bücher jedoch nicht mehr, hörte auch nicht mehr den Widerhall der Premiere. Still ging er in der Ferne davon. In die Trauer um den Verlorenen lärmte der von Woche zu Woche sich steigernde Erfolg, und bisweilen auch der Streit um den Erfolg. Dreißig deutsche Bühnen nahmen sein Stück in den Spielplan auf. Die Sortimenter verkauften seine Bücher im Handumdrehen. Nachrufe, Aufsätze, Essays, Diskussionen lehrten jeden Deutschen seinen Namen. Er war über Nacht berühmt geworden. Man nannte ihn neben dem unsterblichen Büchner.

dazu veranlaßt, in ein paar Zeilen hierzu Stellung zu nehmen. Ich sage zu jedem Punkte dieses Problems ja! So sieht es in der betroffenen Jugend aus, wenn es auch manchmal auf Tanzböden und sonstigen Vergnügungen einen anderen Anschein hat. Dies ganze Verhalten ist nur eine Maske, hinter der sich das Grauen verbirgt und die Sucht, sich selbst zu betrügen und zu betäuben. So wie es das Hörspiel schildert, sieht es aus, wenn man heute an die Zukunft denkt.» Diese Jugend, die an Borchert schrieb, haßte wie er die Lüge und suchte die Wahrheit. Sie wollte sich nicht ins «selige Vergessen» flüchten oder mit den billigen Worten trösten: in fünfzig Jahren ist alles vorbei! «In fünfzig Jahren ist nicht alles vorbei. In fünfzig Jahren ist ebenso Gegenwart wie heute und gestern war. Nicht uns über sie hinwegtäuschen, nicht um sie zu vergessen ist sie da – vergessen ist das Schlimmste für den Menschen, nein, um sie zu meistern.»

Diese Jugend, diese «Generation ohne Abschied», von der viele damals als Beckmänner «draußen» standen, ohne Heimat, ohne Habe, ohne Mitmenschen, war nicht nur enttäuscht, ratlos, trotzig, unwillig, verwahrlost – sie *wollte* noch etwas, sie besaß noch Verantwortungsbewußtsein, sie war nicht stumpf, taub, gleichgültig, sie war dem Leben noch nicht verloren. Es bedurfte nur eines Anrufes, der stark und echt genug war, um in diesen jungen Menschen das lähmende Schweigen aufzubrechen, in dem sie zu verzweifeln drohten.

Borchert gab dieser Jugend ihre Stimme zurück, er fand sich mit ihr im gemeinsamen Schicksal und half ihr, diesem Schicksal zu begegnen. Dieses Verdienst wog in jenen Tagen schwerer als gefälligere literarische Leistungen.

Der Erfolg des Hörspiels vervielfältigte sich. Die Hamburger Kammerspiele erwarben die Uraufführungsrechte für das Theater. Rowohlt übernahm das Stück in seinen Bühnenverlag. Alle Feuilletonspalten der deutschen Presse öffneten sich Borcherts Erzählungen. Aus dem Auslande kamen Übersetzungsangebote. Viele Menschen, Prominente und Unbekannte, suchten ihn in seinem stillen Zimmer auf.

Der Kranke war ein wenig ratlos gegenüber diesem Ansturm neuer Ereignisse. Ihn überraschte vor allem die hohe Bewertung seiner Arbeit. Er mußte sich erst daran gewöhnen, «eine Rolle zu spielen». Er war gerührt und beglückt, so unerwartet und jäh emporgetragen zu werden. Der Erfolg war für ihn Lohn und Ansporn zugleich. Er ruhte nicht aus. Er schrieb weiter, er wollte noch vieles sagen, er konnte erholsame Schaffenspausen nicht er-